사도신경

전능하사 천지를 만드신 하나님 아버지를 내가 믿사오며,
그 외아들 우리 주 예수 그리스도를 믿사오니,
이는 성령으로 잉태하사 동정녀 마리아에게 나시고,
본디오 빌라도에게 고난을 받으사,
십자가에 못 박혀 죽으시고,
장사한 지 사흘 만에 죽은 자 가운데서 다시 살아나시며,
하늘에 오르사, 전능하신 하나님 우편에 앉아 계시다가,
저리로서 산 자와 죽은 자를 심판하러 오시리라.
성령을 믿사오며, 거룩한 공회와, 성도가 서로 교통하는 것과,
죄를 사하여 주시는 것과, 몸이 다시 사는 것과,
영원히 사는 것을 믿사옵나이다. 아멘.

사도신경[1]

나는 전능하신 아버지 하나님, 천지의 창조주를 믿습니다.
나는 그의 유일하신 아들,
우리 주 예수 그리스도를 믿습니다.
그는 성령으로 잉태되어 동정녀 마리아에게서 나시고,
본디오 빌라도에게 고난을 받아 십자가에 못 박혀 죽으시고,
장사된 지[2] 사흘 만에 죽은 자 가운데서 다시 살아나셨으며,
하늘에 오르시어 전능하신 아버지 하나님 우편에 앉아 계시다가,
거기로부터 살아 있는 자와 죽은 자를 심판하러 오십니다.
나는 성령을 믿으며, 거룩한 공교회와 성도의 교제와
죄를 용서받는 것과 몸의 부활과 영생을 믿습니다. 아멘.

1 '사도신조'로도 번역할 수 있다.

2 '장사되시어 지옥에 내려가신 지'가 공인된 원문〈Forma Recepta〉에는 있으나, 대다수의 본문에는 없다.

보고 쓰는 성경

예레미야~말라기

개역개정

5

| 필사자

| 시작일

| 마감일

| 교회명

성서원

보고 쓰는 성경 활용법

창세기 1:1

소제목 입력줄 — 테두리 내 소제목을 따라 씁니다

절숫자 입력칸 — 테두리 내 절숫자를 따라 씁니다

본문 입력줄 — 절숫자를 적은 후, 본문을 따라 씁니다

천지 창조

1 태초에 하나님이 천지를 창
조하시니라
2 땅이 혼돈하고 공허하며 흑암
이 깊음 위에 있고 하나님의
영은 수면 위에 운행하시니라
3 하나님이 이르시되 빛이 있으
라 하시니 빛이 있었고
4 빛이 하나님이 보시기에 좋았
더라 하나님이 빛과 어둠을
나누사
5 하나님이 빛을 낮이라 부르시
고 어둠을 밤이라 부르시니라
저녁이 되고 아침이 되니 이는
첫째 날이니라

1 천지 창조

3

5 하나님이 빛을 낮이라 부르시고 어둠을 밤이라 부
르시니라 저녁이 되고 아침이 되니 이는 첫째 날

아가 1:1

절숫자 입력생략

* 모든 성경의 각 장 1절은 입력이 생략되어 있습니다

* 각 장의 2절 입력칸이 없는 경우 임의로 표기하세요

1 솔로몬의 아가라
2 내게 입맞추기를 원하니
네 사랑이 포도주보다 나음이
로구나

1 솔로몬의 아가라
2 내게 입맞추기를 원하니 네 사랑이 포도주보다
나음이로구나

필사 예시

창세기 1:1

천지 창조

1 태초에 하나님이 천지를 창
조하시니라
2 땅이 혼돈하고 공허하며 흑암
이 깊음 위에 있고 하나님의
영은 수면 위에 운행하시니라
3 하나님이 이르시되 빛이 있으
라 하시니 빛이 있었고
4 빛이 하나님이 보시기에 좋았
더라 하나님이 빛과 어둠을
나누사
5 하나님이 빛을 낮이라 부르시
고 어둠을 밤이라 부르시니라
저녁이 되고 아침이 되니 이는
첫째 날이니라
6 하나님이 이르시되 물 가운데

1 천지 창조
태초에 하나님이 천지를 창조하시니라
2 땅이 혼돈하고 공허하며 흑암이 깊음 위에 있고
하나님의 영은 수면 위에 운행하시니라
3 하나님이 이르시되 빛이 있으라 하시니 빛이 있었
고
4 빛이 하나님이 보시기에 좋았더라 하나님이 빛과
어둠을 나누사
5 하나님이 빛을 낮이라 부르시고 어둠을 밤이라 부
르시니라 저녁이 되고 아침이 되니 이는 첫째 날
이니라

지 다 거짓을 행함이라
14 그들이 내 백성의 상처를 가볍
게 여기면서 말하기를 평강하다
평강하다 하나 평강이 없도다
15 그들이 가증한 일을 행할 때
에 부끄러워하였느냐 아니라
조금도 부끄러워 하지 않을 뿐
아니라 얼굴도 붉어지지 않았
느니라 그러므로 그들이 엎드
러지는 자와 함께 엎드러질 것
이라 내가 그들을 벌하리니
그 때에 그들이 거꾸러지리라
여호와의 말씀이니라

선한 길로 가지 아니하다

16 여호와께서 이와 같이 말씀
하시되 너희는 길에 서서 보
며 옛적 길 곧 선한 길이 어디
인지 알아보고 그리로 가라
너희 심령이 평강을 얻으리라
하나 그들의 대답이 우리는
그리로 가지 않겠노라 하였으
며
17 내가 또 너희 위에 파수꾼을
세웠으니 나팔 소리를 들으라
하나 그들의 대답이 우리는
듣지 않겠노라 하였도다
18 그러므로 너희 나라들아 들으
라 무리들아 그들이 당할 일
을 알라
19 땅이여 들으라 내가 이 백성에
게 재앙을 내리리니 이것이 그
들의 생각의 결과라 그들이
내 말을 듣지 아니하며 내 율
법을 거절하였음이니라
20 시바에서 유향과 먼 곳에서
향품을 내게로 가져옴은 어
찌함이냐 나는 그들의 번제를
받지 아니하며 그들의 희생제
물을 달게 여기지 않노라
21 그러므로 여호와께서 이와 같
이 말씀하시니라 보라 내가 이
백성 앞에 장애물을 두리니

아버지와 아들들이 함께 거기
에 걸려 넘어지며 이웃과 그의
친구가 함께 멸망하리라

북방에서 쳐들어 오는 민족

22 여호와께서 이와 같이 말씀하
시되 보라 한 민족이 북방에
서 오며 큰 나라가 땅 끝에서
부터 떨쳐 일어나나니
23 그들은 활과 창을 잡았고 잔
인하여 사랑이 없으며 그 목
소리는 바다처럼 포효하는 소
리라 그들이 말을 타고 전사
같이 다 대열을 벌이고 시온의
딸인 너를 치려 하느니라 하시
도다
24 우리가 그 소문을 들었으므
로 손이 약하여졌고 고통이
우리를 잡았으므로 그 아픔
이 해산하는 여인 같도다
25 너희는 밭에도 나가지 말라
길로도 다니지 말라 원수의
칼이 있고 사방에 두려움이
있음이라
26 딸 내 백성이 굵은 베를 두르
고 재에서 구르며 독자를 잃음
같이 슬퍼하며 통곡할지어다
멸망시킬 자가 갑자기 우리에
게 올 것임이라
27 내가 이미 너를 내 백성 중에
망대와 요새로 삼아 그들의
길을 알고 살피게 하였노라
28 그들은 다 심히 반역한 자며 비
방하며 돌아다니는 자며 그들
은 놋과 철이며 다 사악한 자라
29 풀무불을 맹렬히 불면 그 불
에 납이 살라져서 단련하는
자의 일이 헛되게 되느니라 이
와 같이 악한 자가 제거되지
아니하나니
30 사람들이 그들을 내버린 은이
라 부르게 될 것은 여호와께
서 그들을 버렸음이라

여호와의 말씀을 들으라

7 여호와께로부터 예레미야
에게 말씀이 임하니라 이
르시되
2 너는 여호와의 집 문에 서서
이 말을 선포하여 이르기를
여호와께 예배하러 이 문으로
들어가는 유다 사람들아 여
호와의 말씀을 들으라
3 만군의 여호와 이스라엘의 하
나님께서 이와 같이 말씀하시
되 너희 길과 행위를 바르게
하라 그리하면 내가 너희로 이
곳에 살게 하리라
4 너희는 이것이 여호와의 성전
이라, 여호와의 성전이라, 여호
와의 성전이라 하는 거짓말을
믿지 말라
5 너희가 만일 길과 행위를 참
으로 바르게 하여 이웃들 사
이에 정의를 행하며
6 이방인과 고아와 과부를 압제
하지 아니하며 무죄한 자의 피
를 이 곳에서 흘리지 아니하며
다른 신들 뒤를 따라 화를 자
초하지 아니하면
7 내가 너희를 이 곳에 살게 하
리니 곧 너희 조상에게 영원무
궁토록 준 땅에니라
8 보라 너희가 무익한 거짓말을
의존하는도다
9 너희가 도둑질하며 살인하며
간음하며 거짓 맹세하며 바
알에게 분향하며 너희가 알지
못하는 다른 신들을 따르면서
10 내 이름으로 일컬음을 받는
이 집에 들어와서 내 앞에 서
서 말하기를 우리가 구원을 얻
었나이다 하느냐 이는 이 모든
가증한 일을 행하려 함이로다
11 내 이름으로 일컬음을 받는
이 집이 너희 눈에는 도둑의

7

소굴로 보이느냐 보라 나 곧
내가 그것을 보았노라 여호와
의 말씀이니라
12 너희는 내가 처음으로 내 이름
을 둔 처소 실로에 가서 내 백
성 이스라엘의 악에 대하여 내
가 어떻게 행하였는지를 보라
13 여호와의 말씀이니라 이제 너
희가 그 모든 일을 행하였으며
내가 너희에게 말하되 새벽부
터 부지런히 말하여도 듣지 아
니하였고 너희를 불러도 대답
하지 아니하였느니라
14 그러므로 내가 실로에 행함
같이 너희가 신뢰하는 바 내
이름으로 일컬음을 받는 이
집 곧 너희와 너희 조상들에
게 준 이 곳에 행하겠고
15 내가 너희 모든 형제 곧 에브
라임 온 자손을 쫓아낸 것 같
이 내 앞에서 너희를 쫓아내리
라 하셨다 할지니라

여호와를 순종하지 아니하는 백성

16 그런즉 너는 이 백성을 위하여
기도하지 말라 그들을 위하여
부르짖어 구하지 말라 내게 간
구하지 말라 내가 네게서 듣지
아니하리라
17 너는 그들이 유다 성읍들과
예루살렘 거리에서 행하는 일
을 보지 못하느냐
18 자식들은 나무를 줍고 아버
지들은 불을 피우며 부녀들은
가루를 반죽하여 하늘의 여
왕을 위하여 과자를 만들며
그들이 또 다른 신들에게 전
제를 부음으로 나의 노를 일
으키느니라
19 여호와의 말씀이니라 그들이
나를 격노하게 함이냐 자기 얼
굴에 부끄러움을 자취함이 아
니냐

20 그러므로 주 여호와께서 이와
같이 말씀하시니라 보라 나의
진노와 분노를 이 곳과 사람과
짐승과 들나무와 땅의 소산에
부으리니 불 같이 살라지고 꺼
지지 아니하리라 하시니라
21 만군의 여호와 이스라엘의 하
나님께서 이와 같이 말씀하시
되 너희 희생제물과 번제물의
고기를 아울러 먹으라
22 사실은 내가 너희 조상들을
애굽 땅에서 인도하여 낸 날에
번제나 희생에 대하여 말하지
아니하며 명령하지 아니하고
23 오직 내가 이것을 그들에게 명
령하여 이르기를 너희는 내
목소리를 들으라 그리하면 나
는 너희 하나님이 되겠고 너
희는 내 백성이 되리라 너희는
내가 명령한 모든 길로 걸어
가라 그리하면 복을 받으리라
하였으나
24 그들이 순종하지 아니하며 귀
를 기울이지도 아니하고 자신
들의 악한 마음의 꾀와 완악
한 대로 행하여 그 등을 내게
로 돌리고 그 얼굴을 향하지
아니하였으며
25 너희 조상들이 애굽 땅에서
나온 날부터 오늘까지 내가
내 종 선지자들을 너희에게
보내되 끊임없이 보내었으
나
26 너희가 나에게 순종하지 아니
하며 귀를 기울이지 아니하고
목을 굳게 하여 너희 조상들
보다 악을 더 행하였느니라
27 네가 그들에게 이 모든 말을
할지라도 그들이 너에게 순종
하지 아니할 것이요 네가 그들
을 불러도 그들이 네게 대답
하지 아니하리니

28 너는 그들에게 말하기를 너희
는 너희 하나님 여호와의 목
소리를 순종하지 아니하며 교
훈을 받지 아니하는 민족이라
진실이 없어져 너희 입에서 끊
어졌다 할지니라

도벳 사당을 건축

29 너의 머리털을 베어 버리고 벗
은 산 위에서 통곡할지어다 여
호와께서 그 노하신 바 이 세
대를 끊어 버리셨음이라
30 여호와께서 말씀하시되 유다
자손이 나의 눈 앞에 악을 행
하여 내 이름으로 일컬음을
받는 집에 그들의 가증한 것
을 두어 집을 더럽혔으며
31 힌놈의 아들 골짜기에 도벳 사
당을 건축하고 그들의 자녀
들을 불에 살랐나니 내가 명
령하지 아니하였고 내 마음에
생각하지도 아니한 일이니라
32 그러므로 여호와께서 말씀하
시니라 날이 이르면 이 곳을
도벳이라 하거나 힌놈의 아들
의 골짜기라 말하지 아니하고
죽임의 골짜기라 말하리니 이
는 도벳에 자리가 없을 만큼
매장했기 때문이니라
33 이 백성의 시체가 공중의 새와
땅의 짐승의 밥이 될 것이나
그것을 쫓을 자가 없을 것이라
34 그 때에 내가 유다 성읍들과
예루살렘 거리에 기뻐하는 소
리, 즐거워하는 소리, 신랑의
소리, 신부의 소리가 끊어지게
하리니 땅이 황폐하리라

8 여호와의 말씀이니라 그
때에 사람들이 유다 왕들
의 뼈와 그의 지도자들의 뼈
와 제사장들의 뼈와 선지자들
의 뼈와 예루살렘 주민의 뼈를
그 무덤에서 끌어내어

8

2 그들이 사랑하며 섬기며 뒤따
르며 구하며 경배하던 해와 달
과 하늘의 뭇 별 아래에서 펼
쳐지게 하리니 그 뼈가 거두이
거나 묻히지 못하여 지면에서
분토 같을 것이며
3 이 악한 민족의 남아 있는 자,
무릇 내게 쫓겨나서 각처에
남아 있는 자들이 사는 것보
다 죽는 것을 원하리라 만군
의 여호와의 말씀이니라

죄와 벌

4 너는 또 그들에게 말하기를
여호와의 말씀에 사람이 엎
드러지면 어찌 일어나지 아니
하겠으며 사람이 떠나갔으면
어찌 돌아오지 아니하겠느냐
5 이 예루살렘 백성이 항상 나
를 떠나 물러감은 어찌함이냐
그들이 거짓을 고집하고 돌아
오기를 거절하도다
6 내가 귀를 기울여 들은즉 그들
이 정직을 말하지 아니하며 그
들의 악을 뉘우쳐서 내가 행한
것이 무엇인고 말하는 자가 없
고 전쟁터로 향하여 달리는 말
같이 각각 그 길로 행하도다
7 공중의 학은 그 정한 시기를
알고 산비둘기와 제비와 두루
미는 그들이 올 때를 지키거늘
내 백성은 여호와의 규례를
알지 못하도다
8 너희가 어찌 우리는 지혜가 있
고 우리에게는 여호와의 율법
이 있다 말하겠느냐 참으로
서기관의 거짓의 붓이 거짓되
게 하였나니
9 지혜롭다 하는 자들은 부끄
러움을 당하며 두려워 떨다가
잡히리라 보라 그들이 여호와
의 말을 버렸으니 그들에게 무
슨 지혜가 있으랴

10 그러므로 내가 그들의 아내를
타인에게 주겠고 그들의 밭을
그 차지할 자들에게 주리니 그
들은 가장 작은 자로부터 큰 자
까지 다 욕심내며 선지자로부터
제사장까지 다 거짓을 행함이라
11 그들이 딸 내 백성의 상처를
가볍게 여기면서 말하기를 평
강하다, 평강하다 하나 평강이
없도다
12 그들이 가증한 일을 행할 때
에 부끄러워하였느냐 아니라
조금도 부끄러워 하지 않을 뿐
아니라 얼굴도 붉어지지 아니
하였느니라 그러므로 그들이
엎드러질 자와 함께 엎드러질
것이라 내가 그들을 벌할 때에
그들이 거꾸러지리라 여호와
의 말씀이니라
13 여호와의 말씀이니라 내가 그
들을 진멸하리니 포도나무에
포도가 없을 것이며 무화과
나무에 무화과가 없을 것이며
그 잎사귀가 마를 것이라 내
가 그들에게 준 것이 없어지리
라 하셨나니
14 우리가 어찌 가만히 앉았으랴
모일지어다 우리가 견고한 성
읍들로 들어가서 거기에서 멸
망하자 우리가 여호와께 범죄
하였으므로 우리 하나님 여호
와께서 우리를 멸하시며 우리
에게 독한 물을 마시게 하심이
니라
15 우리가 평강을 바라나 좋은
것이 없으며 고침을 입을 때를
바라나 놀라움뿐이로다
16 그 말의 부르짖음이 단에서부터
들리고 그 준마들이 우는 소리
에 온 땅이 진동하며 그들이 이
르러 이 땅과 그 소유와 성읍과
그 중의 주민을 삼켰도다

17 여호와의 말씀이니라 내가 술
법으로도 제어할 수 없는 뱀
과 독사를 너희 가운데 보내
리니 그것들이 너희를 물리라
하시도다

선지자의 번뇌

18 슬프다 나의 근심이여 어떻게
위로를 받을 수 있을까 내 마
음이 병들었도다
19 딸 내 백성의 심히 먼 땅에서 부
르짖는 소리로다 여호와께서
시온에 계시지 아니한가, 그의
왕이 그 가운데 계시지 아니한
가 그들이 어찌하여 그 조각한
신상과 이방의 헛된 것들로 나
를 격노하게 하였는고 하시니
20 추수할 때가 지나고 여름이
다하였으나 우리는 구원을 얻
지 못한다 하는도다
21 딸 내 백성이 상하였으므로
나도 상하여 슬퍼하며 놀라움
에 잡혔도다
22 길르앗에는 유향이 있지 아니
한가 그 곳에는 의사가 있지
아니한가 딸 내 백성이 치료를
받지 못함은 어찌 됨인고

9 어찌하면 내 머리는 물이
되고 내 눈은 눈물 근원
이 될꼬 죽임을 당한 딸 내 백
성을 위하여 주야로 울리로다
2 내가 광야에서 나그네가 머무
를 곳을 얻는다면 내 백성을
떠나 가리니 그들은 다 간음
하는 자요 반역한 자의 무리
가 됨이로다
3 여호와의 말씀이니라 그들
이 활을 당김 같이 그들의 혀
를 놀려 거짓을 말하며 그들
이 이 땅에서 강성하나 진실하
지 아니하고 악에서 악으로 진
행하며 또 나를 알지 못하느니
라

9

4 너희는 각기 이웃을 조심하며
어떤 형제든지 믿지 말라 형제
마다 완전히 속이며 이웃마다
다니며 비방함이라
5 그들은 각기 이웃을 속이며
진실을 말하지 아니하며 그
들의 혀로 거짓말하기를 가
르치며 악을 행하기에 지치
거늘
6 네가 사는 곳이 속이는 일 가
운데 있도다 그들은 속이는 일
로 말미암아 나를 알기를 싫어
하느니라 여호와의 말씀이니라
7 그러므로 만군의 여호와께서
이와 같이 말씀하시되 보라 내
가 내 딸 백성을 어떻게 처치할
꼬 그들을 녹이고 연단하리라
8 그들의 혀는 죽이는 화살이라
거짓을 말하며 입으로는 그
이웃에게 평화를 말하나 마음
으로는 해를 꾸미는도다
9 내가 이 일들로 말미암아 그
들에게 벌하지 아니하겠으며
내 마음이 이런 나라에 보복
하지 않겠느냐 여호와의 말씀
이니라
10 내가 산들을 위하여 울며 부
르짖으며 광야 목장을 위하여
슬퍼하나니 이는 그것들이 불
에 탔으므로 지나는 자가 없
으며 거기서 가축의 소리가
들리지 아니하며 공중의 새도
짐승도 다 도망하여 없어졌음
이라
11 내가 예루살렘을 무더기로 만
들며 승냥이 굴이 되게 하겠
고 유다의 성읍들을 황폐하게
하여 주민이 없게 하리라
12 지혜가 있어서 이 일을 깨달을
만한 자가 누구며 여호와의 입
의 말씀을 받아서 선포할 자가
누구인고 이 땅이 어찌하여 멸

망하여 광야 같이 불타서 지
나가는 자가 없게 되었느냐
13 여호와께서 말씀하시되 이는
그들이 내가 그들의 앞에 세
운 나의 율법을 버리고 내 목
소리를 순종하지 아니하며 그
대로 행하지 아니하고
14 그 마음의 완악함을 따라 그
조상들이 자기에게 가르친 바
알들을 따랐음이라
15 그러므로 만군의 여호와 이스
라엘의 하나님께서 이와 같이
말씀하시니라 보라 내가 그들
곧 이 백성에게 쑥을 먹이며
독한 물을 마시게 하고
16 그들과 그들의 조상이 알지
못하던 여러 나라 가운데에
그들을 흩어 버리고 진멸되기
까지 그 뒤로 칼을 보내리라
하셨느니라

사랑과 정의와 공의를 행하시는 여호와

17 만군의 여호와께서 이와 같이
말씀하시되 너희는 잘 생각해
보고 곡하는 부녀를 불러오며
또 사람을 보내 지혜로운 부녀
를 불러오되
18 그들로 빨리 와서 우리를 위하
여 애곡하여 우리의 눈에서 눈
물이 떨어지게 하며 우리 눈꺼
풀에서 물이 쏟아지게 하라
19 이는 시온에서 통곡하는 소리
가 들리기를 우리가 아주 망
하였구나 우리가 크게 부끄러
움을 당하였구나 우리가 그
땅을 떠난 것은 그들이 우리
거처를 헐었음이로다 함이로
다
20 부녀들이여 여호와의 말씀을
들으라 너희 귀에 그 입의 말
씀을 받으라 너희 딸들에게
애곡하게 하고 각기 이웃에게
슬픈 노래를 가르치라

21 무릇 사망이 우리 창문을 통
하여 넘어 들어오며 우리 궁실
에 들어오며 밖에서는 자녀들
을 거리에서는 청년들을 멸절
하려 하느니라
22 너는 이같이 말하라 여호와의
말씀에 사람의 시체가 분토 같
이 들에 떨어질 것이며 추수하
는 자의 뒤에 버려져 거두지 못한
곡식단 같이 되리라 하셨느니라
23 여호와께서 이와 같이 말씀하
시되 지혜로운 자는 그의 지
혜를 자랑하지 말라 용사는
그의 용맹을 자랑하지 말라
부자는 그의 부함을 자랑하지
말라
24 자랑하는 자는 이것으로 자랑
할지니 곧 명철하여 나를 아
는 것과 나 여호와는 사랑과
정의와 공의를 땅에 행하는
자인 줄 깨닫는 것이라 나는
이 일을 기뻐하노라 여호와의
말씀이니라
25 여호와의 말씀이니라 보라 날이
이르면 할례 받은 자와 할례 받
지 못한 자를 내가 다 벌하리니
26 곧 애굽과 유다와 에돔과 암
몬 자손과 모압과 및 광야에
살면서 살쩍을 깎은 자들에게
라 무릇 모든 민족은 할례를
받지 못하였고 이스라엘은 마
음에 할례를 받지 못하였느니
라 하셨느니라

우상의 가르침과 참 하나님 여호와

10 이스라엘 집이여 여호
와께서 너희에게 이르
시는 말씀을 들을지어다
2 여호와께서 이와 같이 말씀하
시되 여러 나라의 길을 배우지
말라 이방 사람들은 하늘의
징조를 두려워하거니와 너희
는 그것을 두려워하지 말라

10

3 여러 나라의 풍습은 헛된 것
이니 삼림에서 벤 나무요 기
술공의 두 손이 도끼로 만든
것이라
4 그들이 은과 금으로 그것에
꾸미고 못과 장도리로 그것을
든든히 하여 흔들리지 않게
하나니
5 그것이 둥근 기둥 같아서 말
도 못하며 걸어다니지도 못하
므로 사람이 메어야 하느니라
그것이 그들에게 화를 주거나
복을 주지 못하나니 너희는
두려워하지 말라 하셨느니라
6 여호와여 주와 같은 이 없나
이다 주는 크시니 주의 이름
이 그 권능으로 말미암아 크
시니이다
7 이방 사람들의 왕이시여 주를
경외하지 아니할 자가 누구리
이까 이는 주께 당연한 일이
라 여러 나라와 여러 왕국들
의 지혜로운 자들 가운데 주
와 같은 이가 없음이니이다
8 그들은 다 무지하고 어리석은
것이니 우상의 가르침은 나무
뿐이라
9 다시스에서 가져온 은박과 우
바스에서 가져온 금으로 꾸미
되 기술공과 은장색의 손으
로 만들었고 청색 자색 옷을
입었나니 이는 정교한 솜씨로
만든 것이거니와
10 오직 여호와는 참 하나님이시
요 살아 계신 하나님이시요 영
원한 왕이시라 그 진노하심에
땅이 진동하며 그 분노하심을
이방이 능히 당하지 못하느니라
11 너희는 이같이 그들에게 이르
기를 천지를 짓지 아니한 신들
은 땅 위에서, 이 하늘 아래에
서 망하리라 하라

만물의 조성자 만군의 여호와

12 여호와께서 그의 권능으로 땅
을 지으셨고 그의 지혜로 세계
를 세우셨고 그의 명철로 하
늘을 펴셨으며
13 그가 목소리를 내신즉 하늘
에 많은 물이 생기나니 그는
땅 끝에서 구름이 오르게 하
시며 비를 위하여 번개치게
하시며 그 곳간에서 바람을
내시거늘
14 사람마다 어리석고 무식하도
다 은장이마다 자기의 조각한
신상으로 말미암아 수치를 당
하나니 이는 그가 부어 만든
우상은 거짓 것이요 그 속에
생기가 없음이라
15 그것들은 헛 것이요 망령되이
만든 것인즉 징벌하실 때에 멸
망할 것이나
16 야곱의 분깃은 이같지 아니하
시니 그는 만물의 조성자요 이
스라엘은 그의 기업의 지파라
그 이름은 만군의 여호와시니
라

백성의 탄식

17 에워싸인 가운데에 앉은 자여
네 짐 꾸러미를 이 땅에서 꾸
리라
18 여호와께서 이와 같이 말씀하
시되 보라 내가 이 땅에 사는
자를 이번에는 내던질 것이라
그들을 괴롭게 하여 깨닫게
하리라 하셨느니라
19 슬프다 내 상처여 내가 중상
을 당하였도다 그러나 내가
말하노라 이는 참으로 고난이
라 내가 참아야 하리로다
20 내 장막이 무너지고 나의 모
든 줄이 끊어졌으며 내 자녀
가 나를 떠나가고 있지 아니하
니 내 장막을 세울 자와 내 휘

장을 칠 자가 다시 없도다
21 목자들은 어리석어 여호와를
찾지 아니하므로 형통하지 못하
며 그 모든 양 떼는 흩어졌도다
22 들을지어다 북방에서부터 크
게 떠드는 소리가 들리니 유다
성읍들을 황폐하게 하여 승냥
이의 거처가 되게 하리로다
23 여호와여 내가 알거니와 사
람의 길이 자신에게 있지 아
니하니 걸음을 지도함이 걷
는 자에게 있지 아니하니이
다
24 여호와여 나를 징계하옵시되
너그러이 하시고 진노로 하지
마옵소서 주께서 내가 없어지
게 하실까 두려워하나이다
25 주를 알지 못하는 이방 사람
들과 주의 이름으로 기도하지
아니하는 족속들에게 주의 분
노를 부으소서 그들은 야곱을
씹어 삼켜 멸하고 그의 거처를
황폐하게 하였나이다 하니라

여호와께서 이르신 언약의 말

11 여호와께로부터 예레
미야에게 임한 말씀이
라 이르시되
2 너희는 이 언약의 말을 듣고
유다인과 예루살렘 주민에게
말하라
3 그들에게 이르기를 이스라엘
의 하나님 여호와께서 이와
같이 말씀하시되 이 언약의
말을 따르지 않는 자는 저주
를 받을 것이니라
4 이 언약은 내가 너희 조상들
을 쇠풀무 애굽 땅에서 이끌어
내던 날에 그들에게 명령한 것
이라 곧 내가 이르기를 너희는
내 목소리를 순종하고 나의 모
든 명령을 따라 행하라 그리
하면 너희는 내 백성이 되겠고

나는 너희의 하나님이 되리라
5 내가 또 너희 조상들에게 한
맹세는 그들에게 젖과 꿀이
흐르는 땅을 주리라 한 언약
을 이루리라 한 것인데 오늘이
그것을 증언하느니라 하라 하
시기로 내가 대답하여 이르되
아멘 여호와여 하였노라
6 여호와께서 내게 이르시되 너
는 이 모든 말로 유다 성읍들
과 예루살렘 거리에서 선포하
여 이르기를 너희는 이 언약의
말을 듣고 지키라
7 내가 너희 조상들을 애굽 땅
에서 인도하여 낸 날부터 오
늘까지 간절히 경계하며 끊
임없이 경계하기를 너희는 내
목소리를 순종하라 하였으
나
8 그들이 순종하지 아니하며 귀
를 기울이지도 아니하고 각각
그 악한 마음의 완악한 대로
행하였으므로 내가 그들에게
행하라 명령하였어도 그들이
행하지 아니한 이 언약의 모든
규정대로 그들에게 이루게 하
였느니라 하라
9 여호와께서 또 내게 이르시되
유다인과 예루살렘 주민 중에
반역이 있도다
10 그들이 내 말 듣기를 거절한
자기들의 선조의 죄악으로 돌
아가서 다른 신들을 따라 섬
겼은즉 이스라엘 집과 유다
집이 내가 그들의 조상들과
맺은 언약을 깨뜨렸도다
11 그러므로 나 여호와가 이와
같이 말하노라 보라 내가 재
앙을 그들에게 내리리니 그들
이 피할 수 없을 것이라 그들
이 내게 부르짖을지라도 내가
듣지 아니할 것인즉

12 유다 성읍들과 예루살렘 주민
이 그 분향하는 신들에게 가
서 부르짖을지라도 그 신들이
그 고난 가운데에서 절대로
그들을 구원하지 못하리라
13 유다야 네 신들이 네 성읍의
수와 같도다 너희가 예루살렘
거리의 수대로 그 수치스러운
물건의 제단 곧 바알에게 분
향하는 제단을 쌓았도다
14 그러므로 너는 이 백성을 위
하여 기도하지 말라 그들을
위하여 부르짖거나 구하지 말
라 그들이 그 고난으로 말미
암아 내게 부르짖을 때에 내가
그들에게서 듣지 아니하리라
15 나의 사랑하는 자가 많은 악
한 음모를 꾸미더니 나의 집
에서 무엇을 하려느냐 거룩한
제물 고기로 네 재난을 피할
수 있겠느냐 그 때에 네가 기
뻐하겠느냐
16 여호와께서는 그의 이름을 일
컬어 좋은 열매 맺는 아름다
운 푸른 감람나무라 하였었
으나 큰 소동 중에 그 위에 불
을 피웠고 그 가지는 꺾였도
다
17 바알에게 분향함으로 나의 노
여움을 일으킨 이스라엘 집과
유다 집의 악으로 말미암아
그를 심은 만군의 여호와께서
그에게 재앙을 선언하셨느니
라

아나돗 사람들이 예레미야를 죽이려고 꾀하다

18 여호와께서 내게 알게 하셨으
므로 내가 그것을 알았나이다
그 때에 주께서 그들의 행위를
내게 보이셨나이다
19 나는 끌려서 도살 당하러 가
는 순한 어린 양과 같으므로
그들이 나를 해하려고 꾀하기

를 우리가 그 나무와 열매를
함께 박멸하자 그를 살아 있
는 자의 땅에서 끊어서 그의
이름이 다시 기억되지 못하게
하자 함을 내가 알지 못하였
나이다
20 공의로 판단하시며 사람의 마
음을 감찰하시는 만군의 여호
와여 나의 원통함을 주께 아뢰
었사오니 그들에게 대한 주의
보복을 내가 보리이다 하였더니
21 여호와께서 아나돗 사람들에
대하여 이와 같이 말씀하시되
그들이 네 생명을 빼앗으려고
찾아 이르기를 너는 여호와의
이름으로 예언하지 말라 두렵
건대 우리 손에 죽을까 하노
라 하도다
22 그러므로 만군의 여호와께서
이와 같이 말씀하시니라 보라
내가 그들을 벌하리니 청년들
은 칼에 죽으며 자녀들은 기
근에 죽고
23 남는 자가 없으리라 내가 아
나돗 사람에게 재앙을 내리리
니 곧 그들을 벌할 해에니라

예레미야의 질문

12 여호와여 내가 주와
변론할 때에는 주께서
의로우시니이다 그러나 내가
주께 질문하옵나니 악한 자의
길이 형통하며 반역한 자가 다
평안함은 무슨 까닭이니이까
2 주께서 그들을 심으시므로 그
들이 뿌리가 박히고 장성하여
열매를 맺었거늘 그들의 입은
주께 가까우나 그들의 마음
은 머니이다
3 여호와여 주께서 나를 아시고
나를 보시며 내 마음이 주를
향하여 어떠함을 감찰하시오니
양을 잡으려고 끌어냄과 같이

12

그들을 끌어내시되 죽일 날을
위하여 그들을 구별하옵소서
4 언제까지 이 땅이 슬퍼하며 온
지방의 채소가 마르리이까 짐
승과 새들도 멸절하게 되었사
오니 이는 이 땅 주민이 악하
여 스스로 말하기를 그가 우
리의 나중 일을 보지 못하리
라 함이니이다
5 만일 네가 보행자와 함께 달려
도 피곤하면 어찌 능히 말과 경
주하겠느냐 네가 평안한 땅에
서는 무사하려니와 요단 강 물
이 넘칠 때에는 어찌하겠느냐
6 네 형제와 아버지의 집이라도
너를 속이며 네 뒤에서 크게
외치나니 그들이 네게 좋은 말
을 할지라도 너는 믿지 말지니
라

황무지의 슬픔과 여호와의 분노

7 내가 내 집을 버리며 내 소유
를 내던져 내 마음으로 사랑
하는 것을 그 원수의 손에 넘
겼나니
8 내 소유가 숲속의 사자 같이
되어서 나를 향하여 그 소리
를 내므로 내가 그를 미워하
였음이로라
9 내 소유가 내게 대하여는 무
늬 있는 매가 아니냐 매들이
그것을 에워싸지 아니하느냐
너희는 가서 들짐승들을 모아
다가 그것을 삼키게 하라
10 많은 목자가 내 포도원을 헐
며 내 몫을 짓밟아서 내가 기
뻐하는 땅을 황무지로 만들었
도다
11 그들이 이를 황폐하게 하였으
므로 그 황무지가 나를 향하
여 슬퍼하는도다 온 땅이 황
폐함은 이를 마음에 두는 자
가 없음이로다

12 파괴하는 자들이 광야의 모
든 벗은 산 위에 이르렀고 여
호와의 칼이 땅 이 끝에서 저
끝까지 삼키니 모든 육체가 평
안하지 못하도다
13 무리가 밀을 심어도 가시를 거
두며 수고하여도 소득이 없은
즉 그 소산으로 말미암아 스
스로 수치를 당하리니 이는
여호와의 분노로 말미암음이
니라

여호와의 악한 이웃에 대하여

14 내가 내 백성 이스라엘에게 기
업으로 준 소유에 손을 대는
나의 모든 악한 이웃에 대하
여 여호와께서 이와 같이 말
씀하시니라 보라 내가 그들을
그 땅에서 뽑아 버리겠고 유
다 집을 그들 가운데서 뽑아
내리라
15 내가 그들을 뽑아 낸 후에 내
가 돌이켜 그들을 불쌍히 여
겨서 각 사람을 그들의 기업
으로, 각 사람을 그 땅으로 다
시 인도하리니
16 그들이 내 백성의 도를 부지런
히 배우며 살아 있는 여호와
라는 내 이름으로 맹세하기를
자기들이 내 백성을 가리켜 바
알로 맹세하게 한 것 같이 하
면 그들이 내 백성 가운데에
세움을 입으려니와
17 그들이 순종하지 아니하면 내
가 반드시 그 나라를 뽑으리
라 뽑아 멸하리라 여호와의
말씀이니라

허리 띠

13 여호와께서 이와 같이
내게 이르시되 너는
가서 베 띠를 사서 네 허리에
띠고 물에 적시지 말라 하시기
로

13

2 내가 여호와의 말씀대로 띠를
사서 내 허리에 띠니라
3 여호와의 말씀이 다시 내게
임하여 이르시되
4 너는 사서 네 허리에 띤 띠를
가지고 일어나 유브라데로 가
서 거기서 그것을 바위 틈에
감추라 하시기로
5 내가 여호와께서 내게 명령하
신 대로 가서 그것을 유브라
데 물 가에 감추니라
6 여러 날 후에 여호와께서 내게
이르시되 일어나 유브라데로
가서 내가 네게 명령하여 거기
감추게 한 띠를 가져오라 하시
기로
7 내가 유브라데로 가서 그 감
추었던 곳을 파고 띠를 가져오
니 띠가 썩어서 쓸 수 없게 되
었더라
8 여호와의 말씀이 내게 임하니
라 이르시되
9 여호와께서 이와 같이 말씀하
시니라 내가 유다의 교만과 예
루살렘의 큰 교만을 이같이
썩게 하리라
10 이 악한 백성이 내 말 듣기를
거절하고 그 마음의 완악한
대로 행하며 다른 신들을 따
라 그를 섬기며 그에게 절하니
그들이 이 띠가 쓸 수 없음 같
이 되리라
11 여호와의 말씀이니라 띠가 사
람의 허리에 속함 같이 내가
이스라엘 온 집과 유다 온 집
으로 내게 속하게 하여 그들
로 내 백성이 되게 하며 내 이
름과 명예와 영광이 되게 하려
하였으나 그들이 듣지 아니하
였느니라

포도주 가죽부대

12 그러므로 너는 이 말로 그들

에게 이르기를 이스라엘의 하
나님 여호와의 말씀에 모든
가죽부대가 포도주로 차리라
하셨다 하라 그리하면 그들이
네게 이르기를 모든 가죽부대
가 포도주로 찰 줄을 우리가
어찌 알지 못하리요 하리니
13 너는 다시 그들에게 이르기를
여호와의 말씀에 보라 내가
이 땅의 모든 주민과 다윗의
왕위에 앉은 왕들과 제사장들
과 선지자들과 예루살렘 모든
주민으로 잔뜩 취하게 하고
14 또 그들에게 각 사람이 충돌
하여 상하게 하되 부자 사이
에도 그러하게 할 것이라 내가
그들을 불쌍히 여기지 아니하
며 사랑하지 아니하며 아끼지
아니하고 멸하리라 하셨다 하
라 여호와의 말씀이니라

교만에 대한 경고

15 너희는 들을지어다, 귀를 기울
일지어다, 교만하지 말지어다,
여호와께서 말씀하셨음이라
16 그가 어둠을 일으키시기 전,
너희 발이 어두운 산에 거치
기 전, 너희 바라는 빛이 사망
의 그늘로 변하여 침침한 어둠
이 되게 하시기 전에 너희 하
나님 여호와께 영광을 돌리라
17 너희가 이를 듣지 아니하면 나
의 심령이 너희 교만으로 말미
암아 은밀한 곳에서 울 것이
며 여호와의 양 떼가 사로잡
힘으로 말미암아 눈물을 흘
려 통곡하리라
18 너는 왕과 왕후에게 전하기를
스스로 낮추어 앉으라 관 곧 영
광의 면류관이 내려졌다 하라
19 네겝의 성읍들이 봉쇄되어 열
자가 없고 유다가 다 잡혀가
되 온전히 잡혀가도다

20 너는 눈을 들어 북방에서 오
는 자들을 보라 네게 맡겼던
양 떼, 네 아름다운 양 떼는
어디 있느냐
21 너의 친구 삼았던 자를 그
가 네 위에 우두머리로 세우
실 때에 네가 무슨 말을 하겠
느냐 네가 고통에 사로잡힘이
산고를 겪는 여인 같지 않겠느
냐
22 네가 마음으로 이르기를 어찌
하여 이런 일이 내게 닥쳤는고
하겠으나 네 죄악이 크므로
네 치마가 들리고 네 발뒤꿈치
가 상함이니라
23 구스인이 그의 피부를, 표범이
그의 반점을 변하게 할 수 있느
냐 할 수 있을진대 악에 익숙한
너희도 선을 행할 수 있으리라
24 그러므로 내가 그들을 사막
바람에 불려가는 검불 같이
흩으리로다
25 여호와의 말씀이니라 이는 네
몫이요 내가 헤아려 정하여
네게 준 분깃이니 네가 나를
잊어버리고 거짓을 신뢰하는
까닭이라
26 그러므로 내가 네 치마를 네
얼굴에까지 들춰서 네 수치를
드러내리라
27 내가 너의 간음과 사악한 소
리와 들의 작은 산 위에서 네
가 행한 음란과 음행과 가증
한 것을 보았노라 화 있을진저
예루살렘이여 네가 얼마나 오
랜 후에야 정결하게 되겠느냐
하시니라

칼과 기근

14 가뭄에 대하여 예레미
야에게 임한 여호와의
말씀이라
2 유다가 슬퍼하며 성문의 무리

14

가 피곤하여 땅 위에서 애통
하니 예루살렘의 부르짖음이
위로 오르도다
3 귀인들은 자기 사환들을 보내
어 물을 얻으려 하였으나 그
들이 우물에 갔어도 물을 얻
지 못하여 빈 그릇으로 돌아
오니 부끄럽고 근심하여 그들
의 머리를 가리며
4 땅에 비가 없어 지면이 갈라지
니 밭 가는 자가 부끄러워서
그의 머리를 가리는도다
5 들의 암사슴은 새끼를 낳아도
풀이 없으므로 내버리며
6 들 나귀들은 벗은 산 위에 서
서 승냥이 같이 헐떡이며 풀이
없으므로 눈이 흐려지는도다
7 여호와여 우리의 죄악이 우리
에게 대하여 증언할지라도 주
는 주의 이름을 위하여 일하
소서 우리의 타락함이 많으니
이다 우리가 주께 범죄하였나
이다
8 이스라엘의 소망이시요 고난
당한 때의 구원자시여 어찌하
여 이 땅에서 거류하는 자 같
이, 하룻밤을 유숙하는 나그
네 같이 하시나이까
9 어찌하여 놀란 자 같으시며 구
원하지 못하는 용사 같으시니
이까 여호와여 주는 그래도 우
리 가운데 계시고 우리는 주의
이름으로 일컬음을 받는 자이
오니 우리를 버리지 마옵소서
10 여호와께서 이 백성에 대하여
이와 같이 말씀하시되 그들이
어그러진 길을 사랑하여 그들
의 발을 멈추지 아니하므로
여호와께서 그들을 받지 아니
하고 이제 그들의 죄를 기억하
시고 그 죄를 벌하시리라 하시
고

11 여호와께서 또 내게 이르시되
너는 이 백성을 위하여 복을
구하지 말라
12 그들이 금식할지라도 내가 그
부르짖음을 듣지 아니하겠고
번제와 소제를 드릴지라도 내
가 그것을 받지 아니할 뿐 아
니라 칼과 기근과 전염병으로
내가 그들을 멸하리라
13 이에 내가 말하되 슬프도소이
다 주 여호와여 보시옵소서
선지자들이 그들에게 이르기
를 너희가 칼을 보지 아니하
겠고 기근은 너희에게 이르지
아니할 것이라 내가 이 곳에서
너희에게 확실한 평강을 주리
라 하나이다
14 여호와께서 내게 이르시되 선
지자들이 내 이름으로 거짓
예언을 하도다 나는 그들을
보내지 아니하였고 그들에게
명령하거나 이르지 아니하였거
늘 그들이 거짓 계시와 점술과
헛된 것과 자기 마음의 거짓으
로 너희에게 예언하는도다
15 그러므로 내가 보내지 아니하
였어도 내 이름으로 예언하여
이르기를 칼과 기근이 이 땅
에 이르지 아니하리라 하는
선지자들에 대하여 여호와께
서 이와 같이 말씀하셨노라
그 선지자들은 칼과 기근에
멸망할 것이요
16 그들의 예언을 받은 백성은 기
근과 칼로 말미암아 예루살렘
거리에 던짐을 당할 것인즉 그
들을 장사할 자가 없을 것이요
그들의 아내와 아들과 딸이 그
렇게 되리니 이는 내가 그들의
악을 그 위에 부음이니라
17 너는 이 말로 그들에게 이르라
내 눈이 밤낮으로 그치지 아

니하고 눈물을 흘리리니 이는
처녀 딸 내 백성이 큰 파멸, 중
한 상처로 말미암아 망함이라
18 내가 들에 나간즉 칼에 죽은
자요 내가 성읍에 들어간즉
기근으로 병든 자며 선지자나
제사장이나 알지 못하는 땅으
로 두루 다니도다

백성이 주께 간구하다

19 주께서 유다를 온전히 버리시
나이까 주의 심령이 시온을 싫
어하시나이까 어찌하여 우리
를 치시고 치료하지 아니하시
나이까 우리가 평강을 바라도
좋은 것이 없고 치료 받기를
기다리나 두려움만 보나이다
20 여호와여 우리의 악과 우리
조상의 죄악을 인정하나이다
우리가 주께 범죄하였나이다
21 주의 이름을 위하여 우리를
미워하지 마옵소서 주의 영광
의 보좌를 욕되게 마옵소서
주께서 우리와 세우신 언약을
기억하시고 폐하지 마옵소서
22 이방인의 우상 가운데 능히
비를 내리게 할 자가 있나이까
하늘이 능히 소나기를 내릴 수
있으리이까 우리 하나님 여호
와여 그리하는 자는 주가 아
니시니이까 그러므로 우리가
주를 앙망하옵는 것은 주께
서 이 모든 것을 만드셨음이니
이다 하니라

네 가지로 백성을 벌하리라

15 여호와께서 내게 이르
시되 모세와 사무엘이
내 앞에 섰다 할지라도 내 마음
은 이 백성을 향할 수 없나니 그
들을 내 앞에서 쫓아 내보내라
2 그들이 만일 네게 말하기를
우리가 어디로 나아가리요 하
거든 너는 그들에게 이르기를

15

여호와께서 이와 같이 말씀하
시니라 죽을 자는 죽음으로
나아가고 칼을 받을 자는 칼
로 나아가고 기근을 당할 자
는 기근으로 나아가고 포로
될 자는 포로 됨으로 나아갈
지니라 하셨다 하라
3 여호와의 말씀이니라 내가 그
들을 네 가지로 벌하리니 곧
죽이는 칼과 찢는 개와 삼켜
멸하는 공중의 새와 땅의 짐
승으로 할 것이며
4 유다 왕 히스기야의 아들 므
낫세가 예루살렘에 행한 것으
로 말미암아 내가 그들을 세
계 여러 민족 가운데에 흩으리
라
5 예루살렘아 너를 불쌍히 여길
자 누구며 너를 위해 울 자 누
구며 돌이켜 네 평안을 물을
자 누구냐
6 여호와께서 이르시되 네가 나
를 버렸고 내게서 물러갔으므
로 네게로 내 손을 펴서 너를
멸하였노니 이는 내가 뜻을
돌이키기에 지쳤음이로다
7 내가 그들을 그 땅의 여러 성
문에서 키로 까불러 그 자식
을 끊어서 내 백성을 멸하였나
니 이는 그들이 자기들의 길에
서 돌이키지 아니하였음이라
8 그들의 과부가 내 앞에 바다
모래보다 더 많아졌느니라 내
가 대낮에 파멸시킬 자를 그
들에게로 데려다가 그들과 청
년들의 어미를 쳐서 놀람과 두
려움을 그들에게 갑자기 닥치
게 하였으며
9 일곱을 낳은 여인에게는 쇠약
하여 기절하게 하며 아직도 대
낮에 그의 해가 떨어져서 그에
게 수치와 근심을 당하게 하

였느니라 그 남은 자는 그들
의 대적의 칼에 붙이리라 여호
와의 말씀이니라

예레미야의 기도와 여호와의 말씀

10 내게 재앙이로다 나의 어머니
여 어머니께서 나를 온 세계에
다투는 자와 싸우는 자를 만
날 자로 낳으셨도다 내가 꾸
어 주지도 아니하였고 사람이
내게 꾸이지도 아니하였건마
는 다 나를 저주하는도다
11 여호와께서 이르시되 내가 진
실로 너를 강하게 할 것이요
너에게 복을 받게 할 것이며
내가 진실로 네 원수로 재앙
과 환난의 때에 네게 간구하게
하리라
12 누가 능히 철 곧 북방의 철과
놋을 꺾으리요
13 그러나 네 모든 죄로 말미암
아 네 국경 안의 모든 재산과
보물로 값 없이 탈취를 당하게
할 것이며
14 네 원수와 함께 네가 알지 못
하는 땅에 이르게 하리니 이
는 나의 진노의 맹렬한 불이
너희를 사르려 함이라
15 여호와여 주께서 아시오니 원
하건대 주는 나를 기억하시며
돌보시사 나를 박해하는 자
에게 보복하시고 주의 오래 참
으심으로 말미암아 나로 멸망
하지 아니하게 하옵시며 주를
위하여 내가 부끄러움 당하는
줄을 아시옵소서
16 만군의 하나님 여호와시여 나
는 주의 이름으로 일컬음을
받는 자라 내가 주의 말씀을
얻어 먹었사오니 주의 말씀은
내게 기쁨과 내 마음의 즐거
움이오나
17 내가 기뻐하는 자의 모임 가운

데 앉지 아니하며 즐거워하지도
아니하고 주의 손에 붙들려 홀
로 앉았사오니 이는 주께서 분
노로 내게 채우셨음이니이다
18 나의 고통이 계속하며 상처가
중하여 낫지 아니함은 어찌 됨
이니이까 주께서는 내게 대하
여 물이 말라서 속이는 시내
같으시리이까
19 여호와께서 이와 같이 말씀하
시되 네가 만일 돌아오면 내가
너를 다시 이끌어 내 앞에 세
울 것이며 네가 만일 헛된 것
을 버리고 귀한 것을 말한다면
너는 나의 입이 될 것이라 그
들은 네게로 돌아오려니와 너
는 그들에게로 돌아가지 말지
니라
20 내가 너로 이 백성 앞에 견고
한 놋 성벽이 되게 하리니 그
들이 너를 칠지라도 이기지 못
할 것은 내가 너와 함께 하여
너를 구하여 건짐이라 여호와
의 말씀이니라
21 내가 너를 악한 자의 손에서
건지며 무서운 자의 손에서
구원하리라

백성에게 할 말

16 여호와의 말씀이 또
내게 임하여 이르시되
2 너는 이 땅에서 아내를 맞이하
지 말며 자녀를 두지 말지니라
3 이 곳에서 낳은 자녀와 이 땅에
서 그들을 해산한 어머니와 그들
을 낳은 아버지에 대하여 여호와
께서 이와 같이 말씀하시오니
4 그들은 독한 병으로 죽어도
아무도 슬퍼하지 않을 것이며
묻어 주지 않아 지면의 분토
와 같을 것이며 칼과 기근에
망하고 그 시체는 공중의 새
와 땅의 짐승의 밥이 되리라

16

5 여호와께서 이와 같이 말씀하
시되 초상집에 들어가지 말라
가서 통곡하지 말며 그들을
위하여 애곡하지 말라 내가
이 백성에게서 나의 평강을 빼
앗으며 인자와 사랑을 제함이
라 여호와의 말씀이니라
6 큰 자든지 작은 자든지 이 땅
에서 죽으리니 그들이 매장되
지 못할 것이며 그들을 위하
여 애곡하는 자도 없겠고 자
기 몸을 베거나 머리털을 미는
자도 없을 것이며
7 그 죽은 자로 말미암아 슬퍼
하는 자와 떡을 떼며 위로하
는 자가 없을 것이며 그들의
아버지나 어머니의 상사를 위
하여 위로의 잔을 그들에게
마시게 할 자가 없으리라
8 너는 잔칫집에 들어가서 그들
과 함께 앉아 먹거나 마시지
말라
9 만군의 여호와 이스라엘의 하
나님께서 이와 같이 말씀하시
니라 보라 기뻐하는 소리와 즐
거워하는 소리와 신랑의 소리
와 신부의 소리를 내가 네 목
전, 네 시대에 이 곳에서 끊어
지게 하리라
10 네가 이 모든 말로 백성에게
말할 때에 그들이 네게 묻기를
여호와께서 우리에게 이 모든
큰 재앙을 선포하심은 어찌 됨
이며 우리의 죄악은 무엇이며
우리가 우리 하나님 여호와께
범한 죄는 무엇이냐 하거든
11 너는 그들에게 대답하기를 여
호와께서 말씀하시되 너희 조
상들이 나를 버리고 다른 신들
을 따라서 그들을 섬기며 그들
에게 절하고 나를 버려 내 율법
을 지키지 아니하였음이라

12 너희가 너희 조상들보다 더욱
악을 행하였도다 보라 너희가
각기 악한 마음의 완악함을
따라 행하고 나에게 순종하지
아니하였으므로
13 내가 너희를 이 땅에서 쫓아
내어 너희와 너희 조상들이
알지 못하던 땅에 이르게 할
것이라 너희가 거기서 주야로
다른 신들을 섬기리니 이는 내
가 너희에게 은혜를 베풀지 아
니함이라 하셨다 하라

포로의 귀환

14 여호와의 말씀이니라 그러나
보라 날이 이르리니 다시는 이
스라엘 자손을 애굽 땅에서
인도하여 내신 여호와께서 살
아 계심을 두고 맹세하지 아니
하고
15 이스라엘 자손을 북방 땅과 그
쫓겨 났던 모든 나라에서 인도
하여 내신 여호와께서 살아 계
심을 두고 맹세하리라 내가 그
들을 그들의 조상들에게 준 그
들의 땅으로 인도하여 들이리라

악과 죄를 배나 갚을 것이라

16 여호와의 말씀이니라 보라 내
가 많은 어부를 불러다가 그
들을 낚게 하며 그 후에 많은
포수를 불러다가 그들을 모든
산과 모든 언덕과 바위 틈에
서 사냥하게 하리니
17 이는 내 눈이 그들의 행위를
살펴보므로 그들이 내 얼굴
앞에서 숨기지 못하며 그들의
죄악이 내 목전에서 숨겨지지
못함이라
18 내가 우선 그들의 악과 죄를 배
나 갚을 것은 그들이 그 미운
물건의 시체로 내 땅을 더럽히
며 그들의 가증한 것으로 내
기업에 가득하게 하였음이라

예레미야의 기도

19 여호와 나의 힘, 나의 요새, 환
난날의 피난처시여 민족들이
땅 끝에서 주께 이르러 말하
기를 우리 조상들의 계승한
바는 허망하고 거짓되고 무익
한 것뿐이라
20 사람이 어찌 신 아닌 것을 자
기의 신으로 삼겠나이까 하리
이다
21 여호와께서 이르시되 보라 이
번에 그들에게 내 손과 내 능
력을 알려서 그들로 내 이름이
여호와인 줄 알게 하리라

유다의 죄와 벌

17 유다의 죄는 금강석
끝 철필로 기록되되
그들의 마음 판과 그들의 제
단 뿔에 새겨졌거늘
2 그들의 자녀가 높은 언덕 위
푸른 나무 곁에 있는 그 제단
들과 아세라들을 생각하도다
3 들에 있는 나의 산아 네 온 영
토의 죄로 말미암아 내가 네
재산과 네 모든 보물과 산당
들로 노략을 당하게 하리니
4 내가 네게 준 네 기업에서 네
손을 뗄 것이며 또 내가 너로
하여금 너의 알지 못하는 땅
에서 네 원수를 섬기게 하리니
이는 너희가 내 노를 맹렬하게
하여 영원히 타는 불을 일으
켰음이라
5 여호와께서 이와 같이 말씀
하시니라 무릇 사람을 믿으며
육신으로 그의 힘을 삼고 마
음이 여호와에게서 떠난 그
사람은 저주를 받을 것이라
6 그는 사막의 떨기나무 같아서
좋은 일이 오는 것을 보지 못하
고 광야 간조한 곳, 건건한 땅,
사람이 살지 않는 땅에 살리라

17

7 그러나 무릇 여호와를 의지하
며 여호와를 의뢰하는 그 사
람은 복을 받을 것이라
8 그는 물 가에 심어진 나무가
그 뿌리를 강변에 뻗치고 더위
가 올지라도 두려워하지 아니
하며 그 잎이 청청하며 가무
는 해에도 걱정이 없고 결실이
그치지 아니함 같으리라
9 만물보다 거짓되고 심히 부패
한 것은 마음이라 누가 능히
이를 알리요마는
10 나 여호와는 심장을 살피며 폐
부를 시험하고 각각 그의 행위
와 그의 행실대로 보응하나니
11 불의로 치부하는 자는 자고새
가 낳지 아니한 알을 품음 같
아서 그의 중년에 그것이 떠나
겠고 마침내 어리석은 자가 되
리라

예레미야의 간구

12 영화로우신 보좌여 시작부터
높이 계시며 우리의 성소이시
며
13 이스라엘의 소망이신 여호와
여 무릇 주를 버리는 자는 다
수치를 당할 것이라 무릇 여호
와를 떠나는 자는 흙에 기록
이 되오리니 이는 생수의 근원
이신 여호와를 버림이니이다
14 여호와여 주는 나의 찬송이시
오니 나를 고치소서 그리하시
면 내가 낫겠나이다 나를 구
원하소서 그리하시면 내가 구
원을 얻으리이다
15 보라 그들이 내게 이르기를 여
호와의 말씀이 어디 있느냐 이
제 임하게 할지어다 하나이다
16 나는 목자의 직분에서 물러가
지 아니하고 주를 따랐사오며
재앙의 날도 내가 원하지 아니
하였음을 주께서 아시는 바라

내 입술에서 나온 것이 주의
목전에 있나이다
17 주는 내게 두려움이 되지 마
옵소서 재앙의 날에 주는 나
의 피난처시니이다
18 나를 박해하는 자로 치욕을
당하게 하시고 나로 치욕을
당하게 마옵소서 그들은 놀
라게 하시고 나는 놀라게 하
지 마시옵소서 재앙의 날을
그들에게 임하게 하시며 배나
되는 멸망으로 그들을 멸하
소서

안식일을 거룩하게 하라

19 여호와께서 내게 이와 같이
말씀하시되 너는 가서 유다
왕들이 출입하는 평민의 문과
예루살렘 모든 문에 서서
20 무리에게 이르기를 이 문으로
들어오는 유다 왕들과 유다
모든 백성과 예루살렘 모든
주민인 너희는 여호와의 말씀
을 들을지어다
21 여호와께서 이와 같이 말씀
하시되 너희는 스스로 삼가서
안식일에 짐을 지고 예루살렘
문으로 들어오지 말며
22 안식일에 너희 집에서 짐을 내
지 말며 어떤 일이라도 하지
말고 내가 너희 조상들에게
명령함 같이 안식일을 거룩히
할지어다
23 그들은 순종하지 아니하며 귀
를 기울이지 아니하며 그 목
을 곧게 하여 듣지 아니하며
교훈을 받지 아니하였느니라
24 여호와의 말씀이니라 너희가
만일 삼가 나를 순종하여 안
식일에 짐을 지고 이 성문으로
들어오지 아니하며 안식일을
거룩히 하여 어떤 일이라도 하
지 아니하면

25 다윗의 왕위에 앉아 있는 왕들
과 고관들이 병거와 말을 타고
이 성문으로 들어오되 그들과
유다 모든 백성과 예루살렘 주
민들이 함께 그리할 것이요 이
성은 영원히 있을 것이며
26 사람들이 유다 성읍들과 예
루살렘에 둘린 곳들과 베냐민
땅과 평지와 산지와 네겝으로
부터 와서 번제와 희생과 소제
와 유향과 감사제물을 여호와
의 성전에 가져오려니와
27 그러나 만일 너희가 나를 순
종하지 아니하고 안식일을 거
룩되게 아니하여 안식일에 짐
을 지고 예루살렘 문으로 들
어오면 내가 성문에 불을 놓
아 예루살렘 궁전을 삼키게
하리니 그 불이 꺼지지 아니하
리라 하셨다 할지니라 하시니
라

토기장이의 비유

18 여호와께로부터 예레
미야에게 임한 말씀에
이르시되
2 너는 일어나 토기장이의 집으
로 내려가라 내가 거기에서 내
말을 네게 들려 주리라 하시기
로
3 내가 토기장이의 집으로 내려
가서 본즉 그가 녹로로 일을
하는데
4 진흙으로 만든 그릇이 토기장
이의 손에서 터지매 그가 그것
으로 자기 의견에 좋은 대로
다른 그릇을 만들더라
5 그 때에 여호와의 말씀이 내
게 임하니라 이르시되
6 여호와의 말씀이니라 이스라
엘 족속아 이 토기장이가 하
는 것 같이 내가 능히 너희에
게 행하지 못하겠느냐 이스라

18

엘 족속아 진흙이 토기장이의
손에 있음 같이 너희가 내 손
에 있느니라
7 내가 어느 민족이나 국가를
뽑거나 부수거나 멸하려 할 때
에
8 만일 내가 말한 그 민족이 그
의 악에서 돌이키면 내가 그에
게 내리기로 생각하였던 재앙
에 대하여 뜻을 돌이키겠고
9 내가 어느 민족이나 국가를
건설하거나 심으려 할 때에
10 만일 그들이 나 보기에 악한
것을 행하여 내 목소리를 청
종하지 아니하면 내가 그에게
유익하게 하리라고 한 복에 대
하여 뜻을 돌이키리라
11 그러므로 이제 너는 유다 사
람들과 예루살렘 주민들에게
말하여 이르기를 여호와의 말
씀에 보라 내가 너희에게 재앙
을 내리며 계책을 세워 너희를
치려 하노니 너희는 각기 악한
길에서 돌이키며 너희의 길과
행위를 아름답게 하라 하셨다
하라
12 그러나 그들이 말하기를 이는
헛되니 우리는 우리의 계획대
로 행하며 우리는 각기 악한
마음이 완악한 대로 행하리라
하느니라

이스라엘이 가증한 일을 행하다

13 그러므로 여호와께서 이와 같
이 말씀하시니라 너희는 누가
이러한 일을 들었는지 여러 나
라 가운데 물어보라 처녀 이
스라엘이 심히 가증한 일을 행
하였도다
14 레바논의 눈이 어찌 들의 바
위를 떠나겠으며 먼 곳에서
흘러내리는 찬물이 어찌 마르
겠느냐

15 무릇 내 백성은 나를 잊고 허
무한 것에게 분향하거니와 이
러한 것들은 그들로 그들의
길 곧 그 옛길에서 넘어지게
하며 곁길 곧 닦지 아니한 길
로 행하게 하여
16 그들의 땅으로 두려움과 영원
한 웃음 거리가 되게 하리니
그리로 지나는 자마다 놀라서
그의 머리를 흔들리라
17 내가 그들을 그들의 원수 앞
에서 흩어 버리기를 동풍으
로 함 같이 할 것이며 그들의
재난의 날에는 내가 그들에
게 등을 보이고 얼굴을 보이지
아니하리라

예레미야를 죽이려 하다

18 그들이 말하기를 오라 우리가
꾀를 내어 예레미야를 치자 제
사장에게서 율법이, 지혜로운
자에게서 책략이, 선지자에게
서 말씀이 끊어지지 아니할 것
이니 오라 우리가 혀로 그를
치고 그의 어떤 말에도 주의하
지 말자 하나이다
19 여호와여 나를 돌아보사 나
와 더불어 다투는 그들의 목
소리를 들어 보옵소서
20 어찌 악으로 선을 갚으리이까
마는 그들이 나의 생명을 해
하려고 구덩이를 팠나이다 내
가 주의 분노를 그들에게서
돌이키려 하고 주의 앞에 서서
그들을 위하여 유익한 말을
한 것을 기억하옵소서
21 그러하온즉 그들의 자녀를 기
근에 내어 주시며 그들을 칼
의 세력에 넘기시며 그들의 아
내들은 자녀를 잃고 과부가
되며 그 장정은 죽음을 당하
며 그 청년은 전장에서 칼을
맞게 하시며

22 주께서 군대로 갑자기 그들에
게 이르게 하사 그들의 집에
서 부르짖음이 들리게 하옵
소서 이는 그들이 나를 잡으
려고 구덩이를 팠고 내 발을
빠뜨리려고 올무를 놓았음이
니이다
23 여호와여 그들이 나를 죽이려
하는 계략을 주께서 다 아시
오니 그 악을 사하지 마옵시
며 그들의 죄를 주의 목전에서
지우지 마시고 그들을 주 앞
에 넘어지게 하시되 주께서 노
하시는 때에 이같이 그들에게
행하옵소서 하니라

깨진 옹기

19 여호와께서 이와 같이
말씀하시되 가서 토기
장이의 옹기를 사고 백성의 어
른들과 제사장의 어른 몇 사
람과
2 하시드 문 어귀 곁에 있는 힌
놈의 아들의 골짜기로 가서
거기에서 내가 네게 이른 말을
선포하여
3 말하기를 너희 유다 왕들과
예루살렘 주민아 여호와의 말
씀을 들으라 만군의 여호와
이스라엘의 하나님이 이같이
말씀하시되 보라 내가 이 곳
에 재앙을 내릴 것이라 그것을
듣는 모든 자의 귀가 떨리니
4 이는 그들이 나를 버리고 이
곳을 불결하게 하며 이 곳에서
자기와 자기 조상들과 유다
왕들이 알지 못하던 다른 신
들에게 분향하며 무죄한 자의
피로 이 곳에 채웠음이며
5 또 그들이 바알을 위하여 산
당을 건축하고 자기 아들들을
바알에게 번제로 불살라 드렸
나니 이는 내가 명령하거나 말

19

하거나 뜻한 바가 아니니라
6 그러므로 보라 다시는 이 곳
을 도벳이나 힌놈의 아들의 골
짜기라 부르지 아니하고 오직
죽임의 골짜기라 부르는 날이
이를 것이라 여호와의 말이니
라
7 내가 이 곳에서 유다와 예루
살렘의 계획을 무너뜨려 그들
로 그 대적 앞과 생명을 찾는
자의 손의 칼에 엎드러지게 하
고 그 시체를 공중의 새와 땅
의 짐승의 밥이 되게 하며
8 이 성읍으로 놀람과 조롱 거
리가 되게 하리니 그 모든
재앙으로 말미암아 지나는
자마다 놀라며 조롱할 것이
며
9 그들이 그들의 원수와 그들의
생명을 찾는 자에게 둘러싸여
곤경에 빠질 때에 내가 그들이
그들의 아들의 살, 딸의 살을
먹게 하고 또 각기 친구의 살
을 먹게 하리라 하셨다 하고
10 너는 함께 가는 자의 목전에
서 그 옹기를 깨뜨리고
11 그들에게 이르기를 만군의 여
호와께서 이와 같이 말씀하시
되 사람이 토기장이의 그릇을
한 번 깨뜨리면 다시 완전하게
할 수 없나니 이와 같이 내가
이 백성과 이 성읍을 무너뜨리
리니 도벳에 매장할 자리가 없
을 만큼 매장하리라
12 여호와의 말씀이니라 내가 이
곳과 그 가운데 주민에게 이
같이 행하여 이 성읍으로 도
벳 같게 할 것이라
13 예루살렘 집들과 유다 왕들의
집들이 그 집 위에서 하늘의
만상에 분향하고 다른 신들에
게 전제를 부음으로 더러워졌

은즉 도벳 땅처럼 되리라 하셨
다 하라 하시니
14 예레미야가 여호와께서 자기
를 보내사 예언하게 하신 도벳
에서 돌아와 여호와의 집 뜰
에 서서 모든 백성에게 말하
되
15 만군의 여호와 이스라엘의 하
나님께서 이와 같이 말씀하시
되 보라 내가 이 성읍에 대하
여 선언한 모든 재앙을 이 성
읍과 그 모든 촌락에 내리리니
이는 그들의 목을 곧게 하여
내 말을 듣지 아니함이라 하시
니라

예레미야와 바스훌

20 임멜의 아들 제사장
바스훌은 여호와의 성
전의 총감독이라 그가 예레미
야의 이 일 예언함을 들은지라
2 이에 바스훌이 선지자 예레미
야를 때리고 여호와의 성전에
있는 베냐민 문 위층에 목에
씌우는 나무 고랑으로 채워
두었더니
3 다음날 바스훌이 예레미야를
목에 씌우는 나무 고랑에서
풀어 주매 예레미야가 그에게
이르되 여호와께서 네 이름을
바스훌이라 아니하시고 마골
밋사빕이라 하시느니라
4 여호와께서 이와 같이 말씀하
시되 보라 내가 너로 너와 네
모든 친구에게 두려움이 되게
하리니 그들이 그들의 원수들
의 칼에 엎드러질 것이요 네 눈
은 그것을 볼 것이며 내가 온
유다를 바벨론 왕의 손에 넘기
리니 그가 그들을 사로잡아 바
벨론으로 옮겨 칼로 죽이리라
5 내가 또 이 성읍의 모든 부와
그 모든 소득과 그 모든 귀중

20

품과 유다 왕들의 모든 보물
을 그 원수의 손에 넘기리니
그들이 그것을 탈취하여 바벨
론으로 가져가리라
6 바스훌아 너와 네 집에 사는
모든 사람이 포로 되어 옮겨
지리니 네가 바벨론에 이르러
거기서 죽어 거기 묻힐 것이라
너와 너의 거짓 예언을 들은
네 모든 친구도 그와 같으리라
하셨느니라

예레미야가 여호와께 사정을 아뢰다

7 여호와여 주께서 나를 권유하
시므로 내가 그 권유를 받았
사오며 주께서 나보다 강하사
이기셨으므로 내가 조롱 거
리가 되니 사람마다 종일토록
나를 조롱하나이다
8 내가 말할 때마다 외치며 파
멸과 멸망을 선포하므로 여호
와의 말씀으로 말미암아 내가
종일토록 치욕과 모욕 거리가
됨이니이다
9 내가 다시는 여호와를 선포
하지 아니하며 그의 이름으로
말하지 아니하리라 하면 나의
마음이 불붙는 것 같아서 골
수에 사무치니 답답하여 견딜
수 없나이다
10 나는 무리의 비방과 사방이
두려워함을 들었나이다 그들
이 이르기를 고소하라 우리도
고소하리라 하오며 내 친한 벗
도 다 내가 실족하기를 기다리
며 그가 혹시 유혹을 받게 되
면 우리가 그를 이기어 우리
원수를 갚자 하나이다
11 그러하오나 여호와는 두려운
용사 같으시며 나와 함께 하
시므로 나를 박해하는 자들
이 넘어지고 이기지 못할 것이
오며 그들은 지혜롭게 행하지

못하므로 큰 치욕을 당하오리
니 그 치욕은 길이 잊지 못할
것이니이다
12 의인을 시험하사 그 폐부와 심
장을 보시는 만군의 여호와여
나의 사정을 주께 아뢰었사온
즉 주께서 그들에게 보복하심
을 나에게 보게 하옵소서
13 여호와께 노래하라 너희는 여
호와를 찬양하라 가난한 자
의 생명을 행악자의 손에서
구원하셨음이니라
14 내 생일이 저주를 받았더면,
나의 어머니가 나를 낳던 날
이 복이 없었더면,
15 나의 아버지에게 소식을 전하
여 이르기를 당신이 득남하였
다 하여 아버지를 즐겁게 하던
자가 저주를 받았더면,
16 그 사람은 여호와께서 무너뜨
리시고 후회하지 아니하신 성
읍 같이 되었더면, 그가 아침
에는 부르짖는 소리, 낮에는
떠드는 소리를 듣게 하였더면,
좋을 뻔하였나니
17 이는 그가 나를 태에서 죽이
지 아니하셨으며 나의 어머니
를 내 무덤이 되지 않게 하셨
으며 그의 배가 부른 채로 항
상 있지 않게 하신 까닭이로다
18 어찌하여 내가 태에서 나와서
고생과 슬픔을 보며 나의 날
을 부끄러움으로 보내는고 하
니라

여호와께서 두신 생명의 길과 사망의 길

21 여호와께로부터 예레
미야에게 말씀이 임하
니라 시드기야 왕이 말기야의
아들 바스훌과 제사장 마아
세야의 아들 스바냐를 예레미
야에게 보내니라
2 바벨론의 느부갓네살 왕이 우

21

리를 치니 청컨대 너는 우리를
위하여 여호와께 간구하라 여
호와께서 혹시 그의 모든 기
적으로 우리를 도와 행하시면
그가 우리를 떠나리라 하니
3 예레미야가 그들에게 대답하
되 너희는 시드기야에게 이같
이 말하라
4 이스라엘의 하나님 여호와께
서 이와 같이 말씀하시되 보
라 너희가 성 밖에서 바벨론
의 왕과 또 너희를 에워싼 갈
대아인과 싸우는 데 쓰는 너
희 손의 무기를 내가 뒤로 돌
릴 것이요 그것들을 이 성 가
운데 모아들이리라
5 내가 든 손과 강한 팔 곧 진노
와 분노와 대노로 친히 너희
를 칠 것이며
6 내가 또 사람이나 짐승이나
이 성에 있는 것을 다 치리니
그들이 큰 전염병에 죽으리라
하셨다 하라
7 여호와의 말씀이니라 그 후
에 내가 유다의 왕 시드기야
와 그의 신하들과 백성과 및
이 성읍에서 전염병과 칼과 기
근에서 남은 자를 바벨론의
느부갓네살 왕의 손과 그들
의 원수의 손과 그들의 생명
을 찾는 자들의 손에 넘기리
니 그가 칼날로 그들을 치되
측은히 여기지 아니하며 긍휼
히 여기지 아니하며 불쌍히 여
기지 아니하리라 하셨느니라
8 여호와께서 말씀하시기를 보
라 내가 너희 앞에 생명의 길
과 사망의 길을 두었노라 너
는 이 백성에게 전하라 하셨느
니라
9 이 성읍에 사는 자는 칼과 기근
과 전염병에 죽으려니와 너희를

에워싼 갈대아인에게 나가서 항
복하는 자는 살 것이나 그의 목
숨은 전리품 같이 되리라
10 여호와의 말씀이니라 내가 나
의 얼굴을 이 성읍으로 향함
은 복을 내리기 위함이 아니
요 화를 내리기 위함이라 이
성읍이 바벨론 왕의 손에 넘김
이 될 것이요 그는 그것을 불
사르리라

유다 왕의 집에 내린 벌

11 유다 왕의 집에 대한 여호와의
말을 들으라
12 여호와께서 이와 같이 말씀하
시니라 다윗의 집이여 너는 아
침마다 정의롭게 판결하여 탈
취 당한 자를 압박자의 손에
서 건지라 그리하지 아니하면
너희의 악행 때문에 내 분노
가 불 같이 일어나서 사르리니
능히 끌 자가 없으리라
13 여호와의 말씀이니라 골짜기
와 평원 바위의 주민아 보라
너희가 말하기를 누가 내려와
서 우리를 치리요 누가 우리의
거처에 들어오리요 하거니와
나는 네 대적이라
14 내가 너희 행위대로 너희를 벌
할 것이요 내가 또 수풀에 불
을 놓아 그 모든 주위를 사르
리라 여호와의 말씀이니라

유다 왕의 집에 선언하다

22 여호와께서 이와 같
이 말씀하시되 너는
유다 왕의 집에 내려가서 거기
에서 이 말을 선언하여
2 이르기를 다윗의 왕위에 앉은
유다 왕이여 너와 네 신하와
이 문들로 들어오는 네 백성은
여호와의 말씀을 들을지니라
3 여호와께서 이와 같이 말씀하
시되 너희가 정의와 공의를 행

22

하여 탈취 당한 자를 압박하
는 자의 손에서 건지고 이방
인과 고아와 과부를 압제하거
나 학대하지 말며 이 곳에서
무죄한 피를 흘리지 말라
4 너희가 참으로 이 말을 준행
하면 다윗의 왕위에 앉을 왕
들과 신하들과 백성이 병거와
말을 타고 이 집 문으로 들어
오게 되리라
5 그러나 너희가 이 말을 듣
지 아니하면 내가 나를 두
고 맹세하노니 이 집이 황
폐하리라 여호와의 말씀이
니라
6 여호와께서 유다 왕의 집에 대
하여 이와 같이 말씀하시니라
네가 내게 길르앗 같고 레바
논의 머리이나 내가 반드시 너
로 광야와 주민이 없는 성읍
을 만들 것이라
7 내가 너를 파멸할 자를 준비
하리니 그들이 각기 손에 무기
를 가지고 네 아름다운 백향
목을 찍어 불에 던지리라
8 여러 민족들이 이 성읍으로
지나가며 서로 말하기를 여호
와가 이 큰 성읍에 이같이 행
함은 어찌 됨인고 하겠고
9 그들이 대답하기는 이는 그들
이 자기 하나님 여호와의 언
약을 버리고 다른 신들에게
절하고 그를 섬긴 까닭이라 하
셨다 할지니라

살룸 왕에 대하여 말하다

10 너희는 죽은 자를 위하여 울지
말며 그를 위하여 애통하지 말
고 잡혀 간 자를 위하여 슬피
울라 그는 다시 돌아와 그 고
국을 보지 못할 것임이라
11 여호와께서 유다 왕 요시야의
아들 곧 그의 아버지 요시야

를 이어 왕이 되었다가 이 곳
에서 나간 살룸에 대하여 이와
같이 말씀하시니라 그가 이 곳
으로 다시 돌아오지 못하고
12 잡혀 간 곳에서 그가 거기서
죽으리니 이 땅을 다시 보지
못하리라

여호야김 왕에 대하여 말하다

13 불의로 그 집을 세우며 부정하
게 그 다락방을 지으며 자기의
이웃을 고용하고 그의 품삯을
주지 아니하는 자에게 화 있
을진저
14 그가 이르기를 내가 나를 위
하여 큰 집과 넓은 다락방을
지으리라 하고 자기를 위하여
창문을 만들고 그것에 백향목
으로 입히고 붉은 빛으로 칠
하도다
15 네가 백향목을 많이 사용하
여 왕이 될 수 있겠느냐 네 아
버지가 먹거나 마시지 아니하
였으며 정의와 공의를 행하지
아니하였느냐 그 때에 그가
형통하였었느니라
16 그는 가난한 자와 궁핍한 자
를 변호하고 형통하였나니 이
것이 나를 앎이 아니냐 여호
와의 말씀이니라
17 그러나 네 두 눈과 마음은 탐
욕과 무죄한 피를 흘림과 압
박과 포악을 행하려 할 뿐이
니라
18 그러므로 여호와께서 유다의
왕 요시야의 아들 여호야김에
게 대하여 이와 같이 말씀하
시니라 무리가 그를 위하여 슬
프다 내 형제여, 슬프다 내 자
매여 하며 통곡하지 아니할 것
이며 그를 위하여 슬프다 주
여 슬프다 그 영광이여 하며
통곡하지도 아니할 것이라

19 그가 끌려 예루살렘 문 밖에
던져지고 나귀 같이 매장함을
당하리라

예루살렘에 대한 탄식

20 너는 레바논에 올라 외치며
바산에서 네 소리를 높이며
아바림에서 외치라 이는 너를
사랑하는 자가 다 멸망하였음
이라
21 네가 평안할 때에 내가 네게
말하였으나 네 말이 나는 듣
지 아니하리라 하였나니 네가
어려서부터 내 목소리를 청종
하지 아니함이 네 습관이라
22 네 목자들은 다 바람에 삼켜
질 것이요 너를 사랑하는 자
들은 사로잡혀 가리니 그 때
에 네가 반드시 네 모든 악 때
문에 수치와 욕을 당하리라
23 레바논에 살면서 백향목에 깃
들이는 자여 여인이 해산하는
고통 같은 고통이 네게 임할
때에 너의 가련함이 얼마나 심
하랴

여호와께서 고니야 왕을 심판하시다

24 여호와의 말씀이니라 나의 삶
으로 맹세하노니 유다 왕 여
호야김의 아들 고니야가 나의
오른손의 인장반지라 할지라
도 내가 빼어
25 네 생명을 찾는 자의 손과 네
가 두려워하는 자의 손 곧 바
벨론의 왕 느부갓네살의 손과
갈대아인의 손에 줄 것이라
26 내가 너와 너를 낳은 어머니를
너희가 나지 아니한 다른 지방
으로 쫓아내리니 너희가 거기
에서 죽으리라
27 그들이 그들의 마음에 돌아오
기를 사모하는 땅에 돌아오지
못하리라
28 이 사람 고니야는 천하고 깨진

그릇이냐 좋아하지 아니하는
그릇이냐 어찌하여 그와 그의
자손이 쫓겨나서 알지 못하는
땅에 들어갔는고
29 땅이여, 땅이여, 땅이여, 여호
와의 말을 들을지니라
30 여호와께서 이와 같이 말씀하
시니라 너희는 이 사람이 자식
이 없겠고 그의 평생 동안 형
통하지 못할 자라 기록하라
이는 그의 자손 중 형통하여
다윗의 왕위에 앉아 유다를
다스릴 사람이 다시는 없을 것
임이라 하시니라

미래의 왕 메시아

23 여호와의 말씀이니라
내 목장의 양 떼를 멸
하며 흩어지게 하는 목자에게
화 있으리라
2 그러므로 이스라엘의 하나님
여호와께서 내 백성을 기르는
목자에게 이와 같이 말씀하시
니라 너희가 내 양 떼를 흩으
며 그것을 몰아내고 돌보지
아니하였도다 보라 내가 너희
의 악행 때문에 너희에게 보응
하리라 여호와의 말씀이니라
3 내가 내 양 떼의 남은 것을 그
몰려 갔던 모든 지방에서 모아
다시 그 우리로 돌아오게 하리
니 그들의 생육이 번성할 것이며
4 내가 그들을 기르는 목자들을
그들 위에 세우리니 그들이 다
시는 두려워하거나 놀라거나
잃어 버리지 아니하리라 여호
와의 말씀이니라
5 여호와의 말씀이니라 보라 때
가 이르리니 내가 다윗에게 한
의로운 가지를 일으킬 것이라
그가 왕이 되어 지혜롭게 다
스리며 세상에서 정의와 공의
를 행할 것이며

23

6 그의 날에 유다는 구원을 받
겠고 이스라엘은 평안히 살 것
이며 그의 이름은 여호와 우리
의 공의라 일컬음을 받으리라
7 그러므로 여호와의 말씀이니
라 보라 날이 이르리니 그들이
다시는 이스라엘 자손을 애굽
땅에서 인도하여 내신 여호와
의 사심으로 맹세하지 아니하
고
8 이스라엘 집 자손을 북쪽 땅,
그 모든 쫓겨났던 나라에서
인도하여 내신 여호와의 사심
으로 맹세할 것이며 그들이 자
기 땅에 살리라 하시니라

선지자들에 대한 말씀

9 선지자들에 대한 말씀이라
내 마음이 상하며 내 모든 뼈
가 떨리며 내가 취한 사람 같
으며 포도주에 잡힌 사람 같
으니 이는 여호와와 그 거룩
한 말씀 때문이라
10 이 땅에 간음하는 자가 가득
하도다 저주로 말미암아 땅이
슬퍼하며 광야의 초장들이 마
르나니 그들의 행위가 악하고
힘쓰는 것이 정직하지 못함이
로다
11 여호와의 말씀이니라 선지자
와 제사장이 다 사악한지라
내가 내 집에서도 그들의 악을
발견하였노라
12 그러므로 그들의 길이 그들에
게 어두운 가운데 미끄러운
곳과 같이 되고 그들이 밀어
냄을 당하여 그 길에 엎드러질
것이라 그들을 벌하는 해에
내가 그들에게 재앙을 내리리
라 여호와의 말씀이니라
13 내가 사마리아 선지자들 가운데
우매함을 보았나니 그들은 바알
을 의지하고 예언하여 내 백성 이

스라엘을 그릇되게 하였고
14 내가 예루살렘 선지자들 가
운데도 가증한 일을 보았나니
그들은 간음을 행하며 거짓을
말하며 악을 행하는 자의 손
을 강하게 하여 사람으로 그
악에서 돌이킴이 없게 하였은
즉 그들은 다 내 앞에서 소돔
과 다름이 없고 그 주민은 고
모라와 다름이 없느니라
15 그러므로 만군의 여호와께서
선지자에 대하여 이와 같이
말씀하시니라 보라 내가 그들
에게 쑥을 먹이며 독한 물을
마시게 하리니 이는 사악이 예
루살렘 선지자들로부터 나와
서 온 땅에 퍼짐이라 하시니라
16 만군의 여호와께서 이와 같이
말씀하시되 너희에게 예언하
는 선지자들의 말을 듣지 말
라 그들은 너희에게 헛된 것을
가르치나니 그들이 말한 묵시
는 자기 마음으로 말미암은
것이요 여호와의 입에서 나온
것이 아니니라
17 항상 그들이 나를 멸시하는
자에게 이르기를 너희가 평안
하리라 여호와의 말씀이니라
하며 또 자기 마음이 완악한
대로 행하는 모든 사람에게
이르기를 재앙이 너희에게 임
하지 아니하리라 하였느니라
18 누가 여호와의 회의에 참여하
여 그 말을 알아들었으며 누가
귀를 기울여 그 말을 들었느냐
19 보라 여호와의 노여움이 일어
나 폭풍과 회오리바람처럼 악
인의 머리를 칠 것이라
20 여호와의 진노가 내 마음의 뜻
하는 바를 행하여 이루기까지는
그치지 아니하나니 너희가 끝날
에 그것을 완전히 깨달으리라

21 이 선지자들은 내가 보내지
아니하였어도 달음질하며 내
가 그들에게 이르지 아니하였
어도 예언하였은즉
22 그들이 만일 나의 회의에 참여
하였더라면 내 백성에게 내 말
을 들려서 그들을 악한 길과
악한 행위에서 돌이키게 하였
으리라
23 여호와의 말씀이니라 나는 가
까운 데에 있는 하나님이요 먼
데에 있는 하나님은 아니냐
24 여호와의 말씀이니라 사람이
내게 보이지 아니하려고 누가
자신을 은밀한 곳에 숨길 수
있겠느냐 여호와가 말하노라
나는 천지에 충만하지 아니하
냐
25 내 이름으로 거짓을 예언하는
선지자들의 말에 내가 꿈을
꾸었다 꿈을 꾸었다고 말하는
것을 내가 들었노라
26 거짓을 예언하는 선지자들이
언제까지 이 마음을 품겠느냐
그들은 그 마음의 간교한 것
을 예언하느니라
27 그들이 서로 꿈 꾼 것을 말하
니 그 생각인즉 그들의 조상
들이 바알로 말미암아 내 이
름을 잊어버린 것 같이 내 백
성으로 내 이름을 잊게 하려
함이로다
28 여호와의 말씀이니라 꿈을 꾼
선지자는 꿈을 말할 것이요
내 말을 받은 자는 성실함으
로 내 말을 말할 것이라 겨가
어찌 알곡과 같겠느냐
29 여호와의 말씀이니라 내 말이
불 같지 아니하냐 바위를 쳐
서 부스러뜨리는 방망이 같지
아니하냐
30 여호와의 말씀이라 그러므

로 보라 서로 내 말을 도둑
질하는 선지자들을 내가 치
리라
31 여호와의 말씀이니라 보라 그
들이 혀를 놀려 여호와가 말
씀하셨다 하는 선지자들을 내
가 치리라
32 여호와의 말씀이니라 보라 거
짓 꿈을 예언하여 이르며 거짓
과 헛된 자만으로 내 백성을
미혹하게 하는 자를 내가 치
리라 내가 그들을 보내지 아니
하였으며 명령하지 아니하였
나니 그들은 이 백성에게 아무
유익이 없느니라 여호와의 말
씀이니라

여호와의 엄중한 말씀

33 이 백성이나 선지자나 제사장
이 네게 물어 이르기를 여호
와의 엄중한 말씀이 무엇인가
묻거든 너는 그들에게 대답하
기를 엄중한 말씀이 무엇이냐
묻느냐 여호와의 말씀에 내가
너희를 버리리라 하셨고
34 또 여호와의 엄중한 말씀이라
하는 선지자에게나 제사장에
게나 백성에게는 내가 그 사람
과 그 집안을 벌하리라 하셨
다 하고
35 너희는 서로 이웃과 형제에게
묻기를 여호와께서 무엇이라
응답하셨으며 여호와께서 무
엇이라 말씀하셨느냐 하고
36 다시는 여호와의 엄중한 말씀
이라 말하지 말라 각 사람의
말이 자기에게 중벌이 되리니
이는 너희가 살아 계신 하나
님, 만군의 여호와 우리 하나
님의 말씀을 망령되이 사용함
이니라 하고
37 너는 또 선지자에게 말하기를
여호와께서 네게 무엇이라 대

답하셨으며 여호와께서 무엇
이라 말씀하셨느냐
38 너희는 여호와의 엄중한 말씀
이라 말하도다 그러므로 여호
와께서 이와 같이 말씀하시되
내가 너희에게 사람을 보내어
이 말씀은 여호와의 엄중한
말씀이니 너희는 말하지 말라
하였으나 너희가 여호와의 엄
중한 말씀이라 하였은즉
39 내가 너희를 온전히 잊어버리며
내가 너희와 너희 조상들에게
준 이 성읍을 내 앞에서 내버려
40 너희는 영원한 치욕과 잊지 못
할 영구한 수치를 당하게 하리
라 하셨느니라

좋은 무화과 나쁜 무화과

24 바벨론의 느부갓네살
왕이 유다 왕 여호야
김의 아들 여고냐와 유다 고
관들과 목공들과 철공들을
예루살렘에서 바벨론으로 옮
긴 후에 여호와께서 여호와의
성전 앞에 놓인 무화과 두 광
주리를 내게 보이셨는데
2 한 광주리에는 처음 익은 듯
한 극히 좋은 무화과가 있고
한 광주리에는 나빠서 먹을
수 없는 극히 나쁜 무화과가
있더라
3 여호와께서 내게 이르시되 예레
미야야 네가 무엇을 보느냐 하
시매 내가 대답하되 무화과이
온데 그 좋은 무화과는 극히 좋
고 그 나쁜 것은 아주 나빠서
먹을 수 없게 나쁘니이다 하니
4 여호와의 말씀이 또 내게 임
하니라 이르시되
5 이스라엘의 하나님 여호와께서
이와 같이 말씀하시니라 내가
이 곳에서 옮겨 갈대아인의 땅
에 이르게 한 유다 포로를 이 좋

24

은 무화과 같이 잘 돌볼 것이라
6 내가 그들을 돌아보아 좋게
하여 다시 이 땅으로 인도하
여 세우고 헐지 아니하며 심고
뽑지 아니하겠고
7 내가 여호와인 줄 아는 마음
을 그들에게 주어서 그들이
전심으로 내게 돌아오게 하리
니 그들은 내 백성이 되겠고
나는 그들의 하나님이 되리라
8 여호와께서 이와 같이 말씀하
시니라 내가 유다의 왕 시드기
야와 그 고관들과 예루살렘의
남은 자로서 이 땅에 남아 있
는 자와 애굽 땅에 사는 자들
을 나빠서 먹을 수 없는 이 나
쁜 무화과 같이 버리되
9 세상 모든 나라 가운데 흩어
서 그들에게 환난을 당하게
할 것이며 또 그들에게 내가
쫓아 보낼 모든 곳에서 부끄
러움을 당하게 하며 말 거리
가 되게 하며 조롱과 저주를
받게 할 것이며
10 내가 칼과 기근과 전염병을 그
들 가운데 보내 그들이 내가
그들과 그들의 조상들에게 준
땅에서 멸절하기까지 이르게
하리라 하시니라

칠십 년 동안 바벨론 왕을 섬기리라

25 유다의 왕 요시야의
아들 여호야김 넷째 해
곧 바벨론의 왕 느부갓네살 원
년에 유다의 모든 백성에 관한
말씀이 예레미야에게 임하니라
2 선지자 예레미야가 유다의 모
든 백성과 예루살렘의 모든
주민에게 말하여 이르되
3 유다의 왕 아몬의 아들 요시
야 왕 열셋째 해부터 오늘까지
이십삼 년 동안 여호와의 말
씀이 내게 임하기로 내가 너희

25

에게 꾸준히 일렀으나 너희가
순종하지 아니하였느니라
4 그러므로 여호와께서 그의 모
든 종 선지자를 너희에게 끊임
없이 보내셨으나 너희가 순종
하지 아니하였으며 귀를 기울
여 듣지도 아니하였도다
5 그가 이르시기를 너희는 각자
의 악한 길과 악행을 버리고
돌아오라 그리하면 나 여호와
가 너희와 너희 조상들에게 영
원부터 영원까지 준 그 땅에
살리라
6 너희는 다른 신을 따라다니며
섬기거나 경배하지 말며 너희
손으로 만든 것으로써 나의
노여움을 일으키지 말라 그리
하면 내가 너희를 해하지 아니
하리라 하였으나
7 너희가 내 말을 순종하지 아
니하고 너희 손으로 만든 것
으로써 나의 노여움을 일으켜
스스로 해하였느니라 여호와
의 말씀이니라
8 그러므로 만군의 여호와께서
이와 같이 말씀하시니라 너희
가 내 말을 듣지 아니하였느니
라
9 보라 내가 북쪽 모든 종족과
내 종 바벨론의 왕 느부갓네
살을 불러다가 이 땅과 그 주
민과 사방 모든 나라를 쳐서
진멸하여 그들을 놀램과 비웃
음 거리가 되게 하며 땅으로
영원한 폐허가 되게 할 것이라
여호와의 말씀이니라
10 내가 그들 중에서 기뻐하는 소리
와 즐거워하는 소리와 신랑의 소
리와 신부의 소리와 맷돌 소리와
등불 빛이 끊어지게 하리니
11 이 모든 땅이 폐허가 되어 놀
랄 일이 될 것이며 이 민족들

은 칠십 년 동안 바벨론의 왕
을 섬기리라
12 여호와의 말씀이니라 칠십 년
이 끝나면 내가 바벨론의 왕과
그의 나라와 갈대아인의 땅을
그 죄악으로 말미암아 벌하여
영원히 폐허가 되게 하되
13 내가 그 땅을 향하여 선언한
바 곧 예레미야가 모든 민족
을 향하여 예언하고 이 책에
기록한 나의 모든 말을 그 땅
에 임하게 하리라
14 그리하여 여러 민족과 큰 왕들
이 그들로 자기들을 섬기게 할
것이나 나는 그들의 행위와 그
들의 손이 행한 대로 갚으리라

모든 나라에 내리는 진노의 술잔

15 이스라엘의 하나님 여호와께
서 이같이 내게 이르시되 너는
내 손에서 이 진노의 술잔을
받아가지고 내가 너를 보내는
바 그 모든 나라로 하여금 마
시게 하라
16 그들이 마시고 비틀거리며 미
친 듯이 행동하리니 이는 내
가 그들 중에 칼을 보냈기 때
문이니라 하시기로
17 내가 여호와의 손에서 그 잔
을 받아서 여호와께서 나를
보내신 바 그 모든 나라로 마
시게 하되
18 예루살렘과 유다 성읍들과 그
왕들과 그 고관들로 마시게
하였더니 그들이 멸망과 놀램
과 비웃음과 저주를 당함이
오늘과 같으니라
19 또 애굽의 왕 바로와 그의 신
하들과 그의 고관들과 그의
모든 백성과
20 모든 섞여 사는 민족들과 우
스 땅의 모든 왕과 블레셋 사
람의 땅 모든 왕과 아스글론

과 가사와 에그론과 아스돗의
나머지 사람들과
21 에돔과 모압과 암몬 자손과
22 두로의 모든 왕과 시돈의 모든
왕과 바다 건너쪽 섬의 왕들과
23 드단과 데마와 부스와 살쩍을
깎은 모든 자와
24 아라비아의 모든 왕과 광야에
서 섞여 사는 민족들의 모든
왕과
25 시므리의 모든 왕과 엘람의 모
든 왕과 메대의 모든 왕과
26 북쪽 원근의 모든 왕과 지면
에 있는 세상의 모든 나라로
마시게 하니라 세삭 왕은 그
후에 마시리라
27 너는 그들에게 이르기를 만군
의 여호와 이스라엘의 하나님
의 말씀에 너희는 내가 너희
가운데 보내는 칼 앞에서 마
시며 취하여 토하고 엎드러져
다시는 일어나지 말아라 하셨
느니라
28 그들이 만일 네 손에서 잔을
받아 마시기를 거절하거든 너
는 그들에게 이르기를 만군의
여호와께서 말씀하시기를 너
희가 반드시 마셔야 하리라
29 보라 내가 내 이름으로 일컬
음을 받는 성에서부터 재앙
내리기를 시작하였은즉 너희
가 어찌 능히 형벌을 면할 수
있느냐 면하지 못하리니 이는
내가 칼을 불러 세상의 모든
주민을 칠 것임이라 하셨다 하
라 만군의 여호와의 말씀이니
라
30 그러므로 너는 그들에게 이
모든 말로 예언하여 이르기를
여호와께서 높은 데서 포효하
시고 그의 거룩한 처소에서 소
리를 내시며 그의 초장을 향

하여 크게 부르시고 세상 모
든 주민에 대하여 포도 밟는
자 같이 흥겹게 노래하시리라
31 요란한 소리가 땅 끝까지 이
름은 여호와께서 뭇 민족과
다투시며 모든 육체를 심판하
시며 악인을 칼에 내어 주셨
음이라 여호와의 말씀이니라
32 만군의 여호와께서 이와 같이
말씀하시니라 보라 재앙이 나
서 나라에서 나라에 미칠 것이
며 큰 바람이 땅 끝에서 일어
날 것이라
33 그 날에 여호와에게 죽임을
당한 자가 땅 이 끝에서 땅 저
끝에 미칠 것이나 그들을 위
하여 애곡하는 자도 없고 시
신을 거두어 주는 자도 없고
매장하여 주는 자도 없으리니
그들은 지면에서 분토가 되리
로다
34 너희 목자들아 외쳐 애곡하라
너희 양 떼의 인도자들아 잿
더미에서 뒹굴라 이는 너희가
도살 당할 날과 흩음을 당할
기한이 찼음인즉 너희가 귀한
그릇이 떨어짐 같이 될 것이라
35 목자들은 도망할 수 없겠고
양 떼의 인도자들은 도주할
수 없으리로다
36 목자들이 부르짖는 소리와 양
떼의 인도자들이 애곡하는 소
리여 여호와가 그들의 초장을
황폐하게 함이로다
37 평화로운 목장들이 여호와의
진노하시는 열기 앞에서 적막
하게 되리라
38 그가 젊은 사자 같이 그 굴에
서 나오셨으니 그 호통치시는
분의 분노와 그의 극렬한 진
노로 말미암아 그들의 땅이
폐허가 되리로다 하시니라

여호와의 성전 뜰에서 말씀을 전하다

26 유다의 왕 요시야의
아들 여호야김이 다
스리기 시작한 때에 여호와께
로부터 이 말씀이 임하여 이
르시되
2 여호와께서 이와 같이 말씀하
시니라 너는 여호와의 성전 뜰
에 서서 유다 모든 성읍에서
여호와의 성전에 와서 예배하
는 자에게 내가 네게 명령하여
이르게 한 모든 말을 전하되
한 마디도 감하지 말라
3 그들이 듣고 혹시 각각 그 악
한 길에서 돌아오리라 그리하
면 내가 그들의 악행으로 말
미암아 그들에게 재앙을 내리
려 하던 뜻을 돌이키리라
4 너는 그들에게 이와 같이 이
르라 여호와의 말씀에 너희가
나를 순종하지 아니하며 내가
너희 앞에 둔 내 율법을 행하
지 아니하며
5 내가 너희에게 나의 종 선지자
들을 꾸준히 보내 그들의 말
을 순종하라고 하였으나 너희
는 순종하지 아니하였느니라
6 내가 이 성전을 실로 같이 되
게 하고 이 성을 세계 모든 민
족의 저줏거리가 되게 하리라
하셨느니라
7 예레미야가 여호와의 성전에서
이 말을 하매 제사장들과 선지
자들과 모든 백성이 듣더라
8 예레미야가 여호와께서 명령
하신 말씀을 모든 백성에게 전
하기를 마치매 제사장들과 선
지자들과 모든 백성이 그를
붙잡고 이르되 네가 반드시
죽어야 하리라
9 어찌하여 네가 여호와의 이름
을 의지하고 예언하여 이르기

26

를 이 성전이 실로 같이 되겠
고 이 성이 황폐하여 주민이
없으리라 하느냐 하며 그 모
든 백성이 여호와의 성전에서
예레미야를 향하여 모여드니
라
10 유다의 고관들이 이 말을 듣
고 왕궁에서 여호와의 성전으
로 올라가 여호와의 성전 새
대문의 입구에 앉으매
11 제사장들과 선지자들이 고관
들과 모든 백성에게 말하여 이
르되 이 사람은 죽는 것이 합
당하니 너희 귀로 들음 같이
이 성에 관하여 예언하였음이
라
12 예레미야가 모든 고관과 백성
에게 말하여 이르되 여호와께
서 나를 보내사 너희가 들은
바 모든 말로 이 성전과 이 성
을 향하여 예언하게 하셨느니
라
13 그런즉 너희는 너희 길과 행위
를 고치고 너희 하나님 여호
와의 목소리를 청종하라 그리
하면 여호와께서 너희에게 선
언하신 재앙에 대하여 뜻을
돌이키시리라
14 보라 나는 너희 손에 있으니
너희 의견에 좋은 대로, 옳은
대로 하려니와
15 너희는 분명히 알아라 너희
가 나를 죽이면 반드시 무죄
한 피를 너희 몸과 이 성과 이
성 주민에게 돌리는 것이니라
이는 여호와께서 진실로 나를
보내사 이 모든 말을 너희 귀
에 말하게 하셨음이라
16 고관들과 모든 백성이 제사장
들과 선지자들에게 이르되 이
사람이 우리 하나님 여호와의
이름으로 우리에게 말하였으

니 죽일 만한 이유가 없느니라
17 그러자 그 지방의 장로 중 몇
사람이 일어나 백성의 온 회중
에게 말하여 이르기를
18 유다의 왕 히스기야 시대에 모
레셋 사람 미가가 유다의 모
든 백성에게 예언하여 이르되
만군의 여호와께서 이와 같이
말씀하셨느니라 시온은 밭 같
이 경작지가 될 것이며 예루살
렘은 돌 무더기가 되며 이 성
전의 산은 산당의 숲과 같이
되리라 하였으나
19 유다의 왕 히스기야와 모든
유다가 그를 죽였느냐 히스기
야가 여호와를 두려워하여 여
호와께 간구하매 여호와께서
그들에게 선언한 재앙에 대하
여 뜻을 돌이키지 아니하셨느
냐 우리가 이같이 하면 우리
의 생명을 스스로 심히 해롭
게 하는 것이니라
20 또 여호와의 이름으로 예언한
사람이 있었는데 곧 기럇여아
림 스마야의 아들 우리야라
그가 예레미야의 모든 말과
같이 이 성과 이 땅에 경고하
여 예언하매
21 여호야김 왕과 그의 모든 용사
와 모든 고관이 그의 말을 듣
고서 왕이 그를 죽이려 하매
우리야가 그 말을 듣고 두려워
애굽으로 도망하여 간지라
22 여호야김 왕이 사람을 애굽으
로 보내되 곧 악볼의 아들 엘
라단과 몇 사람을 함께 애굽
으로 보냈더니
23 그들이 우리야를 애굽에서 연
행하여 여호야김 왕에게로 그
를 데려오매 왕이 칼로 그를
죽이고 그의 시체를 평민의
묘지에 던지게 하니라

24 사반의 아들 아히감의 손이
예레미야를 도와 주어 그를
백성의 손에 내어 주지 아니하
여 죽이지 못하게 하니라

거짓 선지자들과 싸우는 예레미야

27 유다의 왕 요시야의
아들 여호야김이 다
스리기 시작할 때에 여호와께
서 말씀으로 예레미야에게 임
하시니라
2 여호와께서 이와 같이 내게
말씀하시되 너는 줄과 멍에를
만들어 네 목에 걸고
3 유다의 왕 시드기야를 보러
예루살렘에 온 사신들의 손에
도 그것을 주어 에돔의 왕과
모압의 왕과 암몬 자손의 왕
과 두로의 왕과 시돈의 왕에
게 보내며
4 그들에게 명령하여 그들의 주
께 말하게 하기를 만군의 여
호와 이스라엘의 하나님께서
이와 같이 말씀하시되 너희는
너희의 주께 이같이 전하라
5 나는 내 큰 능력과 나의 쳐든
팔로 땅과 지상에 있는 사람
과 짐승들을 만들고 내가 보
기에 옳은 사람에게 그것을
주었노라
6 이제 내가 이 모든 땅을 내 종
바벨론의 왕 느부갓네살의 손
에 주고 또 들짐승들을 그에
게 주어서 섬기게 하였나니
7 모든 나라가 그와 그의 아들
과 손자를 그 땅의 기한이 이
르기까지 섬기리라 또한 많은
나라들과 큰 왕들이 그 자신
을 섬기리라
8 여호와의 말씀이니라 바벨론
의 왕 느부갓네살을 섬기지
아니하며 그 목으로 바벨론의
왕의 멍에를 메지 아니하는 백

27

성과 나라는 내가 그들이 멸
망하기까지 칼과 기근과 전염
병으로 그 민족을 벌하리라
9 너희는 너희 선지자나 복술가
나 꿈꾸는 자나 술사나 요술
자가 이르기를 너희가 바벨론
의 왕을 섬기게 되지 아니하리
라 하여도 너희는 듣지 말라
10 그들은 너희에게 거짓을 예언
하여 너희가 너희 땅에서 멀리
떠나게 하며 또 내가 너희를
몰아내게 하며 너희를 멸망하
게 하느니라
11 그러나 그 목으로 바벨론의
왕의 멍에를 메고 그를 섬기는
나라는 내가 그들을 그 땅에
머물러 밭을 갈며 거기서 살
게 하리라 하셨다 하라 여호
와의 말씀이니라 하시니라
12 내가 이 모든 말씀대로 유다
의 왕 시드기야에게 전하여
이르되 왕과 백성은 바벨론 왕
의 멍에를 목에 메고 그와 그
의 백성을 섬기소서 그리하면
사시리라
13 어찌하여 당신과 당신의 백성
이 여호와께서 바벨론의 왕을
섬기지 아니하는 나라에 대하
여 하신 말씀과 같이 칼과 기
근과 전염병에 죽으려 하나이
까
14 그러므로 당신들은 바벨론의
왕을 섬기게 되지 아니하리라
하는 선지자의 말을 듣지 마
소서 그들은 거짓을 예언함이
니이다
15 이는 여호와의 말씀이니라 내
가 그들을 보내지 아니하였거
늘 그들이 내 이름으로 거짓
을 예언하니 내가 너희를 몰아
내리니 너희와 너희에게 예언
하는 선지자들이 멸망하리라

16 내가 또 제사장들과 그 모든
백성에게 전하여 이르되 여호
와께서 이와 같이 말씀하시기
를 보라 여호와의 성전의 기
구를 이제 바벨론에서 속히
돌려오리라고 너희에게 예언
하는 선지자들의 말을 듣지
말라 이는 그들이 거짓을 예언
함이니라 하셨나니
17 너희는 그들의 말을 듣지 말고
바벨론의 왕을 섬기라 그리하
면 살리라 어찌하여 이 성을
황무지가 되게 하려느냐
18 만일 그들이 선지자이고 여호
와의 말씀을 가지고 있다면
그들이 여호와의 성전에와 유
다의 왕의 궁전에와 예루살렘
에 남아 있는 기구를 바벨론
으로 옮겨가지 못하도록 만군
의 여호와께 구하여야 할 것이
니라
19 만군의 여호와께서 기둥들과
큰 대야와 받침들과 이 성에
남아 있는 기구에 대하여 이
같이 말씀하시나니
20 이것은 바벨론의 왕 느부갓네
살이 유다의 왕 여호야김의 아
들 여고니야와 유다와 예루살
렘 모든 귀인을 예루살렘에서
바벨론으로 사로잡아 옮길 때
에 가져가지 아니하였던 것이라
21 만군의 여호와 이스라엘의 하
나님께서 여호와의 성전과 유
다의 왕의 궁전과 예루살렘에
남아 있는 그 기구에 대하여
이와 같이 말씀하셨느니라
22 그것들이 바벨론으로 옮겨지
고 내가 이것을 돌보는 날까지
거기에 있을 것이니라 그 후에
내가 그것을 올려 와 이 곳에
그것들을 되돌려 두리라 여호
와의 말씀이니라

예레미야와 하나냐

28 그 해 곧 유다 왕 시
드기야가 다스리기
시작한 지 사 년 다섯째 달 기
브온 앗술의 아들 선지자 하
나냐가 여호와의 성전에서 제
사장들과 모든 백성이 보는
앞에서 내게 말하여 이르되
2 만군의 여호와 이스라엘의 하
나님이 이같이 일러 말씀하시
기를 내가 바벨론의 왕의 멍에
를 꺾었느니라
3 내가 바벨론의 왕 느부갓네살
이 이 곳에서 빼앗아 바벨론
으로 옮겨 간 여호와의 성전
모든 기구를 이 년 안에 다시
이 곳으로 되돌려 오리라
4 내가 또 유다의 왕 여호야김
의 아들 여고니야와 바벨론으
로 간 유다 모든 포로를 다시
이 곳으로 돌아오게 하리니
이는 내가 바벨론의 왕의 멍에
를 꺾을 것임이라 여호와의 말
씀이니라 하시니라
5 선지자 예레미야가 여호와의
성전에 서 있는 제사장들과
모든 백성들이 보는 앞에서 선
지자 하나냐에게 말하니라
6 선지자 예레미야가 말하니라
아멘, 여호와는 이같이 하옵
소서 여호와께서 네가 예언한
말대로 이루사 여호와의 성전
기구와 모든 포로를 바벨론에
서 이 곳으로 되돌려 오시기
를 원하노라
7 그러나 너는 내가 네 귀와 모
든 백성의 귀에 이르는 이 말
을 잘 들으라
8 나와 너 이전의 선지자들이
예로부터 많은 땅들과 큰 나
라들에 대하여 전쟁과 재앙과
전염병을 예언하였느니라

28

9 평화를 예언하는 선지자는 그
예언자의 말이 응한 후에야
그가 진실로 여호와께서 보내
신 선지자로 인정 받게 되리라
10 선지자 하나냐가 선지자 예레
미야의 목에서 멍에를 빼앗아
꺾고
11 모든 백성 앞에서 하나냐가
말하여 이르되 여호와께서 이
와 같이 말씀하시니라 내가
이 년 안에 모든 민족의 목에
서 바벨론의 왕 느부갓네살의
멍에를 이와 같이 꺾어 버리리
라 하셨느니라 하매 선지자 예
레미야가 자기의 길을 가니라
12 선지자 하나냐가 선지자 예레
미야의 목에서 멍에를 꺾어 버
린 후에 여호와의 말씀이 예
레미야에게 임하니라 이르시
기를
13 너는 가서 하나냐에게 말하
여 이르기를 여호와의 말씀에
네가 나무 멍에들을 꺾었으나
그 대신 쇠 멍에들을 만들었
느니라
14 만군의 여호와 이스라엘의 하
나님께서 이와 같이 말씀하시
니라 내가 쇠 멍에로 이 모든
나라의 목에 메워 바벨론의
왕 느부갓네살을 섬기게 하였
으니 그들이 그를 섬기리라 내
가 들짐승도 그에게 주었느니
라 하라
15 선지자 예레미야가 선지자 하
나냐에게 이르되 하나냐여 들
으라 여호와께서 너를 보내지
아니하셨거늘 네가 이 백성에
게 거짓을 믿게 하는도다
16 그러므로 여호와께서 이와 같
이 말씀하시되 내가 너를 지면
에서 제하리니 네가 여호와께
패역한 말을 하였음이라 네가

금년에 죽으리라 하였더니
17 선지자 하나냐가 그 해 일곱
째 달에 죽었더라

포로에게 보낸 예레미야의 편지

29 선지자 예레미야가 예
루살렘에서 이같은
편지를 느부갓네살이 예루살
렘에서 바벨론으로 끌고 간
포로 중 남아 있는 장로들과
제사장들과 선지자들과 모든
백성에게 보냈는데
2 그 때는 여고니야 왕과 왕후
와 궁중 내시들과 유다와 예
루살렘의 고관들과 기능공과
토공들이 예루살렘에서 떠난
후라
3 유다의 왕 시드기야가 바벨론
으로 보내어 바벨론의 왕 느
부갓네살에게로 가게 한 사반
의 아들 엘라사와 힐기야의
아들 그마랴 편으로 말하되
4 만군의 여호와 이스라엘의 하
나님께서 예루살렘에서 바벨론
으로 사로잡혀 가게 한 모든 포
로에게 이와 같이 말씀하시니라
5 너희는 집을 짓고 거기에 살며
텃밭을 만들고 그 열매를 먹
으라
6 아내를 맞이하여 자녀를 낳으
며 너희 아들이 아내를 맞이
하며 너희 딸이 남편을 맞아
그들로 자녀를 낳게 하여 너희
가 거기에서 번성하고 줄어들
지 아니하게 하라
7 너희는 내가 사로잡혀 가게 한
그 성읍의 평안을 구하고 그
를 위하여 여호와께 기도하라
이는 그 성읍이 평안함으로
너희도 평안할 것임이라
8 만군의 여호와 이스라엘의 하
나님께서 이와 같이 말하노라
너희 중에 있는 선지자들에게

29

와 점쟁이에게 미혹되지 말며
너희가 꾼 꿈도 곧이 듣고 믿
지 말라
9 내가 그들을 보내지 아니하였
어도 그들이 내 이름으로 거짓
을 예언함이라 여호와의 말씀
이니라
10 여호와께서 이와 같이 말씀하
시니라 바벨론에서 칠십 년이
차면 내가 너희를 돌보고 나
의 선한 말을 너희에게 성취하
여 너희를 이 곳으로 돌아오
게 하리라
11 여호와의 말씀이니라 너희를
향한 나의 생각을 내가 아나
니 평안이요 재앙이 아니니라
너희에게 미래와 희망을 주는
것이니라
12 너희가 내게 부르짖으며 내게
와서 기도하면 내가 너희들의
기도를 들을 것이요
13 너희가 온 마음으로 나를 구
하면 나를 찾을 것이요 나를
만나리라
14 이것은 여호와의 말씀이니라
나는 너희들을 만날 것이며
너희를 포로된 중에서 다시
돌아오게 하되 내가 쫓아 보
내었던 나라들과 모든 곳에서
모아 사로잡혀 떠났던 그 곳
으로 돌아오게 하리라 이것은
여호와의 말씀이니라
15 너희가 말하기를 여호와께서
우리를 위하여 바벨론에서 선
지자를 일으키셨느니라
16 다윗의 왕좌에 앉은 왕과 이
성에 사는 모든 백성 곧 너희
와 함께 포로 되어 가지 아니
한 너희 형제에게 여호와께서
이와 같이 말씀하셨느니라
17 만군의 여호와께서 이와 같이
말씀하시되 보라 내가 칼과 기

근과 전염병을 그들에게 보내
어 그들에게 상하여 먹을 수
없는 몹쓸 무화과 같게 하겠고
18 내가 칼과 기근과 전염병으로
그들을 뒤따르게 하며 그들을
세계 여러 나라 가운데에 흩어
학대를 당하게 할 것이며 내가
그들을 쫓아낸 나라들 가운데
에서 저주와 경악과 조소와 수
모의 대상이 되게 하리라
19 여호와의 말씀이니라 너희들
이 내 말을 듣지 않았기 때문
이니라 내가 내 종 선지자들을
너희들에게 꾸준히 보냈으나
너희는 그들의 말을 듣지 않았
느니라 여호와의 말씀이니라
20 그런즉 내가 예루살렘에서 바
벨론으로 보낸 너희 모든 포
로여 여호와의 말씀을 들을지
니라
21 만군의 여호와 이스라엘의 하나
님께서 골라야의 아들 아합과
마아세야의 아들 시드기야에
대하여 이와 같이 말씀하시니
라 그들은 내 이름으로 너희에
게 거짓을 예언한 자라 보라 내
가 그들을 바벨론의 왕 느부갓
네살의 손에 넘기리니 그가 너희
눈 앞에서 그들을 죽일 것이라
22 바벨론에 있는 유다의 모든
포로가 그들을 저줏거리로 삼
아서 이르기를 여호와께서 너
를 바벨론 왕이 불살라 죽인
시드기야와 아합 같게 하시기
를 원하노라 하리니
23 이는 그들이 이스라엘 중에서
어리석게 행하여 그 이웃의 아
내와 간음하며 내가 그들에게
명령하지 아니한 거짓을 내 이
름으로 말함이라 나는 알고
있는 자로서 증인이니라 여호
와의 말씀이니라 하시니라

스마야에게 보낸 편지와 여호와의 말씀

24 너는 느헬람 사람 스마야에게
이같이 말하여 이르라
25 만군의 여호와 이스라엘의 하
나님께서 이와 같이 말씀하여
이르시되 네가 네 이름으로
예루살렘에 있는 모든 백성과
제사장 마아세야의 아들 스
바냐와 모든 제사장에게 글을
보내 이르기를
26 여호와께서 너를 제사장 여
호야다를 대신하여 제사장을
삼아 여호와의 성전 감독자로
세우심은 모든 미친 자와 선
지자 노릇을 하는 자들을 목
에 씌우는 나무 고랑과 목에
씌우는 쇠 고랑을 채우게 하
심이어늘
27 이제 네가 어찌하여 너희 중에
선지자 노릇을 하는 아나돗
사람 예레미야를 책망하지 아
니하느냐
28 그가 바벨론에 있는 우리에게
편지하기를 오래 지내야 하리
니 너희는 집을 짓고 살며 밭
을 일구고 그 열매를 먹으라
하셨다 하니라
29 제사장 스바냐가 스마야의
글을 선지자 예레미야에게 읽
어서 들려 줄 때에
30 여호와의 말씀이 예레미야에
게 임하여 이르시되
31 너는 모든 포로에게 전언하여
이르기를 여호와께서 느헬람
사람 스마야를 두고 이같이
말씀하셨느니라 내가 그를 보
내지 아니하였거늘 스마야가
너희에게 예언하고 너희에게
거짓을 믿게 하였도다
32 그러므로 여호와께서 이와 같
이 말씀하시니라 보라 내가 느
헬람 사람 스마야와 그의 자

손을 벌하리니 그가 나 여호
와께 패역한 말을 하였기 때
문에 이 백성 중에 살아 남
을 그의 자손이 하나도 없
을 것이라 내가 내 백성에게
행하려 하는 복된 일을 그
가 보지 못하리라 하셨느니
라 이것은 여호와의 말씀이
니라

포로를 돌아오게 할 것이라

30 여호와께로부터 말씀
이 예레미야에게 임하
여 이르시니라
2 이스라엘의 하나님 여호와께
서 이와 같이 말씀하여 이르
시기를 내가 네게 일러 준 모
든 말을 책에 기록하라
3 여호와의 말씀이니라 보라 내
가 내 백성 이스라엘과 유다의
포로를 돌아가게 할 날이 오
리니 내가 그들을 그 조상들
에게 준 땅으로 돌아오게 할
것이니 그들이 그 땅을 차지
하리라 여호와께서 말씀하시
니라
4 여호와께서 이스라엘과 유다
에 대하여 하신 말씀이 이러하
니라
5 여호와께서 이와 같이 말씀하
시되 우리가 무서워 떠는 자의
소리를 들으니 두려움이요 평
안함이 아니로다
6 너희는 자식을 해산하는 남자
가 있는가 물어보라 어찌하여
모든 남자가 해산하는 여자 같
이 손을 자기 허리에 대고 모든
얼굴이 겁에 질려 새파래졌는가
7 슬프다 그 날이여 그와 같이
엄청난 날이 없으리라 그 날은
야곱의 환난의 때가 됨이로다
그러나 그가 환난에서 구하여
냄을 얻으리로다

30

8 만군의 여호와의 말씀이라 그
날에 내가 네 목에서 그 멍에
를 꺾어 버리며 네 포박을 끊
으리니 다시는 이방인을 섬기
지 않으리라
9 그들은 그들의 하나님 여호와
를 섬기며 내가 그들을 위하
여 세울 그들의 왕 다윗을 섬
기리라
10 여호와의 말씀이니라 그러므
로 나의 종 야곱아 너는 두려
워하지 말라 이스라엘아 놀라
지 말라 내가 너를 먼 곳으로
부터 구원하고 네 자손을 잡
혀가 있는 땅에서 구원하리니
야곱이 돌아와서 태평과 안락
을 누릴 것이며 두렵게 할 자
가 없으리라
11 이는 여호와의 말씀이라 내가
너와 함께 있어 너를 구원할 것
이라 너를 흩었던 그 모든 이방
을 내가 멸망시키리라 그럴지라
도 너만은 멸망시키지 아니하리
라 그러나 내가 법에 따라 너를
징계할 것이요 결코 무죄한 자
로만 여기지는 아니하리라
12 여호와께서 이와 같이 말씀하
시니라 네 상처는 고칠 수 없
고 네 부상은 중하도다
13 네 송사를 처리할 재판관이
없고 네 상처에는 약도 없고
처방도 없도다
14 너를 사랑하던 자가 다 너를
잊고 찾지 아니하니 이는 네
악행이 많고 네 죄가 많기 때
문에 나는 네 원수가 당할 고
난을 네가 받게 하며 잔인한
징계를 내렸도다
15 너는 어찌하여 네 상처 때문에
부르짖느냐 네 고통이 심하도
다 네 악행이 많고 네 죄가 허
다하므로 내가 이 일을 너에게

행하였느니라
16 그러므로 너를 먹는 모든 자
는 잡아먹힐 것이며 네 모든
대적은 사로잡혀 갈 것이고 너
에게서 탈취해 간 자는 탈취를
당할 것이며 너에게서 노략질
한 모든 자는 노략물이 되리
라
17 여호와의 말씀이니라 그들이
쫓겨난 자라 하매 시온을 찾
는 자가 없은즉 내가 너의 상
처로부터 새 살이 돋아나게
하여 너를 고쳐 주리라
18 여호와께서 말씀하시니라 보
라 내가 야곱 장막의 포로들
을 돌아오게 할 것이고 그 거
처들에 사랑을 베풀 것이라
성읍은 그 폐허가 된 언덕 위
에 건축될 것이요 그 보루는
규정에 따라 사람이 살게 되리
라
19 그들에게서 감사하는 소리가
나오고 즐거워하는 자들의 소
리가 나오리라 내가 그들을 번
성하게 하리니 그들의 수가 줄
어들지 아니하겠고 내가 그들
을 존귀하게 하리니 그들은
비천하여지지 아니하리라
20 그의 자손은 예전과 같겠고
그 회중은 내 앞에 굳게 설 것
이며 그를 압박하는 모든 사
람은 내가 다 벌하리라
21 그 영도자는 그들 중에서 나
올 것이요 그 통치자도 그들
중에서 나오리라 내가 그를 가
까이 오게 하리니 그가 내게
가까이 오리라 참으로 담대한
마음으로 내게 가까이 올 자
가 누구냐 여호와의 말씀이니
라
22 너희는 내 백성이 되겠고 나는
너희들의 하나님이 되리라

23 보라 여호와의 노여움이 일어
나 폭풍과 회오리바람처럼 악
인의 머리 위에서 회오리칠 것
이라
24 여호와의 진노는 그의 마음의
뜻한 바를 행하여 이루기까지
는 돌이키지 아니하나니 너희
가 끝날에 그것을 깨달으리라

이스라엘을 다시 세우고 지키시리라

31 여호와의 말씀이니라
그 때에 내가 이스라
엘 모든 종족의 하나님이 되
고 그들은 내 백성이 되리라
2 여호와께서 이같이 말씀하시
니라 칼에서 벗어난 백성이 광
야에서 은혜를 입었나니 곧 내
가 이스라엘로 안식을 얻게 하
러 갈 때에라
3 옛적에 여호와께서 나에게 나
타나사 내가 영원한 사랑으로
너를 사랑하기에 인자함으로
너를 이끌었다 하였노라
4 처녀 이스라엘아 내가 다시 너
를 세우리니 네가 세움을 입
을 것이요 네가 다시 소고를
들고 즐거워하는 자들과 함께
춤추며 나오리라
5 네가 다시 사마리아 산들에
포도나무들을 심되 심는 자가
그 열매를 따기 시작하리라
6 에브라임 산 위에서 파수꾼이
외치는 날이 있을 것이라 이르
기를 너희는 일어나라 우리가
시온에 올라가서 우리 하나님
여호와께로 나아가자 하리라
7 여호와께서 이와 같이 말씀하
시니라 너희는 여러 민족의 앞
에 서서 야곱을 위하여 기뻐
외치라 너희는 전파하며 찬양
하며 말하라 여호와여 주의
백성 이스라엘의 남은 자를
구원하소서 하라

31

8 보라 나는 그들을 북쪽 땅에
서 인도하며 땅 끝에서부터
모으리라 그들 중에는 맹인과
다리 저는 사람과 잉태한 여인
과 해산하는 여인이 함께 있
으며 큰 무리를 이루어 이 곳
으로 돌아오리라
9 그들이 울며 돌아오리니 나의
인도함을 받고 간구할 때에 내
가 그들을 넘어지지 아니하고
물 있는 계곡의 곧은 길로 가게
하리라 나는 이스라엘의 아버지
요 에브라임은 나의 장자니라
10 이방들이여 너희는 여호와의
말씀을 듣고 먼 섬에 전파하
여 이르기를 이스라엘을 흩으
신 자가 그를 모으시고 목자
가 그 양 떼에게 행함 같이 그
를 지키시리로다
11 여호와께서 야곱을 구원하시
되 그들보다 강한 자의 손에
서 속량하셨으니
12 그들이 와서 시온의 높은 곳
에서 찬송하며 여호와의 복
곧 곡식과 새 포도주와 기름
과 어린 양의 떼와 소의 떼를
얻고 크게 기뻐하리라 그 심령
은 물 댄 동산 같겠고 다시는
근심이 없으리로다 할지어다
13 그 때에 처녀는 춤추며 즐거워
하겠고 청년과 노인은 함께 즐
거워하리니 내가 그들의 슬픔
을 돌려서 즐겁게 하며 그들
을 위로하여 그들의 근심으로
부터 기쁨을 얻게 할 것임이라
14 내가 기름으로 제사장들의
마음을 흡족하게 하며 내 복
으로 내 백성을 만족하게 하
리라 여호와의 말씀이니라

라헬의 애곡과 여호와의 위로

15 여호와께서 이와 같이 말씀하
시니라 라마에서 슬퍼하며 통

곡하는 소리가 들리니 라헬이
그 자식 때문에 애곡하는 것
이라 그가 자식이 없어져서 위
로 받기를 거절하는도다
16 여호와께서 이와 같이 말씀하
시니라 네 울음 소리와 네 눈
물을 멈추어라 네 일에 삯을
받을 것인즉 그들이 그의 대적
의 땅에서 돌아오리라 여호와
의 말씀이니라
17 너의 장래에 소망이 있을 것이
라 너의 자녀가 자기들의 지경
으로 돌아오리라 여호와의 말
씀이니라
18 에브라임이 스스로 탄식함을
내가 분명히 들었노니 주께서
나를 징벌하시매 멍에에 익숙
하지 못한 송아지 같은 내가
징벌을 받았나이다 주는 나의
하나님 여호와이시니 나를 이
끌어 돌이키소서 그리하시면
내가 돌아오겠나이다
19 내가 돌이킨 후에 뉘우쳤고
내가 교훈을 받은 후에 내 볼
기를 쳤사오니 이는 어렸을 때
의 치욕을 지므로 부끄럽고
욕됨이니이다 하도다
20 에브라임은 나의 사랑하는 아
들 기뻐하는 자식이 아니냐 내
가 그를 책망하여 말할 때마다
깊이 생각하노라 그러므로 그
를 위하여 내 창자가 들끓으니
내가 반드시 그를 불쌍히 여기
리라 여호와의 말씀이니라
21 처녀 이스라엘아 너의 이정표
를 세우며 너의 푯말을 만들
고 큰 길 곧 네가 전에 가던 길
을 마음에 두라 돌아오라 네
성읍들로 돌아오라
22 반역한 딸아 네가 어느 때까
지 방황하겠느냐 여호와가 새
일을 세상에 창조하였나니 곧

여자가 남자를 둘러 싸리라

사로잡힌 자를 돌아오게 할 때

23 만군의 여호와 이스라엘의 하
나님께서 이와 같이 말씀하시
니라 내가 그 사로잡힌 자를
돌아오게 할 때에 그들이 유
다 땅과 그 성읍들에서 다시
이 말을 쓰리니 곧 의로운 처
소여, 거룩한 산이여, 여호와
께서 네게 복 주시기를 원하노
라 할 것이며
24 유다와 그 모든 성읍의 농부
와 양 떼를 인도하는 자가 거
기에 함께 살리니
25 이는 내가 그 피곤한 심령을
상쾌하게 하며 모든 연약한
심령을 만족하게 하였음이라
하시기로
26 내가 깨어 보니 내 잠이 달았
더라
27 여호와의 말씀이니라 보라 내
가 사람의 씨와 짐승의 씨를
이스라엘 집과 유다 집에 뿌릴
날이 이르리니
28 깨어서 그들을 뿌리 뽑으며
무너뜨리며 전복하며 멸망시
키며 괴롭게 하던 것과 같이
내가 깨어서 그들을 세우며
심으리라 여호와의 말씀이니
라
29 그 때에 그들이 말하기를 다
시는 아버지가 신 포도를 먹
었으므로 아들들의 이가 시다
하지 아니하겠고
30 신 포도를 먹는 자마다 그의
이가 신 것 같이 누구나 자기의
죄악으로 말미암아 죽으리라

새 언약

31 여호와의 말씀이니라 보라 날
이 이르리니 내가 이스라엘 집
과 유다 집에 새 언약을 맺으
리라

32 이 언약은 내가 그들의 조상
들의 손을 잡고 애굽 땅에서
인도하여 내던 날에 맺은 것과
같지 아니할 것은 내가 그들의
남편이 되었어도 그들이 내 언
약을 깨뜨렸음이라 여호와의
말씀이니라
33 그러나 그 날 후에 내가 이스
라엘 집과 맺을 언약은 이러하
니 곧 내가 나의 법을 그들의
속에 두며 그들의 마음에 기
록하여 나는 그들의 하나님이
되고 그들은 내 백성이 될 것
이라 여호와의 말씀이니라
34 그들이 다시는 각기 이웃과 형
제를 가리켜 이르기를 너는 여
호와를 알라 하지 아니하리니
이는 작은 자로부터 큰 자까
지 다 나를 알기 때문이라 내
가 그들의 악행을 사하고 다
시는 그 죄를 기억하지 아니하
리라 여호와의 말씀이니라
35 여호와께서 이와 같이 말씀하
셨느니라 그는 해를 낮의 빛으
로 주셨고 달과 별들을 밤의
빛으로 정하였고 바다를 뒤흔
들어 그 파도로 소리치게 하
나니 그의 이름은 만군의 여
호와니라
36 이 법도가 내 앞에서 폐할진대
이스라엘 자손도 내 앞에서
끊어져 영원히 나라가 되지 못
하리라 여호와의 말씀이니라
37 여호와께서 이와 같이 말씀하
시니라 위에 있는 하늘을 측량
할 수 있으며 밑에 있는 땅의
기초를 탐지할 수 있다면 내가
이스라엘 자손이 행한 모든 일
로 말미암아 그들을 다 버리리
라 여호와의 말씀이니라
38 보라, 날이 이르리니 이 성은
하나넬 망대로부터 모퉁이에

이르기까지 여호와를 위하여
건축될 것이라 여호와의 말씀
이니라
39 측량줄이 곧게 가렙 언덕 밑
에 이르고 고아로 돌아
40 시체와 재의 모든 골짜기와
기드론 시내에 이르는 모든
고지 곧 동쪽 마문의 모퉁이
에 이르기까지 여호와의 거
룩한 곳이니라 영원히 다시는
뽑거나 전복하지 못할 것이니
라

여호와의 말씀대로 아나돗의 밭을 사다

32 유다의 시드기야 왕
열째 해 곧 느부갓네
살 열여덟째 해에 여호와의 말
씀이 예레미야에게 임하니라
2 그 때에 바벨론 군대는 예루
살렘을 에워싸고 선지자 예레
미야는 유다의 왕의 궁중에
있는 시위대 뜰에 갇혔으니
3-5 이는 그가 예언하기를 여호
와의 말씀에 보라 내가 이 성
을 바벨론 왕의 손에 넘기리니
그가 차지할 것이며 유다 왕
시드기야는 갈대아인의 손에
서 벗어나지 못하고 반드시 바
벨론 왕의 손에 넘겨진 바 되
리니 입이 입을 대하여 말하
고 눈이 서로 볼 것이며 그가
시드기야를 바벨론으로 끌어
가리니 시드기야는 내가 돌볼
때까지 거기에 있으리라 여호
와께서 이와 같이 말씀하시니
라 너희가 갈대아인과 싸울지
라도 승리하지 못하리라 하셨
다 하였더니 유다 왕 시드기
야가 이르되 네가 어찌하여 이
같이 예언하였느냐 하고 그를
가두었음이었더라
6 예레미야가 이르되 여호와의
말씀이 내게 임하였느니라 이

32

르시기를
7 보라 네 숙부 살룸의 아들 하
나멜이 네게 와서 말하기를 너
는 아나돗에 있는 내 밭을 사
라 이 기업을 무를 권리가 네
게 있느니라 하리라 하시더니
8 여호와의 말씀과 같이 나의
숙부의 아들 하나멜이 시위대
뜰 안 나에게 와서 이르되 청
하노니 너는 베냐민 땅 아나
돗에 있는 나의 밭을 사라 기
업의 상속권이 네게 있고 무
를 권리가 네게 있으니 너를
위하여 사라 하는지라 내가
이것이 여호와의 말씀인 줄
알았으므로
9 내 숙부의 아들 하나멜의 아
나돗에 있는 밭을 사는데 은
십칠 세겔을 달아 주되
10 증서를 써서 봉인하고 증인을
세우고 은을 저울에 달아 주
고
11 법과 규례대로 봉인하고 봉인
하지 아니한 매매 증서를 내가
가지고
12 나의 숙부의 아들 하나멜과
매매 증서에 인 친 증인 앞과
시위대 뜰에 앉아 있는 유다
모든 사람 앞에서 그 매매 증
서를 마세야의 손자 네리야의
아들 바룩에게 부치며
13 그들의 앞에서 바룩에게 명령
하여 이르되
14 만군의 여호와 이스라엘의 하
나님께서 이와 같이 말씀하시
기를 너는 이 증서 곧 봉인하
고 봉인하지 않은 매매 증서를
가지고 토기에 담아 오랫동안
보존하게 하라
15 만군의 여호와 이스라엘의 하
나님께서 이와 같이 말씀하시
니라 사람이 이 땅에서 집과

밭과 포도원을 다시 사게 되리
라 하셨다 하니라

예레미야의 기도

16 내가 매매 증서를 네리야의
아들 바룩에게 넘겨 준 뒤에
여호와께 기도하여 이르되
17 슬프도소이다 주 여호와여 주
께서 큰 능력과 펴신 팔로 천
지를 지으셨사오니 주에게는
할 수 없는 일이 없으시니이다
18 주는 은혜를 천만인에게 베
푸시며 아버지의 죄악을 그
후손의 품에 갚으시오니 크
고 능력 있으신 하나님이시요
이름은 만군의 여호와시니이
다
19 주는 책략에 크시며 하시는
일에 능하시며 인류의 모든 길
을 주목하시며 그의 길과 그
의 행위의 열매대로 보응하시
나이다
20 주께서 애굽 땅에서 표적과
기사를 행하셨고 오늘까지도
이스라엘과 인류 가운데 그와
같이 행하사 주의 이름을 오
늘과 같이 되게 하셨나이다
21 주께서 표적과 기사와 강한
손과 펴신 팔과 큰 두려움으
로 주의 백성 이스라엘을 애굽
땅에서 인도하여 내시고
22 그들에게 주시기로 그 조상들
에게 맹세하신 바 젖과 꿀이
흐르는 땅을 그들에게 주셨
으므로
23 그들이 들어가서 이를 차지하
였거늘 주의 목소리를 순종하
지 아니하며 주의 율법에서 행
하지 아니하며 무릇 주께서 행
하라 명령하신 일을 행하지 아
니하였으므로 주께서 이 모든
재앙을 그들에게 내리셨나이
다

24 보옵소서 이 성을 빼앗으려고
만든 참호가 이 성에 이르렀고
칼과 기근과 전염병으로 말미
암아 이 성이 이를 치는 갈대
아인의 손에 넘긴 바 되었으니
주의 말씀대로 되었음을 주께
서 보시나이다
25 주 여호와여 주께서 내게 은
으로 밭을 사며 증인을 세우
라 하셨으나 이 성은 갈대아
인의 손에 넘기신 바 되었나이
다
26 그 때에 여호와의 말씀이 예
레미야에게 임하여 이르시되
27 나는 여호와요 모든 육체의
하나님이라 내게 할 수 없는
일이 있겠느냐
28 그러므로 여호와께서 이와 같
이 말씀하시니라 보라 내가
이 성을 갈대아인의 손과 바
벨론의 느부갓네살 왕의 손에
넘길 것인즉 그가 차지할 것
이라
29 이 성을 치는 갈대아인이 와서
이 성읍에 불을 놓아 성과 집
곧 그 지붕에서 바알에게 분
향하며 다른 신들에게 전제를
드려 나를 격노하게 한 집들
을 사르리니
30 이는 이스라엘 자손과 유다
자손이 예로부터 내 눈 앞에
악을 행하였을 뿐이라 이스라
엘 자손은 그의 손으로 만든
것을 가지고 나를 격노하게 한
것뿐이니라 여호와의 말씀이
니라
31 이 성이 건설된 날부터 오늘까
지 나의 노여움과 분을 일으
키므로 내가 내 앞에서 그것
을 옮기려 하노니
32 이는 이스라엘 자손과 유다
자손이 모든 악을 행하여 내

노여움을 일으켰음이라 그들
과 그들의 왕들과 그의 고관
들과 그의 제사장들과 그의
선지자들과 유다 사람들과 예
루살렘 주민들이 다 그러하였
느니라
33 그들이 등을 내게로 돌리고
얼굴을 내게로 향하지 아니하
며 내가 그들을 가르치되 끊
임없이 가르쳤는데도 그들이
교훈을 듣지 아니하며 받지
아니하고
34 내 이름으로 일컫는 집에 자기
들의 가증한 물건들을 세워서
그 집을 더럽게 하며
35 힌놈의 아들의 골짜기에 바알
의 산당을 건축하였으며 자기
들의 아들들과 딸들을 몰렉
앞으로 지나가게 하였느니라
그들이 이런 가증한 일을 행
하여 유다로 범죄하게 한 것은
내가 명령한 것도 아니요 내
마음에 둔 것도 아니니라

영원한 언약

36 그러나 이스라엘의 하나님 여
호와께서 너희가 말하는 바
칼과 기근과 전염병으로 말미
암아 바벨론 왕의 손에 넘긴
바 되었다 하는 이 성에 대하
여 이와 같이 말씀하시니라
37 보라 내가 노여움과 분함과
큰 분노로 그들을 쫓아 보내
었던 모든 지방에서 그들을
모아들여 이 곳으로 돌아오
게 하여 안전히 살게 할 것이
라
38 그들은 내 백성이 되겠고 나
는 그들의 하나님이 될 것이며
39 내가 그들에게 한 마음과 한
길을 주어 자기들과 자기 후
손의 복을 위하여 항상 나를
경외하게 하고

40 내가 그들에게 복을 주기 위
하여 그들을 떠나지 아니하리
라 하는 영원한 언약을 그들
에게 세우고 나를 경외함을
그들의 마음에 두어 나를 떠
나지 않게 하고
41 내가 기쁨으로 그들에게 복을
주되 분명히 나의 마음과 정
성을 다하여 그들을 이 땅에
심으리라
42 여호와께서 이와 같이 말씀
하시니라 내가 이 백성에게 이
큰 재앙을 내린 것 같이 허락
한 모든 복을 그들에게 내리리
라
43 너희가 말하기를 황폐하여 사
람이나 짐승이 없으며 갈대아
인의 손에 넘긴 바 되었다 하
는 이 땅에서 사람들이 밭을
사되
44 베냐민 땅과 예루살렘 사방과
유다 성읍들과 산지의 성읍
들과 저지대의 성읍들과 네겝
의 성읍들에 있는 밭을 은으
로 사고 증서를 기록하여 봉
인하고 증인을 세우리니 이는
내가 그들의 포로를 돌아오게
함이니라 여호와의 말씀이니
라

이스라엘과 유다의 회복에 대한 언약

33 예레미야가 아직 시
위대 뜰에 갇혀 있을
때에 여호와의 말씀이 그에게
두 번째로 임하니라 이르시되
2 일을 행하시는 여호와, 그것을
만들며 성취하시는 여호와, 그
의 이름을 여호와라 하는 이
가 이와 같이 이르시도다
3 너는 내게 부르짖으라 내가 네
게 응답하겠고 네가 알지 못
하는 크고 은밀한 일을 네게
보이리라

33

4 이스라엘의 하나님 여호와께
서 말씀하시니라 무리가 이 성
읍의 가옥과 유다 왕궁을 헐
어서 갈대아인의 참호와 칼을
대항하여
5 싸우려 하였으나 내가 나의
노여움과 분함으로 그들을 죽
이고 그들의 시체로 이 성을
채우게 하였나니 이는 그들의
모든 악행으로 말미암아 나의
얼굴을 가리어 이 성을 돌아
보지 아니하였음이라
6 그러나 보라 내가 이 성읍을
치료하며 고쳐 낫게 하고 평안
과 진실이 풍성함을 그들에게
나타낼 것이며
7 내가 유다의 포로와 이스라엘
의 포로를 돌아오게 하여 그
들을 처음과 같이 세울 것이
며
8 내가 그들을 내게 범한 그 모
든 죄악에서 정하게 하며 그들
이 내게 범하며 행한 모든 죄
악을 사할 것이라
9 이 성읍이 세계 열방 앞에서
나의 기쁜 이름이 될 것이며
찬송과 영광이 될 것이요 그
들은 내가 이 백성에게 베푼
모든 복을 들을 것이요 내가
이 성읍에 베푼 모든 복과 모
든 평안으로 말미암아 두려워
하며 떨리라
10-11 여호와께서 이와 같이 말
씀하시니라 너희가 가리켜 말
하기를 황폐하여 사람도 없고
짐승도 없다 하던 여기 곧 황
폐하여 사람도 없고 주민도 없
고 짐승도 없던 유다 성읍들과
예루살렘 거리에서 즐거워하
는 소리, 기뻐하는 소리, 신랑
의 소리, 신부의 소리와 및 만
군의 여호와께 감사하라, 여호

와는 선하시니 그 인자하심이
영원하다 하는 소리와 여호와
의 성전에 감사제를 드리는 자
들의 소리가 다시 들리리니 이
는 내가 이 땅의 포로를 돌려
보내어 지난 날처럼 되게 할 것
임이라 여호와의 말씀이니라
12 만군의 여호와께서 이와 같이
말씀하시니라 황폐하여 사람
도 없고 짐승도 없던 이 곳과
그 모든 성읍에 다시 목자가
살 곳이 있으리니 그의 양 떼
를 눕게 할 것이라
13 산지 성읍들과 평지 성읍들과
네겝의 성읍들과 베냐민 땅과
예루살렘 사면과 유다 성읍들
에서 양 떼가 다시 계수하는
자의 손 아래로 지나리라 여
호와께서 말씀하시니라
14 여호와의 말씀이니라 보라 내
가 이스라엘 집과 유다 집에
대하여 일러 준 선한 말을 성
취할 날이 이르리라
15 그 날 그 때에 내가 다윗에
게서 한 공의로운 가지가
나게 하리니 그가 이 땅에
정의와 공의를 실행할 것이
라
16 그 날에 유다가 구원을 받겠
고 예루살렘이 안전히 살 것이
며 이 성은 여호와는 우리의
의라는 이름을 얻으리라
17 여호와께서 이와 같이 말씀하
시니라 이스라엘 집의 왕위에
앉을 사람이 다윗에게 영원히
끊어지지 아니할 것이며
18 내 앞에서 번제를 드리며 소
제를 사르며 다른 제사를 항
상 드릴 레위 사람 제사장들
도 끊어지지 아니하리라 하시
니라
19 여호와의 말씀이 예레미야에

게 임하니라 이르시되
20 여호와께서 이와 같이 말씀하
시니라 너희가 능히 낮에 대한
나의 언약과 밤에 대한 나의
언약을 깨뜨려 주야로 그 때
를 잃게 할 수 있을진대
21 내 종 다윗에게 세운 나의 언
약도 깨뜨려 그에게 그의 자리
에 앉아 다스릴 아들이 없게
할 수 있겠으며 내가 나를 섬
기는 레위인 제사장에게 세운
언약도 파할 수 있으리라
22 하늘의 만상은 셀 수 없으며
바다의 모래는 측량할 수 없
나니 내가 그와 같이 내 종 다
윗의 자손과 나를 섬기는 레
위인을 번성하게 하리라 하시
니라
23 여호와의 말씀이 예레미야에
게 임하니라 이르시되
24 이 백성이 말하기를 여호와께서
자기가 택하신 그들 중에 두 가
계를 버리셨다 한 것을 네가 생
각하지 아니하느냐 그들이 내
백성을 멸시하여 자기들 앞에서
나라로 인정하지 아니하도다
25 여호와께서 이와 같이 말씀하
시니라 내가 주야와 맺은 언
약이 없다든지 천지의 법칙을
내가 정하지 아니하였다면
26 야곱과 내 종 다윗의 자손을
버리고 다시는 다윗의 자손
중에서 아브라함과 이삭과 야
곱의 자손을 다스릴 자를 택
하지 아니하리라 내가 그 포
로된 자를 돌아오게 하고 그
를 불쌍히 여기리라

시드기야 왕에 대한 말씀

34 바벨론의 느부갓네
살 왕과 그의 모든 군
대와 그의 통치하에 있는 땅의
모든 나라와 모든 백성이 예루

34

살렘과 그 모든 성읍을 칠 때
에 말씀이 여호와께로부터 예
레미야에게 임하여 이르시되
2 이스라엘의 하나님 여호와께
서 이와 같이 말씀하시니라 너
는 가서 유다의 시드기야 왕
에게 아뢰어 이르기를 여호와
의 말씀에 보라 내가 이 성을
바벨론 왕의 손에 넘기리니 그
가 이 성을 불사를 것이라
3 네가 그의 손에서 벗어나지 못
하고 반드시 사로잡혀 그의 손
에 넘겨져서 네 눈은 바벨론 왕
의 눈을 볼 것이며 그의 입은
네 입을 마주 대하여 말할 것
이요 너는 바벨론으로 가리라
4 그러나 유다의 시드기야 왕이
여 여호와의 말씀을 들으라
여호와께서 네게 대하여 이와
같이 말씀하시니라 네가 칼에
죽지 아니하고
5 평안히 죽을 것이며 사람이 너
보다 먼저 있은 네 조상들 곧
선왕들에게 분향하던 것 같이
네게 분향하며 너를 위하여 애
통하기를 슬프다 주여 하리니
이는 내가 말하였음이라 여호
와의 말씀이니라 하시니라
6 선지자 예레미야가 이 모든 말
씀을 예루살렘에서 유다의 시
드기야 왕에게 아뢰니라
7 그 때에 바벨론의 왕의 군대
가 예루살렘과 유다의 남은
모든 성읍들을 쳤으니 곧 라
기스와 아세가라 유다의 견고
한 성읍 중에 이것들만 남았
음이더라

여호와 앞에서 맺은 계약을 어기다

8 시드기야 왕이 예루살렘에 있
는 모든 백성과 한 가지로 하나
님 앞에서 계약을 맺고 자유를
선포한 후에 여호와께로부터

말씀이 예레미야에게 임하니라
9 그 계약은 사람마다 각기 히
브리 남녀 노비를 놓아 자유
롭게 하고 그의 동족 유다인
을 종으로 삼지 못하게 한 것
이라
10 이 계약에 가담한 고관들과 모
든 백성이 각기 노비를 자유롭
게 하고 다시는 종을 삼지 말라
함을 듣고 순복하여 놓았더니
11 후에 그들의 뜻이 변하여 자유
를 주었던 노비를 끌어다가 복
종시켜 다시 노비로 삼았더라
12 그러므로 여호와의 말씀이 여
호와께로부터 예레미야에게
임하니라 이르시되
13 이스라엘 하나님 여호와께서
이와 같이 말씀하시니라 내
가 너희 선조를 애굽 땅 종
의 집에서 인도하여 낼 때에
그들과 언약을 맺으며 이르
기를
14 너희 형제 히브리 사람이 네
게 팔려 왔거든 너희는 칠 년
되는 해에 그를 놓아 줄 것이
니라 그가 육 년 동안 너를
섬겼은즉 그를 놓아 자유롭
게 할지니라 하였으나 너희
선조가 내게 순종하지 아니
하며 귀를 기울이지도 아니하
였느니라
15 그러나 너희는 이제 돌이켜 내
눈 앞에 바른 일을 행하여 각
기 이웃에게 자유를 선포하되
내 이름으로 일컬음을 받는
집에서 내 앞에서 계약을 맺었
거늘
16 너희가 돌이켜 내 이름을 더럽
히고 각기 놓아 그들의 마음
대로 자유롭게 하였던 노비를
끌어다가 다시 너희에게 복종
시켜 너희의 노비로 삼았도다

17 그러므로 여호와께서 이와 같
이 말씀하시니라 너희가 나에
게 순종하지 아니하고 각기 형
제와 이웃에게 자유를 선포한
것을 실행하지 아니하였은즉
내가 너희를 대적하여 칼과 전
염병과 기근에게 자유를 주리
라 여호와의 말씀이니라 내가
너희를 세계 여러 나라 가운데
에 흩어지게 할 것이며
18 송아지를 둘로 쪼개고 그 두
조각 사이로 지나매 내 앞에
언약을 맺었으나 그 말을 실행
하지 아니하여 내 계약을 어긴
그들을
19 곧 송아지 두 조각 사이로 지
난 유다 고관들과 예루살렘
고관들과 내시들과 제사장들
과 이 땅 모든 백성을
20 내가 그들의 원수의 손과 그
들의 생명을 찾는 자의 손에
넘기리니 그들의 시체가 공중
의 새와 땅의 짐승의 먹이가
될 것이며
21 또 내가 유다의 시드기야 왕과
그의 고관들을 그의 원수의 손
과 그의 생명을 찾는 자의 손
과 너희에게서 떠나간 바벨론
왕의 군대의 손에 넘기리라
22 여호와의 말씀이니라 보라 내
가 그들에게 명령하여 이 성읍
에 다시 오게 하리니 그들이
이 성을 쳐서 빼앗아 불사를
것이라 내가 유다의 성읍들을
주민이 없어 처참한 황무지가
되게 하리라

예레미야와 레갑 사람들

35 유다의 요시야 왕의
아들 여호야김 때에
여호와께로부터 말씀이 예레
미야에게 임하여 이르시되
2 너는 레갑 사람들의 집에 가서

35

그들에게 말하고 그들을 여호
와의 집 한 방으로 데려다가
포도주를 마시게 하라 하시니
라
3 이에 내가 하바시냐의 손자요
예레미야의 아들인 야아사냐
와 그의 형제와 그의 모든 아
들과 모든 레갑 사람들을 데
리고
4 여호와의 집에 이르러 익다랴
의 아들 하나님의 사람 하난
의 아들들의 방에 들였는데
그 방은 고관들의 방 곁이요
문을 지키는 살룸의 아들 마
아세야의 방 위더라
5 내가 레갑 사람들의 후손들
앞에 포도주가 가득한 종지와
술잔을 놓고 마시라 권하매
6 그들이 이르되 우리는 포도주
를 마시지 아니하겠노라 레갑
의 아들 우리 선조 요나답이
우리에게 명령하여 이르기를
너희와 너희 자손은 영원히
포도주를 마시지 말며
7 너희가 집도 짓지 말며 파종
도 하지 말며 포도원을 소유
하지도 말고 너희는 평생 동안
장막에 살아라 그리하면 너희
가 머물러 사는 땅에서 너희
생명이 길리라 하였으므로
8 우리가 레갑의 아들 우리 선
조 요나답이 우리에게 명령한
모든 말을 순종하여 우리와
우리 아내와 자녀가 평생 동안
포도주를 마시지 아니하며
9 살 집도 짓지 아니하며 포도원
이나 밭이나 종자도 가지지 아
니하고
10 장막에 살면서 우리 선조 요
나답이 우리에게 명령한 대로
다 지켜 행하였노라
11 그러나 바벨론의 느부갓네살

왕이 이 땅에 올라왔을 때에
우리가 말하기를 갈대아인의
군대와 수리아인의 군대를 피
하여 예루살렘으로 가자 하
고 우리가 예루살렘에 살았
노라
12 그 때에 여호와의 말씀이 예
레미야에게 임하여 이르시되
13 만군의 여호와 이스라엘의 하
나님께서 이와 같이 말씀하시
니라 너는 가서 유다 사람들
과 예루살렘 주민에게 이르기
를 너희가 내 말을 들으며 교
훈을 받지 아니하겠느냐 여호
와의 말씀이니라
14 레갑의 아들 요나답이 그의
자손에게 포도주를 마시지 말
라 한 그 명령은 실행되도다
그들은 그 선조의 명령을 순
종하여 오늘까지 마시지 아니
하거늘 내가 너희에게 말하고
끊임없이 말하여도 너희는 내
게 순종하지 아니하도다
15 내가 내 종 모든 선지자를 너
희에게 보내고 끊임없이 보내
며 이르기를 너희는 이제 각
기 악한 길에서 돌이켜 행위를
고치고 다른 신을 따라 그를
섬기지 말라 그리하면 너희는
내가 너희와 너희 선조에게 준
이 땅에 살리라 하여도 너희가
귀를 기울이지 아니하며 내게
순종하지 아니하였느니라
16 레갑의 아들 요나답의 자손은
그의 선조가 그들에게 명령한
그 명령을 지켜 행하나 이 백
성은 내게 순종하지 아니하도
다
17 그러므로 만군의 여호와 이스
라엘의 하나님께서 이와 같이
말씀하시니라 보라 내가 유다
와 예루살렘의 모든 주민에게

내가 그들에게 대하여 선포한
모든 재앙을 내리리니 이는 내
가 그들에게 말하여도 듣지
아니하며 불러도 대답하지 아
니함이니라 하셨다 하라
18 예레미야가 레갑 사람의 가
문에게 이르되 만군의 여호와
이스라엘의 하나님께서 이와
같이 말씀하시기를 너희가 너
희 선조 요나답의 명령을 순
종하여 그의 모든 규율을 지
키며 그가 너희에게 명령한 것
을 행하였도다
19 그러므로 만군의 여호와 이스
라엘의 하나님께서 이와 같이
말씀하시니라 레갑의 아들 요
나답에게서 내 앞에 설 사람
이 영원히 끊어지지 아니하리
라 하시니라

바룩이 여호와의 성전에서 두루마리를 낭독하다

36 유다의 요시야 왕의
아들 여호야김 제사
년에 여호와께로부터 예레미
야에게 말씀이 임하니라 이르
시되
2 너는 두루마리 책을 가져다가
내가 네게 말하던 날 곧 요시
야의 날부터 오늘까지 이스라
엘과 유다와 모든 나라에 대
하여 내가 네게 일러 준 모든
말을 거기에 기록하라
3 유다 가문이 내가 그들에게
내리려 한 모든 재난을 듣고
각기 악한 길에서 돌이키리니
그리하면 내가 그 악과 죄를
용서하리라 하시니라
4 이에 예레미야가 네리야의 아
들 바룩을 부르매 바룩이 예
레미야가 불러 주는 대로 여
호와께서 그에게 이르신 모든
말씀을 두루마리 책에 기록하
니라

36

5 예레미야가 바룩에게 명령하
여 이르되 나는 붙잡혔으므로
여호와의 집에 들어갈 수 없으
니
6 너는 들어가서 내가 말한 대
로 두루마리에 기록한 여호와
의 말씀을 금식일에 여호와의
성전에 있는 백성의 귀에 낭독
하고 유다 모든 성읍에서 온
자들의 귀에도 낭독하라
7 그들이 여호와 앞에 기도를
드리며 각기 악한 길을 떠나
리라 여호와께서 이 백성에 대
하여 선포하신 노여움과 분이
크니라
8 네리야의 아들 바룩이 선지자
예레미야가 자기에게 명령한
대로 하여 여호와의 성전에서
책에 있는 여호와의 모든 말
씀을 낭독하니라
9 유다의 요시야 왕의 아들 여
호야김의 제오년 구월에 예루
살렘 모든 백성과 유다 성읍
들에서 예루살렘에 이른 모든
백성이 여호와 앞에서 금식을
선포한지라
10 바룩이 여호와의 성전 위뜰
곧 여호와의 성전에 있는 새
문 어귀 곁에 있는 사반의 아
들 서기관 그마랴의 방에서
그 책에 기록된 예레미야의 말
을 모든 백성에게 낭독하니라

바룩이 고관 앞에서 두루마리를 낭독하다

11 사반의 손자요 그마랴의 아들
인 미가야가 그 책에 기록된
여호와의 말씀을 다 듣고
12 왕궁에 내려가서 서기관의 방
에 들어가니 모든 고관 곧 서기
관 엘리사마와 스마야의 아들
들라야와 악볼의 아들 엘라단
과 사반의 아들 그마랴와 하나
냐의 아들 시드기야와 모든 고

관이 거기에 앉아 있는지라
13 미가야가 바룩이 백성의 귀에
책을 낭독할 때에 들은 모든
말을 그들에게 전하매
14 이에 모든 고관이 구시의 증
손 셀레먀의 손자 느다냐의
아들 여후디를 바룩에게 보내
이르되 너는 백성의 귀에 낭독
한 두루마리를 손에 가지고
오라 네리야의 아들 바룩이
두루마리를 손에 가지고 그들
에게로 오니
15 그들이 바룩에게 이르되 앉아
서 이를 우리 귀에 낭독하라
바룩이 그들의 귀에 낭독하매
16 그들이 그 모든 말씀을 듣고
놀라 서로 보며 바룩에게 이
르되 우리가 이 모든 말을 왕
에게 아뢰리라
17 그들이 또 바룩에게 물어 이
르되 너는 그가 불러 주는
이 모든 말을 어떻게 기록하
였느냐 청하노니 우리에게 알
리라
18 바룩이 대답하되 그가 그의
입으로 이 모든 말을 내게 불
러 주기로 내가 먹으로 책에
기록하였노라
19 이에 고관들이 바룩에게 이르
되 너는 가서 예레미야와 함께
숨고 너희가 있는 곳을 사람
에게 알리지 말라 하니라

왕이 두루마리를 태우다

20 그들이 두루마리를 서기관 엘
리사마의 방에 두고 뜰에 들
어가 왕께 나아가서 이 모든
말을 왕의 귀에 아뢰니
21 왕이 여후디를 보내어 두루마
리를 가져오게 하매 여후디가
서기관 엘리사마의 방에서 가
져다가 왕과 왕의 곁에 선 모
든 고관의 귀에 낭독하니

22 그 때는 아홉째 달이라 왕이
겨울 궁전에 앉았고 그 앞에는
불 피운 화로가 있더라
23 여후디가 서너 쪽을 낭독하면
왕이 면도칼로 그것을 연하여
베어 화로 불에 던져서 두루
마리를 모두 태웠더라
24 왕과 그의 신하들이 이 모든
말을 듣고도 두려워하거나 자
기들의 옷을 찢지 아니하였고
25 엘라단과 들라야와 그마랴가
왕께 두루마리를 불사르지 말
도록 아뢰어도 왕이 듣지 아니
하였으며
26 왕이 왕의 아들 여라므엘과 아
스리엘의 아들 스라야와 압디
엘의 아들 셀레마에게 명령하
여 서기관 바룩과 선지자 예레
미야를 잡으라 하였으나 여호
와께서 그들을 숨기셨더라

예레미야가 말씀을 다시 쓰다

27 왕이 두루마리와 바룩이 예레
미야의 입을 통해 기록한 말
씀을 불사른 후에 여호와의
말씀이 예레미야에게 임하니
라 이르시되
28 너는 다시 다른 두루마리를
가지고 유다의 여호야김 왕이
불사른 첫 두루마리의 모든
말을 기록하고
29 또 유다의 여호야김 왕에 대하
여 이와 같이 말하기를 여호와
의 말씀에 네가 이 두루마리
를 불사르며 말하기를 네가 어
찌하여 바벨론의 왕이 반드시
와서 이 땅을 멸하고 사람과
짐승을 이 땅에서 없어지게 하
리라 하는 말을 이 두루마리에
기록하였느냐 하도다
30 그러므로 여호와께서 유다의
왕 여호야김에 대하여 이와 같
이 말씀하시니라 그에게 다윗

의 왕위에 앉을 자가 없게 될
것이요 그의 시체는 버림을 당
하여 낮에는 더위, 밤에는 추
위를 당하리라
31 또 내가 그와 그의 자손과 신
하들을 그들의 죄악으로 말미
암아 벌할 것이라 내가 일찍이
그들과 예루살렘 주민과 유다
사람에게 그 모든 재난을 내
리리라 선포하였으나 그들이
듣지 아니하였느니라
32 이에 예레미야가 다른 두루마
리를 가져다가 네리야의 아들
서기관 바룩에게 주매 그가
유다의 여호야김 왕이 불사른
책의 모든 말을 예레미야가 전
하는 대로 기록하고 그 외에
도 그 같은 말을 많이 더 하였
더라

느부갓네살이 시드기야를 유다 왕으로 삼다

37 요시야의 아들 시드
기야가 여호야김의 아
들 고니야의 뒤를 이어 왕이
되었으니 이는 바벨론의 느부
갓네살 왕이 그를 유다 땅의
왕으로 삼음이었더라
2 그와 그의 신하와 그의 땅 백
성이 여호와께서 선지자 예레
미야에게 하신 말씀을 듣지
아니하니라
3 시드기야 왕이 셀레먀의 아들
여후갈과 마아세야의 아들 제
사장 스바냐를 선지자 예레미
야에게 보내 청하되 너는 우리
를 위하여 우리 하나님 여호
와께 기도하라 하였으니
4 그 때에 예레미야가 갇히지 아
니하였으므로 백성 가운데 출
입하는 중이었더라
5 바로의 군대가 애굽에서 나오
매 예루살렘을 에워쌌던 갈대
아인이 그 소문을 듣고 예루

37

살렘에서 떠났더라
6 여호와의 말씀이 선지자 예레
미야에게 임하여 이르시되
7 이스라엘의 하나님 여호와께
서 이와 같이 말씀하시니라 너
희를 보내어 내게 구하게 한
유다의 왕에게 아뢰라 너희를
도우려고 나왔던 바로의 군대
는 자기 땅 애굽으로 돌아가
겠고
8 갈대아인이 다시 와서 이 성을
쳐서 빼앗아 불사르리라
9 여호와께서 이와 같이 말씀
하시니라 너희는 스스로 속여
말하기를 갈대아인이 반드시
우리를 떠나리라 하지 말라 그
들이 떠나지 아니하리라
10 가령 너희가 너희를 치는 갈대
아인의 온 군대를 쳐서 그 중
에 부상자만 남긴다 할지라도
그들이 각기 장막에서 일어나
이 성을 불사르리라

예레미야를 붙잡아 가두다

11 갈대아인의 군대가 바로의 군
대를 두려워하여 예루살렘에
서 떠나매
12 예레미야가 베냐민 땅에서 백
성 가운데 분깃을 받으려고
예루살렘을 떠나 그리로 가려
하여
13 베냐민 문에 이른즉 하나냐의
손자요 셀레먀의 아들인 이리
야라 이름하는 문지기의 우두
머리가 선지자 예레미야를 붙
잡아 이르되 네가 갈대아인에
게 항복하려 하는도다
14 예레미야가 이르되 거짓이다
나는 갈대아인에게 항복하려
하지 아니하노라 이리야가 듣
지 아니하고 예레미야를 잡아
고관들에게로 끌어 가매
15 고관들이 노여워하여 예레미

야를 때려서 서기관 요나단의
집에 가두었으니 이는 그들이
이 집을 옥으로 삼았음이더라
16 예레미야가 뚜껑 씌운 웅덩이
에 들어간 지 여러 날 만에
17 시드기야 왕이 사람을 보내어
그를 이끌어내고 왕궁에서 그
에게 비밀히 물어 이르되 여
호와께로부터 받은 말씀이
있느냐 예레미야가 대답하되
있나이다 또 이르되 왕이 바
벨론의 왕의 손에 넘겨지리이
다
18 예레미야가 다시 시드기야 왕
에게 이르되 내가 왕에게나 왕
의 신하에게나 이 백성에게 무
슨 죄를 범하였기에 나를 옥
에 가두었나이까
19 바벨론의 왕이 와서 왕과 이
땅을 치지 아니하리라고 예언
한 왕의 선지자들이 이제 어디
있나이까
20 내 주 왕이여 이제 청하건대
내게 들으시며 나의 탄원을 받
으사 나를 서기관 요나단의
집으로 돌려보내지 마옵소서
내가 거기에서 죽을까 두려워
하나이다
21 이에 시드기야 왕이 명령하여
예레미야를 감옥 뜰에 두고
떡 만드는 자의 거리에서 매일
떡 한 개씩 그에게 주게 하매
성중에 떡이 떨어질 때까지 이
르니라 예레미야가 감옥 뜰에
머무니라

예레미야가 구덩이에 갇히다

38 맛단의 아들 스바댜
와 바스훌의 아들 그
다랴와 셀레먀의 아들 유갈
과 말기야의 아들 바스훌이
예레미야가 모든 백성에게 이
르는 말을 들은즉 이르기를

38

2 여호와께서 이와 같이 말씀하
시되 이 성에 머무는 자는 칼과
기근과 전염병에 죽으리라 그러
나 갈대아인에게 항복하는 자
는 살리니 그는 노략물을 얻음
같이 자기의 목숨을 건지리라
3 여호와께서 이와 같이 말씀하
시니라 이 성이 반드시 바벨론
의 왕의 군대의 손에 넘어가
리니 그가 차지하리라 하셨다
하는지라
4 이에 그 고관들이 왕께 아뢰되
이 사람이 백성의 평안을 구하
지 아니하고 재난을 구하오니
청하건대 이 사람을 죽이소서
그가 이같이 말하여 이 성에
남은 군사의 손과 모든 백성
의 손을 약하게 하나이다
5 시드기야 왕이 이르되 보라
그가 너희 손 안에 있느니라
왕은 조금도 너희를 거스를
수 없느니라 하는지라
6 그들이 예레미야를 끌어다가
감옥 뜰에 있는 왕의 아들 말
기야의 구덩이에 던져 넣을 때
에 예레미야를 줄로 달아내렸
는데 그 구덩이에는 물이 없고
진창뿐이므로 예레미야가 진
창 속에 빠졌더라
7 왕궁 내시 구스인 에벳멜렉이
그들이 예레미야를 구덩이에
던져 넣었음을 들으니라 그 때
에 왕이 베냐민 문에 앉았더
니
8 에벳멜렉이 왕궁에서 나와 왕
께 아뢰어 이르되
9 내 주 왕이여 저 사람들이 선
지자 예레미야에게 행한 모든
일은 악하니이다 성 중에 떡이
떨어졌거늘 그들이 그를 구덩
이에 던져 넣었으니 그가 거기
에서 굶어 죽으리이다 하니

10 왕이 구스 사람 에벳멜렉에게
명령하여 이르되 너는 여기서
삼십 명을 데리고 가서 선지자
예레미야가 죽기 전에 그를 구
덩이에서 끌어내라
11 에벳멜렉이 사람들을 데리고
왕궁 곳간 밑 방에 들어가서
거기에서 헝겊과 낡은 옷을
가져다가 그것을 구덩이에 있
는 예레미야에게 밧줄로 내리
며
12 구스인 에벳멜렉이 예레미야
에게 이르되 당신은 이 헝겊과
낡은 옷을 당신의 겨드랑이에
대고 줄을 그 아래에 대시오
예레미야가 그대로 하매
13 그들이 줄로 예레미야를 구덩
이에서 끌어낸지라 예레미야
가 시위대 뜰에 머무니라

시드기야가 예레미야에게 묻다

14 시드기야 왕이 사람을 보내어
선지자 예레미야를 여호와의
성전 셋째 문으로 데려오게 하
고 왕이 예레미야에게 이르되
내가 네게 한 가지 일을 물으리
니 한 마디도 내게 숨기지 말라
15 예레미야가 시드기야에게 이
르되 내가 이 일을 왕에게 아
시게 하여도 왕이 결코 나를
죽이지 아니하시리이까 가령
내가 왕을 권한다 할지라도
왕이 듣지 아니하시리이다
16 시드기야 왕이 비밀히 예레미
야에게 맹세하여 이르되 우리
에게 이 영혼을 지으신 여호와
께서 살아 계심을 두고 맹세하
노니 내가 너를 죽이지도 아니
하겠으며 네 생명을 찾는 그
사람들의 손에 넘기지도 아니
하리라 하는지라
17 예레미야가 시드기야에게 이
르되 만군의 하나님이신 이스

라엘의 하나님 여호와께서 이
와 같이 말씀하시되 네가 만
일 바벨론의 왕의 고관들에게
항복하면 네 생명이 살겠고 이
성이 불사름을 당하지 아니하
겠고 너와 네 가족이 살려니와
18 네가 만일 나가서 바벨론의
왕의 고관들에게 항복하지 아
니하면 이 성이 갈대아인의 손
에 넘어가리니 그들이 이 성
을 불사를 것이며 너는 그들의
손을 벗어나지 못하리라 하셨
나이다
19 시드기야 왕이 예레미야에게
이르되 나는 갈대아인에게 항
복한 유다인을 두려워하노라
염려하건대 갈대아인이 나를
그들의 손에 넘기면 그들이 나
를 조롱할까 하노라 하는지라
20 예레미야가 이르되 그 무리가
왕을 그들에게 넘기지 아니하
리이다 원하옵나니 내가 왕에
게 아뢴 바 여호와의 목소리
에 순종하소서 그리하면 왕이
복을 받아 생명을 보전하시리
이다
21 그러나 만일 항복하기를 거절
하시면 여호와께서 내게 보이
신 말씀대로 되리이다
22 보라 곧 유다 왕궁에 남아 있
는 모든 여자가 바벨론 왕의
고관들에게로 끌려갈 것이요
그 여자들은 네게 말하기를
네 친구들이 너를 꾀어 이기고
네 발이 진흙에 빠짐을 보고
물러갔도다 하리라
23 네 아내들과 자녀는 갈대아인
에게로 끌려가겠고 너는 그들
의 손에서 벗어나지 못하고 바
벨론 왕의 손에 잡히리라 또
네가 이 성읍으로 불사름을
당하게 하리라 하셨나이다

24 시드기야가 예레미야에게 이
르되 너는 이 말을 어느 사람
에게도 알리지 말라 그리하면
네가 죽지 아니하리라
25 만일 고관들이 내가 너와 말
하였다 함을 듣고 와서 네게
말하기를 네가 왕에게 말씀한
것을 우리에게 전하라 우리에
게 숨기지 말라 그리하면 우리
가 너를 죽이지 아니하리라 또
왕이 네게 말씀한 것을 전하
라 하거든
26 그들에게 대답하되 내가 왕
앞에 간구하기를 나를 요나단
의 집으로 되돌려 보내지 마
소서 그리하여 거기서 죽지 않
게 하옵소서 하였다 하라 하
니라
27 모든 고관이 예레미야에게 와
서 물으매 그가 왕이 명령한
모든 말대로 대답하였으므로
일이 탄로되지 아니하였고 그
들은 그와 더불어 말하기를
그쳤더라
28 예레미야가 예루살렘이 함락
되는 날까지 감옥 뜰에 머물
렀더라

예루살렘이 함락되다

39 유다의 시드기야 왕
의 제구년 열째 달에
바벨론의 느부갓네살 왕과 그
의 모든 군대가 와서 예루살
렘을 에워싸고 치더니
2 시드기야의 제십일년 넷째 달
아홉째 날에 성이 함락되니라
예루살렘이 함락되매
3 바벨론의 왕의 모든 고관이
나타나 중문에 앉으니 곧 네
르갈사레셀과 삼갈네부와 내
시장 살스김이니 네르갈사레
셀은 궁중 장관이며 바벨론의
왕의 나머지 고관들도 있더라

39

4 유다의 시드기야 왕과 모든
군사가 그들을 보고 도망하되
밤에 왕의 동산 길을 따라 두
담 샛문을 통하여 성읍을 벗
어나서 아라바로 갔더니
5 갈대아인의 군대가 그들을
따라 여리고 평원에서 시드기
야에게 미쳐 그를 잡아서 데
리고 하맛 땅 립나에 있는 바
벨론의 느부갓네살 왕에게로
올라가매 왕이 그를 심문하였
더라
6 바벨론의 왕이 립나에서 시드
기야의 눈 앞에서 그의 아들
들을 죽였고 왕이 또 유다의
모든 귀족을 죽였으며
7 왕이 또 시드기야의 눈을 빼
게 하고 바벨론으로 옮기려고
사슬로 결박하였더라
8 갈대아인들이 왕궁과 백성의
집을 불사르며 예루살렘 성벽
을 헐었고
9 사령관 느부사라단이 성중에
남아 있는 백성과 자기에게
항복한 자와 그 외의 남은 백
성을 잡아 바벨론으로 옮겼
으며
10 사령관 느부사라단이 아무 소
유가 없는 빈민을 유다 땅에
남겨 두고 그 날에 포도원과
밭을 그들에게 주었더라

예레미야가 석방되다

11 바벨론의 느부갓네살 왕이 예
레미야에 대하여 사령관 느부
사라단에게 명령하여 이르되
12 그를 데려다가 선대하고 해하
지 말며 그가 네게 말하는 대
로 행하라
13 이에 사령관 느부사라단과 내
시장 느부사스반과 궁중 장관
네르갈사레셀과 바벨론 왕의
모든 장관이

14 사람을 보내어 예레미야를 감
옥 뜰에서 데리고 사반의 손
자 아히감의 아들 그다랴에게
넘겨서 그를 집으로 데려가게
하매 그가 백성 가운데에 사
니라

여호와께서 에벳멜렉에게 구원을 약속하시다

15 예레미야가 감옥 뜰에 갇혔을
때에 여호와의 말씀이 그에게
임하니라 이르시되
16 너는 가서 구스인 에벳멜렉에
게 말하기를 만군의 여호와 이
스라엘의 하나님의 말씀에 내
가 이 성에 재난을 내리고 복을
내리지 아니하리라 한 나의 말
이 그 날에 네 눈 앞에 이루리라
17 여호와의 말씀이니라 내가 그
날에 너를 구원하리니 네가
그 두려워하는 사람들의 손에
넘겨지지 아니하리라
18 내가 반드시 너를 구원할 것
인즉 네가 칼에 죽지 아니하
고 네가 노략물 같이 네 목숨
을 얻을 것이니 이는 네가 나
를 믿었음이라 여호와의 말씀
이니라 하시더라

40 사령관 느부사라단
이 예루살렘과 유다
의 포로를 바벨론으로 옮기는
중에 예레미야도 잡혀 사슬로
결박되어 가다가 라마에서 풀
려난 후에 말씀이 여호와께로
부터 예레미야에게 임하니라
2 사령관이 예레미야를 불러다가
이르되 네 하나님 여호와께서 이
곳에 이 재난을 선포하시더니
3 여호와께서 그가 말씀하신 대
로 행하셨으니 이는 너희가 여
호와께 범죄하고 그의 목소리
에 순종하지 아니하였으므로
이제 이루어졌도다 이 일이 너
희에게 임한 것이니라

40

4 보라 내가 오늘 네 손의 사슬
을 풀어 너를 풀어 주노니 만일
네가 나와 함께 바벨론으로 가
는 것을 좋게 여기거든 가자 내
가 너를 선대하리라 만일 나와
함께 바벨론으로 가는 것을 좋
지 않게 여기거든 그만 두라 보
라 온 땅이 네 앞에 있나니 네
가 좋게 여기는 대로 옳게 여기
는 곳으로 갈지니라 하니라
5 예레미야가 아직 돌이키기 전에
그가 다시 이르되 너는 바벨론
의 왕이 유다 성읍들을 맡도록
세운 사반의 손자 아히감의 아
들 그다랴에게로 돌아가서 그와
함께 백성 가운데 살거나 네가
옳게 여기는 곳으로 가거나 할
지니라 하고 그 사령관이 그에게
양식과 선물을 주어 보내매
6 예레미야가 미스바로 가서 아
히감의 아들 그다랴에게로 나
아가서 그 땅에 남아 있는 백
성 가운데 그와 함께 사니라

유다 총독 그다랴

7 들에 있는 모든 지휘관과 그
부하들이 바벨론의 왕이 아히
감의 아들 그다랴에게 그 땅
을 맡기고 남녀와 유아와 바
벨론으로 잡혀가지 아니한 빈
민을 그에게 위임하였다 함을
듣고
8 그들 곧 느다냐의 아들 이스마
엘과 가레아의 두 아들 요하난
과 요나단과 단후멧의 아들 스
라야와 느도바 사람 에배의 아
들들과 마아가 사람의 아들 여
사냐와 그들의 사람들이 미스
바로 가서 그다랴에게 이르니
9 사반의 손자 아히감의 아들
그다랴가 그들과 그들의 사
람들에게 맹세하며 이르되 너
희는 갈대아 사람을 섬기기를

두려워하지 말고 이 땅에 살면
서 바벨론의 왕을 섬기라 그리
하면 너희에게 유익하리라
10 보라 나는 미스바에 살면서
우리에게로 오는 갈대아 사람
을 섬기리니 너희는 포도주와
여름 과일과 기름을 모아 그
릇에 저장하고 너희가 얻은 성
읍들에 살라 하니라
11 모압과 암몬 자손 중과 에돔
과 모든 지방에 있는 유다 사
람도 바벨론의 왕이 유다에
사람을 남겨 둔 것과 사반의
손자 아히감의 아들 그다랴를
그들을 위하여 세웠다 함을
듣고
12 그 모든 유다 사람이 쫓겨났
던 각처에서 돌아와 유다 땅
미스바에 사는 그다랴에게 이
르러 포도주와 여름 과일을
심히 많이 모으니라

그다랴 총독을 죽이다

13 가레아의 아들 요하난과 들에
있던 모든 군 지휘관들이 미
스바에 사는 그다랴에게 이르
러
14 그에게 이르되 암몬 자손의
왕 바알리스가 네 생명을 빼
앗으려 하여 느다냐의 아들
이스마엘을 보낸 줄 네가 아느
냐 하되 아히감의 아들 그다
랴가 믿지 아니한지라
15 가레아의 아들 요하난이 미스
바에서 그다랴에게 비밀히 말
하여 이르되 청하노니 내가 가
서 사람이 모르게 느다냐의
아들 이스마엘을 죽이게 하라
어찌하여 그가 네 생명을 빼앗
게 하여 네게 모인 모든 유다
사람을 흩어지게 하며 유다의
남은 자로 멸망을 당하게 하
랴 하니라

16 그러나 아히감의 아들 그다랴
가 가레아의 아들 요하난에게
이르되 네가 이 일을 행하지
말 것이니라 네가 이스마엘에
대하여 한 말은 진정이 아니니
라 하니라

41 일곱째 달에 왕의 종
친 엘리사마의 손자
요 느다냐의 아들로서 왕의
장관인 이스마엘이 열 사람과
함께 미스바로 가서 아히감의
아들 그다랴에게 이르러 미스
바에서 함께 떡을 먹다가
2 느다냐의 아들 이스마엘과 그
와 함께 있던 열 사람이 일어
나서 바벨론의 왕의 그 땅을
위임했던 사반의 손자 아히감
의 아들 그다랴를 칼로 쳐죽
였고
3 이스마엘이 또 미스바에서 그
다랴와 함께 있던 모든 유다
사람과 거기에 있는 갈대아 군
사를 죽였더라
4 그가 그다랴를 죽인 지 이틀
이 되었어도 이를 아는 사람이
없었더라
5 그 때에 사람 팔십 명이 자기들
의 수염을 깎고 옷을 찢고 몸
에 상처를 내고 손에 소제물과
유향을 가지고 세겜과 실로와
사마리아로부터 와서 여호와
의 성전으로 나아가려 한지라
6 느다냐의 아들 이스마엘이 그
들을 영접하러 미스바에서 나
와 울면서 가다가 그들을 만
나 아히감의 아들 그다랴에게
로 가자 하더라
7 그들이 성읍 중앙에 이를 때
에 느다냐의 아들 이스마엘
이 자기와 함께 있던 사람들
과 더불어 그들을 죽여 구덩
이 가운데에 던지니라

41

8 그 중의 열 사람은 이스마엘
에게 이르기를 우리가 밀과
보리와 기름과 꿀을 밭에 감
추었으니 우리를 죽이지 말라
하니 그가 그치고 그들을 그
의 형제와 마찬가지로 죽이지
아니하였더라
9 이스마엘이 그다랴에게 속한
사람들을 죽이고 그 시체를
던진 구덩이는 아사 왕이 이스
라엘의 바아사 왕을 두려워하
여 팠던 것이라 느다냐의 아
들 이스마엘이 그가 쳐죽인
사람들의 시체를 거기에 채우
고
10 미스바에 남아 있는 왕의 딸
들과 모든 백성 곧 사령관 느
부사라단이 아히감의 아들 그
다랴에게 위임하였던 바 미스
바에 남아 있는 모든 백성을
이스마엘이 사로잡되 곧 느다
냐의 아들 이스마엘이 그들을
사로잡고 암몬 자손에게로 가
려고 떠나니라
11 가레아의 아들 요하난과 그와
함께 있는 모든 군 지휘관이
느다냐의 아들 이스마엘이 행
한 모든 악을 듣고
12 모든 사람을 데리고 느다냐의 아
들 이스마엘과 싸우러 가다가 기
브온 큰 물가에서 그를 만나매
13 이스마엘과 함께 있던 모든 백
성이 가레아의 아들 요하난과
그와 함께 있던 모든 군 지휘
관을 보고 기뻐한지라
14 이에 미스바에서 이스마엘이
사로잡은 그 모든 백성이 돌이
켜 가레아의 아들 요하난에게
로 돌아가니
15 느다냐의 아들 이스마엘이 여
덟 사람과 함께 요하난을 피
하여 암몬 자손에게로 가니라

16 가례아의 아들 요하난과 그와
함께 있던 모든 군 지휘관이
느다냐의 아들 이스마엘이 아
히감의 아들 그다랴를 죽이고
미스바에서 잡아간 모든 남은
백성 곧 군사와 여자와 유아
와 내시를 기브온에서 빼앗아
가지고 돌아와서
17 애굽으로 가려고 떠나 베들레
헴 근처에 있는 게롯김함에 머
물렀으니
18 이는 느다냐의 아들 이스마엘
이 바벨론의 왕이 그 땅을 위
임한 아히감의 아들 그다랴를
죽였으므로 그들이 갈대아 사
람을 두려워함이었더라

백성이 예레미야에게 기도를 간구하다

42 이에 모든 군대의 지
휘관과 가례아의 아
들 요하난과 호사야의 아들
여사냐와 백성의 낮은 자로부
터 높은 자까지 다 나아와
2 선지자 예레미야에게 이르되
당신은 우리의 탄원을 듣고 이
남아 있는 모든 자를 위하여
당신의 하나님 여호와께 기도
해 주소서 당신이 보는 바와
같이 우리는 많은 사람 중에
서 남은 적은 무리이니
3 당신의 하나님 여호와께서 우
리가 마땅히 갈 길과 할 일을
보이시기를 원하나이다
4 선지자 예레미야가 그들에게
이르되 내가 너희 말을 들었
은즉 너희 말대로 너희 하나
님 여호와께 기도하고 무릇
여호와께서 너희에게 응답하
시는 것을 숨김이 없이 너희에
게 말하리라
5 그들이 예레미야에게 이르되
우리가 당신의 하나님 여호와
께서 당신을 보내사 우리에게

42

이르시는 모든 말씀대로 행하
리이다 여호와께서는 우리 가
운데에 진실하고 성실한 증인
이 되시옵소서
6 우리가 당신을 우리 하나님
여호와께 보냄은 그의 목소
리가 우리에게 좋든지 좋지
않든지를 막론하고 순종하려
함이라 우리가 우리 하나님
여호와의 목소리를 순종하면
우리에게 복이 있으리이다 하
니라

여호와의 말씀

7 십일 후에 여호와의 말씀이
예레미야에게 임하니
8 그가 가레아의 아들 요하난과
그와 함께 있는 모든 군 지휘
관과 백성의 낮은 자로부터 높
은 자까지 다 부르고
9 그들에게 이르되 너희가 나를
보내어 너희의 간구를 이스라
엘의 하나님 여호와께 드리게
하지 아니하였느냐 그가 이렇
게 이르니라
10 너희가 이 땅에 눌러 앉아 산
다면 내가 너희를 세우고 헐지
아니하며 너희를 심고 뽑지 아
니하리니 이는 내가 너희에게
내린 재난에 대하여 뜻을 돌
이킴이라
11 여호와의 말씀이니라 너희는
너희가 두려워하는 바벨론의
왕을 겁내지 말라 내가 너희
와 함께 있어 너희를 구원하며
그의 손에서 너희를 건지리니
두려워하지 말라
12 내가 너희를 불쌍히 여기리니
그도 너희를 불쌍히 여겨 너
희를 너희 본향으로 돌려보내
리라 하셨느니라
13 그러나 만일 너희가 너희 하나
님 여호와의 말씀을 복종하지

아니하고 말하기를 우리는 이
땅에 살지 아니하리라 하며
14 또 너희가 말하기를 아니라 우리
는 전쟁도 보이지 아니하며 나팔
소리도 들리지 아니하며 양식의
궁핍도 당하지 아니하는 애굽 땅
으로 들어가 살리라 하는도다
15 그러므로 너희 유다의 남은
자여 이제 여호와의 말씀을
들으라 만군의 여호와 이스라
엘의 하나님께서 이와 같이 말
씀하시되 너희가 만일 애굽에
들어가서 거기에 살기로 고집
하면
16 너희가 두려워하는 칼이 애굽
땅으로 따라가서 너희에게 미
칠 것이요 너희가 두려워하는
기근이 애굽으로 급히 따라가
서 너희에게 임하리니 너희가
거기에서 죽을 것이라
17 무릇 애굽으로 들어가서 거
기에 머물러 살기로 고집하는
모든 사람은 이와 같이 되리니
곧 칼과 기근과 전염병에 죽을
것인즉 내가 그들에게 내리는
재난을 벗어나서 남을 자 없
으리라
18 만군의 여호와 이스라엘의 하
나님께서 이와 같이 말씀하시
되 나의 노여움과 분을 예루
살렘 주민에게 부은 것 같이
너희가 애굽에 이를 때에 나
의 분을 너희에게 부으리니 너
희가 가증함과 놀램과 저주와
치욕 거리가 될 것이라 너희가
다시는 이 땅을 보지 못하리
라 하시도다
19 유다의 남은 자들아 여호와께
서 너희를 두고 하신 말씀에
너희는 애굽으로 가지 말라
하셨고 나도 오늘 너희에게 경
고한 것을 너희는 분명히 알라

20 너희가 나를 너희 하나님 여호
와께 보내며 이르기를 우리를
위하여 우리 하나님 여호와께
기도하고 우리 하나님 여호와께
서 말씀하신 대로 우리에게 전
하라 우리가 그대로 행하리라
하여 너희 마음을 속였느니라
21 너희 하나님 여호와께서 나를
보내사 너희에게 명하신 말씀
을 내가 오늘 너희에게 전하였
어도 너희가 너희 하나님 여호
와의 목소리를 도무지 순종하
지 아니하였은즉
22 너희가 가서 머물려고 하는
곳에서 칼과 기근과 전염병에
죽을 줄 분명히 알지니라

예레미야가 애굽으로 가다

43 예레미야가 모든 백
성에게 그들의 하나님
여호와의 말씀 곧 그들의 하
나님 여호와께서 자기를 보내
사 그들에게 이르신 이 모든
말씀을 말하기를 마치니
2 호사야의 아들 아사랴와 가
레아의 아들 요하난과 모든
오만한 자가 예레미야에게 말
하기를 네가 거짓을 말하는
도다 우리 하나님 여호와께서
너희는 애굽에 살려고 그리로
가지 말라고 너를 보내어 말하
게 하지 아니하셨느니라
3 이는 네리야의 아들 바룩이
너를 부추겨서 우리를 대적하
여 갈대아 사람의 손에 넘겨
죽이며 바벨론으로 붙잡아가
게 하려 함이라
4 이에 가레아의 아들 요하난과
모든 군 지휘관과 모든 백성이
유다 땅에 살라 하시는 여호와
의 목소리를 순종하지 아니하고
5 가레아의 아들 요하난과 모든
군 지휘관이 유다의 남은 자

43

곧 쫓겨났던 여러 나라 가운
데에서 유다 땅에 살려 하여
돌아온 자
6 곧 남자와 여자와 유아와 왕
의 딸들과 사령관 느부사라단
이 사반의 손자 아히감의 아
들 그다랴에게 맡겨 둔 모든
사람과 선지자 예레미야와 네
리야의 아들 바룩을 거느리고
7 애굽 땅에 들어가 다바네스에
이르렀으니 그들이 여호와의
목소리를 순종하지 아니함이
러라
8 다바네스에서 여호와의 말씀
이 예레미야에게 임하여 이르
시되
9 너는 유다 사람의 눈 앞에서
네 손으로 큰 돌 여러 개를 가
져다가 다바네스에 있는 바로
의 궁전 대문의 벽돌로 쌓은
축대에 진흙으로 감추라
10 그리고 너는 그들에게 말하기
를 만군의 여호와 이스라엘의
하나님께서 이와 같이 말씀하
시되 보라 내가 내 종 바벨론의
느부갓네살 왕을 불러오리니
그가 그의 왕좌를 내가 감추게
한 이 돌들 위에 놓고 또 그 화
려한 큰 장막을 그 위에 치리라
11 그가 와서 애굽 땅을 치고 죽
일 자는 죽이고 사로잡을 자
는 사로잡고 칼로 칠 자는 칼
로 칠 것이라
12 내가 애굽 신들의 신당들을
불지르리라 느부갓네살이 그
들을 불사르며 그들을 사로잡
을 것이요 목자가 그의 몸에
옷을 두름 같이 애굽 땅을 자
기 몸에 두르고 평안히 그 곳
을 떠날 것이며
13 그가 또 애굽 땅 벧세메스의
석상들을 깨뜨리고 애굽 신들

의 신당들을 불사르리라 하셨
다 할지니라 하니라

애굽의 유다 사람에게 하신 말씀

44 애굽 땅에 사는 모든
유다 사람 곧 믹돌과
다바네스와 놉과 바드로스 지
방에 사는 자에 대하여 말씀
이 예레미야에게 임하니라 이
르시되
2 만군의 여호와 이스라엘의 하
나님께서 이와 같이 말씀하시
니라 너희가 예루살렘과 유다
모든 성읍에 내린 나의 모든
재난을 보았느니라 보라 오늘
그것들이 황무지가 되었고 사
는 사람이 없나니
3 이는 그들이 자기나 너희나 너
희 조상들이 알지 못하는 다
른 신들에게 나아가 분향하여
섬겨서 나의 노여움을 일으킨
악행으로 말미암음이라
4 내가 나의 모든 종 선지자들
을 너희에게 보내되 끊임없이
보내어 이르기를 너희는 내가
미워하는 이 가증한 일을 행
하지 말라 하였으나
5 그들이 듣지 아니하며 귀를 기
울이지 아니하고 다른 신들
에게 여전히 분향하여 그들의
악에서 돌이키지 아니하였으
므로
6 나의 분과 나의 노여움을 쏟
아서 유다 성읍들과 예루살렘
거리를 불살랐더니 그것들이
오늘과 같이 폐허와 황무지가
되었느니라
7 만군의 하나님 이스라엘의 하
나님 여호와께서 이와 같이
말씀하셨느니라 너희가 어찌
하여 큰 악을 행하여 자기 영
혼을 해하며 유다 가운데에서
너희의 남자와 여자와 아이와

44

젖 먹는 자를 멸절하여 남은
자가 없게 하려느냐
8 어찌하여 너희가 너희 손이 만
든 것으로 나의 노여움을 일
으켜 너희가 가서 머물러 사
는 애굽 땅에서 다른 신들에
게 분향함으로 끊어 버림을
당하여 세계 여러 나라 가운
데에서 저주와 수치 거리가 되
고자 하느냐
9 너희가 유다 땅과 예루살렘
거리에서 행한 너희 조상들의
악행과 유다 왕들의 악행과
왕비들의 악행과 너희의 악행
과 너희 아내들의 악행을 잊었
느냐
10 그들이 오늘까지 겸손하지 아
니하며 두려워하지도 아니하
고 내가 너희와 너희 조상들
앞에 세운 나의 율법과 나의
법규를 지켜 행하지 아니하느
니라
11 그러므로 만군의 여호와 이스
라엘의 하나님께서 이와 같이
말씀하시니라 보라 내가 얼굴
을 너희에게로 향하여 환난을
내리고 온 유다를 끊어 버릴
것이며
12 내가 또 애굽 땅에 머물러 살
기로 고집하고 그리로 들어간
유다의 남은 자들을 처단하리
니 그들이 다 멸망하여 애굽
땅에서 엎드러질 것이라 그들
이 칼과 기근에 망하되 낮은
자로부터 높은 자까지 칼과
기근에 죽어서 저주와 놀램과
조롱과 수치의 대상이 되리라
13 내가 예루살렘을 벌한 것 같이
애굽 땅에 사는 자들을 칼과
기근과 전염병으로 벌하리니
14 애굽 땅에 들어가서 거기에 머
물러 살려는 유다의 남은 자

중에 피하거나 살아 남아 소
원대로 돌아와서 살고자 하여
유다 땅에 돌아올 자가 없을
것이라 도망치는 자들 외에는
돌아올 자가 없으리라 하셨느
니라
15 그리하여 자기 아내들이 다른
신들에게 분향하는 줄을 아
는 모든 남자와 곁에 섰던 모
든 여인 곧 애굽 땅 바드로스
에 사는 모든 백성의 큰 무리
가 예레미야에게 대답하여 이
르되
16 네가 여호와의 이름으로 우리
에게 하는 말을 우리가 듣지
아니하고
17 우리 입에서 낸 모든 말을 반
드시 실행하여 우리가 본래
하던 것 곧 우리와 우리 선조
와 우리 왕들과 우리 고관들
이 유다 성읍들과 예루살렘
거리에서 하던 대로 하늘의 여
왕에게 분향하고 그 앞에 전
제를 드리리라 그 때에는 우리
가 먹을 것이 풍부하며 복을
받고 재난을 당하지 아니하였
더니
18 우리가 하늘의 여왕에게 분향
하고 그 앞에 전제 드리던 것
을 폐한 후부터는 모든 것이
궁핍하고 칼과 기근에 멸망을
당하였느니라 하며
19 여인들은 이르되 우리가 하늘
의 여왕에게 분향하고 그 앞
에 전제를 드릴 때에 어찌 우
리 남편의 허락이 없이 그의
형상과 같은 과자를 만들어
놓고 전제를 드렸느냐 하는지
라
20 예레미야가 남녀 모든 무리 곧
이 말로 대답하는 모든 백성
에게 일러 이르되

21 너희가 너희 선조와 너희 왕
들과 고관들과 유다 땅 백성
이 유다 성읍들과 예루살렘
거리에서 분향한 일을 여호와
께서 기억하셨고 그의 마음에
떠오른 것이 아닌가
22 여호와께서 너희 악행과 가증
한 행위를 더 참을 수 없으셨
으므로 너희 땅이 오늘과 같
이 황폐하며 놀램과 저줏거리
가 되어 주민이 없게 되었나니
23 너희가 분향하여 여호와께 범
죄하였으며 여호와의 목소리
를 순종하지 아니하고 여호와
의 율법과 법규와 여러 증거대
로 행하지 아니하였으므로 이
재난이 오늘과 같이 너희에게
일어났느니라
24 예레미야가 다시 모든 백성과
모든 여인에게 말하되 애굽 땅
에서 사는 모든 유다 사람이
여 여호와의 말씀을 들으라
25 만군의 여호와 이스라엘의 하
나님께서 이와 같이 말씀하시
되 너희와 너희 아내들이 입으
로 말하고 손으로 이루려 하
여 이르기를 우리가 서원한 대
로 반드시 이행하여 하늘의
여왕에게 분향하고 전제를 드
리리라 하였은즉 너희 서원을
성취하며 너희 서원을 이행하
라 하시느니라
26 그러므로 애굽 땅에서 사는
모든 유다 사람이여 여호와의
말씀을 들으라 여호와께서 말
씀하시되 보라 내가 나의 큰
이름으로 맹세하였은즉 애굽
온 땅에 사는 유다 사람들의
입에서 다시는 내 이름을 부르
며 주 여호와의 살아 계심을
두고 맹세하노라 하는 자가
없으리라

27 보라 내가 깨어 있어 그들에게
재난을 내리고 복을 내리지
아니하리니 애굽 땅에 있는 유
다 모든 사람이 칼과 기근에
망하여 멸절되리라
28 그런즉 칼을 피한 소수의 사
람이 애굽 땅에서 나와 유다
땅으로 돌아오리니 애굽 땅에
들어가서 거기에 머물러 사는
유다의 모든 남은 자가 내 말
과 그들의 말 가운데서 누구
의 말이 진리인지 알리라
29 여호와의 말씀이니라 내가 이
곳에서 너희를 벌할 표징이 이
것이라 내가 너희에게 재난을
내리리라 한 말이 반드시 이루
어질 것을 그것으로 알게 하
리라
30 보라 내가 유다의 시드기야
왕을 그의 원수 곧 그의 생명
을 찾는 바벨론의 느부갓네살
왕의 손에 넘긴 것 같이 애굽
의 바로 호브라 왕을 그의 원
수들 곧 그의 생명을 찾는 자
들의 손에 넘겨 주리라 여호
와께서 이와 같이 말씀하셨느
니라

여호와께서 바룩에게 구원을 약속하시다

45 유다의 요시야 왕의
아들 여호야김 넷째
해에 네리야의 아들 바룩이
예레미야가 불러 주는 대로
이 모든 말을 책에 기록하니라
그 때에 선지자 예레미야가 그
에게 말하여 이르되
2 바룩아 이스라엘의 하나님 여
호와께서 네게 이같이 말씀하
셨느니라
3 네가 일찍이 말하기를 화로다 여
호와께서 나의 고통에 슬픔을
더하셨으니 나는 나의 탄식으로
피곤하여 평안을 찾지 못하도다

45

4 너는 그에게 이르라 여호와께
서 이와 같이 말씀하시기를
보라 나는 내가 세운 것을 헐
기도 하며 내가 심은 것을 뽑
기도 하나니 온 땅에 그리하
겠거늘
5 네가 너를 위하여 큰 일을 찾
느냐 그것을 찾지 말라 보라
내가 모든 육체에 재난을 내리
리라 그러나 네가 가는 모든
곳에서는 내가 너에게 네 생명
을 노략물 주듯 하리라 여호
와의 말씀이니라

애굽에 관한 여호와의 말씀

46 이방 나라들에 대하
여 선지자 예레미야
에게 임한 여호와의 말씀이라
2 애굽에 관한 것이라 곧 유다의
요시야 왕의 아들 여호야김
넷째 해에 유브라데 강 가 갈
그미스에서 바벨론의 느부갓
네살 왕에게 패한 애굽의 왕
바로느고의 군대에 대한 말씀
이라
3 너희는 작은 방패와 큰 방패
를 예비하고 나가서 싸우라
4 너희 기병이여 말에 안장을 지
워 타며 투구를 쓰고 나서며
창을 갈며 갑옷을 입으라
5 여호와의 말씀이니라 내가 본
즉 그들이 놀라 물러가며 그
들의 용사는 패하여 황급히
도망하며 뒤를 돌아보지 아니
함은 어찜이냐 두려움이 그들
의 사방에 있음이로다
6 발이 빠른 자도 도망하지 못
하며 용사도 피하지 못하고 그
들이 다 북쪽에서 유브라데
강 가에 넘어지며 엎드러지는
도다
7 강의 물이 출렁임 같고 나일
강이 불어남 같은 자가 누구냐

46

8 애굽은 나일 강이 불어남 같
고 강물이 출렁임 같도다 그
가 이르되 내가 일어나 땅을
덮어 성읍들과 그 주민을 멸
할 것이라
9 말들아 달려라 병거들아 정신
없이 달려라 용사여 나오라
방패 잡은 구스 사람과 붓 사
람과 활을 당기는 루딤 사람
이여 나올지니라 하거니와
10 그 날은 주 만군의 여호와께
서 그의 대적에게 원수 갚는
보복일이라 칼이 배부르게 삼
키며 그들의 피를 넘치도록 마
시리니 주 만군의 여호와께서
북쪽 유브라데 강 가에서 희
생제물을 받으실 것임이로다
11 처녀 딸 애굽이여 길르앗으로
올라가서 유향을 취하라 네가
치료를 많이 받아도 효력이 없
어 낫지 못하리라
12 네 수치가 나라들에 들렸고
네 부르짖음은 땅에 가득하였
나니 용사가 용사에게 걸려 넘
어져 둘이 함께 엎드러졌음이
라

느부갓네살이 애굽을 치리라

13 바벨론의 느부갓네살 왕이 와
서 애굽 땅을 칠 일에 대하여
선지자 예레미야에게 이르신
여호와의 말씀이라
14 너희는 애굽에 선포하며 믹돌
과 놉과 다바네스에 선포하여
말하기를 너희는 굳건히 서서
준비하라 네 사방이 칼에 삼
키웠느니라
15 너희 장사들이 쓰러짐은 어찌
함이냐 그들이 서지 못함은
여호와께서 그들을 몰아내신
까닭이니라
16 그가 많은 사람을 넘어지게
하시매 사람이 사람 위에 엎드

러지며 이르되 일어나라 우리
가 포악한 칼을 피하여 우리
민족에게로, 우리 고향으로
돌아가자 하도다
17 그들이 그 곳에서 부르짖기를
애굽의 바로 왕이 망하였도다
그가 기회를 놓쳤도다
18 만군의 여호와라 일컫는 왕이
이르시되 나의 삶으로 맹세하
노니 그가 과연 산들 중의 다
볼 같이, 해변의 갈멜 같이 오
리라
19 애굽에 사는 딸이여 너는 너
를 위하여 포로의 짐을 꾸리
라 놉이 황무하며 불에 타서
주민이 없을 것임이라
20 애굽은 심히 아름다운 암송아
지일지라도 북으로부터 쇠파
리 떼가 줄곧 오리라
21 또 그 중의 고용꾼은 살진 수
송아지 같아서 돌이켜 함께
도망하고 서지 못하였나니 재
난의 날이 이르렀고 벌 받는
때가 왔음이라
22 애굽의 소리가 뱀의 소리 같으
리니 이는 그들의 군대가 벌목
하는 자 같이 도끼를 가지고
올 것임이라
23 여호와의 말씀이니라 그들이
황충보다 많아서 셀 수 없으
므로 조사할 수 없는 그의 수
풀을 찍을 것이라
24 딸 애굽이 수치를 당하여 북
쪽 백성의 손에 붙임을 당하
리로다
25 만군의 여호와 이스라엘의 하
나님께서 말씀하시니라 보라
내가 노의 아몬과 바로와 애
굽과 애굽 신들과 왕들 곧 바
로와 및 그를 의지하는 자들
을 벌할 것이라
26 내가 그들의 생명을 노리는 자

의 손 곧 바벨론의 느부갓네
살 왕의 손과 그 종들의 손에
넘기리라 그럴지라도 그 후에
는 그 땅이 이전 같이 사람 살
곳이 되리라 여호와의 말씀이
니라

이스라엘을 구원하리라

27 내 종 야곱아 두려워하지 말
라 이스라엘아 놀라지 말라
보라 내가 너를 먼 곳에서 구
원하며 네 자손을 포로된 땅
에서 구원하리니 야곱이 돌아
와서 평안하며 걱정 없이 살게
될 것이라 그를 두렵게 할 자
없으리라
28 여호와의 말씀이니라 내 종
야곱아 내가 너와 함께 있나
니 두려워하지 말라 내가 너
를 흩었던 그 나라들은 다 멸
할지라도 너는 사라지지 아
니하리라 내가 너를 법도대로
징계할 것이요 결코 무죄한
자로 여기지 아니하리라 하시
니라

블레셋 사람을 유린하시는 날

47 바로가 가사를 치기
전에 블레셋 사람에
대하여 선지자 예레미야에게
임한 여호와의 말씀이라
2 여호와께서 이와 같이 말씀하
시되 보라 물이 북쪽에서 일
어나 물결치는 시내를 이루어
그 땅과 그 중에 있는 모든 것
과 그 성읍과 거기에 사는 자
들을 휩쓸리니 사람들이 부르
짖으며 그 땅 모든 주민이 울
부짖으리라
3 군마의 발굽 소리와 달리는
병거 바퀴가 진동하는 소리
때문에 아버지의 손맥이 풀려
서 자기의 자녀를 돌보지 못
하리니

47

4 이는 블레셋 사람을 유린하시
며 두로와 시돈에 남아 있는
바 도와 줄 자를 다 끊어 버리
시는 날이 올 것임이라 여호와
께서 갑돌 섬에 남아 있는 블
레셋 사람을 유린하시리라
5 가사는 대머리가 되었고 아스글
론과 그들에게 남아 있는 평지가
잠잠하게 되었나니 네가 네 몸
베기를 어느 때까지 하겠느냐
6 오호라 여호와의 칼이여 네가
언제까지 쉬지 않겠느냐 네 칼
집에 들어가서 가만히 쉴지어
다
7 여호와께서 이를 명령하셨은
즉 어떻게 잠잠하며 쉬겠느
냐 아스글론과 해변을 치려
하여 그가 정하셨느니라 하
니라

모압의 멸망

48 모압에 관한 것이라
만군의 여호와 이스
라엘의 하나님께서 이와 같이
말씀하시되 오호라 느보여 그
가 유린 당하였도다 기랴다임
이 수치를 당하여 점령되었고
미스갑이 수치를 당하여 파괴
되었으니
2 모압의 찬송 소리가 없어졌도
다 헤스본에서 무리가 그를
해하려고 악을 도모하고 이르
기를 와서 그를 끊어서 나라
를 이루지 못하게 하자 하는도
다 맛멘이여 너도 조용하게 되
리니 칼이 너를 뒤쫓아 가리라
3 호로나임에서 부르짖는 소리
여 황폐와 큰 파멸이로다
4 모압이 멸망을 당하여 그 어
린이들의 부르짖음이 들리는
도다
5 그들이 루힛 언덕으로 올라가
면서 울고 호로나임 내리막 길

48

에서 파멸의 고통스런 울부짖
음을 듣는도다
6 도망하여 네 생명을 구원하여
광야의 노간주나무 같이 될
지어다
7 네가 네 업적과 보물을 의뢰
하므로 너도 정복을 당할 것
이요 그모스는 그의 제사장
들과 고관들과 함께 포로되어
갈 것이라
8 파멸하는 자가 각 성읍에 이
를 것인즉 한 성읍도 면하지
못할 것이며 골짜기가 멸망하
였으며 평지는 파멸되어 여호
와의 말씀과 같으리로다
9 모압에 날개를 주어 날아 피
하게 하라 그 성읍들이 황폐
하여 거기에 사는 자가 없으
리로다
10 여호와의 일을 게을리 하는
자는 저주를 받을 것이요 자
기 칼을 금하여 피를 흘리지
아니하는 자도 저주를 받을
것이로다

모압이 황폐하였다

11 모압은 젊은 시절부터 평안하
고 포로도 되지 아니하였으므
로 마치 술이 그 찌끼 위에 있
고 이 그릇에서 저 그릇으로
옮기지 않음 같아서 그 맛이
남아 있고 냄새가 변하지 아니
하였도다
12 그러므로 여호와께서 말씀하
시니라 날이 이르리니 내가 술
을 옮겨 담는 사람을 보낼 것
이라 그들이 기울여서 그 그
릇을 비게 하고 그 병들을 부
수리니
13 이스라엘 집이 벧엘을 의뢰하
므로 수치를 당한 것 같이 모
압이 그모스로 말미암아 수
치를 당하리로다

14 너희가 어찌하여 말하기를 우
리는 용사요 능란한 전사라
하느냐
15 만군의 여호와라 일컫는 왕께
서 이와 같이 말하노라 모압
이 황폐하였도다 그 성읍들은
사라졌고 그 선택 받은 장정
들은 내려가서 죽임을 당하니
16 모압의 재난이 가까웠고 그
고난이 속히 닥치리로다
17 그의 사면에 있는 모든 자여,
그의 이름을 아는 모든 자여,
그를 위로하며 말하기를 어찌
하여 강한 막대기, 아름다운
지팡이가 부러졌는고 할지니
라
18 디본에 사는 딸아 네 영화에
서 내려와 메마른 데 앉으라
모압을 파멸하는 자가 올라와
서 너를 쳐서 네 요새를 깨뜨
렸음이로다
19 아로엘에 사는 여인이여 길 곁
에 서서 지키며 도망하는 자
와 피하는 자에게 무슨 일이
생겼는지 물을지어다
20 모압이 패하여 수치를 받나니
너희는 울면서 부르짖으며 아
르논 가에서 이르기를 모압이
황폐하였다 할지어다
21 심판이 평지에 이르렀나니 곧
홀론과 야사와 메바앗과
22 디본과 느보와 벧디블라다임
과
23 기랴다임과 벧가물과 벧므온
과
24 그리욧과 보스라와 모압 땅
원근 모든 성읍에로다
25 모압의 뿔이 잘렸고 그 팔이
부러졌도다 여호와의 말씀이
니라

모압이 조롱 거리가 되리라

26 모압으로 취하게 할지어다 이

는 그가 여호와에 대하여 교
만함이라 그가 그 토한 것에
서 뒹굴므로 조롱 거리가 되리
로다
27 네가 이스라엘을 조롱하지 아
니하였느냐 그가 도둑 가운데
에서 발견되었느냐 네가 그를
말할 때마다 네 머리를 흔드
는도다
28 모압 주민들아 너희는 성읍
을 떠나 바위 사이에 살지어다
출입문 어귀 가장자리에 깃들
이는 비둘기 같이 할지어다
29 우리가 모압의 교만을 들었나
니 심한 교만 곧 그의 자고와
오만과 자랑과 그 마음의 거
만이로다
30 여호와의 말씀이니라 내가 그
의 노여워함의 허탄함을 아노
니 그가 자랑하여도 아무 것
도 성취하지 못하였도다
31 그러므로 내가 모압을 위하여
울며 온 모압을 위하여 부르짖
으리니 무리가 길헤레스 사람
을 위하여 신음하리로다
32 십마의 포도나무여 너의 가지
가 바다를 넘어 야셀 바다까
지 뻗었더니 너의 여름 과일과
포도 수확을 탈취하는 자가
나타났으니 내가 너를 위하여
울기를 야셀이 우는 것보다
더하리로다
33 기쁨과 환희가 옥토와 모압
땅에서 빼앗겼도다 내가 포도
주 틀에 포도주가 끊어지게
하리니 외치며 밟는 자가 없을
것이라 그 외침은 즐거운 외침
이 되지 못하리로다
34 헤스본에서 엘르알레를 지나
야하스까지와 소알에서 호로
나임을 지나 에글랏 셀리시야
에 이르는 지역에 사는 사람

들이 소리를 내어 부르짖음은
니므림의 물도 황폐하였음이
로다
35 여호와의 말씀이라 모압 산
당에서 제사하며 그 신들에게
분향하는 자를 내가 끊어버리
리라

모압이 벌 받을 해

36 그러므로 나의 마음이 모압을
위하여 피리 같이 소리 내며
나의 마음이 길헤레스 사람들
을 위하여 피리 같이 소리 내
나니 이는 그가 모은 재물이
없어졌음이라
37 모든 사람이 대머리가 되었고
모든 사람이 수염을 밀었으
며 손에 칼자국이 있고 허리에
굵은 베가 둘렸고
38 모압의 모든 지붕과 거리 각처
에서 슬피 우는 소리가 들리
니 내가 모압을 마음에 들지
않는 그릇 같이 깨뜨렸음이라
여호와의 말씀이니라
39 어찌하여 모압이 파괴되었으
며 어찌하여 그들이 애곡하
는가 모압이 부끄러워서 등
을 돌렸도다 그런즉 모압이 그
사방 모든 사람의 조롱 거리
와 공포의 대상이 되리로다
40 이는 여호와의 말씀이니라 보
라 그가 독수리 같이 날아와서
모압 위에 그의 날개를 펴리라
41 성읍들이 점령을 당하며 요새
가 함락되는 날에 모압 용사
의 마음이 산고를 당하는 여
인 같을 것이라
42 모압이 여호와를 거슬러 자만
하였으므로 멸망하고 다시 나
라를 이루지 못하리로다
43 여호와의 말씀이니라 모압 주
민아 두려움과 함정과 올무가
네게 닥치나니

44 두려움에서 도망하는 자는 함
정에 떨어지겠고 함정에서 나
오는 자는 올무에 걸리리니 이
는 내가 모압이 벌 받을 해가
임하게 할 것임이라 여호와의
말씀이니라
45 도망하는 자들이 기진하여 헤
스본 그늘 아래에 서니 이는
불이 헤스본에서 나며 불길이
시혼 가운데 나서 모압의 살
쩍과 떠드는 자들의 정수리를
사름이로다
46 모압이여 네게 화가 있도다 그
모스의 백성이 망하였도다 네
아들들은 사로잡혀 갔고 네
딸들은 포로가 되었도다
47 그러나 내가 마지막 날에 모압
의 포로를 돌려보내리라 여호
와의 말씀이니라 모압의 심판
이 여기까지니라

암몬이 받을 심판

49 암몬 자손에 대한 말
씀이라 여호와께서
이와 같이 말씀하시되 이스라
엘이 자식이 없느냐 상속자가
없느냐 말감이 갓을 점령하며
그 백성이 그 성읍들에 사는
것은 어찌 됨이냐
2 여호와의 말씀이니라 그러므
로 보라 날이 이르리니 내가
전쟁 소리로 암몬 자손의 랍
바에 들리게 할 것이라 랍바
는 폐허더미 언덕이 되겠고 그
마을들은 불에 탈 것이며 그
때에 이스라엘은 자기를 점령
하였던 자를 점령하리라 여호
와의 말씀이니라
3 헤스본아 슬피 울지어다 아이
가 황폐하였도다 너희 랍바의
딸들아 부르짖을지어다 굵은
베를 감고 애통하며 울타리
가운데에서 허둥지둥할지어다

49

말감과 그 제사장들과 그 고
관들이 다 사로잡혀 가리로다
4 패역한 딸아 어찌하여 골짜기
곧 네 흐르는 골짜기를 자랑
하느냐 네가 어찌하여 재물을
의뢰하여 말하기를 누가 내게
대적하여 오리요 하느냐
5 주 만군의 여호와의 말씀이니
라 보라 내가 두려움을 네 사
방에서 네게 오게 하리니 너희
각 사람이 앞으로 쫓겨 나갈
것이요 도망하는 자들을 모을
자가 없으리라
6 그러나 그 후에 내가 암몬 자
손의 포로를 돌아가게 하리라
여호와의 말씀이니라

에돔이 받을 심판

7 에돔에 대한 말씀이라 만군의
여호와께서 이와 같이 말씀하
시되 데만에 다시는 지혜가 없
게 되었느냐 명철한 자에게 책
략이 끊어졌느냐 그들의 지혜
가 없어졌느냐
8 드단 주민아 돌이켜 도망할지
어다 깊은 곳에 숨을지어다
내가 에서의 재난을 그에게 닥
치게 하여 그를 벌할 때가 이
르게 하리로다
9 포도를 거두는 자들이 네게
이르면 약간의 열매도 남기지
아니하겠고 밤에 도둑이 오면
그 욕심이 차기까지 멸하느니
라
10 그러나 내가 에서의 옷을 벗겨
그 숨은 곳이 드러나게 하였
나니 그가 그 몸을 숨길 수 없
을 것이라 그 자손과 형제와
이웃이 멸망하였은즉 그가 없
어졌느니라
11 네 고아들을 버려도 내가 그
들을 살리리라 네 과부들은
나를 의지할 것이니라

12 여호와께서 이와 같이 말씀
하시니라 보라 술잔을 마시는
습관이 없는 자도 반드시 마
시겠거든 네가 형벌을 온전히
면하겠느냐 면하지 못하리니
너는 반드시 마시리라
13 여호와의 말씀이니라 내가 나
를 두고 맹세하노니 보스라가
놀램과 치욕 거리와 황폐함과
저줏거리가 될 것이요 그 모든
성읍이 영원히 황폐하리라 하
시니라
14 내가 여호와에게서부터 오는
소식을 들었노라 사절을 여러
나라 가운데 보내어 이르시되
너희는 모여와서 그를 치며 일
어나서 싸우라
15 보라 내가 너를 여러 나라 가
운데에서 작아지게 하였고 사
람들 가운데에서 멸시를 받게
하였느니라
16 바위 틈에 살며 산꼭대기를
점령한 자여 스스로 두려운
자인 줄로 여김과 네 마음의
교만이 너를 속였도다 네가
독수리 같이 보금자리를 높은
데에 지었을지라도 내가 그리
로부터 너를 끌어내리리라 이
는 여호와의 말씀이니라
17 에돔이 공포의 대상이 되리니
그리로 지나는 자마다 놀라며
그 모든 재앙으로 말미암아
탄식하리로다
18 여호와께서 말씀하시니라 소
돔과 고모라와 그 이웃 성읍
들이 멸망한 것 같이 거기에
사는 사람이 없으며 그 가운
데에 머물러 살 사람이 아무
도 없으리라
19 보라 사자가 요단 강의 깊은
숲에서 나타나듯이 그가 와
서 견고한 처소를 칠 것이라

내가 즉시 그들을 거기에서
쫓아내고 택한 자를 내가 그
위에 세우리니 나와 같은 자
누구며 나와 더불어 다툴 자
누구며 내 앞에 설 목자가 누
구냐
20 그런즉 에돔에 대한 여호와의
의도와 데만 주민에 대하여 결
심하신 여호와의 계획을 들으
라 양 떼의 어린 것들을 그들
이 반드시 끌고 다니며 괴롭히
고 그 처소로 황폐하게 하지
않으랴
21 그들이 넘어지는 소리에 땅이
진동하며 그가 부르짖는 소리
는 홍해에 들리리라
22 보라 원수가 독수리 같이 날
아와서 그의 날개를 보스라
위에 펴는 그 날에 에돔 용사
의 마음이 진통하는 여인 같
이 되리라 하시니라

다메섹이 받을 심판

23 다메섹에 대한 말씀이라 하맛
과 아르밧이 수치를 당하리니
이는 흉한 소문을 듣고 낙담
함이니라 바닷가에서 비틀거
리며 평안이 없도다
24 다메섹이 피곤하여 몸을 돌이켜
달아나려 하니 떨림이 그를 움켜
잡고 해산하는 여인 같이 고통
과 슬픔이 그를 사로잡았도다
25 어찌하여 찬송의 성읍, 나의
즐거운 성읍이 버린 것이 되었
느냐
26 이는 만군의 여호와의 말씀이
니라 그런즉 그 날에 그의 장
정들은 그 거리에 엎드러지겠
고 모든 군사는 멸절될 것이며
27 내가 다메섹의 성벽에 불을 지
르리니 벤하닷의 궁전이 불타
리라

게달과 하솔이 받을 심판

28 바벨론의 느부갓네살 왕에게
공격을 받은 게달과 하솔 나
라들에 대한 말씀이라 여호와
께서 이와 같이 말씀하시되 너
희는 일어나 게달로 올라가서
동방 자손들을 황폐하게 하라
29 너희는 그들의 장막과 양 떼
를 빼앗으며 휘장과 모든 기구
와 낙타를 빼앗아다가 소유로
삼고 그들을 향하여 외치기를
두려움이 사방에 있다 할지니
라
30 여호와의 말씀이니라 하솔 주
민아 도망하라 멀리 가서 깊은
곳에 살라 이는 바벨론의 느
부갓네살 왕이 너를 칠 모략
과 너를 칠 계책을 세웠음이라
31 여호와의 말씀이니라 너는 일
어나 고요하고도 평안히 사는
백성 곧 성문이나 문빗장이 없
이 홀로 사는 국민을 치라
32 그들의 낙타들은 노략물이 되
겠고 그들의 많은 가축은 탈
취를 당할 것이라 내가 그 살
쩍을 깎는 자들을 사면에 흩
고 그 재난을 여러 곳에서 오
게 하리라 여호와의 말씀이니
라
33 하솔은 큰 뱀의 거처가 되어
영원히 황폐하리니 거기 사는
사람이나 그 가운데에 머물러
사는 사람이 아무도 없게 되
리라 하시니라

엘람이 받을 심판

34 유다 왕 시드기야가 즉위한
지 오래지 아니하여서 엘람에
대한 여호와의 말씀이 선지자
예레미야에게 임하여 이르시
되
35 만군의 여호와가 이같이 말하
노라 보라 내가 엘람의 힘의
으뜸가는 활을 꺾을 것이요

36 하늘의 사방에서부터 사방 바
람을 엘람에 오게 하여 그들
을 사방으로 흩으리니 엘람에
서 쫓겨난 자가 가지 않는 나
라가 없으리라
37 여호와의 말씀이니라 내가 엘
람으로 그의 원수의 앞, 그의
생명을 노리는 자의 앞에서
놀라게 할 것이며 내가 재앙
곧 나의 진노를 그들 위에 내
릴 것이며 내가 또 그 뒤로 칼
을 보내어 그들을 멸망시키리
라
38 내가 나의 보좌를 엘람에 주
고 왕과 고관들을 그 곳에서
멸하리라 여호와의 말씀이니
라
39 그러나 말일에 이르러 내가 엘
람의 포로를 돌아가게 하리라
여호와의 말씀이니라

바벨론이 받을 심판

50 여호와께서 선지자
예레미야에게 바벨론
과 갈대아 사람의 땅에 대하
여 하신 말씀이라
2 너희는 나라들 가운데에 전파
하라 공포하라 깃발을 세우라
숨김이 없이 공포하여 이르라
바벨론이 함락되고 벨이 수치
를 당하며 므로닥이 부스러지
며 그 신상들은 수치를 당하
며 우상들은 부스러진다 하라
3 이는 한 나라가 북쪽에서 나와
서 그를 쳐서 그 땅으로 황폐하
게 하여 그 가운데에 사는 자
가 없게 할 것임이라 사람이나
짐승이 다 도망할 것임이니라
4 여호와의 말씀이니라 그 날
그 때에 이스라엘 자손이 돌
아오며 유다 자손도 함께 돌
아오되 그들이 울면서 그 길
을 가며 그의 하나님 여호와

50

께 구할 것이며
5 그들이 그 얼굴을 시온으로
향하여 그 길을 물으며 말하
기를 너희는 오라 잊을 수 없
는 영원한 언약으로 여호와와
연합하라 하리라
6 바벨론에서 도망하라 갈대아
땅에서 나오라 내 백성은 잃어
버린 양 떼로다 그 목자들이
그들을 곁길로 가게 하여 산
으로 돌이키게 하였으므로 그
들이 산에서 언덕으로 돌아다
니며 쉴 곳을 잊었도다
7 그들을 만나는 자들은 그들을
삼키며 그의 대적은 말하기를
그들이 여호와 곧 의로운 처소
시며 그의 조상들의 소망이신
여호와께 범죄하였음인즉 우
리는 무죄하다 하였느니라
8 너희는 바벨론 가운데에서 도
망하라 갈대아 사람의 땅에서
나오라 양 떼에 앞서가는 숫염
소 같이 하라
9 보라 내가 큰 민족의 무리를
북쪽에서 올라오게 하여 바
벨론을 대항하게 하리니 그들
이 대열을 벌이고 쳐서 정복할
것이라 그들의 화살은 노련한
용사의 화살 같아서 허공을
치지 아니하리라
10 갈대아가 약탈을 당할 것이
라 그를 약탈하는 자마다 만
족하리라 여호와의 말씀이니
라

바벨론의 멸망

11 나의 소유를 노략하는 자여
너희가 즐거워하며 기뻐하고
타작하는 송아지 같이 발굽을
구르며 군마 같이 우는도다
12 그러므로 너희의 어머니가 큰
수치를 당하리라 너희를 낳은
자가 치욕을 당하리라 보라

그가 나라들 가운데의 마지막
과 광야와 마른 땅과 거친 계
곡이 될 것이며
13 여호와의 진노로 말미암아 주
민이 없어 완전히 황무지가 될
것이라 바벨론을 지나가는 자
마다 그 모든 재난에 놀라며
탄식하리로다
14 바벨론을 둘러 대열을 벌이고
활을 당기는 모든 자여 화살
을 아끼지 말고 쏘라 그가 여
호와께 범죄하였음이라
15 그 주위에서 고함을 지르리로
다 그가 항복하였고 그 요새
는 무너졌고 그 성벽은 허물어
졌으니 이는 여호와께서 그가
행한 대로 그에게 내리시는 보
복이라 그가 행한 대로 그에
게 갚으시는도다
16 파종하는 자와 추수 때에 낫
을 잡은 자를 바벨론에서 끊
어 버리라 사람들이 그 압박
하는 칼을 두려워하여 각기
동족에게로 돌아가며 고향으
로 도망하리라

이스라엘을 돌아오게 하리라

17 이스라엘은 흩어진 양이라 사
자들이 그를 따르도다 처음에
는 앗수르 왕이 먹었고 다음
에는 바벨론의 느부갓네살 왕
이 그의 뼈를 꺾도다
18 그러므로 만군의 여호와 이
스라엘의 하나님이 이와 같이
말하노라 보라 내가 앗수르의
왕을 벌한 것 같이 바벨론의
왕과 그 땅을 벌하고
19 이스라엘을 다시 그의 목장
으로 돌아가게 하리니 그가
갈멜과 바산에서 양을 기를
것이며 그의 마음이 에브라
임과 길르앗 산에서 만족하
리라

20 여호와의 말씀이니라 그 날
그 때에는 이스라엘의 죄악을
찾을지라도 없겠고 유다의 죄
를 찾을지라도 찾아내지 못하
리니 이는 내가 남긴 자를 용
서할 것임이라

여호와께서 바벨론을 심판하시다

21 이는 여호와의 말씀이니라 너
희는 올라가서 므라다임의 땅
을 치며 브곳의 주민을 쳐서
진멸하되 내가 너희에게 명령
한 대로 다하라
22 그 땅에 싸움의 소리와 큰 파
멸이 있으리라
23 온 세계의 망치가 어찌 그리
꺾여 부서졌는고 바벨론이 어
찌 그리 나라들 가운데에 황
무지가 되었는고
24 바벨론아 내가 너를 잡으려고
올무를 놓았더니 네가 깨닫지
못하여 걸렸고 네가 여호와와
싸웠으므로 발각되어 잡혔도다
25 여호와께서 그의 병기창을 열
고 분노의 무기를 꺼냄은 주
만군의 여호와께서 갈대아 사
람의 땅에 행할 일이 있음이라
26 먼 곳에 있는 너희는 와서 그
를 치고 그의 곳간을 열고 그
것을 곡식더미처럼 쌓아 올려
라 그를 진멸하고 남기지 말라
27 그의 황소를 다 죽이라 그를
도살하러 내려 보내라 그들에
게 화 있도다 그들의 날, 그 벌
받는 때가 이르렀음이로다
28 바벨론 땅에서 도피한 자의
소리여 시온에서 우리 하나님
여호와의 보복하시는 것, 그의
성전의 보복하시는 것을 선포
하는 소리로다
29 활 쏘는 자를 바벨론에 소집하
라 활을 당기는 자여 그 사면으
로 진을 쳐서 피하는 자가 없게

하라 그가 일한 대로 갚고 그가
행한 대로 그에게 갚으라 그가
이스라엘의 거룩한 자 여호와
를 향하여 교만하였음이라
30 그러므로 그 날에 장정들이
그 거리에 엎드러지겠고 군사
들이 멸절되리라 여호와의 말
씀이니라
31 주 만군의 여호와의 말씀이니
라 교만한 자여 보라 내가 너
를 대적하나니 너의 날 곧 내
가 너를 벌할 때가 이르렀음이
라
32 교만한 자가 걸려 넘어지겠고
그를 일으킬 자가 없을 것이며
내가 그의 성읍들에 불을 지
르리니 그의 주위에 있는 것을
다 삼키리라
33 만군의 여호와께서 이와 같이
말씀하시니라 이스라엘 자손
과 유다 자손이 함께 학대를
받는도다 그들을 사로잡은 자
는 다 그들을 붙들고 놓아 주
지 아니하리라
34 그들의 구원자는 강하니 그의
이름은 만군의 여호와라 반
드시 그들 때문에 싸우시리니
그 땅에 평안함을 주고 바벨
론 주민은 불안하게 하리라
35 여호와의 말씀이니라 칼이 갈
대아인의 위에와 바벨론 주민
의 위에와 그 고관들과 지혜
로운 자의 위에 떨어지리라
36 칼이 자랑하는 자의 위에 떨
어지리니 그들이 어리석게 될
것이며 칼이 용사의 위에 떨어
지리니 그들이 놀랄 것이며
37 칼이 그들의 말들과 병거들과
그들 중에 있는 여러 민족의
위에 떨어지리니 그들이 여인
들 같이 될 것이며 칼이 보물
위에 떨어지리니 그것이 약탈

되리라
38 가뭄이 물 위에 내리어 그것을
말리리니 이는 그 땅이 조각한
신상의 땅이요 그들은 무서운
것을 보고 실성하였음이니라
39 그러므로 사막의 들짐승이 승
냥이와 함께 거기에 살겠고
타조도 그 가운데에 살 것이
요 영원히 주민이 없으며 대대
에 살 자가 없으리라
40 여호와의 말씀이니라 하나님
께서 소돔과 고모라와 그 이
웃 성읍들을 뒤엎었듯이 거기
에 사는 사람이 없게 하며 그
가운데에 머물러 사는 사람이
아무도 없게 하시리라
41 보라 한 민족이 북쪽에서 오
고 큰 나라와 여러 왕이 충동
을 받아 땅 끝에서 일어나리니
42 그들은 활과 투창을 가진 자라
잔인하여 불쌍히 여기지 아니
하며 그들의 목소리는 바다가
설레임 같도다 딸 바벨론아 그
들이 말을 타고 무사 같이 각기
네 앞에서 대열을 갖추었도다
43 바벨론의 왕이 그 소문을 듣
고 손이 약하여지며 고통에
사로잡혀 해산하는 여인처럼
진통하는도다
44 보라 사자가 요단의 깊은 숲
에서 나타나듯이 그가 와서
견고한 처소를 칠 것이라 내가
즉시 그들을 거기에서 쫓아내
고 택한 자를 내가 그 자리에
세우리니 나와 같은 자 누구
며 출두하라고 나에게 명령할
자가 누구며 내 앞에 설 목자
가 누구냐
45 그런즉 바벨론에 대한 여호와
의 계획과 갈대아 사람의 땅에
대하여 품은 여호와의 생각을
들으라 양 떼의 어린 것들을

그들이 반드시 끌어 가고 그들
의 초장을 황폐하게 하리니
46 바벨론이 약탈 당하는 소리에
땅이 진동하며 그 부르짖음이
나라들 가운데에 들리리라 하
시도다

바벨론을 멸하시는 여호와

51 여호와께서 이와 같이
말씀하시되 보라 내가
멸망시키는 자의 심령을 부추
겨 바벨론을 치고 또 나를 대
적하는 자 중에 있는 자를 치
되
2 내가 타국인을 바벨론에 보내
어 키질하여 그의 땅을 비게
하리니 재난의 날에 그를 에워
싸고 치리로다
3 활을 당기는 자를 향하며 갑
옷을 입고 일어선 자를 향하
여 쏘는 자는 그의 활을 당길
것이라 그의 장정들을 불쌍히
여기지 말며 그의 군대를 전멸
시켜라
4 무리가 갈대아 사람의 땅에서
죽임을 당하여 엎드러질 것이
요 관통상을 당한 자가 거리
에 있으리라
5 이스라엘과 유다가 이스라엘
의 거룩하신 이를 거역하므로
죄과가 땅에 가득하나 그의
하나님 만군의 여호와에게 버
림 받은 홀아비는 아니니라
6 바벨론 가운데서 도망하여 나
와서 각기 생명을 구원하고
그의 죄악으로 말미암아 끊어
짐을 보지 말지어다 이는 여
호와의 보복의 때니 그에게 보
복하시리라
7 바벨론은 여호와의 손에 잡혀
있어 온 세계가 취하게 하는
금잔이라 뭇 민족이 그 포도
주를 마심으로 미쳤도다

51

8 바벨론이 갑자기 넘어져 파멸
되니 이로 말미암아 울라 그
상처를 위하여 유향을 구하라
혹 나으리로다
9 우리가 바벨론을 치료하려 하
여도 낫지 아니한즉 버리고 각
기 고향으로 돌아가자 그 화
가 하늘에 미쳤고 궁창에 달
하였음이로다
10 여호와께서 우리 공의를 드러
내셨으니 오라 시온에서 우리
하나님 여호와의 일을 선포하
자
11 화살을 갈며 둥근 방패를 준
비하라 여호와께서 메대 왕들
의 마음을 부추기사 바벨론
을 멸하기로 뜻하시나니 이는
여호와께서 보복하시는 것 곧
그의 성전을 위하여 보복하시
는 것이라
12 바벨론 성벽을 향하여 깃발을
세우고 튼튼히 지키며 파수꾼
을 세우며 복병을 매복시켜 방
비하라 이는 여호와께서 바벨
론 주민에 대하여 말씀하신 대
로 계획하시고 행하심이로다
13 많은 물 가에 살면서 재물이
많은 자여 네 재물의 한계 곧
네 끝이 왔도다
14 만군의 여호와께서 자기의 목
숨을 두고 맹세하시되 내가 진
실로 사람을 메뚜기 같이 네
게 가득하게 하리니 그들이
너를 향하여 환성을 높이리라
하시도다

여호와를 찬양하다

15 여호와께서 그의 능력으로 땅
을 지으셨고 그의 지혜로 세계
를 세우셨고 그의 명철로 하
늘들을 펴셨으며
16 그가 목소리를 내신즉 하늘에
많은 물이 생기나니 그는 땅

끝에서 구름이 오르게 하시며
비를 위하여 번개를 치게 하시
며 그의 곳간에서 바람을 내
시거늘
17 사람마다 어리석고 무식하도
다 금장색마다 자기가 만든
신상으로 말미암아 수치를 당
하나니 이는 그 부어 만든 우
상은 거짓이요 그 속에 생기가
없음이라
18 그것들은 헛된 것이요 조롱
거리이니 징벌하시는 때에 멸
망할 것이나
19 야곱의 분깃은 그와 같지 아
니하시니 그는 만물을 지으신
분이요 이스라엘은 그의 소유
인 지파라 그의 이름은 만군
의 여호와시니라

바벨론은 여호와의 철퇴

20 여호와께서 이르시되 너는 나
의 철퇴 곧 무기라 나는 네가
나라들을 분쇄하며 네가 국
가들을 멸하며
21 네가 말과 기마병을 분쇄하
며 네가 병거와 병거대를 부
수며
22 네가 남자와 여자를 분쇄하
며 네가 노년과 유년을 분쇄
하며 네가 청년과 처녀를 분
쇄하며
23 네가 목자와 그 양 떼를 분쇄
하며 네가 농부와 그 멍엣소
를 분쇄하며 네가 도백과 태
수들을 분쇄하도록 하리로다
24 너희 눈 앞에서 그들이 시온
에서 모든 악을 행한 대로 내
가 바벨론과 갈대아 모든 주
민에게 갚으리라 여호와의 말
씀이니라

바벨론이 황무지가 되리라

25 여호와의 말씀이니라 온 세계
를 멸하는 멸망의 산아 보라

나는 네 원수라 나의 손을 네 위
에 펴서 너를 바위에서 굴리고
너로 불 탄 산이 되게 할 것이니
26 사람이 네게서 집 모퉁잇돌이
나 기촛돌을 취하지 아니할 것
이요 너는 영원히 황무지가 될
것이니라 여호와의 말씀이니라
27 땅에 깃발을 세우며 나라들
가운데에 나팔을 불어서 나
라들을 동원시켜 그를 치며
아라랏과 민니와 아스그나스
나라를 불러 모아 그를 치며
사무관을 세우고 그를 치되
극성스런 메뚜기 같이 그 말
들을 몰아오게 하라
28 뭇 백성 곧 메대 사람의 왕들
과 그 도백들과 그 모든 태수
와 그 관할하는 모든 땅을 준
비시켜 그를 치게 하라
29 땅이 진동하며 소용돌이치나
니 이는 여호와께서 바벨론을
쳐서 그 땅으로 황폐하여 주
민이 없게 할 계획이 섰음이라
30 바벨론의 용사는 싸움을 그
치고 그들의 요새에 머무르나
기력이 쇠하여 여인 같이 되며
그들의 거처는 불타고 그 문
빗장은 부러졌으며
31 보발꾼은 보발꾼을 맞으려고
달리며 전령은 전령을 맞으려
고 달려가 바벨론의 왕에게
전하기를 그 성읍 사방이 함
락되었으며
32 모든 나루는 빼앗겼으며 갈대
밭이 불탔으며 군사들이 겁에
질렸더이다 하리라

여호와께서 이스라엘을 위하여 보복하시다

33 만군의 여호와 이스라엘의 하
나님께서 이와 같이 말씀하시
되 딸 바벨론은 때가 이른 타
작 마당과 같은지라 멀지 않아
추수 때가 이르리라 하시도다

34 바벨론의 느부갓네살 왕이 나
를 먹으며 나를 멸하며 나를
빈 그릇이 되게 하며 큰 뱀 같
이 나를 삼키며 나의 좋은 음
식으로 그 배를 채우고 나를
쫓아내었으니
35 내가 받은 폭행과 내 육체에 대
한 학대가 바벨론에 돌아가기
를 원한다고 시온 주민이 말할
것이요 내 피 흘린 죄가 갈대아
주민에게로 돌아가기를 원한다
고 예루살렘이 말하리라
36 그러므로 여호와께서 이와 같
이 말씀하시되 보라 내가 네
송사를 듣고 너를 위하여 보
복하여 그의 바다를 말리며
그의 샘을 말리리니
37 바벨론이 돌무더기가 되어서
승냥이의 거처와 혐오의 대상
과 탄식 거리가 되고 주민이
없으리라
38 그들이 다 젊은 사자 같이 소
리지르며 새끼 사자 같이 으르
렁거리며
39 열정이 일어날 때에 내가 연회
를 베풀고 그들이 취하여 기
뻐하다가 영원히 잠들어 깨지
못하게 하리라 여호와의 말씀
이니라
40 내가 그들을 끌어내려서 어린
양과 숫양과 숫염소가 도살장
으로 가는 것 같게 하리라

바벨론의 파멸을 노래하다

41 슬프다 세삭이 함락되었도다
온 세상의 칭찬 받는 성읍이
빼앗겼도다 슬프다 바벨론이
나라들 가운데에 황폐하였도
다
42 바다가 바벨론에 넘침이여 그
노도 소리가 그 땅을 뒤덮었
도다
43 그 성읍들은 황폐하여 마른

땅과 사막과 사람이 살지 않
는 땅이 되었으니 그리로 지나
가는 사람이 없도다
44 내가 벨을 바벨론에서 벌하고
그가 삼킨 것을 그의 입에서
끌어내리니 민족들이 다시는
그에게로 몰려가지 아니하겠
고 바벨론 성벽은 무너졌도다
45 나의 백성아 너희는 그 중에서
나와 각기 여호와의 진노를
피하라
46 너희 마음을 나약하게 말며
이 땅에서 들리는 소문으로
말미암아 두려워하지 말라
소문은 이 해에도 있겠고 저
해에도 있으리라 그 땅에는
강포함이 있어 다스리는 자
가 다스리는 자를 서로 치리
라
47 그러므로 보라 날이 이르리니
내가 바벨론의 우상들을 벌할
것이라 그 온 땅이 치욕을 당
하겠고 그 죽임 당할 자가 모
두 그 가운데에 엎드러질 것이
며
48 하늘과 땅과 그 안에 있는 모
든 것이 바벨론으로 말미암
아 기뻐 노래하리니 이는 파멸
시키는 자가 북쪽에서 그에게
옴이라 여호와의 말씀이니라
49 바벨론이 이스라엘을 죽여 엎
드러뜨림 같이 온 세상이 바벨
론에서 죽임을 당하여 엎드러
지리라

여호와께서 바벨론에 보복하시다

50 칼을 피한 자들이여 멈추지
말고 걸어가라 먼 곳에서 여
호와를 생각하며 예루살렘을
너희 마음에 두라
51 외국인이 여호와의 거룩한 성
전에 들어가므로 우리가 책망
을 들으며 수치를 당하여 모

욕이 우리 얼굴을 덮었느니라
52 보라 날이 이르리니 내가 그
우상들을 벌할 것이라 부상
자들이 그 땅에서 한숨을 지
으리라 여호와의 말씀이니라
53 가령 바벨론이 하늘까지 솟아
오른다 하자 높은 곳에 있는
피난처를 요새로 삼더라도 멸
망시킬 자가 내게로부터 그들
에게 임하리라 여호와의 말씀
이니라

바벨론이 황폐하리라

54 바벨론으로부터 부르짖는 소
리가 들리도다 갈대아 사람의
땅에 큰 파멸의 소리가 들리
도다
55 이는 여호와께서 바벨론을 황
폐하게 하사 그 큰 소리를 끊
으심이로다 원수는 많은 물
같이 그 파도가 사나우며 그
물결은 요란한 소리를 내는도
다
56 곧 멸망시키는 자가 바벨론에
이르렀음이라 그 용사들이 사
로잡히고 그들의 활이 꺾이도
다 여호와는 보복의 하나님이
시니 반드시 보응하시리로다
57 만군의 여호와라 일컫는 왕
이 이와 같이 말씀하시되 내
가 그 고관들과 지혜 있는 자
들과 도백들과 태수들과 용사
들을 취하게 하리니 그들이 영
원히 잠들어 깨어나지 못하리
라
58 만군의 여호와께서 이와 같
이 말씀하시니라 바벨론의 성
벽은 훼파되겠고 그 높은 문
들은 불에 탈 것이며 백성들의
수고는 헛될 것이요 민족들의
수고는 불탈 것인즉 그들이 쇠
잔하리라

예레미야가 바벨론에 예언을 전하다

59 유다의 시드기야 왕 제사년에
마세야의 손자 네리야의 아들
스라야가 그 왕과 함께 바벨
론으로 갈 때에 선지자 예레미
야가 그에게 말씀을 명령하니
스라야는 병참감이더라
60 예레미야가 바벨론에 닥칠 모
든 재난 곧 바벨론에 대하여
기록한 이 모든 말씀을 한 책
에 기록하고
61 스라야에게 말하기를 너는 바
벨론에 이르거든 삼가 이 모
든 말씀을 읽고
62 말하기를 여호와여 주께서 이
곳에 대하여 말씀하시기를 이
땅을 멸하여 사람이나 짐승이
거기에 살지 못하게 하고 영원
한 폐허가 되리라 하셨나이다
하라 하니라
63 너는 이 책 읽기를 다한 후에
책에 돌을 매어 유브라데 강
속에 던지며
64 말하기를 바벨론이 나의 재난
때문에 이같이 몰락하여 다시
일어서지 못하리니 그들이 피
폐하리라 하라 하니라 예레미
야의 말이 이에 끝나니라

시드기야의 배반과 죽음

52 시드기야가 왕위에 오
를 때에 나이가 이십
일 세라 예루살렘에서 십일 년
동안 다스리니라 그의 어머니
의 이름은 하무달이라 립나인
예레미야의 딸이더라
2 그가 여호야김의 모든 행위를
본받아 여호와 보시기에 악을
행한지라
3 여호와께서 예루살렘과 유다
에게 진노하심이 그들을 자기
앞에서 쫓아내시기까지 이르
렀더라 시드기야가 바벨론 왕
을 배반하니라

52

4 시드기야 제구년 열째 달 열째
날에 바벨론 왕 느부갓네살
이 그의 모든 군대를 거느리고
예루살렘을 치러 올라와서 그
성에 대하여 진을 치고 주위에
토성을 쌓으매
5 그 성이 시드기야 왕 제십일년
까지 포위되었더라
6 그 해 넷째 달 구일에 성중에
기근이 심하여 그 땅 백성의
양식이 떨어졌더라
7 그 성벽이 파괴되매 모든 군사
가 밤중에 그 성에서 나가 두
성벽 사이 왕의 동산 곁문 길
로 도망하여 갈대아인들이 그
성읍을 에워쌌으므로 그들이
아라바 길로 가더니
8 갈대아 군대가 그 왕을 뒤쫓
아 가서 여리고 평지에서 시드
기야를 따라 잡으매 왕의 모
든 군대가 그를 떠나 흩어진지
라
9 그들이 왕을 사로잡아 그를
하맛 땅 리블라에 있는 바벨
론 왕에게로 끌고 가매 그가
시드기야를 심문하니라
10 바벨론 왕이 시드기야의 아들
들을 그의 눈 앞에서 죽이고
또 리블라에서 유다의 모든
고관을 죽이며
11 시드기야의 두 눈을 빼고 놋
사슬로 그를 결박하여 바벨론
왕이 그를 바벨론으로 끌고
가서 그가 죽는 날까지 옥에
가두었더라

여호와의 성전이 헐리다

12 바벨론의 느부갓네살 왕의 열
아홉째 해 다섯째 달 열째 날에
바벨론 왕의 어전 사령관 느부
사라단이 예루살렘에 이르러
13 여호와의 성전과 왕궁을 불
사르고 예루살렘의 모든 집과

고관들의 집까지 불살랐으며
14 사령관을 따르는 갈대아 사람
의 모든 군대가 예루살렘 사
면 성벽을 헐었더라
15 사령관 느부사라단이 백성 중
가난한 자와 성중에 남아 있
는 백성과 바벨론 왕에게 항
복한 자와 무리의 남은 자를
사로잡아 갔고
16 가난한 백성은 남겨 두어 포
도원을 관리하는 자와 농부가
되게 하였더라
17 갈대아 사람은 또 여호와의
성전의 두 놋기둥과 받침들과
여호와의 성전의 놋대야를 깨
뜨려 그 놋을 바벨론으로 가
져갔고
18 가마들과 부삽들과 부집게들
과 주발들과 숟가락들과 섬길
때에 쓰는 모든 놋그릇을 다
가져갔고
19 사령관은 잔들과 화로들과 주
발들과 솥들과 촛대들과 숟
가락들과 바리들 곧 금으로
만든 물건의 금과 은으로 만
든 물건의 은을 가져갔더라
20 솔로몬 왕이 여호와의 성전을
위하여 만든 두 기둥과 한 바
다와 그 받침 아래에 있는 열
두 놋 소 곧 이 모든 기구의
놋 무게는 헤아릴 수 없었더라
21 그 기둥은 한 기둥의 높이가
십팔 규빗이요 그 둘레는 십이
규빗이며 그 속이 비었고 그
두께는 네 손가락 두께이며
22 기둥 위에 놋머리가 있어 그
높이가 다섯 규빗이요 머리
사면으로 돌아가며 꾸민 망사
와 석류가 다 놋이며 또 다른
기둥에도 이런 모든 것과 석류
가 있었더라
23 그 사면에 있는 석류는 아흔

여섯 개요 그 기둥에 둘린 그
물 위에 있는 석류는 도합이
백 개이었더라

유다 백성이 바벨론으로 사로잡혀 가다

24 사령관이 대제사장 스라야와
부제사장 스바냐와 성전 문지
기 세 사람을 사로잡고
25 또 성 안에서 사람을 사로잡
았으니 곧 군사를 거느린 지휘
관 한 사람과 또 성중에서 만
난 왕의 내시 칠 명과 군인을
감독하는 군 지휘관의 서기관
하나와 성 안에서 만난 평민
육십 명이라
26 사령관 느부사라단은 그들을
사로잡아 립나에 있는 바벨론
의 왕에게 나아가매
27 바벨론의 왕이 하맛 땅 립나
에서 다 쳐 죽였더라 이와 같
이 유다가 사로잡혀 본국에서
떠났더라
28 느부갓네살이 사로잡아 간 백
성은 이러하니라 제칠년에 유
다인이 삼천이십삼 명이요
29 느부갓네살의 열여덟째 해에
예루살렘에서 사로잡아 간 자
가 팔백삼십이 명이요
30 느부갓네살의 제이십삼년에
사령관 느부사라단이 사로잡
아 간 유다 사람이 칠백사십
오 명이니 그 총수가 사천육
백 명이더라
31 유다 왕 여호야긴이 사로잡혀
간 지 삼십칠 년 곧 바벨론의
에윌므로닥 왕의 즉위 원년
열두째 달 스물다섯째 날 그
가 유다의 여호야긴 왕의 머리
를 들어 주었고 감옥에서 풀
어 주었더라
32 그에게 친절하게 말하고 그의
자리를 그와 함께 바벨론에
있는 왕들의 자리보다 높이고

33그 죄수의 의복을 갈아 입혔
고 그의 평생 동안 항상 왕의
앞에서 먹게 하였으며
34그가 날마다 쓸 것을 바벨론
의 왕에게서 받는 정량이 있었
고 죽는 날까지 곧 종신토록
받았더라

예레미야애가

Lamentations

예레미야 선지자는 나라의 멸망 앞에서 하나님 백성의 극심한 고통과 예루살렘 성읍 및 하나님 성전의 철저한 파괴를 바라보면서, 이 슬픈 노래를 기록한다. 그는 이 고통을 보내신 것에 대해 하나님의 공의를 질문하지 않는다. 대신에 그는 하나님의 신실하심과 그분의 무한한 사랑을 찬양한다(애 3:22-32). 이 책을 읽으면서 당신은, 죄악의 비참한 결과를 묵상하라. 그리고 당신의 죄를 위해 예수 그리스도께서 지불하신 고통이 무엇이었는지를 생각하라. 그리하여 결국 당신에게 구원을 제공하신 하나님의 믿기 어려운 크신 사랑을 기뻐하라.

예루살렘의 슬픔

1 슬프다 이 성이여 전에는 사
람들이 많더니 이제는 어찌
그리 적막하게 앉았는고 전에
는 열국 중에 크던 자가 이제는
과부 같이 되었고 전에는 열방
중에 공주였던 자가 이제는 강
제 노동을 하는 자가 되었도다
2 밤에는 슬피 우니 눈물이 뺨
에 흐름이여 사랑하던 자들
중에 그에게 위로하는 자가 없
고 친구들도 다 배반하여 원
수들이 되었도다
3 유다는 환난과 많은 고난 가
운데에 사로잡혀 갔도다 그가
열국 가운데에 거주하면서 쉴
곳을 얻지 못함이여 그를 핍
박하는 모든 자들이 궁지에서
그를 뒤따라 잡았도다
4 시온의 도로들이 슬퍼함이여
절기를 지키려 나아가는 사람
이 없음이로다 모든 성문들이
적막하며 제사장들이 탄식하
며 처녀들이 근심하며 시온도
곤고를 받았도다
5 그의 대적들이 머리가 되고 그
의 원수들이 형통함은 그의 죄
가 많으므로 여호와께서 그를
곤고하게 하셨음이라 어린 자
녀들이 대적에게 사로잡혔도다
6 딸 시온의 모든 영광이 떠나
감이여 그의 모든 지도자들은
꼴을 찾지 못한 사슴들처럼
뒤쫓는 자 앞에서 힘없이 달
아났도다
7 예루살렘이 환난과 유리하
는 고통을 당하는 날에 옛날
의 모든 즐거움을 기억하였음
이여 그의 백성이 대적의 손
에 넘어졌으나 그를 돕는 자가
없었고 대적들은 그의 멸망을
비웃는도다

1

8 예루살렘이 크게 범죄함으로
조소거리가 되었으니 전에 그
에게 영광을 돌리던 모든 사
람이 그의 벗었음을 보고 업
신여김이여 그는 탄식하며 물
러가는도다
9 그의 더러운 것이 그의 옷깃에
묻어 있으나 그의 나중을 생
각하지 아니함이여 그러므로
놀랍도록 낮아져도 그를 위로
할 자가 없도다 여호와여 원
수가 스스로 큰 체하오니 나
의 환난을 감찰하소서
10 대적이 손을 펴서 그의 모든 보
물들을 빼앗았나이다 주께서
이미 이방인들을 막아 주의 성
회에 들어오지 못하도록 명령
하신 그 성소에 그들이 들어간
것을 예루살렘이 보았나이다
11 그 모든 백성이 생명을 이으려
고 보물로 먹을 것들을 바꾸
었더니 지금도 탄식하며 양식
을 구하나이다 나는 비천하오
니 여호와여 나를 돌보시옵소
서
12 지나가는 모든 사람들이여 너
희에게는 관계가 없는가 나의
고통과 같은 고통이 있는가
볼지어다 여호와께서 그의 진
노하신 날에 나를 괴롭게 하
신 것이로다
13 높은 곳에서 나의 골수에 불
을 보내어 이기게 하시고 내
발 앞에 그물을 치사 나로 물
러가게 하셨음이여 종일토록
나를 피곤하게 하여 황폐하게
하셨도다
14 내 죄악의 멍에를 그의 손으로
묶고 얽어 내 목에 올리사 내
힘을 피곤하게 하셨음이여 내
가 감당할 수 없는 자의 손에
주께서 나를 넘기셨도다

15 주께서 내 영토 안 나의 모든
용사들을 없는 것 같이 여기
시고 성회를 모아 내 청년들을
부수심이여 처녀 딸 유다를
내 주께서 술틀에 밟으셨도다
16 이로 말미암아 내가 우니 내
눈에 눈물이 물 같이 흘러내
림이여 나를 위로하여 내 생명
을 회복시켜 줄 자가 멀리 떠
났음이로다 원수들이 이기매
내 자녀들이 외롭도다
17 시온이 두 손을 폈으나 그를
위로할 자가 없도다 여호와께
서 야곱의 사방에 있는 자들
에게 명령하여 야곱의 대적들
이 되게 하셨으니 예루살렘은
그들 가운데에 있는 불결한 자
가 되었도다
18 여호와는 의로우시도다 그러
나 내가 그의 명령을 거역하였
도다 너희 모든 백성들아 내
말을 듣고 내 고통을 볼지어
다 나의 처녀들과 나의 청년
들이 사로잡혀 갔도다
19 내가 내 사랑하는 자들을 불
렀으나 그들은 나를 속였으며
나의 제사장들과 장로들은 그
들의 목숨을 회복시킬 그들의
양식을 구하다가 성 가운데에
서 기절하였도다
20 여호와여 보시옵소서 내가 환
난을 당하여 나의 애를 다 태
우고 나의 마음이 상하오니
나의 반역이 심히 큼이니이다
밖에서는 칼이 내 아들을 빼
앗아 가고 집 안에서는 죽음
같은 것이 있나이다
21 그들이 내가 탄식하는 것을
들었으나 나를 위로하는 자가
없으며 나의 모든 원수들은
내가 재난 당하는 것을 듣고
주께서 이렇게 행하신 것을 기

빠하나이다 그러나 주께서 그
선포하신 날을 이르게 하셔서
그들이 나와 같이 되게 하소서
22 그들의 모든 악을 주 앞에 가
지고 오게 하시고 나의 모든
죄악들로 말미암아 내게 행하
신 것 같이 그들에게 행하옵
소서 나의 탄식이 많고 나의
마음이 병들었나이다

예루살렘에 대한 여호와의 진노

2 슬프다 주께서 어찌 그리
진노하사 딸 시온을 구름
으로 덮으셨는가 이스라엘의
아름다움을 하늘에서 땅에
던지셨음이여 그의 진노의 날
에 그의 발판을 기억하지 아니
하셨도다
2 주께서 야곱의 모든 거처들을
삼키시고 긍휼히 여기지 아니
하셨음이여 노하사 딸 유다의
견고한 성채들을 허물어 땅에
엎으시고 나라와 그 지도자
들을 욕되게 하셨도다
3 맹렬한 진노로 이스라엘의 모
든 뿔을 자르셨음이여 원수
앞에서 그의 오른손을 뒤로
거두어 들이시고 맹렬한 불이
사방으로 불사름 같이 야곱
을 불사르셨도다
4 원수 같이 그의 활을 당기고
대적처럼 그의 오른손을 들고
서서 눈에 드는 아름다운 모
든 사람을 죽이셨음이여 딸
시온의 장막에 그의 노를 불
처럼 쏟으셨도다
5 주께서 원수 같이 되어 이스
라엘을 삼키셨음이여 그 모든
궁궐들을 삼키셨고 견고한 성
들을 무너뜨리사 딸 유다에
근심과 애통을 더하셨도다
6 주께서 그의 초막을 동산처럼
헐어 버리시며 그의 절기를 폐

2

하셨도다 여호와께서 시온에
서 절기와 안식일을 잊어버리
게 하시며 그가 진노하사 왕
과 제사장을 멸시하셨도다
7 여호와께서 또 자기 제단을
버리시며 자기 성소를 미워하
시며 궁전의 성벽들을 원수의
손에 넘기셨으매 그들이 여호
와의 전에서 떠들기를 절기의
날과 같이 하였도다
8 여호와께서 딸 시온의 성벽을
헐기로 결심하시고 줄을 띠고
무너뜨리는 일에서 손을 거두
지 아니하사 성벽과 성곽으로
통곡하게 하셨으매 그들이 함
께 쇠하였도다
9 성문이 땅에 묻히며 빗장이
부서져 파괴되고 왕과 지도자
들이 율법 없는 이방인들 가
운데에 있으며 그 성의 선지
자들은 여호와의 묵시를 받지
못하는도다
10 딸 시온의 장로들이 땅에 앉
아 잠잠하고 티끌을 머리에 덮
어쓰고 굵은 베를 허리에 둘렀
음이여 예루살렘 처녀들은 머
리를 땅에 숙였도다
11 내 눈이 눈물에 상하며 내 창자
가 끊어지며 내 간이 땅에 쏟아
졌으니 이는 딸 내 백성이 패망하
여 어린 자녀와 젖 먹는 아이들이
성읍 길거리에 기절함이로다
12 그들이 성읍 길거리에서 상한
자처럼 기절하여 그의 어머니
들의 품에서 혼이 떠날 때에
어머니들에게 이르기를 곡식
과 포도주가 어디 있느냐 하
도다
13 딸 예루살렘이여 내가 무엇으로
네게 증거하며 무엇으로 네게 비
유할까 처녀 딸 시온이여 내가
무엇으로 네게 비교하여 너를

위로할까 너의 파괴됨이 바다 같
이 크니 누가 너를 고쳐 줄소냐
14 네 선지자들이 네게 대하여
헛되고 어리석은 묵시를 보았
으므로 네 죄악을 드러내어
서 네가 사로잡힌 것을 돌이
키지 못하였도다 그들이 거짓
경고와 미혹하게 할 것만 보
았도다
15 모든 지나가는 자들이 다 너를
향하여 박수치며 딸 예루살렘
을 향하여 비웃고 머리를 흔들
며 말하기를 온전한 영광이라,
모든 세상 사람들의 기쁨이라
일컫던 성이 이 성이냐 하며
16 네 모든 원수들은 너를 향하
여 그들의 입을 벌리며 비웃고
이를 갈며 말하기를 우리가
그를 삼켰도다 우리가 바라던
날이 과연 이 날이라 우리가
얻기도 하고 보기도 하였다
하도다
17 여호와께서 이미 정하신 일을
행하시고 옛날에 명령하신 말
씀을 다 이루셨음이여 긍휼
히 여기지 아니하시고 무너뜨
리사 원수가 너로 말미암아
즐거워하게 하며 네 대적자들
의 뿔로 높이 들리게 하셨도
다
18 그들의 마음이 주를 향하여
부르짖기를 딸 시온의 성벽아
너는 밤낮으로 눈물을 강처럼
흘릴지어다 스스로 쉬지 말고
네 눈동자를 쉬게 하지 말지어
다
19 초저녁에 일어나 부르짖을지
어다 네 마음을 주의 얼굴 앞
에 물 쏟듯 할지어다 각 길 어
귀에서 주려 기진한 네 어린 자
녀들의 생명을 위하여 주를 향
하여 손을 들지어다 하였도다

20 여호와여 보시옵소서 주께서
누구에게 이같이 행하셨는지
요 여인들이 어찌 자기 열매
곧 그들이 낳은 아이들을 먹
으오며 제사장들과 선지자들
이 어찌 주의 성소에서 죽임을
당하오리이까
21 늙은이와 젊은이가 다 길바닥
에 엎드러졌사오며 내 처녀들
과 내 청년들이 칼에 쓰러졌나
이다 주께서 주의 진노의 날
에 죽이시되 긍휼히 여기지 아
니하시고 도륙하셨나이다
22 주께서 내 두려운 일들을 사
방에서 부르시기를 절기 때
무리를 부름 같이 하셨나이다
여호와께서 진노하시는 날에
는 피하거나 남은 자가 없나이
다 내가 낳아 기르는 아이들
을 내 원수가 다 멸하였나이
다

진노, 회개, 소망

3 여호와의 분노의 매로 말
미암아 고난 당한 자는
나로다
2 나를 이끌어 어둠 안에서 걸
어가게 하시고 빛 안에서 걸어
가지 못하게 하셨으며
3 종일토록 손을 들어 자주자
주 나를 치시는도다
4 나의 살과 가죽을 쇠하게 하
시며 나의 뼈들을 꺾으셨고
5 고통과 수고를 쌓아 나를 에
우셨으며
6 나를 어둠 속에 살게 하시기
를 죽은 지 오랜 자 같게 하셨
도다
7 나를 둘러싸서 나가지 못하게
하시고 내 사슬을 무겁게 하
셨으며
8 내가 부르짖어 도움을 구하나
내 기도를 물리치시며

3

9 다듬은 돌을 쌓아 내 길들을
막으사 내 길들을 굽게 하셨
도다
10 그는 내게 대하여 엎드려 기다
리는 곰과 은밀한 곳에 있는
사자 같으사
11 나의 길들로 치우치게 하시며
내 몸을 찢으시며 나를 적막
하게 하셨도다
12 활을 당겨 나를 화살의 과녁
으로 삼으심이여
13 화살통의 화살들로 내 허리를
맞추셨도다
14 나는 내 모든 백성에게 조롱거
리 곧 종일토록 그들의 노랫거
리가 되었도다
15 나를 쓴 것들로 배불리시고
쑥으로 취하게 하셨으며
16 조약돌로 내 이들을 꺾으시고
재로 나를 덮으셨도다
17 주께서 내 심령이 평강에서 멀
리 떠나게 하시니 내가 복을
내어버렸음이여
18 스스로 이르기를 나의 힘과
여호와께 대한 내 소망이 끊
어졌다 하였도다
19 내 고초와 재난 곧 쑥과 담즙
을 기억하소서
20 내 마음이 그것을 기억하고
내가 낙심이 되오나
21 이것을 내가 내 마음에 담아
두었더니 그것이 오히려 나의
소망이 되었사옴은
22 여호와의 인자와 긍휼이 무궁
하시므로 우리가 진멸되지 아
니함이니이다
23 이것들이 아침마다 새로우니
주의 성실하심이 크시도소이
다
24 내 심령에 이르기를 여호와는
나의 기업이시니 그러므로 내
가 그를 바라리라 하도다

25 기다리는 자들에게나 구하는
영혼들에게 여호와는 선하시
도다
26 사람이 여호와의 구원을 바
라고 잠잠히 기다림이 좋도
다
27 사람은 젊었을 때에 멍에를 메
는 것이 좋으니
28 혼자 앉아서 잠잠할 것은 주
께서 그것을 그에게 메우셨음
이라
29 그대의 입을 땅의 티끌에 댈
지어다 혹시 소망이 있을지로
다
30 자기를 치는 자에게 뺨을 돌
려대어 치욕으로 배불릴지어
다
31 이는 주께서 영원하도록 버리
지 아니하실 것임이며
32 그가 비록 근심하게 하시
나 그의 풍부한 인자하심에
따라 긍휼히 여기실 것임이
라
33 주께서 인생으로 고생하게 하
시며 근심하게 하심은 본심이
아니시로다
34 세상에 있는 모든 갇힌 자들
을 발로 밟는 것과
35 지존자의 얼굴 앞에서 사
람의 재판을 굽게 하는 것
과
36 사람의 송사를 억울하게 하는
것은 다 주께서 기쁘게 보시
는 것이 아니로다
37 주의 명령이 아니면 누가 이것
을 능히 말하여 이루게 할 수
있으랴
38 화와 복이 지존자의 입으로부
터 나오지 아니하느냐
39 살아 있는 사람은 자기 죄들
때문에 벌을 받나니 어찌 원
망하랴

40 우리가 스스로 우리의 행위들
을 조사하고 여호와께로 돌아
가자
41 우리의 마음과 손을 아울러
하늘에 계신 하나님께 들자
42 우리의 범죄함과 우리의 반역
함을 주께서 사하지 아니하시
고
43 진노로 자신을 가리시고 우
리를 추격하시며 죽이시고
긍휼을 베풀지 아니하셨나이
다
44 주께서 구름으로 자신을 가
리사 기도가 상달되지 못하게
하시고
45 우리를 뭇 나라 가운데에서
쓰레기와 폐물로 삼으셨으므
로
46 우리의 모든 원수들이 우리를
향하여 그들의 입을 크게 벌
렸나이다
47 두려움과 함정과 파멸과
멸망이 우리에게 임하였도
다
48 딸 내 백성의 파멸로 말미암아
내 눈에는 눈물이 시내처럼
흐르도다
49 내 눈에 흐르는 눈물이 그치
지 아니하고 쉬지 아니함이
여
50 여호와께서 하늘에서 살
피시고 돌아보실 때까지니
라
51 나의 성읍의 모든 여자들을
내 눈으로 보니 내 심령이 상
하는도다
52 나의 원수들이 이유없이 나를
새처럼 사냥하는도다
53 그들이 내 생명을 끊으려고
나를 구덩이에 넣고 그 위에
돌을 던짐이여
54 물이 내 머리 위로 넘치니 내

가 스스로 이르기를 이제는
멸절되었다 하도다
55 여호와여 내가 심히 깊은 구덩
이에서 주의 이름을 불렀나이
다
56 주께서 이미 나의 음성을 들
으셨사오니 이제 나의 탄식과
부르짖음에 주의 귀를 가리지
마옵소서
57 내가 주께 아뢴 날에 주께서
내게 가까이 하여 이르시되
두려워하지 말라 하셨나이다
58 주여 주께서 내 심령의 원통함
을 풀어 주셨고 내 생명을 속
량하셨나이다
59 여호와여 나의 억울함을 보셨
사오니 나를 위하여 원통함을
풀어주옵소서
60 그들이 내게 보복하며 나를
모해함을 주께서 다 보셨나이
다
61 여호와여 그들이 나를 비방하
며 나를 모해하는 모든 것
62 곧 일어나 나를 치는 자들의
입술에서 나오는 것들과 종일
나를 모해하는 것들을 들으셨
나이다
63 그들이 앉으나 서나 나를 조
롱하여 노래하는 것을 주목하
여 보옵소서
64 여호와여 주께서 그들의 손이
행한 대로 그들에게 보응하사
65 그들에게 거만한 마음을 주시
고 그들에게 저주를 내리소서
66 주께서 진노로 그들을 뒤쫓
으사 여호와의 하늘 아래에서
멸하소서

멸망 후의 예루살렘

4 슬프다 어찌 그리 금이 빛
을 잃고 순금이 변질하였
으며 성소의 돌들이 거리 어귀
마다 쏟아졌는고

4

2 순금에 비할 만큼 보배로운
시온의 아들들이 어찌 그리
토기장이가 만든 질항아리 같
이 여김이 되었는고
3 들개들도 젖을 주어 그들의 새
끼를 먹이나 딸 내 백성은 잔인
하여 마치 광야의 타조 같도다
4 젖먹이가 목말라서 혀가 입천
장에 붙음이여 어린 아이들이
떡을 구하나 떼어 줄 사람이
없도다
5 맛있는 음식을 먹던 자들이
외롭게 거리 거리에 있으며 이
전에는 붉은 옷을 입고 자라
난 자들이 이제는 거름더미를
안았도다
6 전에 소돔이 사람의 손을 대지
아니하였는데도 순식간에 무너
지더니 이제는 딸 내 백성의 죄
가 소돔의 죄악보다 무겁도다
7 전에는 존귀한 자들의 몸이
눈보다 깨끗하고 젖보다 희며
산호들보다 붉어 그들의 윤
택함이 갈아서 빛낸 청옥 같
더니
8 이제는 그들의 얼굴이 숯보다
검고 그들의 가죽이 뼈들에
붙어 막대기 같이 말랐으니
어느 거리에서든지 알아볼 사
람이 없도다
9 칼에 죽은 자들이 주려 죽은 자
들보다 나음은 토지 소산이 끊
어지므로 그들은 찔림 받은 자
들처럼 점점 쇠약하여 감이로다
10 딸 내 백성이 멸망할 때에 자
비로운 부녀들이 자기들의 손
으로 자기들의 자녀들을 삶아
먹었도다
11 여호와께서 그의 분을 내시며
그의 맹렬한 진노를 쏟으심이
여 시온에 불을 지르사 그 터
를 사르셨도다

12 대적과 원수가 예루살렘 성문
으로 들어갈 줄은 세상의 모
든 왕들과 천하 모든 백성이
믿지 못하였었도다
13 그의 선지자들의 죄들과 제사
장들의 죄악들 때문이니 그들
이 성읍 안에서 의인들의 피를
흘렸도다
14 그들이 거리 거리에서 맹인 같
이 방황함이여 그들의 옷들이
피에 더러워졌으므로 그들이
만질 수 없도다
15 사람들이 그들에게 외쳐 이
르기를 저리 가라 부정하다,
저리 가라, 저리 가라, 만지지
말라 하였음이여 그들이 도
망하여 방황할 때에 이방인
들이 말하기를 그들이 다시
는 여기서 살지 못하리라 하
였도다
16 여호와께서 노하여 그들을
흩으시고 다시는 돌보지 아니
하시리니 그들이 제사장들을
높이지 아니하였으며 장로들
을 대접하지 아니하였음이로
다
17 우리가 헛되이 도움을 바
라므로 우리의 눈이 상함
이여 우리를 구원하지 못할
나라를 바라보고 바라보았
도다
18 그들이 우리의 걸음을 엿보
니 우리가 거리마다 다 다닐
수 없음이여 우리의 끝이 가
깝고 우리의 날들이 다하였
으며 우리의 종말이 이르렀
도다
19 우리를 뒤쫓는 자들이 하늘의
독수리들보다 빠름이여 산 꼭
대기까지도 뒤쫓으며 광야에
서도 우리를 잡으려고 매복하
였도다

20 우리의 콧김 곧 여호와께서 기
름 부으신 자가 그들의 함정에
빠졌음이여 우리가 그를 가리
키며 전에 이르기를 우리가 그
의 그늘 아래에서 이방인들 중
에 살겠다 하던 자로다
21 우스 땅에 사는 딸 에돔아 즐
거워하며 기뻐하라 잔이 네게
도 이를지니 네가 취하여 벌거
벗으리라
22 딸 시온아 네 죄악의 형벌이
다하였으니 주께서 다시는 너
로 사로잡혀 가지 아니하게 하
시리로다 딸 에돔아 주께서 네
죄악을 벌하시며 네 허물을
드러내시리로다

긍휼을 위한 기도

5 여호와여 우리가 당한 것
을 기억하시고 우리가 받
은 치욕을 살펴보옵소서
2 우리의 기업이 외인들에게, 우
리의 집들도 이방인들에게 돌
아갔나이다
3 우리는 아버지 없는 고아들이
오며 우리의 어머니는 과부들
같으니
4 우리가 은을 주고 물을 마시
며 값을 주고 나무들을 가져
오며
5 우리를 뒤쫓는 자들이 우리의
목을 눌렀사오니 우리가 기진
하여 쉴 수 없나이다
6 우리가 애굽 사람과 앗수르
사람과 악수하고 양식을 얻어
배불리고자 하였나이다
7 우리의 조상들은 범죄하고 없
어졌으며 우리는 그들의 죄악
을 담당하였나이다
8 종들이 우리를 지배함이여 그들
의 손에서 건져낼 자가 없나이다
9 광야에는 칼이 있으므로 죽
기를 무릅써야 양식을 얻사오

5

니
10 굶주림의 열기로 말미암아 우
리의 피부가 아궁이처럼 검으
나이다
11 대적들이 시온에서 부녀들을,
유다 각 성읍에서 처녀들을
욕보였나이다
12 지도자들은 그들의 손에 매달
리고 장로들의 얼굴도 존경을
받지 못하나이다
13 청년들이 맷돌을 지며 아이들
이 나무를 지다가 엎드러지오며
14 노인들은 다시 성문에 앉지
못하며 청년들은 다시 노래하
지 못하나이다
15 우리의 마음에는 기쁨이 그쳤
고 우리의 춤은 변하여 슬픔
이 되었사오며
16 우리의 머리에서는 면류관이
떨어졌사오니 오호라 우리의
범죄 때문이니이다
17 이러므로 우리의 마음이 피곤
하고 이러므로 우리 눈들이
어두우며
18 시온 산이 황폐하여 여우가
그 안에서 노나이다
19 여호와여 주는 영원히 계시오
며 주의 보좌는 대대에 이르
나이다
20 주께서 어찌하여 우리를 영원
히 잊으시오며 우리를 이같이
오래 버리시나이까
21 여호와여 우리를 주께로 돌이
키소서 그리하시면 우리가 주
께로 돌아가겠사오니 우리의
날들을 다시 새롭게 하사 옛
적 같게 하옵소서
22 주께서 우리를 아주 버리셨사
오며 우리에게 진노하심이 참
으로 크시나이다

에스겔

Ezekiel

에스겔 선지자는, 바벨론 땅에 끌려온 유다 백성들 가운데 살면서, 하나님께서는 모든 곳에 함께 계신다는 사실을 그들에게 알려주기를 원한다. 에스겔은 하나님을 떠나 이방의 거짓 신들을 섬긴 것이 이런 재앙을 불러왔다는 것을 상기시키면서, 하나님과의 새로운 관계의 필요성을 강조한다. 그리고 하나님께서 그들과 새로운 평화의 언약을 원하고 계심을 들려준다. 이 책을 읽으면서 당신은, 하나님의 이름으로 당신에게 구원을 주시려고 오신 "평화의 왕"에 관해 생각해 보라. 그리고 그분 예수 그리스도께 당신 자신의 개인적인 헌신을 확실하게 하라.

여호와의 보좌

1 서른째 해 넷째 달 초닷새
에 내가 그발 강 가 사로
잡힌 자 중에 있을 때에 하늘
이 열리며 하나님의 모습이 내
게 보이니
2 여호야긴 왕이 사로잡힌 지
오 년 그 달 초닷새라
3 갈대아 땅 그발 강 가에서 여
호와의 말씀이 부시의 아들
제사장 나 에스겔에게 특별히
임하고 여호와의 권능이 내 위
에 있으니라
4 내가 보니 북쪽에서부터 폭풍
과 큰 구름이 오는데 그 속에
서 불이 번쩍번쩍하여 빛이 그
사방에 비치며 그 불 가운데
단 쇠 같은 것이 나타나 보이
고
5 그 속에서 네 생물의 형상이
나타나는데 그들의 모양이 이
러하니 그들에게 사람의 형상
이 있더라
6 그들에게 각각 네 얼굴과 네
날개가 있고
7 그들의 다리는 곧은 다리요 그
들의 발바닥은 송아지 발바닥
같고 광낸 구리 같이 빛나며
8 그 사방 날개 밑에는 각각 사
람의 손이 있더라 그 네 생물
의 얼굴과 날개가 이러하니
9 날개는 다 서로 연하였으며
갈 때에는 돌이키지 아니하고
일제히 앞으로 곧게 행하며
10 그 얼굴들의 모양은 넷의 앞
은 사람의 얼굴이요 넷의 오
른쪽은 사자의 얼굴이요 넷의
왼쪽은 소의 얼굴이요 넷의
뒤는 독수리의 얼굴이니
11 그 얼굴은 그러하며 그 날개는
들어 펴서 각기 둘씩 서로 연하
였고 또 둘은 몸을 가렸으며

1

12 영이 어떤 쪽으로 가면 그 생
물들도 그대로 가되 돌이키지
아니하고 일제히 앞으로 곧게
행하며
13 또 생물들의 모양은 타는 숯
불과 횃불 모양 같은데 그 불
이 그 생물 사이에서 오르락
내리락 하며 그 불은 광채가
있고 그 가운데에서는 번개가
나며
14 그 생물들은 번개 모양 같이
왕래하더라
15 내가 그 생물들을 보니 그 생
물들 곁에 있는 땅 위에는 바
퀴가 있는데 그 네 얼굴을 따
라 하나씩 있고
16 그 바퀴의 모양과 그 구조는
황옥 같이 보이는데 그 넷은
똑같은 모양을 가지고 있으
며 그들의 모양과 구조는 바
퀴 안에 바퀴가 있는 것 같
으며
17 그들이 갈 때에는 사방으로
향한 대로 돌이키지 아니하고
가며
18 그 둘레는 높고 무서우며 그
네 둘레로 돌아가면서 눈이
가득하며
19 그 생물들이 갈 때에 바퀴들
도 그 곁에서 가고 그 생물들
이 땅에서 들릴 때에 바퀴들도
들려서
20 영이 어떤 쪽으로 가면 생물
들도 영이 가려 하는 곳으로
가고 바퀴들도 그 곁에서 들리
니 이는 생물의 영이 그 바퀴
들 가운데에 있음이니라
21 그들이 가면 이들도 가고 그들
이 서면 이들도 서고 그들이 땅
에서 들릴 때에는 이들도 그 곁
에서 들리니 이는 생물의 영이
그 바퀴들 가운데에 있음이더라

22 그 생물의 머리 위에는 수정
같은 궁창의 형상이 있어 보
기에 두려운데 그들의 머리 위
에 펼쳐져 있고
23 그 궁창 밑에 생물들의 날개
가 서로 향하여 펴 있는데 이
생물은 두 날개로 몸을 가렸
고 저 생물도 두 날개로 몸을
가렸더라
24 생물들이 갈 때에 내가 그 날
개 소리를 들으니 많은 물 소
리와도 같으며 전능자의 음성
과도 같으며 떠드는 소리 곧
군대의 소리와도 같더니 그 생
물이 설 때에 그 날개를 내렸
더라
25 그 머리 위에 있는 궁창 위에서
부터 음성이 나더라 그 생물이
설 때에 그 날개를 내렸더라
26 그 머리 위에 있는 궁창 위에
보좌의 형상이 있는데 그 모
양이 남보석 같고 그 보좌의
형상 위에 한 형상이 있어 사
람의 모양 같더라
27 내가 보니 그 허리 위의 모양
은 단 쇠 같아서 그 속과 주위
가 불 같고 내가 보니 그 허리
아래의 모양도 불 같아서 사
방으로 광채가 나며
28 그 사방 광채의 모양은 비 오
는 날 구름에 있는 무지개 같
으니 이는 여호와의 영광의 형
상의 모양이라 내가 보고 엎
드려 말씀하시는 이의 음성을
들으니라

에스겔을 선지자로 부르시다

2 그가 내게 이르시되 인자
야 네 발로 일어서라 내가
네게 말하리라 하시며
2 그가 내게 말씀하실 때에 그 영
이 내게 임하사 나를 일으켜 내
발로 세우시기로 내가 그 말씀

2

하시는 자의 소리를 들으니
3 내게 이르시되 인자야 내가 너
를 이스라엘 자손 곧 패역한
백성, 나를 배반하는 자에게
보내노라 그들과 그 조상들이
내게 범죄하여 오늘까지 이르
렀나니
4 이 자손은 얼굴이 뻔뻔하고
마음이 굳은 자니라 내가 너
를 그들에게 보내노니 너는 그
들에게 이르기를 주 여호와의
말씀이 이러하시다 하라
5 그들은 패역한 족속이라 그들
이 듣든지 아니 듣든지 그들
가운데에 선지자가 있음을 알
지니라
6 인자야 너는 비록 가시와 찔레
와 함께 있으며 전갈 가운데에
거주할지라도 그들을 두려워
하지 말고 그들의 말을 두려워
하지 말지어다 그들은 패역한
족속이라도 그 말을 두려워하
지 말며 그 얼굴을 무서워하지
말지어다
7 그들은 심히 패역한 자라 그
들이 듣든지 아니 듣든지 너
는 내 말로 고할지어다
8 너 인자야 내가 네게 이르는
말을 듣고 그 패역한 족속 같
이 패역하지 말고 네 입을 벌
리고 내가 네게 주는 것을 먹
으라 하시기로
9 내가 보니 보라 한 손이 나를
향하여 펴지고 보라 그 안에
두루마리 책이 있더라
10 그가 그것을 내 앞에 펴시니
그 안팎에 글이 있는데 그 위
에 애가와 애곡과 재앙의 말
이 기록되었더라

3 또 그가 내게 이르시되 인
자야 너는 발견한 것을 먹
으라 너는 이 두루마리를 먹

3

고 가서 이스라엘 족속에게
말하라 하시기로
2 내가 입을 벌리니 그가 그
두루마리를 내게 먹이시
며
3 내게 이르시되 인자야 내가
네게 주는 이 두루마리를 네
배에 넣으며 네 창자에 채우
라 하시기에 내가 먹으니 그
것이 내 입에서 달기가 꿀 같
더라
4 그가 또 내게 이르시되 인
자야 이스라엘 족속에게
가서 내 말로 그들에게 고
하라
5 너를 언어가 다르거나 말이 어
려운 백성에게 보내는 것이 아
니요 이스라엘 족속에게 보내
는 것이라
6 너를 언어가 다르거나 말이 어
려워 네가 그들의 말을 알아
듣지 못할 나라들에게 보내는
것이 아니니라 내가 너를 그들
에게 보냈다면 그들은 정녕 네
말을 들었으리라
7 그러나 이스라엘 족속은 이
마가 굳고 마음이 굳어 네 말
을 듣고자 아니하리니 이는 내
말을 듣고자 아니함이니라
8 보라 내가 그들의 얼굴을 마
주보도록 네 얼굴을 굳게 하
였고 그들의 이마를 마주보
도록 네 이마를 굳게 하였으
되
9 네 이마를 화석보다 굳은 금
강석 같이 하였으니 그들이 비
록 반역하는 족속이라도 두
려워하지 말며 그들의 얼굴을
무서워하지 말라 하시니라
10 또 내게 이르시되 인자야 내
가 네게 이를 모든 말을 너는
마음으로 받으며 귀로 듣고

11 사로잡힌 네 민족에게로 가서
그들이 듣든지 아니 듣든지 그
들에게 고하여 이르기를 주 여
호와의 말씀이 이러하시다 하라
12 때에 주의 영이 나를 들어올
리시는데 내가 내 뒤에서 크
게 울리는 소리를 들으니 찬
송할지어다 여호와의 영광이
그의 처소로부터 나오는도다
하니
13 이는 생물들의 날개가 서로 부
딪치는 소리와 생물 곁의 바퀴
소리라 크게 울리는 소리더라
14 주의 영이 나를 들어올려 데
리고 가시는데 내가 근심하고
분한 마음으로 가니 여호와의
권능이 힘 있게 나를 감동시
키시더라
15 이에 내가 델아빕에 이르러 그
사로잡힌 백성 곧 그발 강 가
에 거주하는 자들에게 나아가
그 중에서 두려워 떨며 칠 일
을 지내니라

파수꾼 에스겔

16 칠 일 후에 여호와의 말씀이
내게 임하여 이르시되
17 인자야 내가 너를 이스라엘
족속의 파수꾼으로 세웠으
니 너는 내 입의 말을 듣고
나를 대신하여 그들을 깨우
치라
18 가령 내가 악인에게 말하기를
너는 꼭 죽으리라 할 때에 네가
깨우치지 아니하거나 말로 악
인에게 일러서 그의 악한 길을
떠나 생명을 구원하게 하지 아
니하면 그 악인은 그의 죄악 중
에서 죽으려니와 내가 그의 피
값을 네 손에서 찾을 것이고
19 네가 악인을 깨우치되 그가
그의 악한 마음과 악한 행위
에서 돌이키지 아니하면 그

는 그의 죄악 중에서 죽으려
니와 너는 네 생명을 보존하
리라
20 또 의인이 그의 공의에서 돌이
켜 악을 행할 때에는 이미 행
한 그의 공의는 기억할 바 아
니라 내가 그 앞에 거치는 것
을 두면 그가 죽을지니 이는
네가 그를 깨우치지 않음이니
라 그는 그의 죄 중에서 죽으
려니와 그의 피 값은 내가 네
손에서 찾으리라
21 그러나 네가 그 의인을 깨우쳐
범죄하지 아니하게 함으로 그
가 범죄하지 아니하면 정녕 살
리니 이는 깨우침을 받음이며
너도 네 영혼을 보존하리라
22 에스겔이 말 못하는 자가 되
다 여호와께서 권능으로 거기
서 내게 임하시고 또 내게 이
르시되 일어나 들로 나아가라
내가 거기서 너와 말하리라 하
시기로
23 내가 일어나 들로 나아가니 여
호와의 영광이 거기에 머물렀
는데 내가 전에 그발 강 가에
서 보던 영광과 같은지라 내가
곧 엎드리니
24 주의 영이 내게 임하사 나를
일으켜 내 발로 세우시고 내
게 말씀하여 이르시되 너는
가서 네 집에 들어가 문을 닫
으라
25 너 인자야 보라 무리가 네 위
에 줄을 놓아 너를 동여매리
니 네가 그들 가운데에서 나
오지 못할 것이라
26 내가 네 혀를 네 입천장에 붙
게 하여 네가 말 못하는 자가
되어 그들을 꾸짖는 자가 되지
못하게 하리니 그들은 패역한
족속임이니라

27 그러나 내가 너와 말할 때에
네 입을 열리니 너는 그들에게
이르기를 주 여호와의 말씀이
이러하시다 하라 들을 자는
들을 것이요 듣기 싫은 자는
듣지 아니하리니 그들은 반역
하는 족속임이니라

예루살렘을 그리고 에워싸라

4 너 인자야 토판을 가져다
가 그것을 네 앞에 놓고
한 성읍 곧 예루살렘을 그 위
에 그리고
2 그 성읍을 에워싸되 그것을 향
하여 사다리를 세우고 그것을
향하여 흙으로 언덕을 쌓고 그
것을 향하여 진을 치고 그것을
향하여 공성퇴를 둘러 세우고
3 또 철판을 가져다가 너와 성
읍 사이에 두어 철벽을 삼고
성을 포위하는 것처럼 에워싸
라 이것이 이스라엘 족속에게
징조가 되리라
4 너는 또 왼쪽으로 누워 이스
라엘 족속의 죄악을 짊어지되
네가 눕는 날수대로 그 죄악
을 담당할지니라
5 내가 그들의 범죄한 햇수대
로 네게 날수를 정하였나니
곧 삼백구십 일이니라 너는 이
렇게 이스라엘 족속의 죄악을
담당하고
6 그 수가 차거든 너는 오른쪽으
로 누워 유다 족속의 죄악을 담
당하라 내가 네게 사십 일로 정
하였나니 하루가 일 년이니라
7 너는 또 네 얼굴을 에워싸인
예루살렘 쪽으로 향하고 팔을
걷어 올리고 예언하라
8 내가 줄로 너를 동이리니 네
가 에워싸는 날이 끝나기까지
몸을 이리 저리 돌리지 못하
리라

4

9 너는 밀과 보리와 콩과 팥과
조와 귀리를 가져다가 한 그
릇에 담고 너를 위하여 떡을
만들어 네가 옆으로 눕는 날
수 곧 삼백구십 일 동안 먹되
10 너는 음식물을 달아서 하루
이십 세겔씩 때를 따라 먹
고
11 물도 육분의 일 힌씩 되어서
때를 따라 마시라
12 너는 그것을 보리떡처럼 만들
어 먹되 그들의 목전에서 인분
불을 피워 구울지니라
13 또 여호와께서 이르시되 내가
여러 나라들로 쫓아내어 흩어
버릴 이스라엘 자손이 거기서
이같이 부정한 떡을 먹으리라
하시기로
14 내가 말하되 아하 주 여호와
여 나는 영혼을 더럽힌 일이
없었나이다 어려서부터 지금
까지 스스로 죽은 것이나 짐
승에게 찢긴 것을 먹지 아니하
였고 가증한 고기를 입에 넣
지 아니하였나이다
15 여호와께서 내게 이르시되 보
라 쇠똥으로 인분을 대신하기
를 허락하노니 너는 그것으로
떡을 구울지니라
16 또 내게 이르시되 인자야 내
가 예루살렘에서 의뢰하는 양
식을 끊으리니 백성이 근심 중
에 떡을 달아 먹고 두려워 떨
며 물을 되어 마시다가
17 떡과 물이 부족하여 피차에
두려워 하여 떨며 그 죄악 중
에서 쇠패하리라

머리털과 수염을 깎는 상징

5 너 인자야 너는 날카로운
칼을 가져다가 삭도로 삼
아 네 머리털과 수염을 깎아서
저울로 달아 나누어 두라

5

2 그 성읍을 에워싸는 날이 차
거든 너는 터럭 삼분의 일은
성읍 안에서 불사르고 삼분의
일은 성읍 사방에서 칼로 치
고 또 삼분의 일은 바람에 흩
으라 내가 그 뒤를 따라 칼을
빼리라
3 너는 터럭 중에서 조금을 네
옷자락에 싸고
4 또 그 가운데에서 얼마를 불
에 던져 사르라 그 속에서 불
이 이스라엘 온 족속에게로
나오리라
5 주 여호와께서 이와 같이 이
르시되 이것이 곧 예루살렘이
라 내가 그를 이방인 가운데
에 두어 나라들이 둘러 있게
하였거늘
6 그가 내 규례를 거슬러서 이방
인보다 악을 더 행하며 내 율
례도 그리함이 그를 둘러 있는
나라들보다 더하니 이는 그들
이 내 규례를 버리고 내 율례
를 행하지 아니하였음이니라
7 그러므로 나 주 여호와가 말하
노라 너희 요란함이 너희를 둘
러싸고 있는 이방인들보다 더하
여 내 율례를 행하지 아니하며
내 규례를 지키지 아니하고 너희
를 둘러 있는 이방인들의 규례
대로도 행하지 아니하였느니라
8 그러므로 나 주 여호와가 말
하노라 나 곧 내가 너를 치며
이방인의 목전에서 너에게 벌
을 내리되
9 네 모든 가증한 일로 말미암
아 내가 전무후무하게 네게
내릴지라
10 그리한즉 네 가운데에서 아버
지가 아들을 잡아먹고 아들이
그 아버지를 잡아먹으리라 내
가 벌을 네게 내리고 너희 중에

남은 자를 다 사방에 흩으리라
11 그러므로 나 주 여호와가 말
하노라 내가 나의 삶을 두고
맹세하노니 네가 모든 미운
물건과 모든 가증한 일로 내
성소를 더럽혔은즉 나도 너를
아끼지 아니하며 긍휼을 베
풀지 아니하고 미약하게 하리
니
12 너희 가운데에서 삼분의 일은
전염병으로 죽으며 기근으로
멸망할 것이요 삼분의 일은 너
의 사방에서 칼에 엎드러질 것
이며 삼분의 일은 내가 사방
에 흩어 버리고 또 그 뒤를 따
라 가며 칼을 빼리라
13 이와 같이 내 노가 다한즉 그
들을 향한 분이 풀려서 내 마
음이 가라앉으리라 내 분이
그들에게 다한즉 나 여호와가
열심으로 말한 줄을 그들이
알리라
14 내가 이르되 또 너를 황무하
게 하고 너를 둘러싸고 있는
이방인들 중에서 모든 지나가
는 자의 목전에 모욕 거리가
되게 하리니
15 내 노와 분과 중한 책망으로
네게 벌을 내린즉 너를 둘러싸
고 있는 이방인들에게 네가 수
치와 조롱 거리가 되고 두려
움과 경고가 되리라 나 여호
와의 말이니라
16 내가 멸망하게 하는 기근의
독한 화살을 너희에게 보내되
기근을 더하여 너희가 의뢰하
는 양식을 끊을 것이라
17 내가 기근과 사나운 짐승을 너
희에게 보내 외롭게 하고 너희 가
운데에 전염병과 살륙이 일어나
게 하고 또 칼이 너희에게 임하게
하리라 나 여호와의 말이니라

여호와께서 우상 숭배를 심판하시다

6 여호와의 말씀이 내게 임
하여 이르시되
2 인자야 너는 이스라엘 산
을 향하여 그들에게 예언
하여
3 이르기를 이스라엘 산들아 주
여호와의 말씀을 들으라 주
여호와께서 산과 언덕과 시내
와 골짜기를 향하여 이같이
말씀하시기를 나 곧 내가 칼
이 너희에게 임하게 하여 너희
산당을 멸하리니
4 너희 제단들이 황폐하고 분
향제단들이 깨뜨려질 것이며
너희가 죽임을 당하여 너희
우상 앞에 엎드러지게 할 것
이라
5 이스라엘 자손의 시체를 그
우상 앞에 두며 너희 해골을
너희 제단 사방에 흩으리라
6 내가 너희가 거주하는 모든
성읍이 사막이 되게 하며 산
당을 황폐하게 하리니 이는 너
희 제단이 깨어지고 황폐하며
너희 우상들이 깨어져 없어지
며 너희 분향제단들이 찍히며
너희가 만든 것이 폐하여지며
7 또 너희가 죽임을 당하여 엎드
러지게 하여 내가 여호와인 줄
을 너희가 알게 하려 함이라
8 그러나 너희가 여러 나라에 흩
어질 때에 내가 너희 중에서
칼을 피하여 이방인들 중에
살아 남은 자가 있게 할지라
9 너희 중에서 살아 남은 자가 사
로잡혀 이방인들 중에 있어서
나를 기억하되 그들이 음란한
마음으로 나를 떠나고 음란한
눈으로 우상을 섬겨 나를 근심
하게 한 것을 기억하고 스스로
한탄하리니 이는 그 모든 가증

6

한 일로 악을 행하였음이라
10 그 때에야 그들이 나를 여호
와인 줄 알리라 내가 이런 재
앙을 그들에게 내리겠다 한
말이 헛되지 아니하니라
11 주 여호와께서 이같이 이르시
되 너는 손뼉을 치고 발을 구
르며 말할지어다 오호라 이스
라엘 족속이 모든 가증한 악
을 행하므로 마침내 칼과 기
근과 전염병에 망하되
12 먼 데 있는 자는 전염병에 죽
고 가까운 데 있는 자는 칼에
엎드러지고 남아 있어 에워싸
인 자는 기근에 죽으리라 이
같이 내 진노를 그들에게 이
룬즉
13 그 죽임 당한 시체들이 그 우
상들 사이에, 제단 사방에, 각
높은 고개 위에, 모든 산 꼭대
기에, 모든 푸른 나무 아래에,
무성한 상수리나무 아래 곧
그 우상에게 분향하던 곳에
있으리니 내가 여호와인 줄을
너희가 알리라
14 내가 내 손을 그들의 위에 펴
서 그가 사는 온 땅 곧 광야
에서부터 디블라까지 황량
하고 황폐하게 하리니 내가
여호와인 줄을 그들이 알리
라

이스라엘의 끝이 다가오다

7 또 여호와의 말씀이 내게
임하여 이르시되
2 너 인자야 주 여호와께서 이스
라엘 땅에 관하여 이같이 말
씀하셨느니라 끝났도다 이 땅
사방의 일이 끝났도다
3 이제는 네게 끝이 이르렀나니
내가 내 진노를 네게 나타내어
네 행위를 심판하고 네 모든
가증한 일을 보응하리라

7

4 내가 너를 불쌍히 여기지 아
니하며 긍휼히 여기지도 아니
하고 네 행위대로 너를 벌하여
네 가증한 일이 너희 중에 나
타나게 하리니 내가 여호와인
줄을 너희가 알리라
5 주 여호와께서 이같이 이르시
되 재앙이로다, 비상한 재앙이
로다 볼지어다 그것이 왔도다
6 끝이 왔도다, 끝이 왔도다 끝
이 너에게 왔도다 볼지어다 그
것이 왔도다
7 이 땅 주민아 정한 재앙이 네게
임하도다 때가 이르렀고 날이 가
까웠으니 요란한 날이요 산에서
즐거이 부르는 날이 아니로다
8 이제 내가 속히 분을 네게 쏟
고 내 진노를 네게 이루어서
네 행위대로 너를 심판하여 네
모든 가증한 일을 네게 보응
하되
9 내가 너를 불쌍히 여기지 아
니하며 긍휼히 여기지도 아니
하고 네 행위대로 너를 벌하
여 너의 가증한 일이 너희 중
에 나타나게 하리니 나 여호
와가 때리는 이임을 네가 알
리라
10 볼지어다 그 날이로다 볼지어
다 임박하도다 정한 재앙이 이
르렀으니 몽둥이가 꽃이 피며
교만이 싹이 났도다
11 포학이 일어나서 죄악의 몽둥
이가 되었은즉 그들도, 그 무
리도, 그 재물도 하나도 남지
아니하며 그 중의 아름다운
것도 없어지리로다
12 때가 이르렀고 날이 가까웠으
니 사는 자도 기뻐하지 말고
파는 자도 근심하지 말 것은
진노가 그 모든 무리에게 임
함이로다

13 파는 자가 살아 있다 할지라
도 다시 돌아가서 그 판 것을
얻지 못하리니 이는 묵시가 그
모든 무리에게 돌아오지 아니
하고, 사람이 그 죄악으로 말
미암아 자기의 목숨을 유지할
수 없으리라 하였음이로다

이스라엘이 받는 벌

14 그들이 나팔을 불어 온갖 것
을 준비하였을지라도 전쟁에
나갈 사람이 없나니 이는 내
진노가 그 모든 무리에게 이르
렀음이라
15 밖에는 칼이 있고 안에는 전
염병과 기근이 있어서 밭에 있
는 자는 칼에 죽을 것이요 성
읍에 있는 자는 기근과 전염병
에 망할 것이며
16 도망하는 자는 산 위로 피하
여 다 각기 자기 죄악 때문에
골짜기의 비둘기들처럼 슬피
울 것이며
17 모든 손은 피곤하고 모든
무릎은 물과 같이 약할 것
이라
18 그들이 굵은 베로 허리를 묶
을 것이요 두려움이 그들을
덮을 것이요 모든 얼굴에는 수
치가 있고 모든 머리는 대머리
가 될 것이며
19 그들이 그 은을 거리에 던지
며 그 금을 오물 같이 여기리
니 이는 여호와 내가 진노를
내리는 날에 그들의 은과 금
이 능히 그들을 건지지 못하
며 능히 그 심령을 족하게 하
거나 그 창자를 채우지 못하
고 오직 죄악의 걸림돌이 됨이
로다
20 그들이 그 화려한 장식으로
말미암아 교만을 품었고 또
그것으로 가증한 우상과 미운

물건을 만들었은즉 내가 그것
을 그들에게 오물이 되게 하
여
21 타국인의 손에 넘겨 노략하게
하며 세상 악인에게 넘겨 그들
이 약탈하여 더럽히게 하고
22 내가 또 내 얼굴을 그들에게
서 돌이키리니 그들이 내 은밀
한 처소를 더럽히고 포악한 자
도 거기 들어와서 더럽히리라
23 너는 쇠사슬을 만들라 이는 피
흘리는 죄가 그 땅에 가득하고
포악이 그 성읍에 찼음이라
24 내가 극히 악한 이방인들을
데려와서 그들이 그 집들을 점
령하게 하고 강한 자의 교만
을 그치게 하리니 그들의 성
소가 더럽힘을 당하리라
25 패망이 이르리니 그들이 평강
을 구하여도 없을 것이라
26 환난에 환난이 더하고 소문에
소문이 더할 때에 그들이 선지
자에게서 묵시를 구하나 헛될
것이며 제사장에게는 율법이
없어질 것이요 장로에게는 책
략이 없어질 것이며
27 왕은 애통하고 고관은 놀람을
옷 입듯 하며 주민의 손은 떨
리리라 내가 그 행위대로 그들
에게 갚고 그 죄악대로 그들
을 심판하리니 내가 여호와인
줄을 그들이 알리라

예루살렘의 우상 숭배

8 여섯째 해 여섯째 달 초닷
새에 나는 집에 앉았고 유
다의 장로들은 내 앞에 앉아
있는데 주 여호와의 권능이
거기에서 내게 내리기로
2 내가 보니 불 같은 형상이 있
더라 그 허리 아래의 모양은
불 같고 허리 위에는 광채가
나서 단 쇠 같은데

8

3 그가 손 같은 것을 펴서 내 머
리털 한 모숨을 잡으며 주의
영이 나를 들어 천지 사이로
올리시고 하나님의 환상 가운
데에 나를 이끌어 예루살렘으
로 가서 안뜰로 들어가는 북
향한 문에 이르시니 거기에는
질투의 우상 곧 질투를 일어
나게 하는 우상의 자리가 있
는 곳이라
4 이스라엘 하나님의 영광이 거
기에 있는데 내가 들에서 본
모습과 같더라
5 그가 내게 이르시되 인자야
이제 너는 눈을 들어 북쪽을
바라보라 하시기로 내가 눈을
들어 북쪽을 바라보니 제단문
어귀 북쪽에 그 질투의 우상
이 있더라
6 그가 또 내게 이르시되 인자
야 이스라엘 족속이 행하는
일을 보느냐 그들이 여기에서
크게 가증한 일을 행하여 나
로 내 성소를 멀리 떠나게 하
느니라 너는 다시 다른 큰 가
증한 일을 보리라 하시더라
7 그가 나를 이끌고 뜰 문에 이
르시기로 내가 본즉 담에 구
멍이 있더라
8 그가 내게 이르시되 인자야 너
는 이 담을 헐라 하시기로 내가
그 담을 허니 한 문이 있더라
9 또 내게 이르시되 들어가서 그
들이 거기에서 행하는 가증하
고 악한 일을 보라 하시기로
10 내가 들어가 보니 각양 곤충
과 가증한 짐승과 이스라엘
족속의 모든 우상을 그 사방
벽에 그렸고
11 이스라엘 족속의 장로 중 칠
십 명이 그 앞에 섰으며 사반
의 아들 야아사냐도 그 가운

데에 섰고 각기 손에 향로를
들었는데 향연이 구름 같이
오르더라
12 또 내게 이르시되 인자야 이스
라엘 족속의 장로들이 각각 그
우상의 방안 어두운 가운데에
서 행하는 것을 네가 보았느냐
그들이 이르기를 여호와께서 우
리를 보지 아니하시며 여호와께
서 이 땅을 버리셨다 하느니라
13 또 내게 이르시되 너는 다시
그들이 행하는 바 다른 큰 가
증한 일을 보리라 하시더라
14 그가 또 나를 데리고 여호와
의 전으로 들어가는 북문에
이르시기로 보니 거기에 여인
들이 앉아 담무스를 위하여
애곡하더라
15 그가 또 내게 이르시되 인자
야 네가 그것을 보았느냐 너는
또 이보다 더 큰 가증한 일을
보리라 하시더라
16 그가 또 나를 데리고 여호와
의 성전 안뜰에 들어가시니라
보라 여호와의 성전 문 곧 현
관과 제단 사이에서 약 스물
다섯 명이 여호와의 성전을 등
지고 낯을 동쪽으로 향하여
동쪽 태양에게 예배하더라
17 또 내게 이르시되 인자야 네
가 보았느냐 유다 족속이 여
기에서 행한 가증한 일을 적다
하겠느냐 그들이 그 땅을 폭
행으로 채우고 또 다시 내 노
여움을 일으키며 심지어 나뭇
가지를 그 코에 두었느니라
18 그러므로 나도 분노로 갚아
불쌍히 여기지 아니하며 긍휼
을 베풀지도 아니하리니 그들
이 큰 소리로 내 귀에 부르짖
을지라도 내가 듣지 아니하리
라

예루살렘을 향하여 분노를 쏟으시다

9 또 그가 큰 소리로 내 귀
에 외쳐 이르시되 이 성읍
을 관할하는 자들이 각기 죽
이는 무기를 손에 들고 나아
오게 하라 하시더라
2 내가 보니 여섯 사람이 북향한
윗문 길로부터 오는데 각 사람
의 손에 죽이는 무기를 잡았고
그 중의 한 사람은 가는 베 옷
을 입고 허리에 서기관의 먹 그
릇을 찼더라 그들이 들어와서
놋 제단 곁에 서더라
3 그룹에 머물러 있던 이스라
엘 하나님의 영광이 성전 문
지방에 이르더니 여호와께서
그 가는 베 옷을 입고 서기관
의 먹 그릇을 찬 사람을 불
러
4 여호와께서 이르시되 너는 예
루살렘 성읍 중에 순행하여
그 가운데에서 행하는 모든
가증한 일로 말미암아 탄식하
며 우는 자의 이마에 표를 그
리라
5 그들에 대하여 내 귀에 이르
시되 너희는 그를 따라 성읍
중에 다니며 불쌍히 여기지
말며 긍휼을 베풀지 말고 쳐
서
6 늙은 자와 젊은 자와 처녀와
어린이와 여자를 다 죽이되 이
마에 표 있는 자에게는 가까
이 하지 말라 내 성소에서 시
작할지니라 하시매 그들이 성
전 앞에 있는 늙은 자들로부
터 시작하더라
7 그가 또 그들에게 이르시되
너희는 성전을 더럽혀 시체로
모든 뜰에 채우라 너희는 나
가라 하시매 그들이 나가서 성
읍 중에서 치더라

9

8 그들이 칠 때에 내가 홀로 있
었는지라 엎드려 부르짖어 이
르되 아하 주 여호와여 예루
살렘을 향하여 분노를 쏟으
시오니 이스라엘의 남은 자를
모두 멸하려 하시나이까
9 그가 내게 이르시되 이스라엘
과 유다 족속의 죄악이 심히
중하여 그 땅에 피가 가득하며
그 성읍에 불법이 찼나니 이는
그들이 이르기를 여호와께서
이 땅을 버리셨으며 여호와께
서 보지 아니하신다 함이라
10 그러므로 내가 그들을 불쌍히
여기지 아니하며 긍휼을 베풀지
아니하고 그들의 행위대로 그들
의 머리에 갚으리라 하시더라
11 보라 가는 베 옷을 입고 허리
에 먹 그릇을 찬 사람이 복명
하여 이르되 주께서 내게 명령
하신 대로 내가 준행하였나이
다 하더라

여호와의 영광이 성전을 떠나시다

10 이에 내가 보니 그룹
들 머리 위 궁창에 남
보석 같은 것이 나타나는데
그들 위에 보좌의 형상이 있는
것 같더라
2 하나님이 가는 베 옷을 입은
사람에게 말씀하여 이르시되
너는 그룹 밑에 있는 바퀴 사
이로 들어가 그 속에서 숯불
을 두 손에 가득히 움켜 가지
고 성읍 위에 흩으라 하시매
그가 내 목전에서 들어가더라
3 그 사람이 들어갈 때에 그룹
들은 성전 오른쪽에 서 있고
구름은 안뜰에 가득하며
4 여호와의 영광이 그룹에서 올라
와 성전 문지방에 이르니 구름이
성전에 가득하며 여호와의 영화
로운 광채가 뜰에 가득하였고

10

5 그룹들의 날개 소리는 바깥뜰
까지 들리는데 전능하신 하나
님이 말씀하시는 음성 같더라
6 하나님이 가는 베 옷을 입은
자에게 명령하시기를 바퀴 사
이 곧 그룹들 사이에서 불을
가져 가라 하셨으므로 그가
들어가 바퀴 옆에 서매
7 그 그룹이 그룹들 사이에서
손을 내밀어 그 그룹들 사이
에 있는 불을 집어 가는 베 옷
을 입은 자의 손에 주매 그가
받아 가지고 나가는데
8 그룹들의 날개 밑에 사람의
손 같은 것이 나타나더라
9 내가 보니 그룹들 곁에 네 바
퀴가 있는데 이 그룹 곁에도
한 바퀴가 있고 저 그룹 곁에
도 한 바퀴가 있으며 그 바퀴
모양은 황옥 같으며
10 그 모양은 넷이 꼭 같은데 마
치 바퀴 안에 바퀴가 있는 것
같으며
11 그룹들이 나아갈 때에는 사
방으로 몸을 돌리지 아니하고
나아가되 몸을 돌리지 아니하
고 그 머리 향한 곳으로 나아
가며
12 그 온 몸과 등과 손과 날개와
바퀴 곧 네 그룹의 바퀴의 둘
레에 다 눈이 가득하더라
13 내가 들으니 그 바퀴들을 도
는 것이라 부르며
14 그룹들에게는 각기 네 면이 있
는데 첫째 면은 그룹의 얼굴
이요 둘째 면은 사람의 얼굴
이요 셋째는 사자의 얼굴이요
넷째는 독수리의 얼굴이더라
15 그룹들이 올라가니 그들은 내가
그발 강 가에서 보던 생물이라
16 그룹들이 나아갈 때에는 바퀴
도 그 곁에서 나아가고 그룹

들이 날개를 들고 땅에서 올
라가려 할 때에도 바퀴가 그
곁을 떠나지 아니하며
17 그들이 서면 이들도 서고 그
들이 올라가면 이들도 함께
올라가니 이는 생물의 영이 바
퀴 가운데에 있음이더라
18 여호와의 영광이 성전 문지방
을 떠나서 그룹들 위에 머무르
니
19 그룹들이 날개를 들고 내 눈
앞의 땅에서 올라가는데 그들
이 나갈 때에 바퀴도 그 곁에
서 함께 하더라 그들이 여호
와의 전으로 들어가는 동문
에 머물고 이스라엘 하나님의
영광이 그 위에 덮였더라
20 그것은 내가 그발 강 가에서
보던 이스라엘의 하나님 아래
에 있던 생물이라 그들이 그룹
인 줄을 내가 아니라
21 각기 네 얼굴과 네 날개가 있
으며 날개 밑에는 사람의 손
형상이 있으니
22 그 얼굴의 형상은 내가 그발
강 가에서 보던 얼굴이며 그
모양과 그 몸도 그러하며 각기
곧게 앞으로 가더라

예루살렘이 심판을 받다

11 그 때에 주의 영이 나
를 들어올려서 여호와
의 전 동문 곧 동향한 문에 이
르시기로 보니 그 문에 사람
이 스물다섯 명이 있는데 내가
그 중에서 앗술의 아들 야아
사냐와 브나야의 아들 블라
댜를 보았으니 그들은 백성의
고관이라
2 그가 내게 이르시되 인자야
이 사람들은 불의를 품고 이
성 중에서 악한 꾀를 꾸미는
자니라

11

3 그들의 말이 집 건축할 때가
가깝지 아니한즉 이 성읍은
가마가 되고 우리는 고기가
된다 하나니
4 그러므로 인자야 너는 그들
을 쳐서 예언하고 예언할지니
라
5 여호와의 영이 내게 임하여 이
르시되 너는 말하기를 여호와
의 말씀에 이스라엘 족속아
너희가 이렇게 말하였도다 너
희 마음에서 일어나는 것을
내가 다 아노라
6 너희가 이 성읍에서 많이 죽
여 그 거리를 시체로 채웠도
다
7 그러므로 주 여호와께서 이
같이 말씀하셨느니라 이 성
읍 중에서 너희가 죽인 시체
는 그 고기요 이 성읍은 그 가
마인데 너희는 그 가운데에서
끌려 나오리라
8 나 주 여호와가 말하노라 너
희가 칼을 두려워하니 내가
칼로 너희에게 이르게 하고
9 너희를 그 성읍 가운데에서
끌어내어 타국인의 손에 넘겨
너희에게 벌을 내리리니
10 너희가 칼에 엎드러질 것이라
내가 이스라엘 변경에서 너희
를 심판하리니 너희는 내가 여
호와인 줄을 알리라
11 이 성읍은 너희 가마가 되지 아
니하고 너희는 그 가운데에 고기
가 되지 아니할지라 내가 너희를
이스라엘 변경에서 심판하리니
12 너희는 내가 여호와인 줄을
알리라 너희가 내 율례를 행하
지 아니하며 규례를 지키지 아
니하고 너희 사방에 있는 이방
인의 규례대로 행하였느니라
하셨다 하라

13 이에 내가 예언할 때에 브나야
의 아들 블라댜가 죽기로 내
가 엎드려 큰 소리로 부르짖어
이르되 오호라 주 여호와여
이스라엘의 남은 자를 다 멸
절하고자 하시나이까 하니라

이스라엘의 회복을 이르시다

14 여호와의 말씀이 내게 임하여
이르시되
15 인자야 예루살렘 주민이 네
형제 곧 네 형제와 친척과 온
이스라엘 족속을 향하여 이
르기를 너희는 여호와에게서
멀리 떠나라 이 땅은 우리에게
주어 기업이 되게 하신 것이라
하셨나니
16 그런즉 너는 말하기를 주
여호와의 말씀에 내가 비
록 그들을 멀리 이방인 가
운데로 쫓아내어 여러 나라
에 흩었으나 그들이 도달한
나라들에서 내가 잠깐 그들
에게 성소가 되리라 하셨다
하고
17 너는 또 말하기를 주 여호와
의 말씀에 내가 너희를 만민
가운데에서 모으며 너희를 흩
은 여러 나라 가운데에서 모
아 내고 이스라엘 땅을 너희에
게 주리라 하셨다 하라
18 그들이 그리로 가서 그 가운
데의 모든 미운 물건과 모든
가증한 것을 제거하여 버릴지
라
19 내가 그들에게 한 마음을 주
고 그 속에 새 영을 주며 그 몸
에서 돌 같은 마음을 제거하고
살처럼 부드러운 마음을 주어
20 내 율례를 따르며 내 규례를
지켜 행하게 하리니 그들은 내
백성이 되고 나는 그들의 하나
님이 되리라

21 그러나 미운 것과 가증한 것
을 마음으로 따르는 자는 내
가 그 행위대로 그 머리에 갚
으리라 나 주 여호와의 말이니
라

여호와의 영광이 떠나시다

22 그 때에 그룹들이 날개를 드
는데 바퀴도 그 곁에 있고 이
스라엘 하나님의 영광도 그 위
에 덮였더니
23 여호와의 영광이 성읍 가운
데에서부터 올라가 성읍 동쪽
산에 머무르고
24 주의 영이 나를 들어 하나님
의 영의 환상 중에 데리고 갈
대아에 있는 사로잡힌 자 중
에 이르시더니 내가 본 환상
이 나를 떠나 올라간지라
25 내가 사로잡힌 자에게 여호와
께서 내게 보이신 모든 일을
말하니라

포로가 될 것을 나타내는 상징행위

12 또 여호와의 말씀이
내게 임하여 이르시되
2 인자야 네가 반역하는 족속
중에 거주하는도다 그들은 볼
눈이 있어도 보지 아니하고
들을 귀가 있어도 듣지 아니
하나니 그들은 반역하는 족속
임이라
3 인자야 너는 포로의 행장을
꾸리고 낮에 그들의 목전에서
끌려가라 네가 네 처소를 다
른 곳으로 옮기는 것을 그들
이 보면 비록 반역하는 족속
이라도 혹 생각이 있으리라
4 너는 낮에 그들의 목전에서 네
포로의 행장을 밖에 내놓기를
끌려가는 포로의 행장 같이
하고 저물 때에 너는 그들의
목전에서 밖으로 나가기를 포
로되어 가는 자 같이 하라

12

5 너는 그들의 목전에서 성벽
을 뚫고 그리로 따라 옮기
되
6 캄캄할 때에 그들의 목전에
서 어깨에 메고 나가며 얼굴을
가리고 땅을 보지 말지어다
이는 내가 너를 세워 이스라엘
족속에게 징조가 되게 함이라
하시기로
7 내가 그 명령대로 행하여 낮에
나의 행장을 끌려가는 포로의
행장 같이 내놓고 저물 때에 내
손으로 성벽을 뚫고 캄캄할 때
에 행장을 내다가 그들의 목전
에서 어깨에 메고 나가니라
8 이튿날 아침에 여호와의 말씀
이 또 내게 임하여 이르시되
9 인자야 이스라엘 족속 곧 그 반
역하는 족속이 네게 묻기를 무
엇을 하느냐 하지 아니하더냐
10 너는 그들에게 말하기를 주
여호와의 말씀에 이것은 예루
살렘 왕과 그 가운데에 있는
이스라엘 온 족속에 대한 묵
시라 하셨다 하고
11 또 말하기를 나는 너희 징조
라 내가 행한 대로 그들도 포
로로 사로잡혀 가리라
12 무리가 성벽을 뚫고 행장을
그리로 가지고 나가고 그 중에
왕은 어두울 때에 어깨에 행
장을 메고 나가며 눈으로 땅
을 보지 아니하려고 자기 얼
굴을 가리리라 하라
13 내가 또 내 그물을 그의 위에
치고 내 올무에 걸리게 하여
그를 끌고 갈대아 땅 바벨론에
이르리니 그가 거기에서 죽으
려니와 그 땅을 보지 못하리라
14 내가 그 호위하는 자와 부대
들을 다 사방으로 흩고 또 그
뒤를 따라 칼을 빼리라

15 내가 그들을 이방인 가운데로
흩으며 여러 나라 가운데에 헤
친 후에야 내가 여호와인 줄
을 그들이 알리라
16 그러나 내가 그 중 몇 사람을
남겨 칼과 기근과 전염병에서
벗어나게 하여 그들이 이르는
이방인 가운데에서 자기의 모
든 가증한 일을 자백하게 하
리니 내가 여호와인 줄을 그
들이 알리라

떨면서 먹고 마시며 보이는 징조

17 여호와의 말씀이 또 내게 임
하여 이르시되
18 인자야 너는 떨면서 네 음식
을 먹고 놀라고 근심하면서 네
물을 마시며
19 이 땅 백성에게 말하되 주 여
호와께서 예루살렘 주민과
이스라엘 땅에 대하여 이르
시기를 그들이 근심하면서
그 음식을 먹으며 놀라면서
그 물을 마실 것은 이 땅 모
든 주민의 포악으로 말미암
아 땅에 가득한 것이 황폐하
게 됨이라
20 사람이 거주하는 성읍들이 황
폐하며 땅이 적막하리니 내가
여호와인 줄을 너희가 알리라
하셨다 하라

속담과 묵시

21 여호와의 말씀이 또 내게 임
하여 이르시되
22 인자야 이스라엘 땅에서 이르
기를 날이 더디고 모든 묵시가
사라지리라 하는 너희의 이 속
담이 어찌 됨이냐
23 그러므로 너는 그들에게 이르
기를 주 여호와께서 이같이 말
씀하시기를 내가 이 속담을 그
치게 하리니 사람이 다시는 이
스라엘 가운데에서 이 속담을

사용하지 못하리라 하셨다 하
고 또 그들에게 이르기를 날과
모든 묵시의 응함이 가까우니
24 이스라엘 족속 중에 허탄한
묵시나 아첨하는 복술이 다시
있지 못하리라 하라
25 나는 여호와라 내가 말하리니
내가 하는 말이 다시는 더디
지 아니하고 응하리라 반역하
는 족속이여 내가 너희 생전에
말하고 이루리라 나 주 여호
와의 말이니라 하셨다 하라
26 여호와의 말씀이 또 내게 임
하여 이르시되
27 인자야 이스라엘 족속의 말이
그가 보는 묵시는 여러 날 후
의 일이라 그가 멀리 있는 때에
대하여 예언하였다 하느니라
28 그러므로 너는 그들에게 이르
기를 주 여호와의 말씀에 나
의 말이 하나도 다시 더디지
아니할지니 내가 한 말이 이루
어지리라 나 주 여호와의 말이
니라 하라

거짓 선지자의 종말

13 여호와의 말씀이 내게
임하여 이르시되
2 인자야 너는 이스라엘의 예언
하는 선지자들에게 경고하여
예언하되 자기 마음대로 예언
하는 자에게 말하기를 너희는
여호와의 말씀을 들으라
3 주 여호와의 말씀에 본 것이
없이 자기 심령을 따라 예언하
는 어리석은 선지자에게 화가
있을진저
4 이스라엘아 너의 선지자들은
황무지에 있는 여우 같으니라
5 너희 선지자들이 성 무너진
곳에 올라가지도 아니하였으
며 이스라엘 족속을 위하여
여호와의 날에 전쟁에서 견디

13

게 하려고 성벽을 수축하지도
아니하였느니라
6 여호와께서 말씀하셨다고 하
는 자들이 허탄한 것과 거짓
된 점괘를 보며 사람들에게
그 말이 확실히 이루어지기를
바라게 하거니와 그들은 여호
와가 보낸 자가 아니라
7 너희가 말하기는 여호와의 말
씀이라 하여도 내가 말한 것
이 아닌즉 어찌 허탄한 묵시를
보며 거짓된 점괘를 말한 것이
아니냐
8 그러므로 주 여호와께서 이
같이 말씀하셨느니라 너희가
허탄한 것을 말하며 거짓된
것을 보았은즉 내가 너희를
치리라 주 여호와의 말씀이니
라
9 그 선지자들이 허탄한 묵시를
보며 거짓 것을 점쳤으니 내
손이 그들을 쳐서 내 백성의
공회에 들어오지 못하게 하며
이스라엘 족속의 호적에도 기
록되지 못하게 하며 이스라엘
땅에도 들어가지 못하게 하리
니 너희가 나를 여호와인 줄
알리라
10 이렇게 칠 것은 그들이 내 백
성을 유혹하여 평강이 없으나
평강이 있다 함이라 어떤 사람
이 담을 쌓을 때에 그들이 회
칠을 하는도다
11 그러므로 너는 회칠하는 자에
게 이르기를 그것이 무너지리
라 폭우가 내리며 큰 우박덩이
가 떨어지며 폭풍이 몰아치리
니
12 그 담이 무너진즉 어떤 사람
이 너희에게 말하기를 그것에
칠한 회가 어디 있느냐 하지
아니하겠느냐

13 그러므로 나 주 여호와가 말
하노라 내가 분노하여 폭풍을
퍼붓고 내가 진노하여 폭우를
내리고 분노하여 큰 우박덩어
리로 무너뜨리리라
14 회칠한 담을 내가 이렇게 허물
어서 땅에 넘어뜨리고 그 기초
를 드러낼 것이라 담이 무너진
즉 너희가 그 가운데에서 망
하리니 나를 여호와인 줄 알
리라
15 이와 같이 내가 내 노를 담과
회칠한 자에게 모두 이루고 또
너희에게 말하기를 담도 없어
지고 칠한 자들도 없어졌다
하리니
16 이들은 예루살렘에 대하여 예
언하기를 평강이 없으나 평강
의 묵시를 보았다고 하는 이
스라엘의 선지자들이니라 주
여호와의 말씀이니라

거짓말로 예언하는 여자들

17 너 인자야 너의 백성 중 자기
마음대로 예언하는 여자들에
게 경고하며 예언하여
18 이르기를 주 여호와의 말씀에
사람의 영혼을 사냥하려고 손
목마다 부적을 꿰어 매고 키
가 큰 자나 작은 자의 머리를
위하여 수건을 만드는 여자들
에게 화 있을진저 너희가 어찌
하여 내 백성의 영혼은 사냥
하면서 자기를 위하여는 영혼
을 살리려 하느냐
19 너희가 두어 움큼 보리와 두
어 조각 떡을 위하여 나를 내
백성 가운데에서 욕되게 하
여 거짓말을 곧이 듣는 내 백
성에게 너희가 거짓말을 지어
내어 죽지 아니할 영혼을 죽
이고 살지 못할 영혼을 살리
는도다

20 그러므로 나 주 여호와가 이
같이 말하노라 너희가 새를
사냥하듯 영혼들을 사냥하는
그 부적을 내가 너희 팔에서
떼어 버리고 너희가 새처럼 사
냥한 그 영혼들을 놓아 주며
21 또 너희 수건을 찢고 내 백성
을 너희 손에서 건지고 다시는
너희 손에 사냥물이 되지 아
니하게 하리니 내가 여호와인
줄을 너희가 알리라
22 내가 슬프게 하지 아니한 의
인의 마음을 너희가 거짓말로
근심하게 하며 너희가 또 악인
의 손을 굳게 하여 그 악한 길
에서 돌이켜 떠나 삶을 얻지
못하게 하였은즉
23 너희가 다시는 허탄한 묵시
를 보지 못하고 점복도 못할
지라 내가 내 백성을 너희 손
에서 건져내리니 내가 여호
와인 줄을 너희가 알리라 하
라

여호와께서 우상 숭배를 심판하시다

14 이스라엘 장로 두어
사람이 나아와 내 앞
에 앉으니
2 여호와의 말씀이 내게 임하여
이르시되
3 인자야 이 사람들이 자기 우
상을 마음에 들이며 죄악의
걸림돌을 자기 앞에 두었으니
그들이 내게 묻기를 내가 조
금인들 용납하랴
4 그런즉 너는 그들에게 말하여
이르라 나 주 여호와가 말하
노라 이스라엘 족속 중에 그
우상을 마음에 들이며 죄악의
걸림돌을 자기 앞에 두고 선
지자에게로 가는 모든 자에게
나 여호와가 그 우상의 수효
대로 보응하리니

14

5 이는 이스라엘 족속이 다 그 우
상으로 말미암아 나를 배반하
였으므로 내가 그들이 마음먹
은 대로 그들을 잡으려 함이라
6 그런즉 너는 이스라엘 족속
에게 이르기를 주 여호와의
말씀에 너희는 마음을 돌
이켜 우상을 떠나고 얼굴을
돌려 모든 가증한 것을 떠나
라
7 이스라엘 족속과 이스라엘 가
운데에 거류하는 외국인 중에
누구든지 나를 떠나고 자기
우상을 마음에 들이며 죄악의
걸림돌을 자기 앞에 두고 자기
를 위하여 내게 묻고자 하여
선지자에게 가는 모든 자에게
는 나 여호와가 친히 응답하
여
8 그 사람을 대적하여 그들을
놀라움과 표징과 속담 거리가
되게 하여 내 백성 가운데에서
끊으리니 내가 여호와인 줄을
너희가 알리라
9 만일 선지자가 유혹을 받고
말을 하면 나 여호와가 그 선
지자를 유혹을 받게 하였음이
거니와 내가 손을 펴서 내 백
성 이스라엘 가운데에서 그를
멸할 것이라
10 선지자의 죄악과 그에게 묻는
자의 죄악이 같은즉 각각 자
기의 죄악을 담당하리니
11 이는 이스라엘 족속이 다시
는 미혹되어 나를 떠나지 아
니하게 하며 다시는 모든 죄
로 스스로 더럽히지 아니하게
하여 그들을 내 백성으로 삼
고 나는 그들의 하나님이 되
려 함이라 주 여호와의 말씀
이니라

의인도 자기의 생명만 건지리라

12 여호와의 말씀이 또 내게 임
하여 이르시되
13 인자야 가령 어떤 나라가 불
법을 행하여 내게 범죄하므로
내가 손을 그 위에 펴서 그 의
지하는 양식을 끊어 기근을
내려 사람과 짐승을 그 나라
에서 끊는다 하자
14 비록 노아, 다니엘, 욥, 이 세
사람이 거기에 있을지라도 그
들은 자기의 공의로 자기의 생
명만 건지리라 나 주 여호와의
말이니라
15 가령 내가 사나운 짐승을 그
땅에 다니게 하여 그 땅을 황
폐하게 하여 사람이 그 짐승
때문에 능히 다니지 못하게 한
다 하자
16 비록 이 세 사람이 거기에 있
을지라도 나의 삶을 두고 맹
세하노니 그들도 자녀는 건지
지 못하고 자기만 건지겠고 그
땅은 황폐하리라 주 여호와의
말씀이니라
17 가령 내가 칼이 그 땅에 임하
게 하고 명령하기를 칼아 그
땅에 돌아다니라 하고 내가
사람과 짐승을 거기에서 끊는
다 하자
18 비록 이 세 사람이 거기에 있
을지라도 나의 삶을 두고 맹세
하노니 그들도 자녀는 건지지
못하고 자기만 건지리라 나 주
여호와의 말이니라
19 가령 내가 그 땅에 전염병을
내려 죽임으로 내 분노를 그
위에 쏟아 사람과 짐승을 거
기에서 끊는다 하자
20 비록 노아, 다니엘, 욥이 거기
에 있을지라도 나의 삶을 두고
맹세하노니 그들도 자녀는 건
지지 못하고 자기의 공의로 자

기의 생명만 건지리라 주 여호
와의 말씀이니라
21 주 여호와께서 이같이 이르시
되 내가 나의 네 가지 중한 벌
곧 칼과 기근과 사나운 짐승
과 전염병을 예루살렘에 함께
내려 사람과 짐승을 그 중에
서 끊으리니 그 해가 더욱 심
하지 아니하겠느냐
22 그러나 그 가운데에 피하는 자가
남아 있어 끌려 나오리니 곧 자
녀들이라 그들이 너희에게로 나
아오리니 너희가 그 행동과 소행
을 보면 내가 예루살렘에 내린
재앙 곧 그 내린 모든 일에 대하
여 너희가 위로를 받을 것이라
23 너희가 그 행동과 소행을 볼
때에 그들에 의해 위로를 받고
내가 예루살렘에서 행한 모든
일이 이유 없이 한 것이 아닌
줄을 알리라 주 여호와의 말
씀이니라

불에 던질 땔감 같은 예루살렘 주민

15 여호와의 말씀이 내게
임하여 이르시되
2 인자야 포도나무가 모든 나무
보다 나은 것이 무엇이랴 숲
속의 여러 나무 가운데에 있
는 그 포도나무 가지가 나은
것이 무엇이랴
3 그 나무를 가지고 무엇을 제
조할 수 있겠느냐 그것으로
무슨 그릇을 걸 못을 만들 수
있겠느냐
4 불에 던질 땔감이 될 뿐이라
불이 그 두 끝을 사르고 그
가운데도 태웠으면 제조에 무
슨 소용이 있겠느냐
5 그것이 온전할 때에도 아무 제
조에 합당하지 아니하였거든
하물며 불에 살라지고 탄 후
에 어찌 제조에 합당하겠느냐

15

6 그러므로 주 여호와께서 이같
이 말씀하셨느니라 내가 수
풀 가운데에 있는 포도나무를
불에 던질 땔감이 되게 한 것
같이 내가 예루살렘 주민도
그같이 할지라
7 내가 그들을 대적한즉 그들이
그 불에서 나와도 불이 그들
을 사르리니 내가 그들을 대적
할 때에 내가 여호와인 줄 너
희가 알리라
8 내가 그 땅을 황폐하게 하리
니 이는 그들이 범법함이니라
나 주 여호와의 말이니라 하시
니라

가증한 예루살렘

16 또 여호와의 말씀이
내게 임하여 이르시되
2 인자야 예루살렘으로 그 가
증한 일을 알게 하여
3 이르기를 주 여호와께서 예루
살렘에 관하여 이같이 말씀하
시되 네 근본과 난 땅은 가나
안이요 네 아버지는 아모리 사
람이요 네 어머니는 헷 사람이
라
4 네가 난 것을 말하건대 네가 날
때에 네 배꼽 줄을 자르지 아
니하였고 너를 물로 씻어 정결
하게 하지 아니하였고 네게 소
금을 뿌리지 아니하였고 너를
강보로 싸지도 아니하였나니
5 아무도 너를 돌보아 이 중에
한 가지라도 네게 행하여 너를
불쌍히 여긴 자가 없었으므로
네가 나던 날에 네 몸이 천하
게 여겨져 네가 들에 버려졌느
니라
6 내가 네 곁으로 지나갈 때에
네가 피투성이가 되어 발짓하
는 것을 보고 네게 이르기를
너는 피투성이라도 살아 있으

16

라 다시 이르기를 너는 피투
성이라도 살아 있으라 하고
7 내가 너를 들의 풀 같이 많게
하였더니 네가 크게 자라고 심
히 아름다우며 유방이 뚜렷하
고 네 머리털이 자랐으나 네가
여전히 벌거벗은 알몸이더라
8 내가 네 곁으로 지나며 보니
네 때가 사랑을 할 만한 때라
내 옷으로 너를 덮어 벌거벗은
것을 가리고 네게 맹세하고 언
약하여 너를 내게 속하게 하였
느니라 나 주 여호와의 말이니
라
9 내가 물로 네 피를 씻어 없애
고 네게 기름을 바르고
10 수 놓은 옷을 입히고 물돼지
가죽신을 신기고 가는 베로
두르고 모시로 덧입히고
11 패물을 채우고 팔고리를 손
목에 끼우고 목걸이를 목에
걸고
12 코고리를 코에 달고 귀고리를
귀에 달고 화려한 왕관을 머리
에 씌웠나니
13 이와 같이 네가 금, 은으로
장식하고 가는 베와 모시와
수 놓은 것을 입으며 또 고
운 밀가루와 꿀과 기름을
먹음으로 극히 곱고 형통하
여 왕후의 지위에 올랐느니
라
14 네 화려함으로 말미암아 네
명성이 이방인 중에 퍼졌음은
내가 네게 입힌 영화로 네 화
려함이 온전함이라 나 주 여
호와의 말이니라
15 그러나 네가 네 화려함을 믿
고 네 명성을 가지고 행음하되
지나가는 모든 자와 더불어
음란을 많이 행하므로 네 몸
이 그들의 것이 되도다

16 네가 네 의복을 가지고 너를
위하여 각색으로 산당을 꾸미
고 거기에서 행음하였나니 이
런 일은 전무후무하니라
17 네가 또 내가 준 금, 은 장식품
으로 너를 위하여 남자 우상
을 만들어 행음하며
18 또 네 수 놓은 옷을 그 우상에
게 입히고 나의 기름과 향을
그 앞에 베풀며
19 또 내가 네게 주어 먹게 한 내
음식물 곧 고운 밀가루와 기
름과 꿀을 네가 그 앞에 베풀
어 향기를 삼았나니 과연 그
렇게 하였느니라 주 여호와의
말씀이니라
20 또 네가 나를 위하여 낳은 네
자녀를 그들에게 데리고 가서
드려 제물로 삼아 불살랐느니
라 네가 네 음행을 작은 일로
여겨서
21 나의 자녀들을 죽여 우상에게
넘겨 불 가운데로 지나가게 하
였느냐
22 네가 어렸을 때에 벌거벗은
몸이었으며 피투성이가 되
어서 발짓하던 것을 기억하
지 아니하고 네가 모든 가
증한 일과 음란을 행하였느
니라

방자한 음녀 예루살렘

23 주 여호와의 말씀이니라 너는
화 있을진저 화 있을진저 네가
모든 악을 행한 후에
24 너를 위하여 누각을 건축하며
모든 거리에 높은 대를 쌓았
도다
25 네가 높은 대를 모든 길 어귀
에 쌓고 네 아름다움을 가증
하게 하여 모든 지나가는 자
에게 다리를 벌려 심히 음행하
고

26 하체가 큰 네 이웃 나라 애굽
사람과도 음행하되 심히 음란
히 하여 내 진노를 샀도다
27 그러므로 내가 내 손을 네 위
에 펴서 네 일용할 양식을 감
하고 너를 미워하는 블레셋 여
자 곧 네 더러운 행실을 부끄
러워하는 자에게 너를 넘겨 임
의로 하게 하였거늘
28 네가 음욕이 차지 아니하여
또 앗수르 사람과 행음하고
그들과 행음하고도 아직도 부
족하게 여겨
29 장사하는 땅 갈대아에까지 심
히 행음하되 아직도 족한 줄
을 알지 못하였느니라
30 주 여호와의 말씀이니라 네가
이 모든 일을 행하니 이는 방
자한 음녀의 행위라 네 마음
이 어찌 그리 약한지
31 네가 누각을 모든 길 어귀
에 건축하며 높은 대를 모
든 거리에 쌓고도 값을 싫
어하니 창기 같지도 아니하
도다
32 그 남편 대신에 다른 남자들
과 내통하여 간음하는 아내로
다
33 사람들은 모든 창기에게 선물
을 주거늘 오직 너는 네 모든
정든 자에게 선물을 주며 값
을 주어서 사방에서 와서 너
와 행음하게 하니
34 네 음란함이 다른 여인과 같
지 아니함은 행음하려고 너를
따르는 자가 없음이며 또 네
가 값을 받지 아니하고 도리
어 값을 줌이라 그런즉 다른
여인과 같지 아니하니라

예루살렘을 벌하시다

35 그러므로 너 음녀야 여호와의
말씀을 들을지어다

36 주 여호와께서 이같이 말씀하
셨느니라 네가 네 누추한 것
을 쏟으며 네 정든 자와 행음
함으로 벗은 몸을 드러내며
또 가증한 우상을 위하며 네
자녀의 피를 그 우상에게 드렸
은즉
37 내가 너의 즐거워하는 정든
자와 사랑하던 모든 자와
미워하던 모든 자를 모으
되 사방에서 모아 너를 대
적하게 할 것이요 또 네 벗
은 몸을 그 앞에 드러내 그
들이 그것을 다 보게 할 것
이며
38 내가 또 간음하고 사람의 피
를 흘리는 여인을 심판함 같이
너를 심판하여 진노의 피와 질
투의 피를 네게 돌리고
39 내가 또 너를 그들의 손에 넘
기리니 그들이 네 누각을 헐
며 네 높은 대를 부수며 네 의
복을 벗기고 네 장식품을 빼
앗고 네 몸을 벌거벗겨 버려
두며
40 무리를 데리고 와서 너를 돌로
치며 칼로 찌르며
41 불로 네 집들을 사르고 여
러 여인의 목전에서 너를
벌할지라 내가 너에게 곧
음행을 그치게 하리니 네가
다시는 값을 주지 아니하리
라
42 그리한즉 나는 네게 대한 내
분노가 그치며 내 질투가 네
게서 떠나고 마음이 평안하
여 다시는 노하지 아니하리
라
43 네가 어렸을 때를 기억하지 아
니하고 이 모든 일로 나를 분
노하게 하였은즉 내가 네 행위
대로 네 머리에 보응하리니 네

가 이 음란과 네 모든 가증한
일을 다시는 행하지 아니하리
라 주 여호와의 말씀이니라

그 어머니에 그 딸

44 속담을 말하는 자마다 네게
대하여 속담을 말하기를 어머
니가 그러하면 딸도 그러하다
하리라
45 너는 그 남편과 자녀를 싫어
한 어머니의 딸이요 너는 그
남편과 자녀를 싫어한 형의
동생이로다 네 어머니는 헷
사람이요 네 아버지는 아모리
사람이며
46 네 형은 그 딸들과 함께 네
왼쪽에 거주하는 사마리아
요 네 아우는 그 딸들과 함
께 네 오른쪽에 거주하는 소
돔이라
47 네가 그들의 행위대로만 행하
지 아니하며 그 가증한 대로
만 행하지 아니하고 그것을 적
게 여겨서 네 모든 행위가 그
보다 더욱 부패하였도다
48 주 여호와의 말씀이니라 내가
나의 삶을 두고 맹세하노니 네
아우 소돔 곧 그와 그의 딸들
은 너와 네 딸들의 행위 같이
행하지 아니하였느니라
49 네 아우 소돔의 죄악은 이러
하니 그와 그의 딸들에게 교
만함과 음식물의 풍족함과 태
평함이 있음이며 또 그가 가
난하고 궁핍한 자를 도와 주
지 아니하며
50 거만하여 가증한 일을 내 앞
에서 행하였음이라 그러므로
내가 보고 곧 그들을 없이 하
였느니라
51 사마리아는 네 죄의 절반도
범하지 아니하였느니라 네가
그들보다 가증한 일을 심히

행하였으므로 네 모든 가증한
행위로 네 형과 아우를 의롭
게 하였느니라
52 네가 네 형과 아우를 유리하
게 판단하였은즉 너도 네 수
치를 담당할지니라 네가 그들
보다 더욱 가증한 죄를 범하
므로 그들이 너보다 의롭게 되
었나니 네가 네 형과 아우를
의롭게 하였은즉 너는 놀라며
네 수치를 담당할지니라

소돔과 사마리아도 회복되리라

53 내가 그들의 사로잡힘 곧 소
돔과 그의 딸들의 사로잡힘과
사마리아와 그의 딸들의 사
로잡힘과 그들 중에 너의 사
로잡힌 자의 사로잡힘을 풀어
주어
54 네가 네 수욕을 담당하고 네
가 행한 모든 일로 말미암아
부끄럽게 하리니 이는 네가 그
들에게 위로가 됨이라
55 네 아우 소돔과 그의 딸들이 옛
지위를 회복할 것이요 사마리아
와 그의 딸들도 그의 옛 지위를
회복할 것이며 너와 네 딸들도
너희 옛 지위를 회복할 것이니라
56 네가 교만하던 때에 네 아우
소돔을 네 입으로 말하지도
아니하였나니
57 곧 네 악이 드러나기 전이며
아람의 딸들이 너를 능욕하기
전이며 너의 사방에 둘러 있는
블레셋의 딸들이 너를 멸시하
기 전이니라
58 네 음란과 네 가증한 일을 네
가 담당하였느니라 나 여호와
의 말이니라
59 나 주 여호와가 이같이 말하
노라 네가 맹세를 멸시하여 언
약을 배반하였은즉 내가 네
행한 대로 네게 행하리라

영원한 언약

60 그러나 내가 너의 어렸을 때에
너와 세운 언약을 기억하고 너
와 영원한 언약을 세우리라
61 네가 네 형과 아우를 접대할
때에 네 행위를 기억하고 부
끄러워할 것이라 내가 그들
을 네게 딸로 주려니와 네 언
약으로 말미암음이 아니니
라
62 내가 네게 내 언약을 세워 내
가 여호와인 줄 네가 알게 하
리니
63 이는 내가 네 모든 행한 일을
용서한 후에 네가 기억하고 놀
라고 부끄러워서 다시는 입을
열지 못하게 하려 함이니라 주
여호와의 말씀이니라

독수리와 포도나무의 비유

17 여호와의 말씀이 내게
임하여 이르시되
2 인자야 너는 이스라엘 족속에
게 수수께끼와 비유를 말하
라
3 여호와께서 이같이 말씀하여
이르시되 색깔이 화려하고 날
개가 크고 깃이 길고 털이 숱
한 큰 독수리가 레바논에 이
르러 백향목 높은 가지를 꺾되
4 그 연한 가지 끝을 꺾어 가지
고 장사하는 땅에 이르러 상
인의 성읍에 두고
5 또 그 땅의 종자를 꺾어 옥토
에 심되 수양버들 가지처럼 큰
물 가에 심더니
6 그것이 자라며 퍼져서 높지
아니한 포도나무 곧 굵은
가지와 가는 가지가 난 포
도나무가 되어 그 가지는
독수리를 향하였고 그 뿌
리는 독수리 아래에 있었더
라

17

7 또 날개가 크고 털이 많은 큰
독수리 하나가 있었는데 그
포도나무가 이 독수리에게 물
을 받으려고 그 심어진 두둑
에서 그를 향하여 뿌리가 뻗
고 가지가 퍼졌도다
8 그 포도나무를 큰 물 가 옥토
에 심은 것은 가지를 내고 열
매를 맺어서 아름다운 포도나
무를 이루게 하려 하였음이라
9 너는 이르기를 주 여호와의
말씀에 그 나무가 능히 번성
하겠느냐 이 독수리가 어찌
그 뿌리를 빼고 열매를 따며
그 나무가 시들게 하지 아니하
겠으며 그 연한 잎사귀가 마
르게 하지 아니하겠느냐 많은
백성이나 강한 팔이 아니라도
그 뿌리를 뽑으리라
10 볼지어다 그것이 심어졌으나
번성하겠느냐 동풍에 부딪힐
때에 아주 마르지 아니하겠느
냐 그 자라던 두둑에서 마르
리라 하셨다 하라

비유의 해석

11 여호와의 말씀이 또 내게 임
하여 이르시되
12 너는 반역하는 족속에게 묻기
를 너희가 이 비유를 깨닫지
못하겠느냐 하고 그들에게 말
하기를 바벨론 왕이 예루살렘
에 이르러 왕과 고관을 사로
잡아 바벨론 자기에게로 끌어
가고
13 그 왕족 중에서 하나를 택하
여 언약을 세우고 그에게 맹세
하게 하고 또 그 땅의 능한 자
들을 옮겨 갔나니
14 이는 나라를 낮추어 스스로
서지 못하고 그 언약을 지켜
야 능히 서게 하려 하였음이
거늘

15그가 사절을 애굽에 보내 말
과 군대를 구함으로 바벨론
왕을 배반하였으니 형통하겠
느냐 이런 일을 행한 자가 피
하겠느냐 언약을 배반하고야
피하겠느냐
16주 여호와의 말씀이니라 내가
나의 삶을 두고 맹세하노니 바
벨론 왕이 그를 왕으로 세웠
거늘 그가 맹세를 저버리고 언
약을 배반하였은즉 그 왕이
거주하는 곳 바벨론에서 왕과
함께 있다가 죽을 것이라
17대적이 토성을 쌓고 사다리를
세우고 많은 사람을 멸절하려
할 때에 바로가 그 큰 군대와
많은 무리로도 그 전쟁에 그
를 도와 주지 못하리라
18그가 이미 손을 내밀어 언약
하였거늘 맹세를 업신여겨 언
약을 배반하고 이 모든 일을
행하였으니 피하지 못하리라
19그러므로 주 여호와의 말씀이
니라 내가 나의 삶을 두고 맹
세하노니 그가 내 맹세를 업신
여기고 내 언약을 배반하였은
즉 내가 그 죄를 그 머리에 돌
리되
20그 위에 내 그물을 치며 내 올
무에 걸리게 하여 끌고 바벨론
으로 가서 나를 반역한 그 반
역을 거기에서 심판할지며
21그 모든 군대에서 도망한 자
들은 다 칼에 엎드러질 것이요
그 남은 자는 사방으로 흩어
지리니 나 여호와가 이것을 말
한 줄을 너희가 알리라

높은 나무를 낮추고

22주 여호와께서 이같이 말씀하
시되 내가 백향목 꼭대기에서
높은 가지를 꺾어다가 심으리
라 내가 그 높은 새 가지 끝에

서 연한 가지를 꺾어 높고 우
뚝 솟은 산에 심되
23 이스라엘 높은 산에 심으리니
그 가지가 무성하고 열매를 맺
어서 아름다운 백향목이 될 것
이요 각종 새가 그 아래에 깃
들이며 그 가지 그늘에 살리라
24 들의 모든 나무가 나 여호와
는 높은 나무를 낮추고 낮은
나무를 높이며 푸른 나무를
말리고 마른 나무를 무성하게
하는 줄 알리라 나 여호와는
말하고 이루느니라 하라

아버지의 죄악과 아들의 의

18 또 여호와의 말씀이
내게 임하여 이르시되
2 너희가 이스라엘 땅에 관한 속
담에 이르기를 아버지가 신 포
도를 먹었으므로 그의 아들의
이가 시다고 함은 어찌 됨이냐
3 주 여호와의 말씀이니라 내가
나의 삶을 두고 맹세하노니 너희
가 이스라엘 가운데에서 다시는
이 속담을 쓰지 못하게 되리라
4 모든 영혼이 다 내게 속한지라
아버지의 영혼이 내게 속함 같
이 그의 아들의 영혼도 내게
속하였나니 범죄하는 그 영혼
은 죽으리라
5 사람이 만일 의로워서 정의와
공의를 따라 행하며
6 산 위에서 제물을 먹지 아니
하며 이스라엘 족속의 우상에
게 눈을 들지 아니하며 이웃
의 아내를 더럽히지 아니하며
월경 중에 있는 여인을 가까이
하지 아니하며
7 사람을 학대하지 아니하며 빚
진 자의 저당물을 돌려 주며
강탈하지 아니하며 주린 자에
게 음식물을 주며 벗은 자에
게 옷을 입히며

18

8 변리를 위하여 꾸어 주지 아
니하며 이자를 받지 아니하
며 스스로 손을 금하여 죄
를 짓지 아니하며 사람과 사
람 사이에 진실하게 판단하
며
9 내 율례를 따르며 내 규례를
지켜 진실하게 행할진대 그는
의인이니 반드시 살리라 주 여
호와의 말씀이니라
10 가령 그가 아들을 낳았다 하
자 그 아들이 이 모든 선은 하
나도 행하지 아니하고 이 죄악
중 하나를 범하여 강포하거나
살인하거나
11 산 위에서 제물을 먹거나 이웃
의 아내를 더럽히거나
12 가난하고 궁핍한 자를 학대하
거나 강탈하거나 빚진 자의 저
당물을 돌려 주지 아니하거나
우상에게 눈을 들거나 가증한
일을 행하거나
13 변리를 위하여 꾸어 주거나 이
자를 받거나 할진대 그가 살
겠느냐 결코 살지 못하리니 이
모든 가증한 일을 행하였은즉
반드시 죽을지라 자기의 피가
자기에게로 돌아가리라
14 또 가령 그가 아들을 낳았다
하자 그 아들이 그 아버지가
행한 모든 죄를 보고 두려워
하여 그대로 행하지 아니하고
15 산 위에서 제물을 먹지도 아니
하며 이스라엘 족속의 우상에
게 눈을 들지도 아니하며 이웃
의 아내를 더럽히지도 아니하
며
16 사람을 학대하지도 아니하며
저당을 잡지도 아니하며 강탈
하지도 아니하고 주린 자에게
음식물을 주며 벗은 자에게
옷을 입히며

17 손을 금하여 가난한 자를 압
제하지 아니하며 변리나 이자
를 받지 아니하여 내 규례를 지
키며 내 율례를 행할진대 이 사
람은 그의 아버지의 죄악으로
죽지 아니하고 반드시 살겠고
18 그의 아버지는 심히 포학하여 그
동족을 강탈하고 백성들 중에서
선을 행하지 아니하였으므로 그
는 그의 죄악으로 죽으리라
19 그런데 너희는 이르기를 아들
이 어찌 아버지의 죄를 담당하
지 아니하겠느냐 하는도다 아
들이 정의와 공의를 행하며 내
모든 율례를 지켜 행하였으면
그는 반드시 살려니와
20 범죄하는 그 영혼은 죽을지라
아들은 아버지의 죄악을 담당
하지 아니할 것이요 아버지는
아들의 죄악을 담당하지 아니
하리니 의인의 공의도 자기에
게로 돌아가고 악인의 악도 자
기에게로 돌아가리라
21 그러나 악인이 만일 그가 행
한 모든 죄에서 돌이켜 떠나
내 모든 율례를 지키고 정의와
공의를 행하면 반드시 살고
죽지 아니할 것이라
22 그 범죄한 것이 하나도 기억함
이 되지 아니하리니 그가 행한
공의로 살리라
23 주 여호와의 말씀이니라 내
가 어찌 악인이 죽는 것을 조
금인들 기뻐하랴 그가 돌이켜
그 길에서 떠나 사는 것을 어
찌 기뻐하지 아니하겠느냐
24 만일 의인이 돌이켜 그 공의에
서 떠나 범죄하고 악인이 행하
는 모든 가증한 일대로 행하
면 살겠느냐 그가 행한 공의
로운 일은 하나도 기억함이 되
지 아니하리니 그가 그 범한

허물과 그 지은 죄로 죽으리라
25 그런데 너희는 이르기를 주
의 길이 공평하지 아니하다
하는도다 이스라엘 족속아
들을지어다 내 길이 어찌 공
평하지 아니하냐 너희 길이
공평하지 아니한 것이 아니
냐
26 만일 의인이 그 공의를 떠나
죄악을 행하고 그로 말미암아
죽으면 그 행한 죄악으로 말미
암아 죽는 것이요
27 만일 악인이 그 행한 악을 떠
나 정의와 공의를 행하면 그
영혼을 보전하리라
28 그가 스스로 헤아리고 그 행
한 모든 죄악에서 돌이켜 떠났
으니 반드시 살고 죽지 아니하
리라
29 그런데 이스라엘 족속은 이르
기를 주의 길이 공평하지 아
니하다 하는도다 이스라엘 족
속아 나의 길이 어찌 공평하지
아니하냐 너희 길이 공평하지
아니한 것 아니냐
30 주 여호와의 말씀이니라 이스
라엘 족속아 내가 너희 각 사
람이 행한 대로 심판할지라 너
희는 돌이켜 회개하고 모든 죄
에서 떠날지어다 그리한즉 그
것이 너희에게 죄악의 걸림돌
이 되지 아니하리라
31 너희는 너희가 범한 모든 죄악
을 버리고 마음과 영을 새롭
게 할지어다 이스라엘 족속아
너희가 어찌하여 죽고자 하느
냐
32 주 여호와의 말씀이니라 죽을
자가 죽는 것도 내가 기뻐하지
아니하노니 너희는 스스로 돌
이키고 살지니라

애가

19 너는 이스라엘 고관들
을 위하여 애가를 지
어
2 부르라 네 어머니는 무엇이냐
암사자라 그가 사자들 가운
데에 엎드려 젊은 사자 중에서
그 새끼를 기르는데
3 그 새끼 하나를 키우매 젊은
사자가 되어 먹이 물어뜯기를
배워 사람을 삼키매
4 이방이 듣고 함정으로 그를
잡아 갈고리로 꿰어 끌고 애굽
땅으로 간지라
5 암사자가 기다리다가 소망이
끊어진 줄을 알고 그 새끼 하
나를 또 골라 젊은 사자로 키
웠더니
6 젊은 사자가 되매 여러 사자
가운데에 왕래하며 먹이 물
어뜯기를 배워 사람을 삼키
며
7 그의 궁궐들을 헐고 성읍들
을 부수니 그 우는 소리로 말
미암아 땅과 그 안에 가득한
것이 황폐한지라
8 이방이 포위하고 있는 지방에
서 그를 치러 와서 그의 위에
그물을 치고 함정에 잡아
9 우리에 넣고 갈고리를 꿰어 끌
고 바벨론 왕에게 이르렀나니
그를 옥에 가두어 그 소리가
다시 이스라엘 산에 들리지
아니하게 하려 함이라
10 네 피의 어머니는 물 가에 심
겨진 포도나무 같아서 물이
많으므로 열매가 많고 가지가
무성하며
11 그 가지들은 강하여 권세 잡
은 자의 규가 될 만한데 그 하
나의 키가 굵은 가지 가운데
에서 높았으며 많은 가지 가
운데에서 뛰어나 보이다가

19

12 분노 중에 뽑혀서 땅에 던짐을
당하매 그 열매는 동풍에 마
르고 그 강한 가지들은 꺾이
고 말라 불에 탔더니
13 이제는 광야, 메마르고 가
물이 든 땅에 심어진 바 되
고
14 불이 그 가지 중 하나에서부
터 나와 그 열매를 태우니 권
세 잡은 자의 규가 될 만한 강
한 가지가 없도다 하라 이것
이 애가라 후에도 애가가 되
리라

하나님의 뜻, 이스라엘의 반역

20 일곱째 해 다섯째 달
열째 날에 이스라엘
장로 여러 사람이 여호와께
물으려고 와서 내 앞에 앉으
니
2 여호와의 말씀이 내게 임하여
이르시되
3 인자야 이스라엘 장로들에게
말하여 이르라 주 여호와께서
이렇게 말씀하셨느니라 너희
가 내게 물으려고 왔느냐 내가
나의 목숨을 걸고 맹세하거니
와 너희가 내게 묻기를 내가
용납하지 아니하리라 주 여호
와의 말씀이니라
4 인자야 네가 그들을 심판하려
느냐 네가 그들을 심판하려느
냐 너는 그들에게 그들의 조
상들의 가증한 일을 알게 하
여
5 이르라 주 여호와께서 이같이
말씀하셨느니라 옛날에 내가
이스라엘을 택하고 야곱 집의
후예를 향하여 내 손을 들어
맹세하고 애굽 땅에서 그들에
게 나타나 맹세하여 이르기를
나는 여호와 너희 하나님이라
하였노라

20

6 그 날에 내가 내 손을 들어 그
들에게 맹세하기를 애굽 땅에
서 인도하여 내어 그들을 위
하여 찾아 두었던 땅 곧 젖과
꿀이 흐르는 땅이요 모든 땅
중의 아름다운 곳에 이르게
하리라 하고
7 또 그들에게 이르기를 너희는
눈을 끄는 바 가증한 것을 각
기 버리고 애굽의 우상들로
말미암아 스스로 더럽히지 말
라 나는 여호와 너희 하나님이
니라 하였으나
8 그들이 내게 반역하여 내 말
을 즐겨 듣지 아니하고 그들의
눈을 끄는 바 가증한 것을 각
기 버리지 아니하며 애굽의 우
상들을 떠나지 아니하므로 내
가 말하기를 내가 애굽 땅에
서 그들에게 나의 분노를 쏟으
며 그들에게 진노를 이루리라
하였노라
9 그러나 내가 그들이 거주하는
이방인의 눈 앞에서 그들에게
나타나 그들을 애굽 땅에서
인도하여 내었나니 이는 내 이
름을 위함이라 내 이름을 그
이방인의 눈 앞에서 더럽히지
아니하려고 행하였음이라
10 그러므로 내가 그들을 애굽
땅에서 나와서 광야에 이르게
하고
11 사람이 준행하면 그로 말미암
아 삶을 얻을 내 율례를 주며
내 규례를 알게 하였고
12 또 내가 그들을 거룩하게 하
는 여호와인 줄 알게 하려고
내 안식일을 주어 그들과 나
사이에 표징을 삼았노라
13 그러나 이스라엘 족속이 광
야에서 내게 반역하여 사람이
준행하면 그로 말미암아 삶을

얻을 나의 율례를 준행하지
아니하며 나의 규례를 멸시하
였고 나의 안식일을 크게 더럽
혔으므로 내가 이르기를 내가
내 분노를 광야에서 그들에게
쏟아 멸하리라 하였으나
14 내가 내 이름을 위하여 달리
행하였었나니 내가 그들을 인
도하여 내는 것을 본 나라들
앞에서 내 이름을 더럽히지 아
니하려 하였음이로라
15 또 내가 내 손을 들어 광야에
서 그들에게 맹세하기를 내가
그들에게 허락한 땅 곧 젖과
꿀이 흐르는 땅이요 모든 땅
중의 아름다운 곳으로 그들
을 인도하여 들이지 아니하리
라 한 것은
16 그들이 마음으로 우상을 따
라 나의 규례를 업신여기며 나
의 율례를 행하지 아니하며 나
의 안식일을 더럽혔음이라
17 그러나 내가 그들을 아껴서
광야에서 멸하여 아주 없이하
지 아니하였었노라
18 내가 광야에서 그들의 자손
에게 이르기를 너희 조상들의
율례를 따르지 말며 그 규례
를 지키지 말며 그 우상들로
말미암아 스스로 더럽히지 말
라
19 나는 여호와 너희 하나님이라
너희는 나의 율례를 따르며 나
의 규례를 지켜 행하고
20 또 나의 안식일을 거룩하게 할
지어다 이것이 나와 너희 사이
에 표징이 되어 내가 여호와
너희 하나님인 줄을 너희가 알
게 하리라 하였노라
21 그러나 그들의 자손이 내게
반역하여 사람이 지켜 행하면
그로 말미암아 삶을 얻을 나

의 율례를 따르지 아니하며
나의 규례를 지켜 행하지 아니
하였고 나의 안식일을 더럽힌
지라 이에 내가 이르기를 내가
광야에서 그들에게 내 분노를
쏟으며 그들에게 내 진노를 이
루리라 하였으나
22 내가 내 이름을 위하여 내 손
을 막아 달리 행하였나니 내
가 그들을 인도하여 내는 것
을 본 여러 나라 앞에서 내 이
름을 더럽히지 아니하려 하였
음이로라
23 또 내가 내 손을 들어 광야에
서 그들에게 맹세하기를 내가
그들을 이방인 중에 흩으며
여러 민족 가운데에 헤치리라
하였나니
24 이는 그들이 나의 규례를 행
하지 아니하며 나의 율례를 멸
시하며 내 안식일을 더럽히고
눈으로 그들의 조상들의 우
상들을 사모함이며
25 또 내가 그들에게 선하지 못한
율례와 능히 지키지 못할 규
례를 주었고
26 그들이 장자를 다 화제로 드
리는 그 예물로 내가 그들을
더럽혔음은 그들을 멸망하게
하여 나를 여호와인 줄 알게
하려 하였음이라
27 그런즉 인자야 이스라엘 족속
에게 말하여 이르라 주 여호와
께서 이같이 말씀하셨느니라
너희 조상들이 또 내게 범죄하
여 나를 욕되게 하였느니라
28 내가 내 손을 들어 그들에게
주기로 맹세한 땅으로 그들을
인도하여 들였더니 그들이 모
든 높은 산과 모든 무성한 나
무를 보고 거기에서 제사를
드리고 분노하게 하는 제물을

올리며 거기서 또 분향하고 전
제물을 부어 드린지라
29 이에 내가 그들에게 이르기를
너희가 다니는 산당이 무엇이
냐 하였노라 (그것을 오늘날
까지 바마라 일컫느니라)
30 그러므로 너는 이스라엘 족속
에게 이르라 주 여호와께서 이
같이 말씀하셨느니라 너희가
조상들의 풍속을 따라 너희
자신을 더럽히며 그 모든 가
증한 것을 따라 행음하느냐
31 너희가 또 너희 아들을 화제
로 삼아 불 가운데로 지나게
하며 오늘까지 너희 자신을
우상들로 말미암아 더럽히느
냐 이스라엘 족속아 너희가
내게 묻기를 내가 용납하겠느
냐 주 여호와의 말씀이니라
내가 나의 삶을 두고 맹세하
노니 너희가 내게 묻기를 내가
용납하지 아니하리라
32 너희가 스스로 이르기를 우
리가 이방인 곧 여러 나라 족
속 같이 되어서 목석을 경배
하리라 하거니와 너희 마음에
품은 것을 결코 이루지 못하
리라

맹세한 땅으로 이스라엘을 인도하리라

33 주 여호와의 말씀이니라 내가
나의 삶을 두고 맹세하노니 내
가 능한 손과 편 팔로 분노를
쏟아 너희를 반드시 다스릴지라
34 능한 손과 편 팔로 분노를 쏟
아 너희를 여러 나라에서 나
오게 하며 너희의 흩어진 여러
지방에서 모아내고
35 너희를 인도하여 여러 나라 광
야에 이르러 거기에서 너희를
대면하여 심판하되
36 내가 애굽 땅 광야에서 너희
조상들을 심판한 것 같이 너

희를 심판하리라 주 여호와의
말씀이니라
37 내가 너희를 막대기 아래로 지
나가게 하며 언약의 줄로 매려
니와
38 너희 가운데에서 반역하는 자
와 내게 범죄하는 자를 모두
제하여 버릴지라 그들을 그 머
물러 살던 땅에서는 나오게
하여도 이스라엘 땅에는 들어
가지 못하게 하리니 너희가 나
는 여호와인 줄을 알리라
39 주 여호와께서 이같이 말씀하
셨느니라 이스라엘 족속아 너
희가 내 말을 듣지 아니하려
거든 가서 각각 그 우상을 섬
기라 그렇게 하려거든 이 후에
다시는 너희 예물과 너희 우
상들로 내 거룩한 이름을 더
럽히지 말지니라
40 주 여호와의 말씀이니라 이스
라엘 온 족속이 그 땅에 있어
서 내 거룩한 산 곧 이스라엘
의 높은 산에서 다 나를 섬기
리니 거기에서 내가 그들을 기
쁘게 받을지라 거기에서 너희
예물과 너희가 드리는 첫 열매
와 너희 모든 성물을 요구하리
라
41 내가 너희를 인도하여 여러 나
라 가운데에서 나오게 하고
너희가 흩어진 여러 민족 가운
데에서 모아 낼 때에 내가 너
희를 향기로 받고 내가 또 너
희로 말미암아 내 거룩함을
여러 나라의 목전에서 나타낼
것이며
42 내가 내 손을 들어 너희 조상
들에게 주기로 맹세한 땅 곧
이스라엘 땅으로 너희를 인도
하여 들일 때에 너희는 내가
여호와인 줄 알고

43 거기에서 너희의 길과 스스로
더럽힌 모든 행위를 기억하고
이미 행한 모든 악으로 말미
암아 스스로 미워하리라
44 이스라엘 족속아 내가 너희의
악한 길과 더러운 행위대로 하
지 아니하고 내 이름을 위하
여 행한 후에야 내가 여호와
인 줄 너희가 알리라 주 여호
와의 말씀이니라

불타는 숲의 비유

45 여호와의 말씀이 또 내게 임
하여 이르시되
46 인자야 너는 얼굴을 남으로
향하라 남으로 향하여 소리내
어 남쪽의 숲을 쳐서 예언하라
47 남쪽의 숲에게 이르기를 여호
와의 말씀을 들을지어다 주
여호와께서 이같이 말씀하셨
느니라 내가 너의 가운데에
불을 일으켜 모든 푸른 나무
와 모든 마른 나무를 없애리
니 맹렬한 불꽃이 꺼지지 아
니하고 남에서 북까지 모든 얼
굴이 그슬릴지라
48 혈기 있는 모든 자는 나 여
호와가 그 불을 일으킨 줄을
알리니 그것이 꺼지지 아니
하리라 하셨다 하라 하시기
로
49 내가 이르되 아하 주 여호와
여 그들이 나를 가리켜 말하
기를 그는 비유로 말하는 자
가 아니냐 하나이다 하니라

여호와의 칼

21 또 여호와의 말씀이
내게 임하여 이르시되
2 인자야 너는 얼굴을 예루살렘으
로 향하며 성소를 향하여 소리
내어 이스라엘 땅에게 예언하라
3 이스라엘 땅에게 이르기를 여
호와의 말씀에 내가 너를 대

21

적하여 내 칼을 칼집에서 빼어
의인과 악인을 네게서 끊을지
라
4 내가 의인과 악인을 네게서 끊
을 터이므로 내 칼을 칼집에서
빼어 모든 육체를 남에서 북
까지 치리니
5 모든 육체는 나 여호와가 내
칼을 칼집에서 빼낸 줄을 알지
라 칼이 다시 꽂히지 아니하리
라 하셨다 하라
6 인자야 탄식하되 너는 허리가
끊어지듯 탄식하라 그들의 목
전에서 슬피 탄식하라
7 그들이 네게 묻기를 네가 어찌
하여 탄식하느냐 하거든 대답
하기를 재앙이 다가온다는 소
문 때문이니 각 마음이 녹으며
모든 손이 약하여지며 각 영이
쇠하며 모든 무릎이 물과 같이
약해지리라 보라 재앙이 오나
니 반드시 이루어지리라 주 여
호와의 말씀이니라 하라
8 여호와의 말씀이 또 내게 임
하여 이르시되
9 인자야 너는 예언하여 여호와
의 말씀을 이같이 말하라 칼
이여 칼이여 날카롭고도 빛나
도다
10 그 칼이 날카로움은 죽임을
위함이요 빛남은 번개 같이 되
기 위함이니 우리가 즐거워하
겠느냐 내 아들의 규가 모든
나무를 업신여기는도다
11 그 칼을 손에 잡아 쓸 만하도
록 빛나게 하되 죽이는 자의
손에 넘기기 위하여 날카롭
고도 빛나게 하였도다 하셨다
하라
12 인자야 너는 부르짖어 슬피 울
지어다 이것이 내 백성에게 임
하며 이스라엘 모든 고관에게

임함이로다 그들과 내 백성이
함께 칼에 넘긴 바 되었으니
너는 네 넓적다리를 칠지어다
13 이것이 시험이라 만일 업신여
기는 규가 없어지면 어찌할까
주 여호와의 말씀이니라
14 그러므로 인자야 너는 예언하
며 손뼉을 쳐서 칼로 두세 번
거듭 쓰이게 하라 이 칼은 죽
이는 칼이라 사람들을 둘러싸
고 죽이는 큰 칼이로다
15 내가 그들이 낙담하여 많이
엎드러지게 하려고 그 모든 성
문을 향하여 번쩍번쩍하는 칼
을 세워 놓았도다 오호라 그
칼이 번개 같고 죽이기 위하
여 날카로웠도다
16 칼아 모이라 오른쪽을 치라
대열을 맞추라 왼쪽을 치라
향한 대로 가라
17 나도 내 손뼉을 치며 내 분노
를 다 풀리로다 나 여호와가
말하였노라
18 여호와의 말씀이 내게 임하여
이르시되
19 인자야 너는 바벨론 왕의 칼
이 올 두 길을 한 땅에서 나오
도록 그리되 곧 성으로 들어
가는 길 어귀에다가 길이 나뉘
는 지시표를 하여
20 칼이 암몬 족속의 랍바에 이르
는 길과 유다의 견고한 성 예
루살렘에 이르는 길을 그리라
21 바벨론 왕이 갈랫길 곧 두 길
어귀에 서서 점을 치되 화살
들을 흔들어 우상에게 묻고
희생제물의 간을 살펴서
22 오른손에 예루살렘으로 갈 점
괘를 얻었으므로 공성퇴를 설
치하며 입을 벌리고 죽이며 소
리를 높여 외치며 성문을 향하
여 공성퇴를 설치하고 토성을

쌓고 사다리를 세우게 되었나니
23 전에 그들에게 맹약한 자들은
그것을 거짓 점괘로 여길 것이
나 바벨론 왕은 그 죄악을 기
억하고 그 무리를 잡으리라
24 그러므로 주 여호와께서 이같
이 말씀하셨느니라 너희의 악
이 기억을 되살리며 너희의 허
물이 드러나며 너희 모든 행위
의 죄가 나타났도다 너희가 기
억한 바 되었은즉 그 손에 잡
히리라
25 너 극악하여 중상을 당할 이
스라엘 왕아 네 날이 이르렀나
니 곧 죄악의 마지막 때이니라
26 주 여호와께서 이같이 말씀하
셨느니라 관을 제거하며 왕관
을 벗길지라 그대로 두지 못하
리니 낮은 자를 높이고 높은
자를 낮출 것이니라
27 내가 엎드러뜨리고 엎드러뜨
리고 엎드러뜨리려니와 이것
도 다시 있지 못하리라 마땅
히 얻을 자가 이르면 그에게
주리라
28 인자야 너는 주 여호와께서
암몬 족속과 그의 능욕에 대
하여 이같이 말씀하셨다고 예
언하라 너는 이르기를 칼이
뽑히도다 칼이 뽑히도다 죽이
며 멸절하며 번개 같이 되기
위하여 빛났도다
29 네게 대하여 허무한 것을 보며
네게 대하여 거짓 복술을 하
는 자가 너를 중상 당한 악인
의 목 위에 두리니 이는 그의
날 곧 죄악의 마지막 때가 이
름이로다
30 그러나 칼을 그 칼집에 꽂을지
어다 네가 지음을 받은 곳에
서, 네가 출생한 땅에서 내가
너를 심판하리로다

31 내가 내 분노를 네게 쏟으며 내
진노의 불을 네게 내뿜고 너를
짐승 같은 자 곧 멸하기에 익숙
한 자의 손에 넘기리로다
32 네가 불에 섶과 같이 될 것이
며 네 피가 나라 가운데에 있
을 것이며 네가 다시 기억되지
못할 것이니 나 여호와가 말
하였음이라 하라

벌 받을 예루살렘

22 또 여호와의 말씀이
내게 임하여 이르시되
2 인자야 네가 심판하려느냐 이
피흘린 성읍을 심판하려느냐
그리하려거든 자기의 모든 가
증한 일을 그들이 알게 하라
3 너는 말하라 주 여호와께서
이같이 말씀하셨느니라 자기
가운데에 피를 흘려 벌 받을
때가 이르게 하며 우상을 만
들어 스스로 더럽히는 성아
4 네가 흘린 피로 말미암아 죄
가 있고 네가 만든 우상으로
말미암아 스스로 더럽혔으니
네 날이 가까웠고 네 연한이
찼도다 그러므로 내가 너로
이방의 능욕을 받으며 만국의
조롱 거리가 되게 하였노라
5 너 이름이 더럽고 어지러움이
많은 자여 가까운 자나 먼 자
나 다 너를 조롱하리라
6 이스라엘 모든 고관은 각기 권
세대로 피를 흘리려고 네 가
운데에 있었도다
7 그들이 네 가운데에서 부모를
업신여겼으며 네 가운데에서 나
그네를 학대하였으며 네 가운데
에서 고아와 과부를 해하였도다
8 너는 나의 성물들을 업신여겼
으며 나의 안식일을 더럽혔으며
9 네 가운데에 피를 흘리려고 이
간을 붙이는 자도 있었으며

22

네 가운데에 산 위에서 제물
을 먹는 자도 있었으며 네 가
운데에 음행하는 자도 있었으
며
10 네 가운데에 자기 아버지의 하
체를 드러내는 자도 있었으며
네 가운데에 월경하는 부정한
여인과 관계하는 자도 있었으
며
11 어떤 사람은 그 이웃의 아내
와 가증한 일을 행하였으며
어떤 사람은 그의 며느리를 더
럽혀 음행하였으며 네 가운데
에 어떤 사람은 그 자매 곧 아
버지의 딸과 관계하였으며
12 네 가운데에 피를 흘리려고
뇌물을 받는 자도 있었으며
네가 변돈과 이자를 받았으며
이익을 탐하여 이웃을 속여
빼앗았으며 나를 잊어버렸도
다 주 여호와의 말씀이니라
13 네가 불의를 행하여 이익을 얻
은 일과 네 가운데에 피 흘린
일로 말미암아 내가 손뼉을
쳤나니
14 내가 네게 보응하는 날에
네 마음이 견디겠느냐 네
손이 힘이 있겠느냐 나 여호
와가 말하였으니 내가 이루
리라
15 내가 너를 뭇 나라 가운데에 흩
으며 각 나라에 헤치고 너의 더러
운 것을 네 가운데에서 멸하리라
16 네가 자신 때문에 나라들의 목
전에서 수치를 당하리니 내가 여
호와인 줄 알리라 하셨다 하라

풀무 불에 들어간 이스라엘

17 여호와의 말씀이 내게 임하여
이르시되
18 인자야 이스라엘 족속이 내게
찌꺼기가 되었나니 곧 풀무 불
가운데에 있는 놋이나 주석이나

쇠나 납이며 은의 찌꺼기로다
19 그러므로 주 여호와께서 이와
같이 말씀하셨느니라 너희가 다
찌꺼기가 되었은즉 내가 너희를
예루살렘 가운데로 모으고
20 사람이 은이나 놋이나 쇠나
납이나 주석이나 모아서 풀무
불 속에 넣고 불을 불어 녹이
는 것 같이 내가 노여움과 분
으로 너희를 모아 거기에 두고
녹이리라
21 내가 너희를 모으고 내 분노
의 불을 너희에게 불면 너희가
그 가운데에서 녹되
22 은이 풀무 불 가운데에서 녹
는 것 같이 너희가 그 가운데
에서 녹으리니 나 여호와가 분
노를 너희 위에 쏟은 줄을 너
희가 알리라

선지자 제사장 고관들의 죄

23 여호와의 말씀이 내게 임하여
이르시되
24 인자야 너는 그에게 이르기를
너는 정결함을 얻지 못한 땅이
요 진노의 날에 비를 얻지 못
한 땅이로다 하라
25 그 가운데에서 선지자들의 반
역함이 우는 사자가 음식물을
움킴 같았도다 그들이 사람의
영혼을 삼켰으며 재산과 보물
을 탈취하며 과부를 그 가운
데에 많게 하였으며
26 그 제사장들은 내 율법을 범
하였으며 나의 성물을 더럽혔
으며 거룩함과 속된 것을 구
별하지 아니하였으며 부정함
과 정한 것을 사람이 구별하
게 하지 아니하였으며 그의 눈
을 가리어 나의 안식일을 보
지 아니하였으므로 내가 그들
가운데에서 더럽힘을 받았느
니라

27 그 가운데에 그 고관들은 음
식물을 삼키는 이리 같아서
불의한 이익을 얻으려고 피를
흘려 영혼을 멸하거늘
28 그 선지자들이 그들을 위하여
회를 칠하고 스스로 허탄한
이상을 보며 거짓 복술을 행
하며 여호와가 말하지 아니하
였어도 주 여호와께서 이같이
말씀하셨느니라 하였으며
29 이 땅 백성은 포악하고 강탈
을 일삼고 가난하고 궁핍한
자를 압제하고 나그네를 부당
하게 학대하였으므로
30 이 땅을 위하여 성을 쌓으며
성 무너진 데를 막아 서서 나
로 하여금 멸하지 못하게 할
사람을 내가 그 가운데에서
찾다가 찾지 못하였으므로
31 내가 내 분노를 그들 위에 쏟
으며 내 진노의 불로 멸하여
그들 행위대로 그들 머리에 보
응하였느니라 주 여호와의 말
씀이니라

오홀라와 오홀리바의 행음

23 또 여호와의 말씀이
내게 임하여 이르시되
2 인자야 두 여인이 있었으니 한
어머니의 딸이라
3 그들이 애굽에서 행음하되 어
렸을 때에 행음하여 그들의
유방이 눌리며 그 처녀의 가
슴이 어루만져졌나니
4 그 이름이 형은 오홀라요 아우
는 오홀리바라 그들이 내게 속
하여 자녀를 낳았나니 그 이름
으로 말하면 오홀라는 사마리아
요 오홀리바는 예루살렘이니라
5 오홀라가 내게 속하였을 때에
행음하여 그가 연애하는 자
곧 그의 이웃 앗수르 사람을
사모하였나니

23

6 그들은 다 자색 옷을 입은 고
관과 감독이요 준수한 청년이
요 말 타는 자들이라
7 그가 앗수르 사람들 가운데
에 잘 생긴 그 모든 자들과 행
음하고 누구를 연애하든지 그
들의 모든 우상으로 자신을
더럽혔으며
8 그가 젊었을 때에 애굽 사
람과 동침하매 그 처녀의 가
슴이 어루만져졌으며 그의
몸에 음란을 쏟음을 당한
바 되었더니 그가 그 때부터
행음함을 마지아니하였느니
라
9 그러므로 내가 그를 그의 정
든 자 곧 그가 연애하는 앗수
르 사람의 손에 넘겼더니
10 그들이 그의 하체를 드러내고
그의 자녀를 빼앗으며 칼로
그를 죽여 여인들에게 이야깃
거리가 되게 하였나니 이는 그
들이 그에게 심판을 행함이니
라
11 그 아우 오홀리바가 이것을
보고도 그의 형보다 음욕
을 더하며 그의 형의 간음함
보다 그 간음이 더 심하므로
그의 형보다 더 부패하여졌
느니라
12 그가 그의 이웃 앗수르 사람
을 연애하였나니 그들은 화려
한 의복을 입은 고관과 감독
이요 말 타는 자들과 준수한
청년이었느니라
13 그 두 여인이 한 길로 행하므
로 그도 더러워졌음을 내가
보았노라
14 그가 음행을 더하였음은 붉은
색으로 벽에 그린 사람의 형상
곧 갈대아 사람의 형상을 보
았음이니

15 그 형상은 허리를 띠로 동이고
머리를 긴 수건으로 쌌으며
그의 용모는 다 준수한 자 곧
그의 고향 갈대아 바벨론 사
람 같은 것이라
16 그가 보고 곧 사랑하게 되어
사절을 갈대아 그들에게로 보
내매
17 바벨론 사람이 나아와 연애하
는 침상에 올라 음행으로 그
를 더럽히매 그가 더럽힘을 입
은 후에 그들을 싫어하는 마
음이 생겼느니라
18 그가 이같이 그의 음행을 나
타내며 그가 하체를 드러내므
로 내 마음이 그의 형을 싫어
한 것 같이 그를 싫어하였으
나
19 그가 그의 음행을 더하여 젊
었을 때 곧 애굽 땅에서 행음
하던 때를 생각하고
20 그의 하체는 나귀 같고 그의
정수는 말 같은 음란한 간부
를 사랑하였도다
21 네가 젊었을 때에 행음하여
애굽 사람에게 네 가슴과 유
방이 어루만져졌던 것을 아직
도 생각하도다

오홀리바가 받은 재판

22 그러므로 오홀리바야 주 여호
와께서 이같이 말씀하셨느니
라 나는 네가 사랑하다가 싫
어하던 자들을 충동하여 그
들이 사방에서 와서 너를 치
게 하리니
23 그들은 바벨론 사람과 갈대아
모든 무리 브곳과 소아와 고
아 사람과 또 그와 함께 한 모
든 앗수르 사람 곧 준수한 청
년이며 다 고관과 감독이며 귀
인과 유명한 자요 다 말 타는
자들이라

24 그들이 무기와 병거와 수레와
크고 작은 방패를 이끌고 투구
쓴 군대를 거느리고 치러 와서
너를 에워싸리라 내가 재판을
그들에게 맡긴즉 그들이 그들
의 법대로 너를 재판하리라
25 내가 너를 향하여 질투하리니
그들이 분내어 네 코와 귀를
깎아 버리고 남은 자를 칼로
엎드러뜨리며 네 자녀를 빼앗
고 그 남은 자를 불에 사르며
26 또 네 옷을 벗기며 네 장식품
을 빼앗을지라
27 이와 같이 내가 네 음란과 애
굽 땅에서부터 행음하던 것을
그치게 하여 너로 그들을 향
하여 눈을 들지도 못하게 하
며 다시는 애굽을 기억하지도
못하게 하리라
28 주 여호와께서 이같이 말씀하
셨느니라 나는 네가 미워하는
자와 네 마음에 싫어하는 자
의 손에 너를 붙이리니
29 그들이 미워하는 마음으로 네
게 행하여 네 모든 수고한 것
을 빼앗고 너를 벌거벗은 몸으
로 두어서 네 음행의 벗은 몸
곧 네 음란하며 행음하던 것
을 드러낼 것이라
30 네가 이같이 당할 것은 네가
음란하게 이방을 따르고 그 우
상들로 더럽혔기 때문이로다
31 네가 네 형의 길로 행하였은
즉 내가 그의 잔을 네 손에 주
리라
32 주 여호와께서 이같이 말씀하
셨느니라 깊고 크고 가득히 담
긴 네 형의 잔을 네가 마시고
코웃음과 조롱을 당하리라
33 네가 네 형 사마리아의 잔 곧
놀람과 패망의 잔에 넘치게 취
하고 근심할지라

34 네가 그 잔을 다 기울여 마시
고 그 깨어진 조각을 씹으며
네 유방을 꼬집을 것은 내가
이렇게 말하였음이라 주 여호
와의 말씀이니라
35 그러므로 주 여호와께서 이같
이 말씀하셨느니라 네가 나를
잊었고 또 나를 네 등 뒤에 버
렸은즉 너는 네 음란과 네 음
행의 죄를 담당할지니라 하시
니라

오홀라와 오홀리바가 받은 재판

36 여호와께서 또 내게 이르시되
인자야 네가 오홀라와 오홀리
바를 심판하려느냐 그러면 그
가증한 일을 그들에게 말하라
37 그들이 행음하였으며 피를 손
에 묻혔으며 또 그 우상과 행
음하며 내게 낳아 준 자식들
을 우상을 위하여 화제로 살
랐으며
38 이 외에도 그들이 내게 행한
것이 있나니 당일에 내 성소를
더럽히며 내 안식일을 범하였
도다
39 그들이 자녀를 죽여 그 우상
에게 드린 그 날에 내 성소에
들어와서 더럽혔으되 그들이
내 성전 가운데에서 그렇게 행
하였으며
40 또 사절을 먼 곳에 보내 사람
을 불러오게 하고 그들이 오매
그들을 위하여 목욕하며 눈썹
을 그리며 스스로 단장하고
41 화려한 자리에 앉아 앞에 상
을 차리고 내 향과 기름을 그
위에 놓고
42 그 무리와 편히 지껄이고 즐겼
으며 또 광야에서 잡류와 술 취
한 사람을 청하여 오매 그들이
팔찌를 그 손목에 끼우고 아름
다운 관을 그 머리에 씌웠도다

43 내가 음행으로 쇠한 여인을
가리켜 말하노라 그가 그래도
그들과 피차 행음하는도다
44 그들이 그에게 나오기를 기생
에게 나옴 같이 음란한 여인
오홀라와 오홀리바에게 나왔
은즉
45 의인이 간통한 여자들을 재
판함 같이 재판하며 피를 흘
린 여인을 재판함 같이 재판
하리니 그들은 간통한 여자
들이요 또 피가 그 손에 묻었
음이라
46 주 여호와께서 이같이 말씀
하셨느니라 그가 그들에게
무리를 올려 보내 그들이
공포와 약탈을 당하게 하리
니
47 무리가 그들을 돌로 치며 칼
로 죽이고 그 자녀도 죽이며
그 집들을 불사르리라
48 이같이 내가 이 땅에서 음란
을 그치게 한즉 모든 여인이
정신이 깨어 너희 음행을 본받
지 아니하리라
49 그들이 너희 음란으로 너희에
게 보응한즉 너희가 모든 우
상을 위하던 죄를 담당할지라
내가 주 여호와인 줄을 너희
가 알리라 하시니라

녹슨 가마 예루살렘

24 아홉째 해 열째 달 열
째 날에 여호와의 말
씀이 내게 임하여 이르시되
2 인자야 너는 날짜 곧 오늘의
이름을 기록하라 바벨론 왕이
오늘 예루살렘에 가까이 왔느
니라
3 너는 이 반역하는 족속에게
비유를 베풀어 이르기를 주
여호와께서 이같이 말씀하시
기를 가마 하나를 걸라

24

4-5 건 후에 물을 붓고 양 떼에
서 한 마리를 골라 각을 뜨고
그 넓적다리와 어깨 고기의 모
든 좋은 덩이를 그 가운데에
모아 넣으며 고른 뼈를 가득히
담고 그 뼈를 위하여 가마 밑
에 나무를 쌓아 넣고 잘 삶되
가마 속의 뼈가 무르도록 삶
을지어다
6 그러므로 주 여호와께서 이
같이 말씀하셨느니라 피를 흘
린 성읍, 녹슨 가마 곧 그 속의
녹을 없이하지 아니한 가마여
화 있을진저 제비 뽑을 것도
없이 그 덩이를 하나하나 꺼낼
지어다
7 그 피가 그 가운데에 있음이
여 피를 땅에 쏟아 티끌이 덮
이게 하지 않고 맨 바위 위에
두었도다
8 내가 그 피를 맨 바위 위에 두고
덮이지 아니하게 함은 분노를
나타내어 보응하려 함이로라
9 그러므로 주 여호와께서 이같
이 말씀하셨느니라 화 있을진
저 피를 흘린 성읍이여 내가
또 나무 무더기를 크게 하리
라
10 나무를 많이 쌓고 불을 피워
그 고기를 삶아 녹이고 국물
을 졸이고 그 뼈를 태우고
11 가마가 빈 후에는 숯불 위에 놓
아 뜨겁게 하며 그 가마의 놋을
달궈서 그 속에 더러운 것을 녹
게 하며 녹이 소멸되게 하라
12 이 성읍이 수고하므로 스스로
피곤하나 많은 녹이 그 속에
서 벗겨지지 아니하며 불에서
도 없어지지 아니하는도다
13 너의 더러운 것들 중에 음란이
그 하나이니라 내가 너를 깨끗
하게 하나 네가 깨끗하여지지

아니하니 내가 네게 향한 분노
를 풀기 전에는 네 더러움이 다
시 깨끗하여지지 아니하리라
14 나 여호와가 말하였은즉 그
일이 이루어질지라 내가 돌이
키지도 아니하고 아끼지도 아
니하며 뉘우치지도 아니하고
행하리니 그들이 네 모든 행위
대로 너를 재판하리라 주 여
호와의 말씀이니라

에스겔의 아내가 죽다

15 여호와의 말씀이 또 내게 임
하여 이르시되
16 인자야 내가 네 눈에 기뻐하
는 것을 한 번 쳐서 빼앗으리
니 너는 슬퍼하거나 울거나 눈
물을 흘리거나 하지 말며
17 죽은 자들을 위하여 슬퍼하지
말고 조용히 탄식하며 수건으
로 머리를 동이고 발에 신을
신고 입술을 가리지 말고 사
람이 초상집에서 먹는 음식물
을 먹지 말라 하신지라
18 내가 아침에 백성에게 말하였
더니 저녁에 내 아내가 죽었으
므로 아침에 내가 받은 명령대
로 행하매
19 백성이 내게 이르되 네가 행하
는 이 일이 우리와 무슨 상관
이 있는지 너는 우리에게 말하
지 아니하겠느냐 하므로
20 내가 그들에게 대답하기를 여
호와의 말씀이 내게 임하여
이르시되
21 너는 이스라엘 족속에게 이르
기를 주 여호와의 말씀에 내
성소는 너희 세력의 영광이요
너희 눈의 기쁨이요 너희 마
음에 아낌이 되거니와 내가 더
럽힐 것이며 너희의 버려 둔
자녀를 칼에 엎드러지게 할지
라

22 너희가 에스겔이 행한 바와
같이 행하여 입술을 가리지
아니하며 사람의 음식물을 먹
지 아니하며
23 수건으로 머리를 동인 채, 발
에 신을 신은 채로 두고 슬퍼
하지도 아니하며 울지도 아니
하되 죄악 중에 패망하여 피
차 바라보고 탄식하리라
24 이같이 에스겔이 너희에게 표
징이 되리니 그가 행한 대로
너희가 다 행할지라 이 일이
이루어지면 내가 주 여호와인
줄을 너희가 알리라 하라 하
셨느니라
25 인자야 내가 그 힘과 그 즐거
워하는 영광과 그 눈이 기뻐하
는 것과 그 마음이 간절하게
생각하는 자녀를 데려가는 날
26 곧 그 날에 도피한 자가 네게
나와서 네 귀에 그 일을 들려
주지 아니하겠느냐
27 그 날에 네 입이 열려서 도피
한 자에게 말하고 다시는 잠
잠하지 아니하리라 이같이 너
는 그들에게 표징이 되고 그들
은 내가 여호와인 줄 알리라

암몬이 받을 심판

25 여호와의 말씀이 또
내게 임하여 이르시되
2 인자야 네 얼굴을 암몬 족속에
게 돌리고 그들에게 예언하라
3 너는 암몬 족속에게 이르기를
너희는 주 여호와의 말씀을
들을지어다 주 여호와께서 이
같이 말씀하셨느니라 내 성소
가 더럽힘을 받을 때에 네가
그것에 관하여, 이스라엘 땅이
황폐할 때에 네가 그것에 관
하여, 유다 족속이 사로잡힐
때에 네가 그들에 대하여 이
르기를 아하 좋다 하였도다

25

4 그러므로 내가 너를 동방 사람
에게 기업으로 넘겨 주리니 그들
이 네 가운데에 진을 치며 네 가
운데에 그 거처를 베풀며 네 열
매를 먹으며 네 젖을 마실지라
5 내가 랍바를 낙타의 우리로
만들며 암몬 족속의 땅을 양
떼가 눕는 곳으로 삼은즉 내
가 주 여호와인 줄을 너희가
알리라
6 주 여호와께서 이같이 말씀하
셨느니라 네가 이스라엘 땅에
대하여 손뼉을 치며 발을 구
르며 마음을 다하여 멸시하며
즐거워하였나니
7 그런즉 내가 손을 네 위에
펴서 너를 다른 민족에게 넘
겨 주어 노략을 당하게 하
며 너를 만민 중에서 끊어
버리며 너를 여러 나라 가운
데에서 패망하게 하여 멸하
리니 내가 주 여호와인 줄
을 너희가 알리라 하셨다 하
라

모압과 세일이 받을 심판

8 주 여호와께서 이같이 말씀하
셨느니라 모압과 세일이 이르
기를 유다 족속은 모든 이방
과 다름이 없다 하도다
9 그러므로 내가 모압의 한편
곧 그 나라 국경에 있는 영화
로운 성읍들 벧여시못과 바알
므온과 기랴다임을 열고
10 암몬 족속과 더불어 동방 사
람에게 넘겨 주어 기업을 삼게
할 것이라 암몬 족속이 다시
는 이방 가운데에서 기억되지
아니하게 하려니와
11 내가 모압에 벌을 내리리니 내
가 주 여호와인 줄을 너희가
알리라

에돔과 블레셋이 받을 심판

12 주 여호와께서 이같이 말씀하
셨느니라 에돔이 유다 족속을
쳐서 원수를 갚았고 원수를
갚음으로 심히 범죄하였도다
13 그러므로 주 여호와께서 이같
이 말씀하셨느니라 내가 내 손
을 에돔 위에 펴서 사람과 짐
승을 그 가운데에서 끊어 데
만에서부터 황폐하게 하리니
드단까지 칼에 엎드러지리라
14 내가 내 백성 이스라엘의 손으
로 내 원수를 에돔에게 갚으리
니 그들이 내 진노와 분노를
따라 에돔에 행한즉 내가 원
수를 갚음인 줄을 에돔이 알
리라 주 여호와의 말씀이니라
15 주 여호와께서 이같이 말씀하
셨느니라 블레셋 사람이 옛날
부터 미워하여 멸시하는 마음
으로 원수를 갚아 진멸하고자
하였도다
16 그러므로 주 여호와께서 이같
이 말씀하셨느니라 내가 블레
셋 사람 위에 손을 펴서 그렛
사람을 끊으며 해변에 남은
자를 진멸하되
17 분노의 책벌로 내 원수를 그
들에게 크게 갚으리라 내가 그
들에게 원수를 갚은즉 내가
여호와인 줄을 그들이 알리라
하시니라

두로가 받을 심판

26 열한째 해 어느 달 초
하루에 여호와의 말
씀이 내게 임하여 이르시되
2 인자야 두로가 예루살렘에 관
하여 이르기를 아하 만민의
문이 깨져서 내게로 돌아왔
도다 그가 황폐하였으니 내가
충만함을 얻으리라 하였도다
3 그러므로 주 여호와께서 이같
이 말씀하셨느니라 두로야 내

26

가 너를 대적하여 바다가 그
파도를 굽이치게 함 같이 여러
민족들이 와서 너를 치게 하
리니
4 그들이 두로의 성벽을 무너뜨
리며 그 망대를 헐 것이요 나
도 티끌을 그 위에서 쓸어 버
려 맨 바위가 되게 하며
5 바다 가운데에 그물 치는 곳
이 되게 하리니 내가 말하였
음이라 주 여호와의 말씀이니
라 그가 이방의 노략 거리가
될 것이요
6 들에 있는 그의 딸들은 칼에
죽으리니 그들이 나를 여호와
인 줄을 알리라
7 주 여호와께서 이같이 말씀하
셨느니라 내가 왕들 중의 왕
곧 바벨론의 느부갓네살 왕으
로 하여금 북쪽에서 말과 병
거와 기병과 군대와 백성의 큰
무리를 거느리고 와서 두로를
치게 할 때에
8 그가 들에 있는 너의 딸들
을 칼로 죽이고 너를 치려
고 사다리를 세우며 토성
을 쌓으며 방패를 갖출 것
이며
9 공성퇴를 가지고 네 성을 치
며 도끼로 망대를 찍을 것이
며
10 말이 많으므로 그 티끌이 너
를 가릴 것이며 사람이 무너진
성 구멍으로 들어가는 것 같
이 그가 네 성문으로 들어갈
때에 그 기병과 수레와 병거의
소리로 말미암아 네 성곽이
진동할 것이며
11 그가 그 말굽으로 네 모든 거
리를 밟을 것이며 칼로 네 백
성을 죽일 것이며 네 견고한 석
상을 땅에 엎드러뜨릴 것이며

12 네 재물을 빼앗을 것이며 네
가 무역한 것을 노략할 것이며
네 성을 헐 것이며 네가 기뻐
하는 집을 무너뜨릴 것이며 또
네 돌들과 네 재목과 네 흙을
다 물 가운데에 던질 것이라
13 내가 네 노래 소리를 그치게
하며 네 수금 소리를 다시 들
리지 않게 하고
14 너를 맨 바위가 되게 한즉 네
가 그물 말리는 곳이 되고 다
시는 건축되지 못하리니 나 여
호와가 말하였음이니라 주 여
호와의 말씀이니라
15 주 여호와께서 이같이 두로에
대하여 말씀하시되 네가 엎드
러지는 소리에 모든 섬이 진
동하지 아니하겠느냐 곧 너희
가운데에 상한 자가 부르짖으
며 죽임을 당할 때에라
16 그 때에 바다의 모든 왕이 그
보좌에서 내려 조복을 벗으며
수 놓은 옷을 버리고 떨림을 입
듯 하고 땅에 앉아서 너로 말미
암아 무시로 떨며 놀랄 것이며
17 그들이 너를 위하여 슬픈 노
래를 불러 이르기를 항해자가
살았던 유명한 성읍이여 너와
너의 주민이 바다 가운데에 있
어 견고하였도다 해변의 모든
주민을 두렵게 하였더니 어찌
그리 멸망하였는고
18 네가 무너지는 그날에 섬들이
진동할 것임이여 바다 가운데
의 섬들이 네 결국을 보고 놀
라리로다 하리라
19 주 여호와께서 이같이 말씀하
셨느니라 내가 너를 주민이 없
는 성읍과 같이 황폐한 성읍
이 되게 하고 깊은 바다가 네
위에 오르게 하며 큰 물이 너
를 덮게 할 때에

20 내가 너를 구덩이에 내려가는
자와 함께 내려가서 옛적 사람
에게로 나아가게 하고 너를 그
구덩이에 내려간 자와 함께 땅
깊은 곳 예로부터 황폐한 곳
에 살게 하리라 네가 다시는
사람이 거주하는 곳이 되지
못하리니 살아 있는 자의 땅
에서 영광을 얻지 못하리라
21 내가 너를 패망하게 하여 다
시 있지 못하게 하리니 사람이
비록 너를 찾으나 다시는 영원
히 만나지 못하리라 주 여호
와의 말씀이니라

두로에 대한 애가

27 여호와의 말씀이 내
게 임하여 이르시되
2 인자야 너는 두로를 위하여
슬픈 노래를 지으라
3 너는 두로를 향하여 이르기를
바다 어귀에 거주하면서 여러
섬 백성과 거래하는 자여 주
여호와께서 이같이 말씀하시
되 두로야 네가 말하기를 나
는 온전히 아름답다 하였도다
4 네 땅이 바다 가운데에 있음
이여 너를 지은 자가 네 아름
다움을 온전하게 하였도다
5 스닐의 잣나무로 네 판자를
만들었음이여 너를 위하여 레
바논의 백향목을 가져다 돛대
를 만들었도다
6 바산의 상수리나무로 네 노를
만들었음이여 깃딤 섬 황양목
에 상아로 꾸며 갑판을 만들
었도다
7 애굽의 수 놓은 가는 베로 돛
을 만들어 깃발을 삼았음이여
엘리사 섬의 청색 자색 베로
차일을 만들었도다
8 시돈과 아르왓 주민들이 네
사공이 되었음이여 두로야 네

27

가운데에 있는 지혜자들이 네
선장이 되었도다
9 그발의 노인들과 지혜자들이
네 가운데에서 배의 틈을 막
는 자가 되었음이여 바다의 모
든 배와 그 사공들은 네 가운
데에서 무역하였도다
10 바사와 룻과 붓이 네 군대 가
운데에서 병정이 되었음이여
네 가운데에서 방패와 투구를
달아 네 영광을 나타냈도다
11 아르왓 사람과 네 군대는 네
사방 성 위에 있었고 용사들
은 네 여러 망대에 있었음이여
네 사방 성 위에 방패를 달아
네 아름다움을 온전하게 하였
도다
12 다시스는 각종 보화가 풍부하
므로 너와 거래하였음이여 은
과 철과 주석과 납을 네 물품
과 바꾸어 갔도다
13 야완과 두발과 메섹은 네 상
인이 되었음이여 사람과 놋그
릇을 가지고 네 상품을 바꾸
어 갔도다
14 도갈마 족속은 말과 군마와
노새를 네 물품과 바꾸었으
며
15 드단 사람은 네 상인이 되었음
이여 여러 섬이 너와 거래하여
상아와 박달나무를 네 물품
과 바꾸어 갔도다
16 너의 제품이 풍부하므로 아
람은 너와 거래하였음이여
남보석과 자색 베와 수 놓은
것과 가는 베와 산호와 홍보
석을 네 물품과 바꾸어 갔도
다
17 유다와 이스라엘 땅 사람이
네 상인이 되었음이여 민닛 밀
과 과자와 꿀과 기름과 유향
을 네 물품과 바꾸어 갔도다

18 너의 제품이 많고 각종 보화가
풍부하므로 다메섹이 너와 거
래하였음이여 헬본 포도주와
흰 양털을 너와 거래하였도다
19 워단과 야완은 길쌈하는 실
로 네 물품을 거래하였음이여
가공한 쇠와 계피와 대나무
제품이 네 상품 중에 있었도
다
20 드단은 네 상인이 되었음이여
말을 탈 때 까는 천을 너와 거
래하였도다
21 아라비아와 게달의 모든 고관
은 네 손아래 상인이 되어 어
린 양과 숫양과 염소들, 그것
으로 너와 거래하였도다
22 스바와 라아마의 상인들도 너
의 상인들이 됨이여 각종 극
상품 향 재료와 각종 보석과
황금으로 네 물품을 바꾸어
갔도다
23 하란과 간네와 에덴과 스바와
앗수르와 길맛의 장사꾼들도
너의 상인들이라
24 이들이 아름다운 물품 곧 청
색 옷과 수 놓은 물품과 빛난
옷을 백향목 상자에 담고 노
끈으로 묶어 가지고 너와 거
래하여 네 물품을 바꾸어 갔
도다
25 다시스의 배는 떼를 지어 네
화물을 나르니 네가 바다 중
심에서 풍부하여 영화가 매우
크도다
26 네 사공이 너를 인도하여 큰
물에 이르게 함이여 동풍이
바다 한가운데에서 너를 무찔
렀도다
27 네 재물과 상품과 바꾼 물건
과 네 사공과 선장과 네 배의
틈을 막는 자와 네 상인과 네
가운데에 있는 모든 용사와

네 가운데에 있는 모든 무리
가 네가 패망하는 날에 다 바
다 한가운데에 빠질 것임이여
28 네 선장이 부르짖는 소리에 물
결이 흔들리리로다
29 노를 잡은 모든 자와 사공과
바다의 선장들이 다 배에서
내려 언덕에 서서
30 너를 위하여 크게 소리 질러
통곡하고 티끌을 머리에 덮어
쓰며 재 가운데에 뒹굴며
31 그들이 다 너를 위하여 머리털
을 밀고 굵은 베로 띠를 띠고
마음이 아프게 슬피 통곡하
리로다
32 그들이 통곡할 때에 너를 위
하여 슬픈 노래를 불러 애도
하여 말하기를 두로와 같이
바다 가운데에서 적막한 자
누구인고
33 네 물품을 바다로 실어 낼 때
에 네가 여러 백성을 풍족하게
하였음이여 네 재물과 무역품
이 많으므로 세상 왕들을 풍
부하게 하였었도다
34 네가 바다 깊은 데에서 파선
한 때에 네 무역품과 네 승객
이 다 빠졌음이여
35 섬의 주민들이 너로 말미암아
놀라고 왕들이 심히 두려워하
여 얼굴에 근심이 가득하도다
36 많은 민족의 상인들이 다 너
를 비웃음이여 네가 공포의
대상이 되고 네가 영원히 다시
있지 못하리라 하셨느니라

두로 왕이 받을 심판

28 또 여호와의 말씀이
내게 임하여 이르시되
2 인자야 너는 두로 왕에게 이르
기를 주 여호와께서 이같이 말
씀하시되 네 마음이 교만하여
말하기를 나는 신이라 내가 하

28

나님의 자리 곧 바다 가운데에
앉아 있다 하도다 네 마음이 하
나님의 마음 같은 체할지라도
너는 사람이요 신이 아니거늘
3 네가 다니엘보다 지혜로워서
은밀한 것을 깨닫지 못할 것이
없다 하고
4 네 지혜와 총명으로 재물을
얻었으며 금과 은을 곳간에
저축하였으며
5 네 큰 지혜와 네 무역으로 재
물을 더하고 그 재물로 말미
암아 네 마음이 교만하였도
다
6 그러므로 주 여호와께서 이같
이 말씀하셨느니라 네 마음이
하나님의 마음 같은 체하였으
니
7 그런즉 내가 이방인 곧 여러
나라의 강포한 자를 거느리
고 와서 너를 치리니 그들이
칼을 빼어 네 지혜의 아름다
운 것을 치며 네 영화를 더럽
히며
8 또 너를 구덩이에 빠뜨려서 너
를 바다 가운데에서 죽임을
당한 자의 죽음 같이 바다 가
운데에서 죽게 할지라
9 네가 너를 죽이는 자 앞에서
도 내가 하나님이라고 말하겠
느냐 너를 치는 자들 앞에서
사람일 뿐이요 신이 아니라
10 네가 이방인의 손에서 죽기를
할례 받지 않은 자의 죽음 같
이 하리니 내가 말하였음이니
라 주 여호와의 말씀이니라
하셨다 하라
11 여호와께서 이같이 말씀하시
되 또 내게 임하여 이르시되
12 인자야 두로 왕을 위하여 슬
픈 노래를 지어 그에게 이르기
를 주 여호와의 말씀에 너는

완전한 도장이었고 지혜가 충
족하며 온전히 아름다웠도다
13 네가 옛적에 하나님의 동산 에
덴에 있어서 각종 보석 곧 홍
보석과 황보석과 금강석과 황
옥과 홍마노와 창옥과 청보석
과 남보석과 홍옥과 황금으로
단장하였음이여 네가 지음을
받던 날에 너를 위하여 소고
와 비파가 준비되었도다
14 너는 기름 부음을 받고 지키
는 그룹임이여 내가 너를 세우
매 네가 하나님의 성산에 있어
서 불타는 돌들 사이에 왕래
하였도다
15 네가 지음을 받던 날로부터
네 모든 길에 완전하더니 마침
내 네게서 불의가 드러났도다
16 네 무역이 많으므로 네 가운
데에 강포가 가득하여 네가
범죄하였도다 너 지키는 그룹
아 그러므로 내가 너를 더럽게
여겨 하나님의 산에서 쫓아냈
고 불타는 돌들 사이에서 멸
하였도다
17 네가 아름다우므로 마음이
교만하였으며 네가 영화로우
므로 네 지혜를 더럽혔음이여
내가 너를 땅에 던져 왕들 앞
에 두어 그들의 구경 거리가
되게 하였도다
18 네가 죄악이 많고 무역이 불의
하므로 네 모든 성소를 더럽혔
음이여 내가 네 가운데에서 불
을 내어 너를 사르게 하고 너를
보고 있는 모든 자 앞에서 너
를 땅 위에 재가 되게 하였도다
19 만민 중에 너를 아는 자가 너
로 말미암아 다 놀랄 것임이여
네가 공포의 대상이 되고 네
가 영원히 다시 있지 못하리로
다 하셨다 하라

시돈이 받을 심판

20 여호와의 말씀이 또 내게 임
하여 이르시되
21 인자야 너는 얼굴을 시돈으로
향하고 그에게 예언하라
22 너는 이르기를 주 여호와께서
이같이 말씀하시되 시돈아 내
가 너를 대적하나니 네 가운
데에서 내 영광이 나타나리라
하셨다 하라 내가 그 가운데
에서 심판을 행하여 내 거룩
함을 나타낼 때에 무리가 나
를 여호와인 줄을 알지라
23 내가 그에게 전염병을 보내며
그의 거리에 피가 흐르게 하리
니 사방에서 오는 칼에 상한
자가 그 가운데에 엎드러질 것
인즉 무리가 나를 여호와인
줄을 알겠고
24 이스라엘 족속에게는 그 사방
에서 그들을 멸시하는 자 중
에 찌르는 가시와 아프게 하
는 가시가 다시는 없으리니 내
가 주 여호와인 줄을 그들이
알리라

이스라엘이 복을 받으리라

25 주 여호와께서 이같이 말씀하
셨느니라 내가 여러 민족 가
운데에 흩어져 있는 이스라엘
족속을 모으고 그들로 말미
암아 여러 나라의 눈 앞에서
내 거룩함을 나타낼 때에 그
들이 고국 땅 곧 내 종 야곱에
게 준 땅에 거주할지라
26 그들이 그 가운데에 평안히
살면서 집을 건축하며 포도원
을 만들고 그들의 사방에서
멸시하던 모든 자를 내가 심
판할 때에 그들이 평안히 살며
내가 그 하나님 여호와인 줄
을 그들이 알리라

애굽이 받을 심판

29 열째 해 열째 달 열두
째 날에 여호와의 말
씀이 내게 임하여 이르시되
2 인자야 너는 애굽의 바로 왕
과 온 애굽으로 얼굴을 향하
고 예언하라
3 너는 말하여 이르기를 주
여호와께서 이같이 말씀하
시되 애굽의 바로 왕이여 내
가 너를 대적하노라 너는 자
기의 강들 가운데에 누운
큰 악어라 스스로 이르기를
나의 이 강은 내 것이라 내
가 나를 위하여 만들었다
하는도다
4 내가 갈고리로 네 아가미를 꿰
고 너의 강의 고기가 네 비늘
에 붙게 하고 네 비늘에 붙은
강의 모든 고기와 함께 너를
너의 강들 가운데에서 끌어내
고
5 너와 너의 강의 모든 고기를
들에 던지리니 네가 지면에 떨
어지고 다시는 거두거나 모으
지 못할 것은 내가 너를 들짐
승과 공중의 새의 먹이로 주
었음이라
6 애굽의 모든 주민이 내가 여호
와인 줄을 알리라 애굽은 본
래 이스라엘 족속에게 갈대
지팡이라
7 그들이 너를 손으로 잡은즉 네
가 부러져서 그들의 모든 어깨
를 찢었고 그들이 너를 의지한
즉 네가 부러져서 그들의 모든
허리가 흔들리게 하였느니라
8 그러므로 주 여호와께서 이같
이 말씀하셨느니라 내가 칼이
네게 임하게 하여 네게서 사람
과 짐승을 끊은즉
9 애굽 땅이 사막과 황무지가
되리니 내가 여호와인 줄을

29

그들이 알리라 네가 스스로
이르기를 이 강은 내 것이라
내가 만들었다 하도다
10 그러므로 내가 너와 네 강들
을 쳐서 애굽 땅 믹돌에서부
터 수에네 곧 구스 지경까지
황폐한 황무지 곧 사막이 되
게 하리니
11 그 가운데로 사람의 발도 지
나가지 아니하며 짐승의 발도
지나가지 아니하고 거주하는
사람이 없이 사십 년이 지날지
라
12 내가 애굽 땅을 황폐한 나라
들 같이 황폐하게 하며 애굽
성읍도 사막이 된 나라들의
성읍 같이 사십 년 동안 황폐
하게 하고 애굽 사람들은 각
국 가운데로 흩으며 여러 민
족 가운데로 헤치리라
13 주 여호와께서 이같이 말씀하
셨느니라 사십 년 끝에 내가
만민 중에 흩은 애굽 사람을
다시 모아 내되
14 애굽의 사로잡힌 자들을 돌이
켜 바드로스 땅 곧 그 고국 땅
으로 돌아가게 할 것이라 그
들이 거기에서 미약한 나라가
되되
15 나라 가운데에 지극히 미약한
나라가 되어 다시는 나라들
위에 스스로 높이지 못하리니
내가 그들을 감하여 다시는
나라들을 다스리지 못하게 할
것임이라
16 그들이 다시는 이스라엘 족속
의 의지가 되지 못할 것이요
이스라엘 족속은 돌이켜 그들
을 바라보지 아니하므로 그
죄악이 기억되지 아니하리니
내가 여호와인 줄을 그들이
알리라 하셨다 하라

느부갓네살이 애굽을 정복하리라

17 스물일곱째 해 첫째 달 초하
루에 여호와의 말씀이 내게
임하여 이르시되
18 인자야 바벨론의 느부갓네
살 왕이 그의 군대로 두로
를 치게 할 때에 크게 수고
하여 모든 머리털이 무지러
졌고 모든 어깨가 벗어졌으
나 그와 군대가 그 수고한
대가를 두로에서 얻지 못하
였느니라
19 그러므로 주 여호와께서 이같
이 말씀하셨느니라 내가 애굽
땅을 바벨론의 느부갓네살 왕
에게 넘기리니 그가 그 무리를
잡아가며 물건을 노략하며 빼
앗아 갈 것이라 이것이 그 군
대의 보상이 되리라
20 그들의 수고는 나를 위하여
함인즉 그 대가로 내가 애굽
땅을 그에게 주었느니라 주 여
호와의 말씀이니라
21 그 날에 나는 이스라엘 족속
에게 한 뿔이 돋아나게 하고
나는 또 네가 그들 가운데에
서 입을 열게 하리니 내가 여
호와인 줄을 그들이 알리라

여호와께서 애굽을 심판하시다

30 또 여호와의 말씀이
내게 임하여 이르시되
2 인자야 너는 예언하여 이르라
주 여호와께서 이와 같이 말씀
하시되 너희는 통곡하며 이르
기를 슬프다 이 날이여 하라
3 그 날이 가깝도다 여호와의
날이 가깝도다 구름의 날일
것이요 여러 나라들의 때이리
로다
4 애굽에 칼이 임할 것이라 애
굽에서 죽임 당한 자들이 엎
드러질 때에 구스에 심한 근

30

심이 있을 것이며 애굽의 무리
가 잡혀 가며 그 터가 헐릴 것
이요
5 구스와 붓과 룻과 모든 섞인
백성과 굽과 및 동맹한 땅의
백성들이 그들과 함께 칼에
엎드러지리라
6 여호와께서 이같이 말씀하셨
느니라 애굽을 붙들어 주는
자도 엎드러질 것이요 애굽의
교만한 권세도 낮아질 것이라
믹돌에서부터 수에네까지 무
리가 그 가운데에서 칼에 엎
드러지리라 주 여호와의 말씀
이니라
7 황폐한 나라들 같이 그들도
황폐할 것이며 사막이 된 성
읍들 같이 그 성읍들도 사막
이 될 것이라
8 내가 애굽에 불을 일으키며
그 모든 돕는 자를 멸할 때에
그들이 나를 여호와인 줄 알
리라
9 그 날에 사절들이 내 앞에서
배로 나아가서 염려 없는 구스
사람을 두렵게 하리니 애굽의
재앙의 날과 같이 그들에게도
심한 근심이 있으리라 이것이
오리로다
10 주 여호와께서 이같이 말씀하
셨느니라 내가 또 바벨론의 느
부갓네살 왕의 손으로 애굽의
무리들을 끊으리니
11 그가 여러 나라 가운데에 강
포한 자기 군대를 거느리고 와
서 그 땅을 멸망시킬 때에 칼
을 빼어 애굽을 쳐서 죽임 당
한 자로 땅에 가득하게 하리
라
12 내가 그 모든 강을 마르게 하
고 그 땅을 악인의 손에 팔겠
으며 타국 사람의 손으로 그

땅과 그 가운데에 있는 모든
것을 황폐하게 하리라 나 여호
와의 말이니라
13 주 여호와께서 이같이 말씀하
셨느니라 내가 그 우상들을
없애며 신상들을 놉 가운데에
서 부수며 애굽 땅에서 왕이
다시 나지 못하게 하고 그 땅
에 두려움이 있게 하리라
14 내가 바드로스를 황폐하게 하
며 소안에 불을 지르며 노 나
라를 심판하며
15 내 분노를 애굽의 견고한 성읍
신에 쏟고 또 노 나라의 무리
를 끊을 것이라
16 내가 애굽에 불을 일으키리니
신 나라가 심히 근심할 것이며
노 나라는 찢겨 나누일 것이
며 놉 나라가 날로 대적이 있
을 것이며
17 아웬과 비베셋의 장정들은 칼
에 엎드러질 것이며 그 성읍
주민들은 포로가 될 것이라
18 내가 애굽의 멍에를 꺾으며
그 교만한 권세를 그 가운데
에서 그치게 할 때에 드합느
헤스에서는 날이 어둡겠고
그 성읍에는 구름이 덮일 것
이며 그 딸들은 포로가 될 것
이라
19 이같이 내가 애굽을 심판하리
니 내가 여호와인 줄을 그들
이 알리라 하셨다 하라

애굽 왕의 꺾인 팔

20 열한째 해 첫째 달 일곱째 날
에 여호와의 말씀이 내게 임
하여 이르시되
21 인자야 내가 애굽의 바로 왕
의 팔을 꺾었더니 칼을 잡을
힘이 있도록 그것을 아주 싸
매지도 못하였고 약을 붙여
싸매지도 못하였느니라

22 그러므로 주 여호와께서 이같
이 말씀하셨느니라 내가 애굽
의 바로 왕을 대적하여 그 두
팔 곧 성한 팔과 이미 꺾인 팔
을 꺾어서 칼이 그 손에서 떨
어지게 하고
23 애굽 사람을 뭇 나라 가운데
로 흩으며 뭇 백성 가운데로
헤칠지라
24 내가 바벨론 왕의 팔을 견고
하게 하고 내 칼을 그 손에 넘
겨 주려니와 내가 바로의 팔
을 꺾으리니 그가 바벨론 왕
앞에서 고통하기를 죽게 상한
자의 고통하듯 하리라
25 내가 바벨론 왕의 팔은 들어
주고 바로의 팔은 내려뜨릴 것
이라 내가 내 칼을 바벨론 왕
의 손에 넘기고 그를 들어 애
굽 땅을 치게 하리니 내가 여
호와인 줄을 그들이 알리라
26 내가 애굽 사람을 나라들 가
운데로 흩으며 백성들 가운데
로 헤치리니 내가 여호와인 줄
을 그들이 알리라

한때 백향목 같았던 애굽

31 열한째 해 셋째 달 초
하루에 여호와의 말씀
이 내게 임하여 이르시되
2 인자야 너는 애굽의 바로 왕
과 그 무리에게 이르기를 네
큰 위엄을 누구에게 비하랴
3 볼지어다 앗수르 사람은 가지
가 아름답고 그늘은 숲의 그
늘 같으며 키가 크고 꼭대기
가 구름에 닿은 레바논 백향
목이었느니라
4 물들이 그것을 기르며 깊은
물이 그것을 자라게 하며 강
들이 그 심어진 곳을 둘러 흐
르며 둑의 물이 들의 모든 나
무에까지 미치매

31

5 그 나무가 물이 많으므로 키
가 들의 모든 나무보다 크며
굵은 가지가 번성하며 가는
가지가 길게 뻗어 나갔고
6 공중의 모든 새가 그 큰 가지
에 깃들이며 들의 모든 짐승이
그 가는 가지 밑에 새끼를 낳
으며 모든 큰 나라가 그 그늘
아래에 거주하였느니라
7 그 뿌리가 큰 물 가에 있으므
로 그 나무가 크고 가지가 길
어 모양이 아름다우매
8 하나님의 동산의 백향목이 능
히 그를 가리지 못하며 잣나
무가 그 굵은 가지만 못하며
단풍나무가 그 가는 가지만
못하며 하나님의 동산의 어떤
나무도 그 아름다운 모양과
같지 못하였도다
9 내가 그 가지를 많게 하여 모
양이 아름답게 하였더니 하나
님의 동산 에덴에 있는 모든
나무가 다 시기하였느니라
10 그러므로 주 여호와께서 이같
이 말씀하셨느니라 그의 키가
크고 꼭대기가 구름에 닿아서
높이 솟아났으므로 마음이
교만하였은즉
11 내가 여러 나라의 능한 자의
손에 넘겨 줄지라 그가 임의로
대우할 것은 내가 그의 악으
로 말미암아 쫓아내었음이라
12 여러 나라의 포악한 다른 민
족이 그를 찍어 버렸으므로 그
가는 가지가 산과 모든 골짜
기에 떨어졌고 그 굵은 가지가
그 땅 모든 물 가에 꺾어졌으
며 세상 모든 백성이 그를 버리
고 그 그늘 아래에서 떠나매
13 공중의 모든 새가 그 넘어진
나무에 거주하며 들의 모든
짐승이 그 가지에 있으리니

14 이는 물 가에 있는 모든 나무
는 키가 크다고 교만하지 못
하게 하며 그 꼭대기가 구름
에 닿지 못하게 하며 또 물을
마시는 모든 나무가 스스로
높아 서지 못하게 함이니 그
들을 다 죽음에 넘겨 주어 사
람들 가운데에서 구덩이로 내
려가는 자와 함께 지하로 내
려가게 하였음이라
15 주 여호와께서 이같이 말씀하
셨느니라 그가 스올에 내려가
던 날에 내가 그를 위하여 슬
프게 울게 하며 깊은 바다를
덮으며 모든 강을 쉬게 하며 큰
물을 그치게 하고 레바논이 그
를 위하여 슬프게 울게 하며
들의 모든 나무를 그로 말미
암아 쇠잔하게 하였느니라
16 내가 그를 구덩이에 내려가는
자와 함께 스올에 떨어뜨리던
때에 백성들이 그 떨어지는 소
리로 말미암아 진동하게 하였
고 물을 마시는 에덴의 모든
나무 곧 레바논의 뛰어나고
아름다운 나무들이 지하에서
위로를 받게 하였느니라
17 그러나 그들도 그와 함께 스
올에 내려 칼에 죽임을 당한
자에게 이르렀나니 그들은 옛
적에 그의 팔이 된 자요 나라
들 가운데에서 그 그늘 아래
에 거주하던 자니라
18 너의 영광과 위대함이 에덴의
나무들 중에서 어떤 것과 같
은고 그러나 네가 에덴의 나
무들과 함께 지하에 내려갈 것
이요 거기에서 할례를 받지 못
하고 칼에 죽임을 당한 자 가
운데에 누우리라 이들은 바로
와 그의 모든 군대니라 주 여
호와의 말씀이니라 하라

큰 악어 애굽 왕

32 열두째 해 열두째 달
초하루에 여호와의
말씀이 내게 임하여 이르시되
2 인자야 너는 애굽의 바로 왕
에 대하여 슬픈 노래를 불러
그에게 이르라 너를 여러 나라
에서 사자로 생각하였더니 실
상은 바다 가운데의 큰 악어
라 강에서 튀어 일어나 발로
물을 휘저어 그 강을 더럽혔도
다
3 주 여호와께서 이같이 말씀하
셨느니라 내가 많은 백성의 무
리를 거느리고 내 그물을 네
위에 치고 그 그물로 너를 끌
어오리로다
4 내가 너를 뭍에 버리며 들에
던져 공중의 새들이 네 위에
앉게 할 것임이여 온 땅의 짐
승이 너를 먹어 배부르게 하리
로다
5 내가 네 살점을 여러 산에 두
며 네 시체를 여러 골짜기에
채울 것임이여
6 네 피로 네 헤엄치는 땅에 물
대듯 하여 산에 미치게 하며
그 모든 개천을 채우리로다
7 내가 너를 불 끄듯 할 때에 하
늘을 가리어 별을 어둡게 하
며 해를 구름으로 가리며 달
이 빛을 내지 못하게 할 것임
이여
8 하늘의 모든 밝은 빛을 내가
네 위에서 어둡게 하여 어둠을
네 땅에 베풀리로다 주 여호
와의 말씀이니라
9 내가 네 패망의 소문이 여러
나라 곧 네가 알지 못하는 나
라들에 이르게 할 때에 많은
백성의 마음을 번뇌하게 할 것
임이여

32

10 내가 그 많은 백성을 너로 말미
암아 놀라게 할 것이며 내가 내
칼이 그들의 왕 앞에서 춤추게
할 때에 그 왕이 너로 말미암아
심히 두려워할 것이며 네가 엎드
러지는 날에 그들이 각각 자기
생명을 위하여 무시로 떨리로다
11 주 여호와께서 이같이 말씀하
셨느니라 바벨론 왕의 칼이 네
게 오리로다
12 나는 네 무리가 용사 곧 모든
나라의 무서운 자들의 칼에
엎드러지게 할 것임이여 그들
이 애굽의 교만을 폐하며 그
모든 무리를 멸하리로다
13 내가 또 그 모든 짐승을 큰 물
가에서 멸하리니 사람의 발이
나 짐승의 굽이 다시는 그 물
을 흐리지 못할 것임이여
14 그 때에 내가 그 물을 맑게 하
여 그 강이 기름 같이 흐르게
하리로다 주 여호와의 말씀이
니라
15 내가 애굽 땅이 황폐하여 사
막이 되게 하여 거기에 풍성한
것이 없게 할 것임이여 그 가
운데의 모든 주민을 치리니 내
가 여호와인 줄을 그들이 알
리라
16 이는 슬피 부를 노래이니 여러
나라 여자들이 이것을 슬피
부름이여 애굽과 그 모든 무
리를 위하여 이것을 슬피 부르
리로다 주 여호와의 말씀이니
라

죽은 자들의 세계

17 열두째 해 어느 달 열다섯째
날에 여호와의 말씀이 내게
임하여 이르시되
18 인자야 애굽의 무리를 위하여
슬피 울고 그와 유명한 나라
의 여자들을 구덩이에 내려가

는 자와 함께 지하에 던지며
19 이르라 너의 아름다움이 어
떤 사람들보다도 뛰어나도다
너는 내려가서 할례를 받지
아니한 자와 함께 누울지어
다
20 그들이 죽임을 당한 자 가운
데에 엎드러질 것임이여 그는
칼에 넘겨진 바 되었은즉 그와
그 모든 무리를 끌지어다
21 용사 가운데에 강한 자가 그
를 돕는 자와 함께 스올 가운
데에서 그에게 말함이여 할례
를 받지 아니한 자 곧 칼에 죽
임을 당한 자들이 내려와서
가만히 누웠다 하리로다
22 거기에 앗수르와 그 온 무리
가 있음이여 다 죽임을 당하
여 칼에 엎드러진 자라 그 무
덤이 그 사방에 있도다
23 그 무덤이 구덩이 깊은 곳에
만들어졌고 그 무리가 그 무
덤 사방에 있음이여 그들은
다 죽임을 당하여 칼에 엎드
러진 자 곧 생존하는 사람들
의 세상에서 사람을 두렵게
하던 자로다
24 거기에 엘람이 있고 그 모든
무리가 그 무덤 사방에 있음
이여 그들은 다 할례를 받지
못하고 죽임을 당하여 칼에
엎드러져 지하에 내려간 자로
다 그들이 생존하는 사람들의
세상에서 두렵게 하였으나 이
제는 구덩이에 내려가는 자와
함께 수치를 당하였도다
25 그와 그 모든 무리를 위하여 죽
임을 당한 자 가운데에 침상을
놓았고 그 여러 무덤은 사방에
있음이여 그들은 다 할례를 받
지 못하고 칼에 죽임을 당한 자
로다 그들이 생존하는 사람들

의 세상에서 두렵게 하였으나
이제는 구덩이에 내려가는 자
와 함께 수치를 당하고 죽임을
당한 자 가운데에 뉘었도다
26 거기에 메섹과 두발과 그 모
든 무리가 있고 그 여러 무덤
은 사방에 있음이여 그들은
다 할례를 받지 못하고 칼에
죽임을 당한 자로다 그들이
생존하는 사람들의 세상에서
두렵게 하였으나
27 그들이 할례를 받지 못한 자
가운데에 이미 엎드러진 용사
와 함께 누운 것이 마땅하지
아니하냐 이 용사들은 다 무
기를 가지고 스올에 내려가서
자기의 칼을 베개로 삼았으
니 그 백골이 자기 죄악을 졌
음이여 생존하는 사람들의 세
상에서 용사의 두려움이 있던
자로다
28 오직 너는 할례를 받지 못한
자와 함께 패망할 것임이여 칼
에 죽임을 당한 자와 함께 누
우리로다
29 거기에 에돔 곧 그 왕들과 그
모든 고관이 있음이여 그들이
강성하였었으나 칼에 죽임을
당한 자와 함께 있겠고 할례
를 받지 못하고 구덩이에 내려
간 자와 함께 누우리로다
30 거기에 죽임을 당한 자와 함께
내려간 북쪽 모든 방백과 모
든 시돈 사람이 있음이여 그들
이 본래는 강성하였으므로 두
렵게 하였으나 이제는 부끄러
움을 품고 할례를 받지 못하고
칼에 죽임을 당한 자와 함께
누웠고 구덩이에 내려가는 자
와 함께 수치를 당하였도다
31 바로가 그들을 보고 그 모든
무리로 말미암아 위로를 받을

것임이여 칼에 죽임을 당한
바로와 그 온 군대가 그러하
리로다 주 여호와의 말씀이니
라
32 내가 바로로 하여금 생존하
는 사람들의 세상에서 사람
을 두렵게 하게 하였으나 이
제는 그가 그 모든 무리와 더
불어 할례를 받지 못한 자 곧
칼에 죽임을 당한 자와 함께
누이리로다 주 여호와의 말씀
이니라

여호와께서 에스겔을 파수꾼으로 삼으시다

33 여호와의 말씀이 내
게 임하여 이르시되
2 인자야 너는 네 민족에게 말
하여 이르라 가령 내가 칼을
한 땅에 임하게 한다 하자 그
땅 백성이 자기들 가운데의 하
나를 택하여 파수꾼을 삼은
3 그 사람이 그 땅에 칼이 임함
을 보고 나팔을 불어 백성에
게 경고하되
4 그들이 나팔 소리를 듣고도
정신차리지 아니하므로 그 임
하는 칼에 제거함을 당하면
그 피가 자기의 머리로 돌아갈
것이라
5 그가 경고를 받았던들 자
기 생명을 보전하였을 것이
나 나팔 소리를 듣고도 경
고를 받지 아니하였으니 그
피가 자기에게로 돌아가리
라
6 그러나 칼이 임함을 파수꾼이
보고도 나팔을 불지 아니하여
백성에게 경고하지 아니하므
로 그 중의 한 사람이 그 임하
는 칼에 제거 당하면 그는 자
기 죄악으로 말미암아 제거되
려니와 그 죄는 내가 파수꾼
의 손에서 찾으리라

33

7 인자야 내가 너를 이스라엘
족속의 파수꾼으로 삼음이
이와 같으니라 그런즉 너는
내 입의 말을 듣고 나를 대
신하여 그들에게 경고할지어
다
8 가령 내가 악인에게 이르기를
악인아 너는 반드시 죽으리라
하였다 하자 네가 그 악인에게
말로 경고하여 그의 길에서 떠
나게 하지 아니하면 그 악인은
자기 죄악으로 말미암아 죽으
려니와 내가 그의 피를 네 손
에서 찾으리라
9 그러나 너는 악인에게 경고하
여 돌이켜 그의 길에서 떠나라
고 하되 그가 돌이켜 그의 길
에서 떠나지 아니하면 그는 자
기 죄악으로 말미암아 죽으려
니와 너는 네 생명을 보전하리
라

의인의 범죄와 악인의 회개

10 그런즉 인자야 너는 이스라엘
족속에게 이르기를 너희가 말
하여 이르되 우리의 허물과 죄
가 이미 우리에게 있어 우리로
그 가운데에서 쇠퇴하게 하니
어찌 능히 살리요 하라
11 너는 그들에게 말하라 주 여호
와의 말씀이니라 나의 삶을 두
고 맹세하노니 나는 악인이 죽
는 것을 기뻐하지 아니하고 악
인이 그의 길에서 돌이켜 떠나
사는 것을 기뻐하노라 이스라
엘 족속아 돌이키고 돌이키라
너희 악한 길에서 떠나라 어찌
죽고자 하느냐 하셨다 하라
12 인자야 너는 네 민족에게 이
르기를 의인이 범죄하는 날에
는 그 공의가 구원하지 못할
것이요 악인이 돌이켜 그 악에
서 떠나는 날에는 그 악이 그

를 엎드러뜨리지 못할 것인즉
의인이 범죄하는 날에는 그 의
로 말미암아 살지 못하리라
13 가령 내가 의인에게 말하기를
너는 살리라 하였다 하자 그가
그 공의를 스스로 믿고 죄악을
행하면 그 모든 의로운 행위가
하나도 기억되지 아니하리니
그가 그 지은 죄악으로 말미암
아 곧 그 안에서 죽으리라
14 가령 내가 악인에게 말하기를
너는 죽으리라 하였다 하자 그
가 돌이켜 자기의 죄에서 떠나
서 정의와 공의로 행하여
15 저당물을 도로 주며 강탈한
물건을 돌려 보내고 생명의 율
례를 지켜 행하여 죄악을 범하
지 아니하면 그가 반드시 살
고 죽지 아니할지라
16 그가 본래 범한 모든 죄가 기
억되지 아니하리니 그가 반드
시 살리라 이는 정의와 공의를
행하였음이라 하라
17 그래도 네 민족은 말하기를
주의 길이 바르지 아니하다
하는도다 그러나 실상은 그
들의 길이 바르지 아니하니
라
18 만일 의인이 돌이켜 그 공의에
서 떠나 죄악을 범하면 그가
그 가운데에서 죽을 것이고
19 만일 악인이 돌이켜 그 악에서
떠나 정의와 공의대로 행하면
그가 그로 말미암아 살리라
20 그러나 너희가 이르기를 주의
길이 바르지 아니하다 하는도
다 이스라엘 족속아 나는 너
희가 각기 행한 대로 심판하리
라 하시니라

예루살렘의 함락 소식

21 우리가 사로잡힌 지 열두째
해 열째 달 다섯째 날에 예루

살렘에서부터 도망하여 온 자
가 내게 나아와 말하기를 그
성이 함락되었다 하였는데
22 그 도망한 자가 내게 나아오
기 전날 저녁에 여호와의 손이
내게 임하여 내 입을 여시더니
다음 아침 그 사람이 내게 나
아올 그 때에 내 입이 열리기
로 내가 다시는 잠잠하지 아
니하였노라

백성의 죄와 여호와의 맹세

23 여호와의 말씀이 내게 임하여
이르시되
24 인자야 이 이스라엘의 이 황폐
한 땅에 거주하는 자들이 말
하여 이르기를 아브라함은 오
직 한 사람이라도 이 땅을 기
업으로 얻었나니 우리가 많은
즉 더욱 이 땅을 우리에게 기
업으로 주신 것이 되느니라
하는도다
25 그러므로 너는 그들에게 이
르기를 주 여호와께서 이같
이 말씀하시되 너희가 고기를
피째 먹으며 너희 우상들에게
눈을 들며 피를 흘리니 그 땅
이 너희의 기업이 될까보냐
26 너희가 칼을 믿어 가증한 일
을 행하며 각기 이웃의 아내를
더럽히니 그 땅이 너희의 기업
이 될까보냐 하고
27 너는 그들에게 이르기를 주
여호와께서 이같이 말씀하시
되 내가 나의 삶을 두고 맹세
하노니 황무지에 있는 자는
칼에 엎드러뜨리고 들에 있는
자는 들짐승에게 넘겨 먹히게
하고 산성과 굴에 있는 자는
전염병에 죽게 하리라
28 내가 그 땅이 황무지와 공포
의 대상이 되게 하고 그 권능
의 교만을 그치게 하리니 이

스라엘의 산들이 황폐하여 지
나갈 사람이 없으리라
29 내가 그들이 행한 모든 가증
한 일로 말미암아 그 땅을 황
무지와 공포의 대상이 되게
하면 그 때에 내가 여호와인
줄을 그들이 알리라 하라

선지자의 말과 백성

30 인자야 네 민족이 담 곁에서와
집 문에서 너에 대하여 말하
며 각각 그 형제와 더불어 말
하여 이르기를 자, 가서 여호
와께로부터 무슨 말씀이 나오
는가 들어 보자 하고
31 백성이 모이는 것 같이 네게
나아오며 내 백성처럼 네 앞
에 앉아서 네 말을 들으나 그
대로 행하지 아니하니 이는 그
입으로는 사랑을 나타내어도
마음으로는 이익을 따름이라
32 그들은 네가 고운 음성으로
사랑의 노래를 하며 음악을
잘하는 자 같이 여겼나니 네
말을 듣고도 행하지 아니하거
니와
33 그 말이 응하리니 응할 때에
는 그들이 한 선지자가 자기
가운데에 있었음을 알리라

자기만 먹는 이스라엘 목자들

34 여호와의 말씀이 내
게 임하여 이르시되
2 인자야 너는 이스라엘 목자들
에게 예언하라 그들 곧 목자
들에게 예언하여 이르기를 주
여호와께서 이같이 말씀하시
되 자기만 먹는 이스라엘 목
자들은 화 있을진저 목자들이
양 떼를 먹이는 것이 마땅하지
아니하냐
3 너희가 살진 양을 잡아 그 기
름을 먹으며 그 털을 입되 양
떼는 먹이지 아니하는도다

34

4 너희가 그 연약한 자를 강하
게 아니하며 병든 자를 고치지
아니하며 상한 자를 싸매 주지
아니하며 쫓기는 자를 돌아오
게 하지 아니하며 잃어버린 자
를 찾지 아니하고 다만 포악으
로 그것들을 다스렸도다
5 목자가 없으므로 그것들이 흩
어지고 흩어져서 모든 들짐승
의 밥이 되었도다
6 내 양 떼가 모든 산과 높은
멧부리에마다 유리되었고
내 양 떼가 온 지면에 흩어
졌으되 찾고 찾는 자가 없었
도다

여호와께서 양 떼를 구원하시리라

7 그러므로 목자들아 여호와의
말씀을 들을지어다
8 주 여호와의 말씀에 내가
나의 삶을 두고 맹세하노라
내 양 떼가 노략 거리가 되
고 모든 들짐승의 밥이 된
것은 목자가 없기 때문이라
내 목자들이 내 양을 찾지
아니하고 자기만 먹이고 내
양 떼를 먹이지 아니하였도
다
9 그러므로 너희 목자들아 여호
와의 말씀을 들을지어다
10 주 여호와께서 이같이 말씀하
시되 내가 목자들을 대적하여
내 양 떼를 그들의 손에서 찾
으리니 목자들이 양을 먹이지
못할 뿐 아니라 그들이 다시
는 자기도 먹이지 못할지라 내
가 내 양을 그들의 입에서 건
져내어서 다시는 그 먹이가 되
지 아니하게 하리라
11 주 여호와께서 이같이 말씀하
셨느니라 나 곧 내가 내 양을
찾고 찾되
12 목자가 양 가운데에 있는 날에

양이 흩어졌으면 그 떼를 찾는
것 같이 내가 내 양을 찾아서 흐
리고 캄캄한 날에 그 흩어진 모
든 곳에서 그것들을 건져낼지라
13 내가 그것들을 만민 가운데에
서 끌어내며 여러 백성 가운데
에서 모아 그 본토로 데리고
가서 이스라엘 산 위에와 시냇
가에와 그 땅 모든 거주지에서
먹이되
14 좋은 꼴을 먹이고 그 우리를
이스라엘 높은 산에 두리니
그것들이 그 곳에 있는 좋은
우리에 누워 있으며 이스라
엘 산에서 살진 꼴을 먹으리
라
15 내가 친히 내 양의 목자가 되
어 그것들을 누워 있게 할지라
주 여호와의 말씀이니라
16 그 잃어버린 자를 내가 찾으며
쫓기는 자를 내가 돌아오게
하며 상한 자를 내가 싸매 주
며 병든 자를 내가 강하게 하
려니와 살진 자와 강한 자는
내가 없애고 정의대로 그것들
을 먹이리라
17 주 여호와께서 이같이 말씀
하셨느니라 나의 양 떼 너희
여 내가 양과 양 사이와 숫양
과 숫염소 사이에서 심판하노
라
18 너희가 좋은 꼴을 먹는 것을
작은 일로 여기느냐 어찌하여
남은 꼴을 발로 밟았느냐 너
희가 맑은 물을 마시는 것을
작은 일로 여기느냐 어찌하여
남은 물을 발로 더럽혔느냐
19 나의 양은 너희 발로 밟은 것
을 먹으며 너희 발로 더럽힌
것을 마시는도다 하셨느니라
20 그러므로 주 여호와께서 그
들에게 이같이 말씀하시되 나

곧 내가 살진 양과 파리한 양
사이에서 심판하리라
21 너희가 옆구리와 어깨로 밀어
뜨리고 모든 병든 자를 뿔로
받아 무리를 밖으로 흩어지게
하는도다
22 그러므로 내가 내 양 떼를 구
원하여 그들로 다시는 노략 거
리가 되지 아니하게 하고 양과
양 사이에 심판하리라
23 내가 한 목자를 그들 위에
세워 먹이게 하리니 그는 내
종 다윗이라 그가 그들을
먹이고 그들의 목자가 될지
라
24 나 여호와는 그들의 하나님이
되고 내 종 다윗은 그들 중에
왕이 되리라 나 여호와의 말이
니라
25 내가 또 그들과 화평의 언약
을 맺고 악한 짐승을 그 땅에
서 그치게 하리니 그들이 빈
들에 평안히 거하며 수풀 가
운데에서 잘지라
26 내가 그들에게 복을 내리고
내 산 사방에 복을 내리며 때
를 따라 소낙비를 내리되 복
된 소낙비를 내리리라
27 그리한즉 밭에 나무가 열매를
맺으며 땅이 그 소산을 내리니
그들이 그 땅에서 평안할지라
내가 그들의 멍에의 나무를 꺾
고 그들을 종으로 삼은 자의 손
에서 그들을 건져낸 후에 내가
여호와인 줄을 그들이 알겠고
28 그들이 다시는 이방의 노략 거
리가 되지 아니하며 땅의 짐
승들에게 잡아먹히지도 아니
하고 평안히 거주하리니 놀랠
사람이 없으리라
29 내가 그들을 위하여 파종할
좋은 땅을 일으키리니 그들이

다시는 그 땅에서 기근으로
멸망하지 아니할지며 다시는
여러 나라의 수치를 받지 아니
할지라
30 그들이 내가 여호와 그들의
하나님이며 그들과 함께 있는
줄을 알고 그들 곧 이스라엘
족속이 내 백성인 줄 알리라
주 여호와의 말씀이라
31 내 양 곧 내 초장의 양 너희는
사람이요 나는 너희 하나님이
라 주 여호와의 말씀이니라

세일 산과 에돔이 황무하리라

35 또 여호와의 말씀이
내게 임하여 이르시되
2 인자야 네 얼굴을 세일 산으
로 향하고 그에게 예언하여
3 이르기를 주 여호와께서 이같
이 말씀하시되 세일 산아 내
가 너를 대적하여 내 손을 네
위에 펴서 네가 황무지와 공포
의 대상이 되게 할지라
4 내가 네 성읍들을 무너뜨리며
네가 황폐하게 되리니 네가 나
를 여호와인 줄을 알리라
5 네가 옛날부터 한을 품고 이
스라엘 족속의 환난 때 곧 죄
악의 마지막 때에 칼의 위력에
그들을 넘겼도다
6 그러므로 주 여호와의 말씀이
니라 내가 나의 삶을 두고 맹
세하노니 내가 너에게 피를 만
나게 한즉 피가 너를 따르리라
네가 피를 미워하지 아니하였
은즉 피가 너를 따르리라
7 내가 세일 산이 황무지와 폐
허가 되게 하여 그 위에 왕래
하는 자를 다 끊을지라
8 내가 그 죽임 당한 자를 그 여러
산에 채우되 칼에 죽임 당한 자
를 네 여러 멧부리와, 골짜기와,
모든 시내에 엎드러지게 하고

35

9 너를 영원히 황폐하게 하여 네
성읍들에 다시는 거주하는 자
가 없게 하리니 내가 여호와인
줄을 너희가 알리라
10 네가 말하기를 이 두 민족과
두 땅은 다 내 것이며 내 기업
이 되리라 하였도다 그러나 여
호와께서 거기에 계셨느니라
11 그러므로 주 여호와의 말씀이
니라 내가 나의 삶을 두고 맹
세하노니 네가 그들을 미워하
여 노하며 질투한 대로 내가
네게 행하여 너를 심판할 때에
그들이 나를 알게 하리라
12 네가 이스라엘 산들을 가리켜
말하기를 저 산들이 황폐하였
으므로 우리에게 넘겨 주어서
삼키게 되었다 하여 욕하는
모든 말을 나 여호와가 들은
줄을 네가 알리로다
13 너희가 나를 대적하여 입으로 자
랑하며 나를 대적하여 여러 가지
로 말한 것을 내가 들었노라
14 주 여호와께서 이같이 말씀하
셨느니라 온 땅이 즐거워할 때
에 내가 너를 황폐하게 하되
15 이스라엘 족속의 기업이 황폐
하므로 네가 즐거워한 것 같이
내가 너를 황폐하게 하리라 세
일 산아 너와 에돔 온 땅이 황
폐하리니 내가 여호와인 줄을
무리가 알리라 하셨다 하라

이스라엘이 받을 복

36 인자야 너는 이스라
엘 산들에게 예언하
여 이르기를 이스라엘 산들아
여호와의 말씀을 들으라
2 주 여호와께서 이같이 말씀하
시기를 원수들이 네게 대하여
말하기를 아하 옛적 높은 곳
이 우리의 기업이 되었도다 하
였느니라

36

3 그러므로 너는 예언하여 이르
기를 주 여호와께서 이같이 말
씀하시기를 그들이 너희를 황폐
하게 하고 너희 사방을 삼켜 너
희가 남은 이방인의 기업이 되
게 하여 사람의 말 거리와 백성
의 비방 거리가 되게 하였도다
4 그러므로 이스라엘 산들아 주
여호와의 말씀을 들을지어다
산들과 멧부리들과 시내들과
골짜기들과 황폐한 사막들과
사방에 남아 있는 이방인의
노략 거리와 조롱 거리가 된
성읍들에게 주 여호와께서 이
같이 말씀하셨느니라
5 주 여호와께서 이같이 말씀
하시기를 내가 진실로 내 맹
렬한 질투로 남아 있는 이방
인과 에돔 온 땅을 쳐서 말하
였노니 이는 그들이 심히 즐
거워하는 마음과 멸시하는
심령으로 내 땅을 빼앗아 노
략하여 자기 소유를 삼았음
이라
6 그러므로 너는 이스라엘 땅에
대하여 예언하되 그 산들과
멧부리들과 시내들과 골짜기
들에 관하여 이르기를 주 여
호와께서 이같이 말씀하시기
를 내가 내 질투와 내 분노로
말하였나니 이는 너희가 이방
의 수치를 당하였음이라
7 그러므로 주 여호와께서 이같
이 말씀하시기를 내가 맹세하
였은즉 너희 사방에 있는 이
방인이 자신들의 수치를 반드
시 당하리라
8 그러나 너희 이스라엘 산들아
너희는 가지를 내고 내 백성
이스라엘을 위하여 열매를 맺
으리니 그들이 올 때가 가까
이 이르렀음이라

9 내가 돌이켜 너희와 함께 하
리니 사람이 너희를 갈고 심을
것이며
10 내가 또 사람을 너희 위에 많게
하리니 이들은 이스라엘 온 족속
이라 그들을 성읍들에 거주하게
하며 빈 땅에 건축하게 하리라
11 내가 너희 위에 사람과 짐
승을 많게 하되 그들의 수
가 많고 번성하게 할 것이라
너희 전 지위대로 사람이
거주하게 하여 너희를 처음
보다 낫게 대우하리니 내가
여호와인 줄을 너희가 알리
라
12 내가 사람을 너희 위에 다니게
하리니 그들은 내 백성 이스라
엘이라 그들은 너를 얻고 너는
그 기업이 되어 다시는 그들이
자식들을 잃어버리지 않게 하
리라
13 주 여호와께서 이같이 말씀하
셨느니라 그들이 너희에게 이
르기를 너는 사람을 삼키는
자요 네 나라 백성을 제거한
자라 하거니와
14 네가 다시는 사람을 삼키지
아니하며 다시는 네 나라 백성
을 제거하지 아니하리라 주 여
호와의 말씀이니라
15 내가 또 너를 여러 나라의 수치
를 듣지 아니하게 하며 만민의
비방을 다시 받지 아니하게 하
며 네 나라 백성을 다시 넘어뜨
리지 아니하게 하리라 주 여호
와의 말씀이니라 하셨다 하라

이스라엘을 정결하게 하시다

16 여호와의 말씀이 또 내게 임
하여 이르시되
17 인자야 이스라엘 족속이 그들의
고국 땅에 거주할 때에 그들의
행위로 그 땅을 더럽혔나니 나

보기에 그 행위가 월경 중에 있
는 여인의 부정함과 같았느니라
18 그들이 땅 위에 피를 쏟았
으며 그 우상들로 말미암
아 자신들을 더럽혔으므로
내가 분노를 그들 위에 쏟
아
19 그들을 그 행위대로 심판하여
각국에 흩으며 여러 나라에
헤쳤더니
20 그들이 이른바 그 여러 나라
에서 내 거룩한 이름이 그들로
말미암아 더러워졌나니 곧 사
람들이 그들을 가리켜 이르기
를 이들은 여호와의 백성이라
도 여호와의 땅에서 떠난 자
라 하였음이라
21 그러나 이스라엘 족속이 들어
간 그 여러 나라에서 더럽힌 내
거룩한 이름을 내가 아꼈노라
22 그러므로 너는 이스라엘 족속
에게 이르기를 주 여호와께서
이같이 말씀하시기를 이스라
엘 족속아 내가 이렇게 행함
은 너희를 위함이 아니요 너희
가 들어간 그 여러 나라에서
더럽힌 나의 거룩한 이름을 위
함이라
23 여러 나라 가운데에서 더럽혀진
이름 곧 너희가 그들 가운데에
서 더럽힌 나의 큰 이름을 내가
거룩하게 할지라 내가 그들의 눈
앞에서 너희로 말미암아 나의
거룩함을 나타내리니 내가 여호
와인 줄을 여러 나라 사람이 알
리라 주 여호와의 말씀이니라
24 내가 너희를 여러 나라 가운데
에서 인도하여 내고 여러 민족
가운데에서 모아 데리고 고국
땅에 들어가서
25 맑은 물을 너희에게 뿌려서 너
희로 정결하게 하되 곧 너희

모든 더러운 것에서와 모든 우
상 숭배에서 너희를 정결하게
할 것이며
26 또 새 영을 너희 속에 두고 새
마음을 너희에게 주되 너희 육
신에서 굳은 마음을 제거하고
부드러운 마음을 줄 것이며
27 또 내 영을 너희 속에 두어 너희
로 내 율례를 행하게 하리니 너
희가 내 규례를 지켜 행할지라
28 내가 너희 조상들에게 준 땅
에서 너희가 거주하면서 내 백
성이 되고 나는 너희 하나님이
되리라
29 내가 너희를 모든 더러운
데에서 구원하고 곡식이 풍
성하게 하여 기근이 너희에
게 닥치지 아니하게 할 것
이며
30 또 나무의 열매와 밭의 소산
을 풍성하게 하여 너희가 다시
는 기근의 욕을 여러 나라에
게 당하지 아니하게 하리니
31 그 때에 너희가 너희 악한 길
과 너희 좋지 못한 행위를 기
억하고 너희 모든 죄악과 가증
한 일로 말미암아 스스로 밉
게 보리라
32 주 여호와의 말씀이니라 내가
이렇게 행함은 너희를 위함이
아닌 줄을 너희가 알리라 이스
라엘 족속아 너희 행위로 말
미암아 부끄러워하고 한탄할
지어다
33 주 여호와께서 이같이 말씀하셨
느니라 내가 너희를 모든 죄악에
서 정결하게 하는 날에 성읍들
에 사람이 거주하게 하며 황폐
한 것이 건축되게 할 것인즉
34 전에는 지나가는 자의 눈에
황폐하게 보이던 그 황폐한 땅
이 장차 경작이 될지라

35 사람이 이르기를 이 땅이 황
폐하더니 이제는 에덴 동산
같이 되었고 황량하고 적막
하고 무너진 성읍들에 성벽과
주민이 있다 하리니
36 너희 사방에 남은 이방 사람
이 나 여호와가 무너진 곳을
건축하며 황폐한 자리에 심은
줄을 알리라 나 여호와가 말
하였으니 이루리라
37 주 여호와께서 이같이 말씀하
셨느니라 그래도 이스라엘 족
속이 이같이 자기들에게 이루
어 주기를 내게 구하여야 할지
라 내가 그들의 수효를 양 떼
같이 많아지게 하되
38 제사 드릴 양 떼 곧 예루살렘
이 정한 절기의 양 무리 같이
황폐한 성읍을 사람의 떼로
채우리라 그리한즉 그들이 나
를 여호와인 줄 알리라 하셨
느니라

마른 뼈들이 살아나다

37 여호와께서 권능으로
내게 임재하시고 그
의 영으로 나를 데리고 가서
골짜기 가운데 두셨는데 거기
뼈가 가득하더라
2 나를 그 뼈 사방으로 지나가
게 하시기로 본즉 그 골짜기
지면에 뼈가 심히 많고 아주
말랐더라
3 그가 내게 이르시되 인자야
이 뼈들이 능히 살 수 있겠느
냐 하시기로 내가 대답하되
주 여호와여 주께서 아시나이
다
4 또 내게 이르시되 너는 이
모든 뼈에게 대언하여 이
르기를 너희 마른 뼈들아
여호와의 말씀을 들을지어
다

37

5 주 여호와께서 이 뼈들에게 이
같이 말씀하시기를 내가 생기
를 너희에게 들어가게 하리니
너희가 살아나리라
6 너희 위에 힘줄을 두고 살을
입히고 가죽으로 덮고 너희
속에 생기를 넣으리니 너희가
살아나리라 또 내가 여호와인
줄 너희가 알리라 하셨다 하
라
7 이에 내가 명령을 따라 대언
하니 대언할 때에 소리가 나
고 움직이며 이 뼈, 저 뼈가 들
어 맞아 뼈들이 서로 연결되
더라
8 내가 또 보니 그 뼈에 힘줄이
생기고 살이 오르며 그 위에
가죽이 덮이나 그 속에 생기
는 없더라
9 또 내게 이르시되 인자야 너는
생기를 향하여 대언하라 생기
에게 대언하여 이르기를 주 여
호와께서 이같이 말씀하시기
를 생기야 사방에서부터 와서
이 죽음을 당한 자에게 불어
서 살아나게 하라 하셨다 하라
10 이에 내가 그 명령대로 대언하
였더니 생기가 그들에게 들어
가매 그들이 곧 살아나서 일
어나 서는데 극히 큰 군대더라
11 또 내게 이르시되 인자야 이
뼈들은 이스라엘 온 족속이라
그들이 이르기를 우리의 뼈들
이 말랐고 우리의 소망이 없어
졌으니 우리는 다 멸절되었다
하느니라
12 그러므로 너는 대언하여 그들에
게 이르기를 주 여호와께서 이
같이 말씀하시기를 내 백성들아
내가 너희 무덤을 열고 너희로
거기에서 나오게 하고 이스라엘
땅으로 들어가게 하리라

13 내 백성들아 내가 너희 무덤을
열고 너희로 거기에서 나오게
한즉 너희는 내가 여호와인
줄을 알리라
14 내가 또 내 영을 너희 속에 두
어 너희가 살아나게 하고 내가
또 너희를 너희 고국 땅에 두
리니 나 여호와가 이 일을 말
하고 이룬 줄을 너희가 알리라
여호와의 말씀이니라

유다와 이스라엘의 통일

15 여호와의 말씀이 또 내게 임
하여 이르시되
16 인자야 너는 막대기 하나를
가져다가 그 위에 유다와 그
짝 이스라엘 자손이라 쓰고
또 다른 막대기 하나를 가지
고 그 위에 에브라임의 막대기
곧 요셉과 그 짝 이스라엘 온
족속이라 쓰고
17 그 막대기들을 서로 합하여
하나가 되게 하라 네 손에서
둘이 하나가 되리라
18 네 민족이 네게 말하여 이르기
를 이것이 무슨 뜻인지 우리에
게 말하지 아니하겠느냐 하거든
19 너는 곧 이르기를 주 여호와
께서 이같이 말씀하시기를 내
가 에브라임의 손에 있는 바
요셉과 그 짝 이스라엘 지파
들의 막대기를 가져다가 유다
의 막대기에 붙여서 한 막대기
가 되게 한즉 내 손에서 하나
가 되리라 하셨다 하고
20 너는 그 글 쓴 막대기들을 무
리의 눈 앞에서 손에 잡고
21 그들에게 이르기를 주 여호와
께서 이같이 말씀하시기를 내
가 이스라엘 자손을 잡혀 간
여러 나라에서 인도하며 그
사방에서 모아서 그 고국 땅
으로 돌아가게 하고

22 그 땅 이스라엘 모든 산에서
그들이 한 나라를 이루어서
한 임금이 모두 다스리게 하리
니 그들이 다시는 두 민족이
되지 아니하며 두 나라로 나
누이지 아니할지라
23 그들이 그 우상들과 가증한
물건과 그 모든 죄악으로 더 이
상 자신들을 더럽히지 아니하
리라 내가 그들을 그 범죄한 모
든 처소에서 구원하여 정결하
게 한즉 그들은 내 백성이 되고
나는 그들의 하나님이 되리라
24 내 종 다윗이 그들의 왕이 되리
니 그들 모두에게 한 목자가 있
을 것이라 그들이 내 규례를 준
수하고 내 율례를 지켜 행하며
25 내가 내 종 야곱에게 준 땅 곧
그의 조상들이 거주하던 땅에
그들이 거주하되 그들과 그들
의 자자 손손이 영원히 거기에
거주할 것이요 내 종 다윗이
영원히 그들의 왕이 되리라
26 내가 그들과 화평의 언약을
세워서 영원한 언약이 되게 하
고 또 그들을 견고하고 번성
하게 하며 내 성소를 그 가운
데에 세워서 영원히 이르게 하
리니
27 내 처소가 그들 가운데에 있
을 것이며 나는 그들의 하나님
이 되고 그들은 내 백성이 되
리라
28 내 성소가 영원토록 그들 가
운데에 있으리니 내가 이스라
엘을 거룩하게 하는 여호와인
줄을 열국이 알리라 하셨다
하라

하나님의 도구 곡

38 여호와의 말씀이 내
게 임하여 이르시되
2 인자야 너는 마곡 땅에 있는

38

로스와 메섹과 두발 왕 곧 곡
에게로 얼굴을 향하고 그에게
예언하여
3 이르기를 주 여호와께서 이같
이 말씀하시기를 로스와 메섹
과 두발 왕 곡아 내가 너를 대
적하여
4 너를 돌이켜 갈고리로 네 아가
리를 꿰고 너와 말과 기마병
곧 네 온 군대를 끌어내되 완
전한 갑옷을 입고 큰 방패와
작은 방패를 가지며 칼을 잡
은 큰 무리와
5 그들과 함께 한 방패와 투
구를 갖춘 바사와 구스와
붓과
6 고멜과 그 모든 떼와 북쪽 끝
의 도갈마 족속과 그 모든 떼
곧 많은 백성의 무리를 너와
함께 끌어내리라
7 너는 스스로 예비하되 너
와 네게 모인 무리들이 다
스스로 예비하고 너는 그
들의 우두머리가 될지어
다
8 여러 날 후 곧 말년에 네가 명
령을 받고 그 땅 곧 오래 황폐
하였던 이스라엘 산에 이르리
니 그 땅 백성은 칼을 벗어나
서 여러 나라에서 모여 들어
오며 이방에서 나와 다 평안히
거주하는 중이라
9 네가 올라오되 너와 네 모든
떼와 너와 함께 한 많은 백성
이 광풍 같이 이르고 구름 같
이 땅을 덮으리라
10 주 여호와께서 이같이 말씀하
셨느니라 그 날에 네 마음에
서 여러 가지 생각이 나서 악
한 꾀를 내어
11 말하기를 내가 평원의 고을들
로 올라 가리라 성벽도 없고

문이나 빗장이 없어도 염려 없
이 다 평안히 거주하는 백성에
게 나아가서
12 물건을 겁탈하며 노략하리라
하고 네 손을 들어서 황폐하
였다가 지금 사람이 거주하는
땅과 여러 나라에서 모여서 짐
승과 재물을 얻고 세상 중앙
에 거주하는 백성을 치고자
할 때에
13 스바와 드단과 다시스의 상인
과 그 부자들이 네게 이르기
를 네가 탈취하러 왔느냐 네
가 네 무리를 모아 노략하고
자 하느냐 은과 금을 빼앗으
며 짐승과 재물을 빼앗으며 물
건을 크게 약탈하여 가고자
하느냐 하리라
14 인자야 너는 또 예언하여 곡
에게 이르기를 주 여호와께서
이같이 말씀하시기를 내 백성
이스라엘이 평안히 거주하는
날에 네가 어찌 그것을 알지
못하겠느냐
15 네가 네 고국 땅 북쪽 끝에서
많은 백성 곧 다 말을 탄 큰 무
리와 능한 군대와 함께 오되
16 구름이 땅을 덮음 같이 내 백성
이스라엘을 치러 오리라 곡아 끝
날에 내가 너를 이끌어다가 내
땅을 치게 하리니 이는 내가 너
로 말미암아 이방 사람의 눈 앞
에서 내 거룩함을 나타내어 그
들이 다 나를 알게 하려 함이라

곡의 심판

17 주 여호와께서 이같이 말씀
하셨느니라 내가 옛적에 내 종
이스라엘 선지자들을 통하여
말한 사람이 네가 아니냐 그
들이 그 때에 여러 해 동안 예
언하기를 내가 너를 이끌어다
가 그들을 치게 하리라

18 그 날에 곡이 이스라엘 땅을
치러 오면 내 노여움이 내 얼
굴에 나타나리라 주 여호와의
말씀이니라
19 내가 질투와 맹렬한 노여움으
로 말하였거니와 그 날에 큰 지
진이 이스라엘 땅에 일어나서
20 바다의 고기들과 공중의 새들
과 들의 짐승들과 땅에 기는 모
든 벌레와 지면에 있는 모든 사
람이 내 앞에서 떨 것이며 모든
산이 무너지며 절벽이 떨어지며
모든 성벽이 땅에 무너지리라
21 주 여호와의 말씀이니라 내가
내 모든 산 중에서 그를 칠 칼
을 부르리니 각 사람이 칼로
그 형제를 칠 것이며
22 내가 또 전염병과 피로 그를
심판하며 쏟아지는 폭우와 큰
우박덩이와 불과 유황으로 그
와 그 모든 무리와 그와 함께
있는 많은 백성에게 비를 내리
듯 하리라
23 이같이 내가 여러 나라의 눈에
내 위대함과 내 거룩함을 나
타내어 나를 알게 하리니 내
가 여호와인 줄을 그들이 알
리라

침략자 곡의 멸망

39 그러므로 인자야 너는
곡에게 예언하여 이르
기를 주 여호와께서 이같이 말
씀하시되 로스와 메섹과 두발
왕 곡아 내가 너를 대적하여
2 너를 돌이켜서 이끌고 북쪽
끝에서부터 나와서 이스라엘
산 위에 이르러
3 네 활을 쳐서 네 왼손에서 떨
어뜨리고 네 화살을 네 오른
손에서 떨어뜨리리니
4 너와 네 모든 무리와 너와 함
께 있는 백성이 다 이스라엘

39

산 위에 엎드러지리라 내가 너
를 각종 사나운 새와 들짐승
에게 넘겨 먹게 하리니
5 네가 빈 들에 엎드러지리라 이
는 내가 말하였음이니라 주
여호와의 말씀이니라
6 내가 또 불을 마곡과 및 섬에
평안히 거주하는 자에게 내리
리니 내가 여호와인 줄을 그
들이 알리라
7 내가 내 거룩한 이름을 내 백성
이스라엘 가운데에 알게 하여
다시는 내 거룩한 이름을 더럽
히지 아니하게 하리니 내가 여
호와 곧 이스라엘의 거룩한 자
인 줄을 민족들이 알리라 하라
8 주 여호와의 말씀이니라 볼지
어다 그 날이 와서 이루어지리
니 내가 말한 그 날이 이 날이
라
9 이스라엘 성읍들에 거주하는
자가 나가서 그들의 무기를 불
태워 사르되 큰 방패와 작은
방패와 활과 화살과 몽둥이와
창을 가지고 일곱 해 동안 불
태우리라
10 이같이 그 무기로 불을 피울
것이므로 그들이 들에서 나무
를 주워 오지 아니하며 숲에
서 벌목하지 아니하겠고 전에
자기에게서 약탈하던 자의 것
을 약탈하며 전에 자기에게서
늑탈하던 자의 것을 늑탈하리
라 주 여호와의 말씀이니라
11 그 날에 내가 곡을 위하여 이
스라엘 땅 곧 바다 동쪽 사람
이 통행하는 골짜기를 매장지
로 주리니 통행하던 길이 막힐
것이라 사람이 거기에서 곡과
그 모든 무리를 매장하고 그
이름을 하몬곡의 골짜기라 일
컬으리라

12 이스라엘 족속이 일곱 달 동
안에 그들을 매장하여 그 땅
을 정결하게 할 것이라
13 그 땅 모든 백성이 그들을 매
장하고 그로 말미암아 이름을
얻으리니 이는 나의 영광이 나
타나는 날이니라 주 여호와의
말씀이니라
14 그들이 사람을 택하여 그 땅
에 늘 순행하며 매장할 사람
과 더불어 지면에 남아 있는
시체를 매장하여 그 땅을 정
결하게 할 것이라 일곱 달 후
에 그들이 살펴 보되
15 지나가는 사람들이 그 땅으로
지나가다가 사람의 뼈를 보면
그 곁에 푯말을 세워 매장하
는 사람에게 가서 하몬곡 골
짜기에 매장하게 할 것이요
16 성읍의 이름도 하모나라 하리
라 그들이 이같이 그 땅을 정
결하게 하리라
17 주 여호와께서 이같이 말씀하
셨느니라 너 인자야 너는 각
종 새와 들의 각종 짐승에게
이르기를 너희는 모여 오라 내
가 너희를 위한 잔치 곧 이스
라엘 산 위에 예비한 큰 잔치
로 너희는 사방에서 모여 살
을 먹으며 피를 마실지어다
18 너희가 용사의 살을 먹으며
세상 왕들의 피를 마시기를
바산의 살진 짐승 곧 숫양이
나 어린 양이나 염소나 수송
아지를 먹듯 할지라
19 내가 너희를 위하여 예비한 잔
치의 기름을 너희가 배불리 먹
으며 그 피를 취하도록 마시되
20 내 상에서 말과 기병과 용사
와 모든 군사를 배부르게 먹
일지니라 하라 주 여호와의
말씀이니라

이스라엘의 회복

21 내가 내 영광을 여러 민족 가
운데에 나타내어 모든 민족이
내가 행한 심판과 내가 그 위
에 나타낸 권능을 보게 하리
니
22 그 날 이후에 이스라엘 족속
은 내가 여호와 자기들의 하
나님인 줄을 알겠고
23 여러 민족은 이스라엘 족속이
그 죄악으로 말미암아 사로잡
혀 갔던 줄을 알지라 그들이
내게 범죄하였으므로 내 얼굴
을 그들에게 가리고 그들을
그 원수의 손에 넘겨 다 칼에
엎드러지게 하였으되
24 내가 그들의 더러움과 그들의
범죄한 대로 행하여 그들에게
내 얼굴을 가리었었느니라
25 그러므로 주 여호와께서 이
같이 말씀하셨느니라 내가 이
제 내 거룩한 이름을 위하여
열심을 내어 야곱의 사로잡힌
자를 돌아오게 하며 이스라엘
온 족속에게 사랑을 베풀지라
26 그들이 그 땅에 평안히 거주
하고 두렵게 할 자가 없게 될
때에 부끄러움을 품고 내게 범
한 죄를 뉘우치리니
27 내가 그들을 만민 중에서 돌
아오게 하고 적국 중에서 모
아 내어 많은 민족이 보는 데
에서 그들로 말미암아 나의
거룩함을 나타낼 때라
28 전에는 내가 그들이 사로잡
혀 여러 나라에 이르게 하였거
니와 후에는 내가 그들을 모
아 고국 땅으로 돌아오게 하
고 그 한 사람도 이방에 남기
지 아니하리니 그들이 내가 여
호와 자기들의 하나님인 줄을
알리라

29 내가 다시는 내 얼굴을 그들
에게 가리지 아니하리니 이는
내가 내 영을 이스라엘 족속
에게 쏟았음이라 주 여호와의
말씀이니라

이상 중에 본 성읍

40 우리가 사로잡힌 지
스물다섯째 해, 성이
함락된 후 열넷째 해 첫째 달
열째 날에 곧 그 날에 여호와
의 권능이 내게 임하여 나를 데
리고 이스라엘 땅으로 가시되
2 하나님의 이상 중에 나를 데리
고 이스라엘 땅에 이르러 나를
매우 높은 산 위에 내려놓으시
는데 거기에서 남으로 향하여
성읍 형상 같은 것이 있더라
3 나를 데리시고 거기에 이르시
니 모양이 놋 같이 빛난 사람
하나가 손에 삼줄과 측량하
는 장대를 가지고 문에 서 있
더니
4 그 사람이 내게 이르되 인자
야 내가 네게 보이는 그것을
눈으로 보고 귀로 들으며 네
마음으로 생각할지어다 내가
이것을 네게 보이려고 이리로
데리고 왔나니 너는 본 것을
다 이스라엘 족속에게 전할지
어다 하더라

동쪽을 향한 문

5 내가 본즉 집 바깥 사방으로
담이 있더라 그 사람의 손에
측량하는 장대를 잡았는데 그
길이가 팔꿈치에서 손가락에
이르고 한 손바닥 너비가 더
한 자로 여섯 척이라 그 담을
측량하니 두께가 한 장대요
높이도 한 장대며
6 그가 동쪽을 향한 문에 이르
러 층계에 올라 그 문의 통로
를 측량하니 길이가 한 장대

40

요 그 문 안쪽 통로의 길이도
한 장대며
7 그 문간에 문지기 방들이 있는
데 각기 길이가 한 장대요 너비
가 한 장대요 각방 사이 벽이
다섯 척이며 안쪽 문 통로의 길
이가 한 장대요 그 앞에 현관이
있고 그 앞에 안 문이 있으며
8 그가 또 안 문의 현관을 측량
하니 한 장대며
9 안 문의 현관을 또 측량하니
여덟 척이요 그 문 벽은 두 척
이라 그 문의 현관이 안으로
향하였으며
10 그 동문간의 문지기 방은 왼
쪽에 셋이 있고 오른쪽에 셋
이 있으니 그 셋이 각각 같은
크기요 그 좌우편 벽도 다 같
은 크기며
11 또 그 문 통로를 측량하니 너
비가 열 척이요 길이가 열세
척이며
12 방 앞에 간막이 벽이 있는데
이쪽 간막이 벽도 한 척이요
저쪽 간막이 벽도 한 척이며
그 방은 이쪽도 여섯 척이요
저쪽도 여섯 척이며
13 그가 그 문간을 측량하니 이
방 지붕 가에서 저 방 지붕 가
까지 너비가 스물다섯 척인데
방문은 서로 반대되었으며
14 그가 또 현관을 측량하니 너
비가 스무 척이요 현관 사방
에 뜰이 있으며
15 바깥 문 통로에서부터 안 문
현관 앞까지 쉰 척이며
16 문지기 방에는 각각 닫힌 창이
있고 문 안 좌우편에 있는 벽
사이에도 창이 있고 그 현관도
그러하고 그 창은 안 좌우편
으로 벌여 있으며 각 문 벽 위
에는 종려나무를 새겼더라

바깥뜰

17그가 나를 데리고 바깥뜰에
들어가니 뜰 삼면에 박석 깔린
땅이 있고 그 박석 깔린 땅 위
에 여러 방이 있는데 모두 서
른이며
18그 박석 깔린 땅의 위치는 각
문간의 좌우편인데 그 너비가
문간 길이와 같으니 이는 아래
박석 땅이며
19그가 아래 문간 앞에서부
터 안뜰 바깥 문간 앞까지
측량하니 그 너비가 백 척
이며 동쪽과 북쪽이 같더
라

북쪽을 향한 문

20그가 바깥뜰 북쪽을 향한
문간의 길이와 너비를 측량
하니
21길이는 쉰 척이요 너비는 스물
다섯 척이며 문지기 방이 이쪽
에도 셋이요 저쪽에도 셋이요
그 벽과 그 현관도 먼저 측량
한 문간과 같으며
22그 창과 현관의 길이와 너비
와 종려나무가 다 동쪽을 향
한 문간과 같으며 그 문간으
로 올라가는 일곱 층계가 있
고 그 안에 현관이 있으며
23안뜰에도 북쪽 문간과 동쪽
문간과 마주 대한 문간들이
있는데 그가 이 문간에서 맞
은쪽 문간까지 측량하니 백
척이더라

남쪽을 향한 문

24그가 또 나를 이끌고 남으로
간즉 남쪽을 향한 문간이 있
는데 그 벽과 현관을 측량하
니 먼저 측량한 것과 같고
25그 문간과 현관 좌우에 있는
창도 먼저 말한 창과 같더라
그 문간의 길이는 쉰 척이요

너비는 스물다섯 척이며
26또 그리로 올라가는 일곱
층계가 있고 그 안에 현관
이 있으며 또 이쪽 저쪽 문
벽 위에 종려나무를 새겼으
며
27안뜰에도 남쪽을 향한 문간
이 있는데 그가 남쪽을 향한
그 문간에서 맞은쪽 문간까지
측량하니 백 척이더라

안뜰 남쪽 문

28그가 나를 데리고 그 남문을
통하여 안뜰에 들어가서 그 남
문의 너비를 측량하니 크기는
29길이가 쉰 척이요 너비가 스물
다섯 척이며 그 문지기 방과
벽과 현관도 먼저 측량한 것과
같고 그 문간과 그 현관 좌우
에도 창이 있으며
30그 사방 현관의 길이는 스물
다섯 척이요 너비는 다섯 척이
며
31현관이 바깥뜰로 향하였고 그
문 벽 위에도 종려나무를 새
겼으며 그 문간으로 올라가는
여덟 층계가 있더라

안뜰 동쪽 문

32그가 나를 데리고 안뜰 동쪽
으로 가서 그 문간을 측량하
니 크기는
33길이가 쉰 척이요 너비가 스물
다섯 척이며 그 문지기 방과
벽과 현관이 먼저 측량한 것
과 같고 그 문간과 그 현관 좌
우에도 창이 있으며
34그 현관이 바깥뜰로 향하였고
그 이쪽, 저쪽 문 벽 위에도 종
려나무를 새겼으며 그 문간으
로 올라가는 여덟 층계가 있
더라

안뜰 북쪽 문

35그가 또 나를 데리고 북문에

이르러 측량하니 크기는
36 길이가 쉰 척이요 너비가 스물
다섯 척이며 그 문지기 방과
벽과 현관이 다 그러하여 그
좌우에도 창이 있으며
37 그 현관이 바깥뜰로 향하였고
그 이쪽, 저쪽 문 벽 위에도 종
려나무를 새겼으며 그 문간으
로 올라가는 여덟 층계가 있
더라

안뜰 북쪽 문의 부속 건물들

38 그 문 벽 곁에 문이 있는 방이
있는데 그것은 번제물을 씻는
방이며
39 그 문의 현관 이쪽에 상 둘이
있고 저쪽에 상 둘이 있으니
그 위에서 번제와 속죄제와 속
건제의 희생제물을 잡게 한 것
이며
40 그 북문 바깥 곧 입구로 올라
가는 곳 이쪽에 상 둘이 있고
문의 현관 저쪽에 상 둘이 있
으니
41 문 곁 이쪽에 상이 넷이 있고
저쪽에 상이 넷이 있어 상이
모두 여덟 개라 그 위에서 희
생제물을 잡았더라
42 또 다듬은 돌로 만들어 번제
에 쓰는 상 넷이 있는데 그 길
이는 한 척 반이요 너비는 한
척 반이요 높이는 한 척이라
번제의 희생제물을 잡을 때에
쓰는 기구가 그 위에 놓였으며
43 현관 안에는 길이가 손바닥
넓이만한 갈고리가 사방에 박
혔으며 상들에는 희생제물의
고기가 있더라
44 안문 밖에 있는 안뜰에는 노
래하는 자의 방 둘이 있는데
북문 곁에 있는 방은 남쪽으
로 향하였고 남문 곁에 있는
방은 북쪽으로 향하였더라

45 그가 내게 이르되 남쪽을 향
한 이 방은 성전을 지키는 제
사장들이 쓸 것이요
46 북쪽을 향한 방은 제단을 지
키는 제사장들이 쓸 것이라
이들은 레위의 후손 중 사독
의 자손으로서 여호와께 가
까이 나아가 수종드는 자니라
하고
47 그가 또 그 뜰을 측량하니 길
이는 백 척이요 너비는 백 척
이라 네모 반듯하며 제단은
성전 앞에 있더라

성전 문 현관

48 그가 나를 데리고 성전 문 현
관에 이르러 그 문의 좌우 벽
을 측량하니 너비는 이쪽도
다섯 척이요 저쪽도 다섯 척이
며 두께는 문 이쪽도 세 척이
요 문 저쪽도 세 척이며
49 그 현관의 너비는 스무 척이요 길
이는 열한 척이며 문간으로 올라
가는 층계가 있고 문 벽 곁에는
기둥이 있는데 하나는 이쪽에 있
고 다른 하나는 저쪽에 있더라

성소와 지성소와 골방들

41 그가 나를 데리고 성
전에 이르러 그 문 벽
을 측량하니 이쪽 두께도 여
섯 척이요 저쪽 두께도 여섯
척이라 두께가 그와 같으며
2 그 문 통로의 너비는 열 척이
요 문 통로 이쪽 벽의 너비는
다섯 척이요 저쪽 벽의 너비는
다섯 척이며 그가 성소를 측
량하니 그 길이는 마흔 척이
요 그 너비는 스무 척이며
3 그가 안으로 들어가서 내전
문 통로의 벽을 측량하니 두
께는 두 척이요 문 통로가 여
섯 척이요 문 통로의 벽의 너
비는 각기 일곱 척이며

41

4 그가 내전을 측량하니 길이는
스무 척이요 너비는 스무 척이
라 그가 내게 이르되 이는 지
성소니라 하고
5 성전의 벽을 측량하니 두께가
여섯 척이며 성전 삼면에 골방
이 있는데 너비는 각기 네 척
이며
6 골방은 삼 층인데 골방 위에
골방이 있어 모두 서른이라 그
삼면 골방이 성전 벽 밖으로
그 벽에 붙어 있는 성전 벽 속
을 뚫지는 아니하였으며
7 이 두루 있는 골방은 그 층이
높아질수록 넓으므로 성전에
둘린 이 골방이 높아질수록
성전에 가까워졌으나 성전의
넓이는 아래 위가 같으며 골방
은 아래층에서 중층으로 위
층에 올라가게 되었더라
8 내가 보니 성전 삼면의 지대 곧
모든 골방 밑 지대의 높이는 한
장대 곧 큰 자로 여섯 척인데
9 성전에 붙어 있는 그 골방 바
깥 벽 두께는 다섯 척이요 그
외에 빈 터가 남았으며
10 성전 골방 삼면에 너비가 스
무 척 되는 뜰이 둘려 있으
며
11 그 골방 문은 다 빈 터로 향하
였는데 한 문은 북쪽으로 향
하였고 한 문은 남쪽으로 향
하였으며 그 둘려 있는 빈 터
의 너비는 다섯 척이더라

서쪽 건물과 성전의 넓이

12 서쪽 뜰 뒤에 건물이 있는데
너비는 일흔 척이요 길이는 아
흔 척이며 그 사방 벽의 두께
는 다섯 척이더라
13 그가 성전을 측량하니 길이는
백 척이요 또 서쪽 뜰과 그 건
물과 그 벽을 합하여 길이는

백 척이요
14 성전 앞면의 너비는 백 척이요
그 앞 동쪽을 향한 뜰의 너비
도 그러하며
15 그가 뒤뜰 너머 있는 건물을
측량하니 그 좌우편 회랑까지
백 척이더라 내전과 외전과 그
뜰의 현관과
16 문 통로 벽과 닫힌 창과 삼면
에 둘려 있는 회랑은 문 통로
안쪽에서부터 땅에서 창까지
널판자로 가렸고 (창은 이미
닫혔더라)
17 문 통로 위와 내전과 외전의
사방 벽도 다 그러하니 곧 측
량한 크기대로며
18 널판자에는 그룹들과 종려나
무를 새겼는데 두 그룹 사이에
종려나무 한 그루가 있으며 각
그룹에 두 얼굴이 있으니
19 하나는 사람의 얼굴이라 이쪽
종려나무를 향하였고 하나는
어린 사자의 얼굴이라 저쪽 종
려나무를 향하였으며 온 성전
사방이 다 그러하여
20 땅에서부터 문 통로 위에까지
그룹들과 종려나무들을 새겼
으니 성전 벽이 다 그러하더라

나무 제단과 성전의 문들

21 외전 문설주는 네모졌고 내전
전면에 있는 양식은 이러하니
22 곧 나무 제단의 높이는 세 척
이요 길이는 두 척이며 그 모
퉁이와 옆과 면을 다 나무로
만들었더라 그가 내게 이르
되 이는 여호와의 앞의 상이라
하더라
23 내전과 외전에 각기 문이 있는
데
24 문마다 각기 두 문짝 곧 접는
두 문짝이 있어 이 문에 두 짝
이요 저 문에 두 짝이며

25 이 성전 문에 그룹과 종려나
무를 새겼는데 벽에 있는 것과
같고 현관 앞에는 나무 디딤
판이 있으며
26 현관 좌우편에는 닫힌 창도
있고 종려나무도 새겨져 있고
성전의 골방과 디딤판도 그러
하더라

제사장 방

42 그가 나를 데리고 밖
으로 나가 북쪽 뜰로
가서 두 방에 이르니 그 두 방
의 하나는 골방 앞 뜰을 향하
였고 다른 하나는 북쪽 건물
을 향하였는데
2 그 방들의 자리의 길이는 백
척이요 너비는 쉰 척이며 그
문은 북쪽을 향하였고
3 그 방 삼층에 회랑들이 있는
데 한 방의 회랑은 스무 척 되
는 안뜰과 마주 대하였고 다
른 한 방의 회랑은 바깥뜰 박
석 깔린 곳과 마주 대하였으
며
4 그 두 방 사이에 통한 길이 있
어 너비는 열 척이요 길이는
백 척이며 그 문들은 북쪽을
향하였으며
5 그 위층의 방은 가장 좁으니
이는 회랑들로 말미암아 아래
층과 가운데 층보다 위층이
더 줄어짐이라
6 그 방은 삼층인데도 뜰의 기
둥 같은 기둥이 없으므로 그
위층이 아래층과 가운데 층보
다 더욱 좁아짐이더라
7 그 한 방의 바깥 담 곧 뜰의
담과 마주 대한 담의 길이는
쉰 척이니
8 바깥뜰로 향한 방의 길이는
쉰 척이며 성전 앞을 향한 방
은 백 척이며

42

9 이 방들 아래에 동쪽에서 들
어가는 통행구가 있으니 곧
바깥뜰에서 들어가는 통행구
더라
10 남쪽 골방 뜰 맞은쪽과 남쪽
건물 맞은쪽에도 방 둘이 있
는데
11 그 두 방 사이에 길이 있고 그
방들의 모양은 북쪽 방 같고
그 길이와 너비도 같으며 그
출입구와 문도 그와 같으며
12 이 남쪽 방에 출입하는 문이
있는데 담 동쪽 길 어귀에 있
더라
13 그가 내게 이르되 좌우 골방
뜰 앞 곧 북쪽과 남쪽에 있는
방들은 거룩한 방이라 여호와
를 가까이 하는 제사장들이
지성물을 거기에서 먹을 것이
며 지성물 곧 소제와 속죄제
와 속건제의 제물을 거기 둘
것이니 이는 거룩한 곳이라
14 제사장의 의복은 거룩하므로
제사장이 성소에 들어갔다가
나올 때에 바로 바깥뜰로 가지
못하고 수종드는 그 의복을 그
방에 두고 다른 옷을 입고 백성
의 뜰로 나갈 것이니라 하더라

성전의 사면 담을 측량하다

15 그가 안에 있는 성전 측량하
기를 마친 후에 나를 데리고
동쪽을 향한 문의 길로 나가
서 사방 담을 측량하는데
16 그가 측량하는 장대 곧 그 장
대로 동쪽을 측량하니 오백
척이요
17 그 장대로 북쪽을 측량하니
오백 척이요
18 그 장대로 남쪽을 측량하니
오백 척이요
19 서쪽으로 돌이켜 그 장대로
측량하니 오백 척이라

20 그가 이같이 그 사방을 측량
하니 그 사방 담 안 마당의
길이가 오백 척이며 너비가 오
백 척이라 그 담은 거룩한 것
과 속된 것을 구별하는 것이
더라

여호와께서 성전에 들어가시다

43 그 후에 그가 나를 데
리고 문에 이르니 곧
동쪽을 향한 문이라
2 이스라엘 하나님의 영광이 동
쪽에서부터 오는데 하나님의
음성이 많은 물 소리 같고 땅
은 그 영광으로 말미암아 빛
나니
3 그 모양이 내가 본 환상 곧 전
에 성읍을 멸하러 올 때에 보
던 환상 같고 그발 강 가에서
보던 환상과도 같기로 내가
곧 얼굴을 땅에 대고 엎드렸더
니
4 여호와의 영광이 동문을 통하
여 성전으로 들어가고
5 영이 나를 들어 데리고 안뜰
에 들어가시기로 내가 보니 여
호와의 영광이 성전에 가득하
더라
6 성전에서 내게 하는 말을 내가
듣고 있을 때에 어떤 사람이
내 곁에 서 있더라
7 그가 내게 이르시되 인자야 이
는 내 보좌의 처소, 내 발을 두
는 처소, 내가 이스라엘 족속 가
운데에 영원히 있을 곳이라 이
스라엘 족속 곧 그들과 그들의
왕들이 음행하며 그 죽은 왕들
의 시체로 다시는 내 거룩한 이
름을 더럽히지 아니하리라
8 그들이 그 문지방을 내 문지방
곁에 두며 그 문설주를 내 문설
주 곁에 두어서 그들과 나 사이
에 겨우 한 담이 막히게 하였고

43

또 그 행하는 가증한 일로 내
거룩한 이름을 더럽혔으므로
내가 노하여 멸망시켰거니와
9 이제는 그들이 그 음란과 그 왕
들의 시체를 내게서 멀리 제거하
여 버려야 할 것이라 그리하면 내
가 그들 가운데에 영원히 살리라
10 인자야 너는 이 성전을 이스
라엘 족속에게 보여서 그들이
자기의 죄악을 부끄러워하고
그 형상을 측량하게 하라
11 만일 그들이 자기들이 행한
모든 일을 부끄러워하거든 너
는 이 성전의 제도와 구조와
그 출입하는 곳과 그 모든 형
상을 보이며 또 그 모든 규례
와 그 모든 법도와 그 모든 율
례를 알게 하고 그 목전에 그
것을 써서 그들로 그 모든 법
도와 그 모든 규례를 지켜 행
하게 하라
12 성전의 법은 이러하니라 산 꼭대
기 지점의 주위는 지극히 거룩
하리라 성전의 법은 이러하니라

번제단의 모양과 크기

13 제단의 크기는 이러하니라 한
자는 팔꿈치에서부터 손가락
에 이르고 한 손바닥 넓이가
더한 것이라 제단 밑받침의 높
이는 한 척이요 그 사방 가장
자리의 너비는 한 척이며 그
가로 둘린 턱의 너비는 한 뼘
이니 이는 제단 밑받침이요
14 이 땅에 닿은 밑받침 면에서
아래층의 높이는 두 척이요
그 가장자리의 너비는 한 척이
며 이 아래층 면에서 이 층의
높이는 네 척이요 그 가장자
리의 너비는 한 척이며
15 그 번제단 위층의 높이는 네
척이며 그 번제하는 바닥에서
솟은 뿔이 넷이며

16그 번제하는 바닥의 길이는
열두 척이요 너비도 열두 척이
니 네모 반듯하고
17그 아래층의 길이는 열네 척이
요 너비는 열네 척이니 네모 반
듯하고 그 밑받침에 둘린 턱의
너비는 반 척이며 그 가장자리
의 너비는 한 척이니라 그 층계
는 동쪽을 향하게 할지니라

번제단의 봉헌

18그가 내게 이르시되 인자야
주 여호와께서 이같이 말씀
하셨느니라 이 제단을 만드는
날에 그 위에 번제를 드리며
피를 뿌리는 규례는 이러하니
라
19주 여호와의 말씀이니라 나
를 가까이 하여 내게 수종드
는 사독의 자손 레위 사람 제
사장에게 너는 어린 수송아지
한 마리를 주어 속죄제물을
삼되
20네가 그 피를 가져다가 제단
의 네 뿔과 아래층 네 모퉁이
와 사방 가장자리에 발라 속
죄하여 제단을 정결하게 하
고
21그 속죄제물의 수송아지를 가
져다가 성전의 정한 처소 곧
성소 밖에서 불사를지며
22다음 날에는 흠 없는 숫염소
한 마리를 속죄제물로 삼아
드려서 그 제단을 정결하게 하
기를 수송아지로 정결하게 함
과 같이 하고
23정결하게 하기를 마친 후에는
흠 없는 수송아지 한 마리와
떼 가운데에서 흠 없는 숫양
한 마리를 드리되
24나 여호와 앞에 받들어다가 제
사장은 그 위에 소금을 쳐서 나
여호와께 번제로 드릴 것이며

25 칠 일 동안은 매일 염소 한 마
리를 갖추어 속죄제물을 삼고
또 어린 수송아지 한 마리와
떼 가운데에서 숫양 한 마리를
흠 없는 것으로 갖출 것이며
26 이같이 칠 일 동안 제단을 위
하여 속죄제를 드려 정결하게
하며 드릴 것이요
27 이 모든 날이 찬 후 제팔일과
그 다음에는 제사장이 제단
위에서 너희 번제와 감사제를
드릴 것이라 그리하면 내가 너
희를 즐겁게 받으리라 주 여호
와의 말씀이니라

성전 동쪽 문은 닫아 두라

44 그가 나를 데리고 성
소의 동쪽을 향한 바
깥 문에 돌아오시니 그 문이
닫혔더라
2 여호와께서 내게 이르시되 이
문은 닫고 다시 열지 못할지
니 아무도 그리로 들어오지
못할 것은 이스라엘 하나님 나
여호와가 그리로 들어왔음이
라 그러므로 닫아 둘지니라
3 왕은 왕인 까닭에 안 길로 이
문 현관으로 들어와서 거기에
앉아서 나 여호와 앞에서 음
식을 먹고 그 길로 나갈 것이
니라

여호와의 영광이 성전에 가득하다

4 그가 또 나를 데리고 북문을
통하여 성전 앞에 이르시기로
내가 보니 여호와의 영광이 여
호와의 성전에 가득한지라 내
가 얼굴을 땅에 대고 엎드리니
5 여호와께서 내게 이르시되 인
자야 너는 전심으로 주목하
여 내가 네게 말하는 바 여호
와의 성전의 모든 규례와 모든
율례를 귀로 듣고 또 성전의
입구와 성소의 출구를 전심으

44

로 주목하고
6 너는 반역하는 자 곧 이스라
엘 족속에게 이르기를 주 여
호와께서 이같이 말씀하시
기를 이스라엘 족속아 너희
의 모든 가증한 일이 족하니
라
7 너희가 마음과 몸에 할례 받
지 아니한 이방인을 데려오고
내 떡과 기름과 피를 드릴 때
에 그들로 내 성소 안에 있게
하여 내 성전을 더럽히므로 너
희의 모든 가증한 일 외에 그
들이 내 언약을 위반하게 하
는 것이 되었으며
8 너희가 내 성물의 직분을 지키
지 아니하고 내 성소에 사람을
두어 너희 직분을 대신 지키게
하였느니라

레위 사람들의 제사장 직분을 박탈하다

9 주 여호와께서 이같이 말씀하
셨느니라 이스라엘 족속 중에
있는 이방인 중에 마음과 몸
에 할례를 받지 아니한 이방인
은 내 성소에 들어오지 못하
리라
10 이스라엘 족속이 그릇 행하여
나를 떠날 때에 레위 사람도
그릇 행하여 그 우상을 따라
나를 멀리 떠났으니 그 죄악을
담당하리라
11 그러나 그들이 내 성소에서
수종들어 성전 문을 맡을 것
이며 성전에서 수종들어 백성
의 번제의 희생물과 다른 희생
물을 잡아 백성 앞에 서서 수
종들게 되리라
12 그들이 전에 백성을 위하여 그
우상 앞에서 수종들어 이스라엘
족속이 죄악에 걸려 넘어지게 하
였으므로 내가 내 손을 들어 쳐
서 그들이 그 죄악을 담당하였느

나라 주 여호와의 말씀이니라
13 그들이 내게 가까이 나아와
제사장의 직분을 행하지 못하
며 또 내 성물 곧 지성물에 가
까이 오지 못하리니 그들이
자기의 수치와 그 행한 바 가
증한 일을 담당하리라
14 그러나 내가 그들을 세워 성
전을 지키게 하고 성전에 모
든 수종드는 일과 그 가운데
에서 행하는 모든 일을 맡기
리라

제사장들

15 이스라엘 족속이 그릇 행하여
나를 떠날 때에 사독의 자손
레위 사람 제사장들은 내 성
소의 직분을 지켰은즉 그들은
내게 가까이 나아와 수종을
들되 내 앞에 서서 기름과 피
를 내게 드릴지니라 주 여호와
의 말씀이니라
16 그들이 내 성소에 들어오며 또
내 상에 가까이 나아와 내게
수종들어 내가 맡긴 직분을
지키되
17 그들이 안뜰 문에 들어올 때
에나 안뜰 문과 성전 안에서
수종들 때에는 양털 옷을 입
지 말고 가는 베 옷을 입을 것
이니
18 가는 베 관을 머리에 쓰며 가
는 베 바지를 입고 땀이 나게
하는 것으로 허리를 동이지
말 것이며
19 그들이 바깥뜰 백성에게로 나
갈 때에는 수종드는 옷을 벗
어 거룩한 방에 두고 다른 옷
을 입을지니 이는 그 옷으로
백성을 거룩하게 할까 함이라
20 그들은 또 머리털을 밀지도
말며 머리털을 길게 자라게도
말고 그 머리털을 깎기만 할

것이며
21 아무 제사장이든지 안뜰에
들어갈 때에는 포도주를 마시
지 말 것이며
22 과부나 이혼한 여인에게 장
가 들지 말고 오직 이스라
엘 족속의 처녀나 혹시 제
사장의 과부에게 장가 들
것이며
23 내 백성에게 거룩한 것과 속된
것의 구별을 가르치며 부정한
것과 정한 것을 분별하게 할
것이며
24 송사하는 일을 재판하되 내
규례대로 재판할 것이며 내 모
든 정한 절기에는 내 법도와
율례를 지킬 것이며 또 내 안
식일을 거룩하게 하며
25 시체를 가까이 하여 스스로
더럽히지 못할 것이로되 부모
나 자녀나 형제나 시집 가지
아니한 자매를 위하여는 더럽
힐 수 있으며
26 이런 자는 스스로 정결하게
한 후에 칠 일을 더 지낼 것이
요
27 성소에서 수종들기 위해 안뜰
과 성소에 들어갈 때에는 속
죄제를 드릴지니라 주 여호와
의 말씀이니라
28 그들에게는 기업이 있으리니
내가 곧 그 기업이라 너희는
이스라엘 가운데에서 그들에
게 산업을 주지 말라 내가 그
산업이 됨이라
29 그들은 소제와 속죄제와 속건
제의 제물을 먹을지니 이스라
엘 중에서 구별하여 드리는 물
건을 다 그들에게 돌리며
30 또 각종 처음 익은 열매와 너
희 모든 예물 중에 각종 거제
제물을 다 제사장에게 돌리고

너희가 또 첫 밀가루를 제사
장에게 주어 그들에게 네 집에
복이 내리도록 하게 하라
31 새나 가축이 저절로 죽은 것
이나 찢겨서 죽은 것은 다 제
사장이 먹지 말 것이니라

거룩한 구역

45 너희는 제비 뽑아 땅
을 나누어 기업으로
삼을 때에 한 구역을 거룩한
땅으로 삼아 여호와께 예물로
드릴지니 그 길이는 이만 오천
척이요 너비는 만 척이라 그
구역 안 전부가 거룩하리라
2 그 중에서 성소에 속할 땅은
길이가 오백 척이요 너비가 오
백 척이니 네모가 반듯하며
그 외에 사방 쉰 척으로 전원
이 되게 하되
3 이 측량한 가운데에서 길이는
이만 오천 척을 너비는 만 척
을 측량하고 그 안에 성소를
둘지니 지극히 거룩한 곳이요
4 그 곳은 성소에서 수종드는
제사장들 곧 하나님께 가까이
나아가서 수종드는 자들에게
주는 거룩한 땅이니 그들이
집을 지을 땅이며 성소를 위한
거룩한 곳이라
5 또 길이는 이만 오천 척을 너
비는 만 척을 측량하여 성전
에서 수종드는 레위 사람에
게 돌려 그들의 거주지를 삼
아 마을 스물을 세우게 하고
6 구별한 거룩한 구역 옆에 너비
는 오천 척을 길이는 이만 오
천 척을 측량하여 성읍의 기
지로 삼아 이스라엘 온 족속
에게 돌리고
7 드린 거룩한 구역과 성읍의 기
지 된 땅의 좌우편 곧 드린 거
룩한 구역의 옆과 성읍의 기지

45

옆의 땅을 왕에게 돌리되 서
쪽으로 향하여 서쪽 국경까지
와 동쪽으로 향하여 동쪽 국
경까지니 그 길이가 구역 하나
와 서로 같을지니라
8 이 땅을 왕에게 돌려 이스라
엘 가운데에 기업으로 삼게
하면 나의 왕들이 다시는 내
백성을 압제하지 아니하리라
그 나머지 땅은 이스라엘 족
속에게 그 지파대로 줄지니
라

통치자들의 통치 법칙

9 주 여호와께서 이같이 말씀하
셨느니라 이스라엘의 통치자
들아 너희에게 만족하니라 너
희는 포악과 겁탈을 제거하여
버리고 정의와 공의를 행하여
내 백성에게 속여 빼앗는 것을
그칠지니라 주 여호와의 말씀
이니라
10 너희는 공정한 저울과 공정한
에바와 공정한 밧을 쓸지니
11 에바와 밧은 그 용량을 동일
하게 하되 호멜의 용량을 따
라 밧은 십분의 일 호멜을 담
게 하고 에바도 십분의 일 호
멜을 담게 할 것이며
12 세겔은 이십 게라니 이십 세겔
과 이십오 세겔과 십오 세겔로
너희 마네가 되게 하라
13 너희가 마땅히 드릴 예물은 이러
하니 밀 한 호멜에서는 육분의
일 에바를 드리고 보리 한 호멜
에서도 육분의 일 에바를 드리며
14 기름은 정한 규례대로 한 고
르에서 십분의 일 밧을 드릴지
니 기름의 밧으로 말하면 한
고르는 십 밧 곧 한 호멜이며
(십 밧은 한 호멜이라)
15 또 이스라엘의 윤택한 초장의 가
축 떼 이백 마리에서는 어린 양

한 마리를 드릴 것이라 백성을
속죄하기 위하여 이것들을 소제
와 번제와 감사 제물로 삼을지니
라 주 여호와의 말씀이니라
16 이 땅 모든 백성은 이 예물
을 이스라엘의 군주에게 드
리고
17 군주의 본분은 번제와 소제
와 전제를 명절과 초하루와
안식일과 이스라엘 족속의 모
든 정한 명절에 갖추는 것이
니 이스라엘 족속을 속죄하기
위하여 이 속죄제와 소제와
번제와 감사 제물을 갖출지니
라

유월절과 일곱째 달 열다섯째 날

18 여호와께서 이같이 말씀하셨
느니라 첫째 달 초하룻날에
흠 없는 수송아지 한 마리를
가져다가 성소를 정결하게 하
되
19 제사장이 그 속죄제 희생제물
의 피를 가져다가 성전 문설주
와 제단 아래층 네 모퉁이와
안뜰 문설주에 바를 것이요
20 그 달 칠일에도 모든 과실범과
모르고 범죄한 자를 위하여
역시 그렇게 하여 성전을 속죄
할지니라
21 첫째 달 열나흗날에는 유월절
을 칠 일 동안 명절로 지키며
누룩 없는 떡을 먹을 것이라
22 그 날에 왕은 자기와 이 땅 모든
백성을 위하여 송아지 한 마리
를 갖추어 속죄제를 드릴 것이요
23 또 명절 칠 일 동안에는 그가
나 여호와를 위하여 번제를
준비하되 곧 이레 동안에 매일
흠 없는 수송아지 일곱 마리
와 숫양 일곱 마리이며 또 매
일 숫염소 한 마리를 갖추어
속죄제를 드릴 것이며

24 또 소제를 갖추되 수송아지
한 마리에는 밀가루 한 에바
요 숫양 한 마리에도 한 에바
며 밀가루 한 에바에는 기름
한 힌 씩이며
25 일곱째 달 열다섯째 날에 칠
일 동안 명절을 지켜 속죄제와
번제며 그 밀가루와 기름을
드릴지니라

안식일과 초하루

46 주 여호와께서 이같
이 말씀하셨느니라
안뜰 동쪽을 향한 문은 일하
는 엿새 동안에는 닫되 안식일
에는 열며 초하루에도 열고
2 군주는 바깥 문 현관을 통하
여 들어와서 문 벽 곁에 서고
제사장은 그를 위하여 번제와
감사제를 드릴 것이요 군주는
문 통로에서 예배한 후에 밖
으로 나가고 그 문은 저녁까
지 닫지 말 것이며
3 이 땅 백성도 안식일과 초하루
에 이 문 입구에서 나 여호와
앞에 예배할 것이며
4 안식일에 군주가 여호와께 드
릴 번제는 흠 없는 어린 양 여
섯 마리와 흠 없는 숫양 한 마
리라
5 그 소제는 숫양 하나에는 밀
가루 한 에바요 모든 어린 양
에는 그 힘대로 할 것이며 밀
가루 한 에바에는 기름 한 힌
씩이니라
6 초하루에는 흠 없는 수송아지
한 마리와 어린 양 여섯 마리
와 숫양 한 마리를 드리되 모
두 흠 없는 것으로 할 것이며
7 또 소제를 준비하되 수송아지
에는 밀가루 한 에바요 숫양
에도 밀가루 한 에바며 모든
어린 양에는 그 힘대로 할 것

46

이요 밀가루 한 에바에는 기
름 한 힌씩이며
8 군주가 올 때에는 이 문 현관
을 통하여 들어오고 나갈 때
에도 그리할지니라
9 그러나 모든 정한 절기에 이 땅
백성이 나 여호와 앞에 나아올
때에는 북문으로 들어와서 경
배하는 자는 남문으로 나가고
남문으로 들어오는 자는 북문
으로 나갈지라 들어온 문으로
도로 나가지 말고 그 몸이 앞
으로 향한 대로 나갈지며
10 군주가 무리 가운데에 있어서
그들이 들어올 때에 들어오고
그들이 나갈 때에 나갈지니라
11 명절과 성회 때에 그 소제는
수송아지 한 마리에 밀가루
한 에바요 숫양 한 마리에도
한 에바요 모든 어린 양에는
그 힘대로 할 것이며 밀가루
한 에바에는 기름 한 힌씩이며
12 만일 군주가 자원하여 번제를
준비하거나 혹은 자원하여 감
사제를 준비하여 나 여호와께
드릴 때에는 그를 위하여 동
쪽을 향한 문을 열고 그가 번
제와 감사제를 안식일에 드림
같이 드리고 밖으로 나갈지며
나간 후에 문을 닫을지니라

매일 드리는 제사

13 아침마다 일년 되고 흠 없는
어린 양 한 마리를 번제를 갖
추어 나 여호와께 드리고
14 또 아침마다 그것과 함께 드릴
소제를 갖추되 곧 밀가루 육
분의 일 에바와 기름 삼분의
일 힌을 섞을 것이니 이는 영
원한 규례로 삼아 항상 나 여
호와께 드릴 소제라
15 이같이 아침마다 그 어린 양과
밀가루와 기름을 준비하여 항

상 드리는 번제물로 삼을지니라

군주와 그의 기업

16 주 여호와께서 이같이 말씀하
셨느니라 군주가 만일 한 아
들에게 선물을 준즉 그의 기
업이 되어 그 자손에게 속하
나니 이는 그 기업을 이어 받
음이어니와
17 군주가 만일 그 기업을 한 종
에게 선물로 준즉 그 종에게
속하여 희년까지 이르고 그
후에는 군주에게로 돌아갈 것
이니 군주의 기업은 그 아들
이 이어 받을 것임이라
18 군주는 백성의 기업을 빼앗아
그 산업에서 쫓아내지 못할지
니 군주가 자기 아들에게 기
업으로 줄 것은 자기 산업으
로만 할 것임이라 백성이 각각
그 산업을 떠나 흩어지지 않
게 할 것이니라

성전 부엌

19 그 후에 그가 나를 데리고 문
곁 통행구를 통하여 북쪽을
향한 제사장의 거룩한 방에
들어가시니 그 방 뒤 서쪽에
한 처소가 있더라
20 그가 내게 이르시되 이는 제
사장이 속건제와 속죄제 희
생제물을 삶으며 소제 제물
을 구울 처소니 그들이 이 성
물을 가지고 바깥뜰에 나가면
백성을 거룩하게 할까 함이니
라 하시고
21 나를 데리고 바깥뜰로 나가서
나를 뜰 네 구석을 지나가게
하시는데 본즉 그 뜰 매 구석
에 또 뜰이 있는데
22 뜰의 네 구석 안에는 집이 있
으니 길이는 마흔 척이요 너비
는 서른 척이라 구석의 네 뜰
이 같은 크기며

23 그 작은 네 뜰 사방으로 돌아
가며 부엌이 있고 그 사방 부엌
에 삶는 기구가 설비되었는데
24 그가 내게 이르시되 이는 삶
는 부엌이니 성전에서 수종드
는 자가 백성의 제물을 여기서
삶을 것이니라 하시더라

성전에서 나오는 물

47 그가 나를 데리고 성
전 문에 이르시니 성
전의 앞면이 동쪽을 향하였는
데 그 문지방 밑에서 물이 나
와 동쪽으로 흐르다가 성전
오른쪽 제단 남쪽으로 흘러
내리더라
2 그가 또 나를 데리고 북문으
로 나가서 바깥 길로 꺾여 동
쪽을 향한 바깥 문에 이르시
기로 본즉 물이 그 오른쪽에
서 스며 나오더라
3 그 사람이 손에 줄을 잡고 동
쪽으로 나아가며 천 척을 측량
한 후에 내게 그 물을 건너게
하시니 물이 발목에 오르더니
4 다시 천 척을 측량하고 내게
물을 건너게 하시니 물이 무
릎에 오르고 다시 천 척을 측
량하고 내게 물을 건너게 하시
니 물이 허리에 오르고
5 다시 천 척을 측량하시니 물
이 내가 건너지 못할 강이 된
지라 그 물이 가득하여 헤엄
칠 만한 물이요 사람이 능히
건너지 못할 강이더라
6 그가 내게 이르시되 인자야
네가 이것을 보았느냐 하시고
나를 인도하여 강 가로 돌아
가게 하시기로
7 내가 돌아가니 강 좌우편에
나무가 심히 많더라
8 그가 내게 이르시되 이 물이
동쪽으로 향하여 흘러 아

47

라바로 내려가서 바다에 이
르리니 이 흘러 내리는 물로
그 바다의 물이 되살아나리
라
9 이 강물이 이르는 곳마다 번
성하는 모든 생물이 살고 또
고기가 심히 많으리니 이 물
이 흘러 들어가므로 바닷물이
되살아나겠고 이 강이 이르는
각처에 모든 것이 살 것이며
10 또 이 강 가에 어부가 설 것이
니 엔게디에서부터 에네글라
임까지 그물 치는 곳이 될 것
이라 그 고기가 각기 종류를
따라 큰 바다의 고기 같이 심
히 많으려니와
11 그 진펄과 개펄은 되살아나지
못하고 소금 땅이 될 것이며
12 강 좌우 가에는 각종 먹을 과
실나무가 자라서 그 잎이 시들
지 아니하며 열매가 끊이지 아
니하고 달마다 새 열매를 맺으
리니 그 물이 성소를 통하여
나옴이라 그 열매는 먹을 만
하고 그 잎사귀는 약 재료가
되리라

땅의 경계선과 분배

13 주 여호와께서 이같이 말씀
하셨느니라 너희는 이 경계선
대로 이스라엘 열두 지파에
게 이 땅을 나누어 기업이 되
게 하되 요셉에게는 두 몫이
니라
14 내가 옛적에 내 손을 들어 맹
세하여 이 땅을 너희 조상들
에게 주겠다고 하였나니 너희
는 공평하게 나누어 기업을
삼으라 이 땅이 너희의 기업이
되리라
15 이 땅 경계선은 이러하니라 북
쪽은 대해에서 헤들론 길을
거쳐 스닷 어귀까지니

16 곧 하맛과 브로다며 다메섹
경계선과 하맛 경계선 사이에
있는 시브라임과 하우란 경계
선 곁에 있는 하셀핫디곤이라
17 그 경계선이 바닷가에서부터
다메섹 경계선에 있는 하살에
논까지요 그 경계선이 또 북
쪽 끝에 있는 하맛 경계선에
이르렀나니 이는 그 북쪽이
요
18 동쪽은 하우란과 다메섹과
및 길르앗과 이스라엘 땅 사이
에 있는 요단 강이니 북쪽 경
계선에서부터 동쪽 바다까지
측량하라 이는 그 동쪽이요
19 남쪽은 다말에서부터 므리봇
가데스 물에 이르고 애굽 시
내를 따라 대해에 이르나니 이
는 그 남쪽이요
20 서쪽은 대해라 남쪽 경계선에
서부터 맞은쪽 하맛 어귀까지
이르나니 이는 그 서쪽이니라
21 그런즉 너희가 이스라엘 모든
지파대로 이 땅을 나누어 차
지하라
22 너희는 이 땅을 나누되 제비
뽑아 너희와 너희 가운데에
머물러 사는 타국인 곧 너희
가운데에서 자녀를 낳은 자의
기업이 되게 할지니 너희는 그
타국인을 본토에서 난 이스라
엘 족속 같이 여기고 그들도
이스라엘 지파 중에서 너희와
함께 기업을 얻게 하되
23 타국인이 머물러 사는 그 지
파에서 그 기업을 줄지니라 주
여호와의 말씀이니라

각 지파의 몫과 거룩한 땅

48

모든 지파의 이름은
이와 같으니라 북쪽 끝
에서부터 헤들론 길을 거쳐 하맛
어귀를 지나서 다메섹 경계선에

48

있는 하살에논까지 곧 북쪽으로
하맛 경계선에 미치는 땅 동쪽에
서 서쪽까지는 단의 몫이요
2 단 경계선 다음으로 동쪽에
서 서쪽까지는 아셀의 몫이
요
3 아셀 경계선 다음으로 동쪽에
서 서쪽까지는 납달리의 몫이
요
4 납달리 경계선 다음으로 동쪽
에서 서쪽까지는 므낫세의 몫
이요
5 므낫세 경계선 다음으로 동쪽
에서 서쪽까지는 에브라임의
몫이요
6 에브라임 경계선 다음으로 동
쪽에서 서쪽까지는 르우벤의
몫이요
7 르우벤 경계선 다음으로 동쪽
에서 서쪽까지는 유다의 몫이요
8 유다 경계선 다음으로 동쪽에
서 서쪽까지는 너희가 예물로
드릴 땅이라 너비는 이만 오천
척이요 길이는 다른 몫의 동
쪽에서 서쪽까지와 같고 성소
는 그 중앙에 있을지니
9 곧 너희가 여호와께 드려 예물
로 삼을 땅의 길이는 이만 오
천 척이요 너비는 만 척이라
10 이 드리는 거룩한 땅은 제사장
에게 돌릴지니 북쪽으로 길이
가 이만 오천 척이요 서쪽으로
너비는 만 척이요 동쪽으로 너
비가 만 척이요 남쪽으로 길이
가 이만 오천 척이라 그 중앙
에 여호와의 성소가 있게 하고
11 이 땅을 사독의 자손 중에서
거룩하게 구별한 제사장에게
돌릴지어다 그들은 직분을 지
키고 이스라엘 족속이 그릇될
때에 레위 사람이 그릇된 것처
럼 그릇되지 아니하였느니라

12 땅의 예물 중에서 그들이 예
물을 받을지니 레위인의 접경
지에 관한 가장 거룩한 예물
이니라
13 제사장의 경계선을 따라 레위
사람의 몫을 주되 길이는 이
만 오천 척이요 너비는 만 척
으로 할지니 이 구역의 길이가
이만 오천 척이요 너비가 각기
만 척이라
14 그들이 그 땅을 팔지도 못
하며 바꾸지도 못하며 그
땅의 처음 익은 열매를 남에
게 주지도 못하리니 이는 여
호와께 거룩히 구별한 것임
이라
15 이 이만 오천 척 다음으로
너비 오천 척은 속된 땅으
로 구분하여 성읍을 세우며
거주하는 곳과 전원을 삼되
성읍이 그 중앙에 있게 할지
니
16 그 크기는 북쪽도 사천오백
척이요 남쪽도 사천오백 척이
요 동쪽도 사천오백 척이요 서
쪽도 사천오백 척이며
17 그 성읍의 들은 북쪽으로 이
백오십 척이요 남쪽으로 이백
오십 척이요 동쪽으로 이백오
십 척이요 서쪽으로 이백오십
척이며
18 예물을 삼아 거룩히 구별할
땅과 연접하여 남아 있는 땅
의 길이는 동쪽으로 만 척이
요 서쪽으로 만 척이라 곧 예
물을 삼아 거룩하게 구별할
땅과 연접하였으며 그 땅의 소
산을 성읍에서 일하는 자의
양식을 삼을지라
19 이스라엘 모든 지파 가운데에
그 성읍에서 일하는 자는 그
땅을 경작할지니라

20 그런즉 예물로 드리는 땅의 합
계는 길이도 이만 오천 척이요
너비도 이만 오천 척이라 너희
가 거룩히 구별하여 드릴 땅은
성읍의 기지와 합하여 네모
반듯할 것이니라
21 거룩하게 구별할 땅과 성읍의
기지 좌우편에 남은 땅은 군주
에게 돌릴지니 곧 거룩하게 구
별할 땅의 동쪽을 향한 그 경
계선 앞 이만 오천 척과 서쪽을
향한 그 경계선 앞 이만 오천 척
이라 다른 몫들과 연접한 땅이
니 이것을 군주에게 돌릴 것이
며 거룩하게 구별할 땅과 성전
의 성소가 그 중앙에 있으리라
22 그런즉 군주에게 돌려 그에게
속할 땅은 레위 사람의 기업
좌우편과 성읍의 기지 좌우편
이며 유다 지경과 베냐민 지경
사이에 있을지니라

나머지 지파들의 몫

23 그 나머지 모든 지파는 동쪽
에서 서쪽까지는 베냐민의 몫
이요
24 베냐민 경계선 다음으로 동쪽
에서 서쪽까지는 시므온의 몫
이요
25 시므온 경계선 다음으로 동쪽
에서 서쪽까지는 잇사갈의 몫
이요
26 잇사갈 경계선 다음으로 동
쪽에서 서쪽까지는 스불론의
몫이요
27 스불론 경계선 다음으로 동
쪽에서 서쪽까지는 갓의 몫이
며
28 갓 경계선 다음으로 남쪽 경
계선은 다말에서부터 므리바
가데스 샘에 이르고 애굽 시
내를 따라 대해에 이르나니
29 이것은 너희가 제비 뽑아 이

스라엘 지파에게 나누어 주
어 기업이 되게 할 땅이요 또
이것들은 그들의 몫이니라 주
여호와의 말씀이니라

예루살렘 성읍의 문들

30 그 성읍의 출입구는 이러하니
라 북쪽의 너비가 사천오백 척
이라
31 그 성읍의 문들은 이스라엘
지파들의 이름을 따를 것인데
북쪽으로 문이 셋이라 하나는
르우벤 문이요 하나는 유다
문이요 하나는 레위 문이며
32 동쪽의 너비는 사천오백 척이
니 또한 문이 셋이라 하나는
요셉 문이요 하나는 베냐민
문이요 하나는 단 문이며
33 남쪽의 너비는 사천오백 척이
니 또한 문이 셋이라 하나는
시므온 문이요 하나는 잇사
갈 문이요 하나는 스불론 문
이며
34 서쪽도 사천오백 척이니 또한
문이 셋이라 하나는 갓 문이
요 하나는 아셀 문이요 하나
는 납달리 문이며
35 그 사방의 합계는 만 팔천 척
이라 그 날 후로는 그 성읍의
이름을 여호와삼마라 하리라

다니엘

Daniel

다니엘 선지자는 유배 기간 동안 바벨론에서 이 책을 기록한다. 그는, 하나님께서 모든 것을 다스리고 계시며, 따라서 승리는 언제나 그분께 있다는 것, 그리고 그분의 뜻을 행하는 사람들과 함께 하신다는 것을 우리에게 알려주기 원한다. 바벨론에 있는 이방의 왕들조차 이 진리를 인정해야 한다는 사실을 강조한다. 이 책을 읽으면서 당신은, 하나님께서 어떻게 당신의 생애를 주관하고 계신가에 관해, 그리고 당신이 하나님께 순종함으로써 어떻게 당신이 악의 세력들에 맞서 승리할 수 있을 것인가에 관해 생각해 보라.

느부갓네살 왕궁의 소년들

1 유다 왕 여호야김이 다스
린 지 삼 년이 되는 해에
바벨론 왕 느부갓네살이 예루
살렘에 이르러 성을 에워쌌더
니
2 주께서 유다 왕 여호야김과
하나님의 전 그릇 얼마를 그
의 손에 넘기시매 그가 그것
을 가지고 시날 땅 자기 신들
의 신전에 가져다가 그 신들의
보물 창고에 두었더라
3 왕이 환관장 아스부나스에게
말하여 이스라엘 자손 중에서
왕족과 귀족 몇 사람
4 곧 흠이 없고 용모가 아름다
우며 모든 지혜를 통찰하며
지식에 통달하며 학문에 익
숙하여 왕궁에 설 만한 소년
을 데려오게 하였고 그들에게
갈대아 사람의 학문과 언어를
가르치게 하였고
5 또 왕이 지정하여 그들에게
왕의 음식과 그가 마시는 포
도주에서 날마다 쓸 것을 주
어 삼 년을 기르게 하였으니
그 후에 그들은 왕 앞에 서게
될 것이더라
6 그들 가운데는 유다 자손 곧
다니엘과 하나냐와 미사엘과
아사랴가 있었더니
7 환관장이 그들의 이름을 고
쳐 다니엘은 벨드사살이라
하고 하나냐는 사드락이라
하고 미사엘은 메삭이라 하
고 아사랴는 아벳느고라 하
였더라
8 다니엘은 뜻을 정하여 왕의
음식과 그가 마시는 포도주로
자기를 더럽히지 아니하리라
하고 자기를 더럽히지 아니하
도록 환관장에게 구하니

1

9 하나님이 다니엘로 하여금 환
관장에게 은혜와 긍휼을 얻게
하신지라
10 환관장이 다니엘에게 이르되
내가 내 주 왕을 두려워하노라
그가 너희 먹을 것과 너희 마
실 것을 지정하셨거늘 너희의
얼굴이 초췌하여 같은 또래의
소년들만 못한 것을 그가 보게
할 것이 무엇이냐 그렇게 되면
너희 때문에 내 머리가 왕 앞
에서 위태롭게 되리라 하니라
11 환관장이 다니엘과 하나냐와
미사엘과 아사랴를 감독하게
한 자에게 다니엘이 말하되
12 청하오니 당신의 종들을 열흘
동안 시험하여 채식을 주어 먹
게 하고 물을 주어 마시게 한
후에
13 당신 앞에서 우리의 얼굴과 왕의
음식을 먹는 소년들의 얼굴을
비교하여 보아서 당신이 보는
대로 종들에게 행하소서 하매
14 그가 그들의 말을 따라 열흘
동안 시험하더니
15 열흘 후에 그들의 얼굴이 더
욱 아름답고 살이 더욱 윤택
하여 왕의 음식을 먹는 다른
소년들보다 더 좋아 보인지
라
16 그리하여 감독하는 자가 그들
에게 지정된 음식과 마실 포
도주를 제하고 채식을 주니라
17 하나님이 이 네 소년에게 학문
을 주시고 모든 서적을 깨닫게
하시고 지혜를 주셨으니 다니
엘은 또 모든 환상과 꿈을 깨
달아 알더라
18 왕이 말한 대로 그들을 불러
들일 기한이 찼으므로 환관
장이 그들을 느부갓네살 앞으
로 데리고 가니

19 왕이 그들과 말하여 보매 무리
중에 다니엘과 하나냐와 미사
엘과 아사랴와 같은 자가 없으
므로 그들을 왕 앞에 서게 하고
20 왕이 그들에게 모든 일을 묻
는 중에 그 지혜와 총명이 온
나라 박수와 술객보다 십 배
나 나은 줄을 아니라
21 다니엘은 고레스 왕 원년까지
있으니라

느부갓네살의 꿈

2 느부갓네살이 다스린 지
이 년이 되는 해에 느부갓
네살이 꿈을 꾸고 그로 말미
암아 마음이 번민하여 잠을
이루지 못한지라
2 왕이 그의 꿈을 자기에게 알
려 주도록 박수와 술객과 점
쟁이와 갈대아 술사를 부르라
말하매 그들이 들어가서 왕의
앞에 선지라
3 왕이 그들에게 이르되 내가
꿈을 꾸고 그 꿈을 알고자 하
여 마음이 번민하도다 하니
4 갈대아 술사들이 아람 말로
왕에게 말하되 왕이여 만수무
강 하옵소서 왕께서 그 꿈을
종들에게 이르시면 우리가 해
석하여 드리겠나이다 하는지
라
5 왕이 갈대아인들에게 대답하
여 이르되 내가 명령을 내렸나
니 너희가 만일 꿈과 그 해석
을 내게 알게 하지 아니하면
너희 몸을 쪼갤 것이며 너희
의 집을 거름더미로 만들 것
이요
6 너희가 만일 꿈과 그 해석을
보이면 너희가 선물과 상과 큰
영광을 내게서 얻으리라 그런
즉 꿈과 그 해석을 내게 보이
라 하니

2

7 그들이 다시 대답하여 이르되
원하건대 왕은 꿈을 종들에게
이르소서 그리하시면 우리가
해석하여 드리겠나이다 하니
8 왕이 대답하여 이르되 내가
분명히 아노라 너희가 나의 명
령이 내렸음을 보았으므로 시
간을 지연하려 함이로다
9 너희가 만일 이 꿈을 내게 알
게 하지 아니하면 너희를 처치
할 법이 오직 하나이니 이는
너희가 거짓말과 망령된 말을
내 앞에서 꾸며 말하여 때가
변하기를 기다리려 함이라 이
제 그 꿈을 내게 알게 하라 그
리하면 너희가 그 해석도 보일
줄을 내가 알리라 하더라
10 갈대아인들이 왕 앞에 대답
하여 이르되 세상에는 왕의
그 일을 보일 자가 한 사람도
없으므로 어떤 크고 권력 있
는 왕이라도 이런 것으로 박
수에게나 술객에게나 갈대아
인들에게 물은 자가 없었나
이다
11 왕께서 물으신 것은 어려운 일
이라 육체와 함께 살지 아니하
는 신들 외에는 왕 앞에 그것
을 보일 자가 없나이다 한지라
12 왕이 이로 말미암아 진노하고
통분하여 바벨론의 모든 지혜
자들을 다 죽이라 명령하니라
13 왕의 명령이 내리매 지혜자들
은 죽게 되었고 다니엘과 그의
친구들도 죽이려고 찾았더라

다니엘에게 은밀한 것을 보이시다

14 그 때에 왕의 근위대장 아리
옥이 바벨론 지혜자들을 죽이
러 나가매 다니엘이 명철하고
슬기로운 말로
15 왕의 근위대장 아리옥에게 물
어 이르되 왕의 명령이 어찌

그리 급하냐 하니 아리옥이
그 일을 다니엘에게 알리매
16 다니엘이 들어가서 왕께 구하
기를 시간을 주시면 왕에게 그
해석을 알려 드리리이다 하니라
17 이에 다니엘이 자기 집으로 돌
아가서 그 친구 하나냐와 미
사엘과 아사랴에게 그 일을
알리고
18 하늘에 계신 하나님이 이 은밀
한 일에 대하여 불쌍히 여기
사 다니엘과 친구들이 바벨론
의 다른 지혜자들과 함께 죽
임을 당하지 않게 하시기를 그
들로 하여금 구하게 하니라
19 이에 이 은밀한 것이 밤에 환
상으로 다니엘에게 나타나 보
이매 다니엘이 하늘에 계신 하
나님을 찬송하니라
20 다니엘이 말하여 이르되 영원
부터 영원까지 하나님의 이름
을 찬송할 것은 지혜와 능력
이 그에게 있음이로다
21 그는 때와 계절을 바꾸시며
왕들을 폐하시고 왕들을 세
우시며 지혜자에게 지혜를 주
시고 총명한 자에게 지식을 주
시는도다
22 그는 깊고 은밀한 일을 나타
내시고 어두운 데에 있는 것
을 아시며 또 빛이 그와 함께
있도다
23 나의 조상들의 하나님이여 주
께서 이제 내게 지혜와 능력을
주시고 우리가 주께 구한 것
을 내게 알게 하셨사오니 내가
주께 감사하고 주를 찬양하
나이다 곧 주께서 왕의 그 일
을 내게 보이셨나이다 하니라
24 이에 다니엘은 왕이 바벨론 지
혜자들을 죽이라 명령한 아리
옥에게로 가서 그에게 이같이

이르되 바벨론 지혜자들을 죽
이지 말고 나를 왕의 앞으로
인도하라 그리하면 내가 그 해
석을 왕께 알려 드리리라 하니

다니엘이 꿈을 해석하다

25 이에 아리옥이 다니엘을 데
리고 급히 왕 앞에 들어가서
아뢰되 내가 사로잡혀 온 유
다 자손 중에서 한 사람을
찾아내었나이다 그가 그 해
석을 왕께 알려 드리리이다
하니라
26 왕이 대답하여 벨드사살이라
이름한 다니엘에게 이르되 내
가 꾼 꿈과 그 해석을 네가 능
히 내게 알게 하겠느냐 하니
27 다니엘이 왕 앞에 대답하여 이
르되 왕이 물으신 바 은밀한
것은 지혜자나 술객이나 박수
나 점쟁이가 능히 왕께 보일
수 없으되
28 오직 은밀한 것을 나타내실 이
는 하늘에 계신 하나님이시라
그가 느부갓네살 왕에게 후일에
될 일을 알게 하셨나이다 왕의
꿈 곧 왕이 침상에서 머리 속으
로 받은 환상은 이러하니이다
29 왕이여 왕이 침상에서 장래 일
을 생각하실 때에 은밀한 것
을 나타내시는 이가 장래 일
을 왕에게 알게 하셨사오며
30 내게 이 은밀한 것을 나타내
심은 내 지혜가 모든 사람보
다 낫기 때문이 아니라 오직
그 해석을 왕에게 알려서 왕이
마음으로 생각하던 것을 왕에
게 알려 주려 하심이니이다
31 왕이여 왕이 한 큰 신상을 보
셨나이다 그 신상이 왕의 앞
에 섰는데 크고 광채가 매우
찬란하며 그 모양이 심히 두
려우니

32그 우상의 머리는 순금이요
가슴과 두 팔은 은이요 배와
넓적다리는 놋이요
33그 종아리는 쇠요 그 발은 얼마
는 쇠요 얼마는 진흙이었나이다
34또 왕이 보신즉 손대지 아니
한 돌이 나와서 신상의 쇠와
진흙의 발을 쳐서 부서뜨리
매
35그 때에 쇠와 진흙과 놋과 은
과 금이 다 부서져 여름 타작
마당의 겨 같이 되어 바람에
불려 간 곳이 없었고 우상을
친 돌은 태산을 이루어 온 세
계에 가득하였나이다
36그 꿈이 이러한즉 내가 이제
그 해석을 왕 앞에 아뢰리이
다
37왕이여 왕은 여러 왕들 중의
왕이시라 하늘의 하나님이 나
라와 권세와 능력과 영광을
왕에게 주셨고
38사람들과 들짐승과 공중의
새들, 어느 곳에 있는 것을
막론하고 그것들을 왕의 손
에 넘기사 다 다스리게 하셨
으니 왕은 곧 그 금 머리니이
다
39왕을 뒤이어 왕보다 못한 다
른 나라가 일어날 것이요 셋째
로 또 놋 같은 나라가 일어나
서 온 세계를 다스릴 것이며
40넷째 나라는 강하기가 쇠 같
으리니 쇠는 모든 물건을 부서
뜨리고 이기는 것이라 쇠가 모
든 것을 부수는 것 같이 그 나
라가 뭇 나라를 부서뜨리고
찧을 것이며
41왕께서 그 발과 발가락이 얼
마는 토기장이의 진흙이요 얼
마는 쇠인 것을 보셨은즉 그
나라가 나누일 것이며 왕께서

쇠와 진흙이 섞인 것을 보셨
은즉 그 나라가 쇠 같은 든든
함이 있을 것이나
42 그 발가락이 얼마는 쇠요 얼
마는 진흙인즉 그 나라가 얼
마는 든든하고 얼마는 부서질
만할 것이며
43 왕께서 쇠와 진흙이 섞인 것을
보셨은즉 그들이 다른 민족과
서로 섞일 것이나 그들이 피차
에 합하지 아니함이 쇠와 진
흙이 합하지 않음과 같으리이
다
44 이 여러 왕들의 시대에 하늘의
하나님이 한 나라를 세우시리
니 이것은 영원히 망하지도 아
니할 것이요 그 국권이 다른
백성에게로 돌아가지도 아니
할 것이요 도리어 이 모든 나
라를 쳐서 멸망시키고 영원히
설 것이라
45 손대지 아니한 돌이 산에서
나와서 쇠와 놋과 진흙과 은
과 금을 부서뜨린 것을 왕께
서 보신 것은 크신 하나님이
장래 일을 왕께 알게 하신 것
이라 이 꿈은 참되고 이 해석
은 확실하니이다 하니

왕이 다니엘을 높이다

46 이에 느부갓네살 왕이 엎드려
다니엘에게 절하고 명하여 예물
과 향품을 그에게 주게 하니라
47 왕이 대답하여 다니엘에게 이
르되 너희 하나님은 참으로
모든 신들의 신이시요 모든 왕
의 주재시로다 네가 능히 이
은밀한 것을 나타내었으니 네
하나님은 또 은밀한 것을 나
타내시는 이시로다
48 왕이 이에 다니엘을 높여 귀
한 선물을 많이 주며 그를 세
워 바벨론 온 지방을 다스리

게 하며 또 바벨론 모든 지혜
자의 어른을 삼았으며
49 왕이 또 다니엘의 요구대로 사
드락과 메삭과 아벳느고를 세
워 바벨론 지방의 일을 다스
리게 하였고 다니엘은 왕궁에
있었더라

금 신상 숭배

3 느부갓네살 왕이 금으로
신상을 만들었으니 높이
는 육십 규빗이요 너비는 여섯
규빗이라 그것을 바벨론 지방
의 두라 평지에 세웠더라
2 느부갓네살 왕이 사람을 보
내어 총독과 수령과 행정관과
모사와 재무관과 재판관과 법
률사와 각 지방 모든 관원을
느부갓네살 왕이 세운 신상의
낙성식에 참석하게 하매
3 이에 총독과 수령과 행정관과
모사와 재무관과 재판관과 법
률사와 각 지방 모든 관원이
느부갓네살 왕이 세운 신상의
낙성식에 참석하여 느부갓네살
왕이 세운 신상 앞에 서니라
4 선포하는 자가 크게 외쳐 이
르되 백성들과 나라들과 각
언어로 말하는 자들아 왕이
너희 무리에게 명하시나니
5 너희는 나팔과 피리와 수금과
삼현금과 양금과 생황과 및
모든 악기 소리를 들을 때에
엎드리어 느부갓네살 왕이 세
운 금 신상에게 절하라
6 누구든지 엎드려 절하지 아니
하는 자는 즉시 맹렬히 타는
풀무불에 던져 넣으리라 하였
더라
7 모든 백성과 나라들과 각 언
어를 말하는 자들이 나팔과
피리와 수금과 삼현금과 양금
과 및 모든 악기 소리를 듣자

3

곧 느부갓네살 왕이 세운 금
신상에게 엎드려 절하니라

다니엘의 세 친구

8 그 때에 어떤 갈대아 사람들
이 나아와 유다 사람들을 참
소하니라
9 그들이 느부갓네살 왕에게 이
르되 왕이여 만수무강 하옵
소서
10 왕이여 왕이 명령을 내리사 모
든 사람이 나팔과 피리와 수금
과 삼현금과 양금과 생황과 및
모든 악기 소리를 듣거든 엎드
려 금 신상에게 절할 것이라
11 누구든지 엎드려 절하지 아
니하는 자는 맹렬히 타는 풀
무불 가운데에 던져 넣음을
당하리라 하지 아니하셨나이
까
12 이제 몇 유다 사람 사드락과 메
삭과 아벳느고는 왕이 세워 바
벨론 지방을 다스리게 하신 자
이거늘 왕이여 이 사람들이 왕
을 높이지 아니하며 왕의 신들을
섬기지 아니하며 왕이 세우신 금
신상에게 절하지 아니하나이다
13 느부갓네살 왕이 노하고 분
하여 사드락과 메삭과 아벳느
고를 끌어오라 말하매 드디어
그 사람들을 왕의 앞으로 끌
어온지라
14 느부갓네살이 그들에게 물어
이르되 사드락, 메삭, 아벳느고
야 너희가 내 신을 섬기지 아니
하며 내가 세운 금 신상에게 절
하지 아니한다 하니 사실이냐
15 이제라도 너희가 준비하였다가
나팔과 피리와 수금과 삼현금
과 양금과 생황과 및 모든 악기
소리를 들을 때 내가 만든 신
상 앞에 엎드려 절하면 좋거니
와 너희가 만일 절하지 아니하

면 즉시 너희를 맹렬히 타는 풀
무불 가운데에 던져 넣을 것이
니 능히 너희를 내 손에서 건져
낼 신이 누구이겠느냐 하니
16 사드락과 메삭과 아벳느고가
왕에게 대답하여 이르되 느부
갓네살이여 우리가 이 일에 대
하여 왕에게 대답할 필요가
없나이다
17 왕이여 우리가 섬기는 하나
님이 계시다면 우리를 맹렬히
타는 풀무불 가운데에서 능히
건져내시겠고 왕의 손에서도
건져내시리이다
18 그렇게 하지 아니하실지라도
왕이여 우리가 왕의 신들을
섬기지도 아니하고 왕이 세우
신 금 신상에게 절하지도 아니
할 줄을 아옵소서

세 친구를 풀무불에 던지다

19 느부갓네살이 분이 가득하여
사드락과 메삭과 아벳느고를
향하여 얼굴빛을 바꾸고 명령
하여 이르되 그 풀무불을 뜨
겁게 하기를 평소보다 칠 배나
뜨겁게 하라 하고
20 군대 중 용사 몇 사람에게 명
령하여 사드락과 메삭과 아벳
느고를 결박하여 극렬히 타는
풀무불 가운데에 던지라 하니
라
21 그러자 그 사람들을 겉옷과
속옷과 모자와 다른 옷을 입
은 채 결박하여 맹렬히 타는
풀무불 가운데에 던졌더라
22 왕의 명령이 엄하고 풀무불이
심히 뜨거우므로 불꽃이 사드
락과 메삭과 아벳느고를 붙든
사람을 태워 죽였고
23 이 세 사람 사드락과 메삭과 아
벳느고는 결박된 채 맹렬히 타
는 풀무불 가운데에 떨어졌더라

왕이 세 친구를 높이다

24 그 때에 느부갓네살 왕이 놀
라 급히 일어나서 모사들에
게 물어 이르되 우리가 결박
하여 불 가운데에 던진 자는
세 사람이 아니었느냐 하니
그들이 왕에게 대답하여 이
르되 왕이여 옳소이다 하더
라
25 왕이 또 말하여 이르되 내가
보니 결박되지 아니한 네 사람
이 불 가운데로 다니는데 상
하지도 아니하였고 그 넷째의
모양은 신들의 아들과 같도다
하고
26 느부갓네살이 맹렬히 타는 풀
무불 아귀 가까이 가서 불러
이르되 지극히 높으신 하나님
의 종 사드락, 메삭, 아벳느고
야 나와서 이리로 오라 하매
사드락과 메삭과 아벳느고가
불 가운데에서 나온지라
27 총독과 지사와 행정관과 왕의
모사들이 모여 이 사람들을
본즉 불이 능히 그들의 몸을
해하지 못하였고 머리털도 그
을리지 아니하였고 겉옷 빛도
변하지 아니하였고 불 탄 냄새
도 없었더라
28 느부갓네살이 말하여 이르되
사드락과 메삭과 아벳느고의
하나님을 찬송할지로다 그가
그의 천사를 보내사 자기를
의뢰하고 그들의 몸을 바쳐 왕
의 명령을 거역하고 그 하나님
밖에는 다른 신을 섬기지 아
니하며 그에게 절하지 아니한
종들을 구원하셨도다
29 그러므로 내가 이제 조서를 내
리노니 각 백성과 각 나라와 각
언어를 말하는 자가 모두 사드
락과 메삭과 아벳느고의 하나님

께 경솔히 말하거든 그 몸을 쪼
개고 그 집을 거름터로 삼을지
니 이는 이같이 사람을 구원할
다른 신이 없음이니라 하더라
30 왕이 드디어 사드락과 메삭과
아벳느고를 바벨론 지방에서
더욱 높이니라

느부갓네살 왕의 두 번째 꿈

4 느부갓네살 왕은 천하에
거주하는 모든 백성들과
나라들과 각 언어를 말하는
자들에게 조서를 내리노라 원
하노니 너희에게 큰 평강이 있
을지어다
2 지극히 높으신 하나님이 내게
행하신 이적과 놀라운 일을
내가 알게 하기를 즐겨 하노
라
3 참으로 크도다 그의 이적이여,
참으로 능하도다 그의 놀라운
일이여, 그의 나라는 영원한
나라요 그의 통치는 대대에 이
르리로다
4 나 느부갓네살이 내 집에 편히
있으며 내 궁에서 평강할 때에
5 한 꿈을 꾸고 그로 말미암아
두려워하였으니 곧 내 침상에
서 생각하는 것과 머리 속으
로 받은 환상으로 말미암아
번민하였었노라
6 이러므로 내가 명령을 내려 바
벨론의 모든 지혜자들을 내
앞으로 불러다가 그 꿈의 해
석을 내게 알게 하라 하였더라
7 그 때에 박수와 술객과 갈대
아 술사와 점쟁이가 들어왔으
므로 내가 그 꿈을 그들에게
말하였으나 그들이 그 해석을
내게 알려 주지 못하였느니라
8 그 후에 다니엘이 내 앞에 들
어왔으니 그는 내 신의 이름을
따라 벨드사살이라 이름한 자

4

요 그의 안에는 거룩한 신들
의 영이 있는 자라 내가 그에
게 꿈을 말하여 이르되
9 박수장 벨드사살아 네 안에
는 거룩한 신들의 영이 있은즉
어떤 은밀한 것이라도 네게는
어려울 것이 없는 줄을 내가
아노니 내 꿈에 본 환상의 해
석을 내게 말하라
10 내가 침상에서 나의 머리 속으로
받은 환상이 이러하니라 내가
본즉 땅의 중앙에 한 나무가 있
는 것을 보았는데 높이가 높더니
11 그 나무가 자라서 견고하여지고
그 높이는 하늘에 닿았으니 그
모양이 땅 끝에서도 보이겠고
12 그 잎사귀는 아름답고 그 열
매는 많아서 만민의 먹을 것
이 될 만하고 들짐승이 그 그
늘에 있으며 공중에 나는 새
는 그 가지에 깃들이고 육체를
가진 모든 것이 거기에서 먹을
것을 얻더라
13 내가 침상에서 머리 속으로
받은 환상 가운데에 또 본즉
한 순찰자, 한 거룩한 자가 하
늘에서 내려왔는데
14 그가 소리 질러 이처럼 이르기
를 그 나무를 베고 그 가지를
자르고 그 잎사귀를 떨고 그
열매를 헤치고 짐승들을 그
아래에서 떠나게 하고 새들을
그 가지에서 쫓아내라
15 그러나 그 뿌리의 그루터기를
땅에 남겨 두고 쇠와 놋줄로
동이고 그것을 들 풀 가운데에
두어라 그것이 하늘 이슬에 젖
고 땅의 풀 가운데에서 짐승과
더불어 제 몫을 얻으리라
16 또 그 마음은 변하여 사람의
마음 같지 아니하고 짐승의 마
음을 받아 일곱 때를 지내리라

17이는 순찰자들의 명령대로요
거룩한 자들의 말대로이니 지
극히 높으신 이가 사람의 나
라를 다스리시며 자기의 뜻대
로 그것을 누구에게든지 주시
며 또 지극히 천한 자를 그 위
에 세우시는 줄을 사람들이
알게 하려 함이라 하였느니라
18나 느부갓네살 왕이 이 꿈을
꾸었나니 너 벨드사살아 그
해석을 밝히 말하라 내 나라
모든 지혜자가 능히 내게 그
해석을 알게 하지 못하였으나
오직 너는 능히 하리니 이는
거룩한 신들의 영이 네 안에
있음이라

다니엘의 꿈 해석

19벨드사살이라 이름한 다니엘
이 한동안 놀라며 마음으로
번민하는지라 왕이 그에게 말
하여 이르기를 벨드사살아 너
는 이 꿈과 그 해석으로 말미
암아 번민할 것이 아니니라 벨
드사살이 대답하여 이르되 내
주여 그 꿈은 왕을 미워하는
자에게 응하며 그 해석은 왕
의 대적에게 응하기를 원하나
이다
20왕께서 보신 그 나무가 자라
서 견고하여지고 그 높이는
하늘에 닿았으니 땅 끝에서도
보이겠고
21그 잎사귀는 아름답고 그 열
매는 많아서 만민의 먹을 것이
될 만하고 들짐승은 그 아래
에 살며 공중에 나는 새는 그
가지에 깃들었나이다
22왕이여 이 나무는 곧 왕이시
라 이는 왕이 자라서 견고하
여지고 창대하사 하늘에 닿으
시며 권세는 땅 끝까지 미치심
이니이다

23 왕이 보신즉 한 순찰자, 한 거
룩한 자가 하늘에서 내려와서
이르기를 그 나무를 베어 없
애라 그러나 그 뿌리의 그루터
기는 땅에 남겨 두고 쇠와 놋
줄로 동이고 그것을 들 풀 가
운데에 두라 그것이 하늘 이
슬에 젖고 또 들짐승들과 더
불어 제 몫을 얻으며 일곱 때
를 지내리라 하였나이다
24 왕이여 그 해석은 이러하니이
다 곧 지극히 높으신 이가 명
령하신 것이 내 주 왕에게 미
칠 것이라
25 왕이 사람에게서 쫓겨나서 들
짐승과 함께 살며 소처럼 풀
을 먹으며 하늘 이슬에 젖을
것이요 이와 같이 일곱 때를
지낼 것이라 그 때에 지극히
높으신 이가 사람의 나라를
다스리시며 자기의 뜻대로 그
것을 누구에게든지 주시는 줄
을 아시리이다
26 또 그들이 그 나무뿌리의 그
루터기를 남겨 두라 하였은즉
하나님이 다스리시는 줄을 왕
이 깨달은 후에야 왕의 나라
가 견고하리이다
27 그런즉 왕이여 내가 아뢰는 것
을 받으시고 공의를 행함으로
죄를 사하고 가난한 자를 긍
휼히 여김으로 죄악을 사하소
서 그리하시면 왕의 평안함이
혹시 장구하리이다 하니라
28 이 모든 일이 다 나 느부
갓네살 왕에게 임하였느니
라
29 열두 달이 지난 후에 내가 바
벨론 왕궁 지붕에서 거닐새
30 나 왕이 말하여 이르되 이 큰
바벨론은 내가 능력과 권세로
건설하여 나의 도성으로 삼고

이것으로 내 위엄의 영광을 나
타낸 것이 아니냐 하였더니
31 이 말이 아직도 나 왕의 입에
있을 때에 하늘에서 소리가
내려 이르되 느부갓네살 왕아
네게 말하노니 나라의 왕위가
네게서 떠났느니라
32 네가 사람에게서 쫓겨나서 들
짐승과 함께 살면서 소처럼
풀을 먹을 것이요 이와 같이
일곱 때를 지내서 지극히 높으
신 이가 사람의 나라를 다스
리시며 자기의 뜻대로 그것을
누구에게든지 주시는 줄을 알
기까지 이르리라 하더라
33 바로 그 때에 이 일이 나 느부
갓네살에게 응하므로 내가 사
람에게 쫓겨나서 소처럼 풀을
먹으며 몸이 하늘 이슬에 젖
고 머리털이 독수리 털과 같이
자랐고 손톱은 새 발톱과 같
이 되었더라

느부갓네살 왕의 하나님 찬양

34 그 기한이 차매 나 느부갓네
살이 하늘을 우러러 보았더
니 내 총명이 다시 내게로 돌
아온지라 이에 내가 지극히 높
으신 이에게 감사하며 영생하
시는 이를 찬양하고 경배하였
나니 그 권세는 영원한 권세요
그 나라는 대대에 이르리로다
35 땅의 모든 사람들을 없는 것
같이 여기시며 하늘의 군대에
게든지 땅의 사람에게든지 그
는 자기 뜻대로 행하시나니 그
의 손을 금하든지 혹시 이르
기를 네가 무엇을 하느냐고
할 자가 아무도 없도다
36 그 때에 내 총명이 내게로 돌아왔
고 또 내 나라의 영광에 대하여
도 내 위엄과 광명이 내게로 돌아
왔고 또 나의 모사들과 관원들

이 내게 찾아오니 내가 내 나라에
서 다시 세움을 받고 또 지극한
위세가 내게 더하였느니라
37 그러므로 지금 나 느부갓네살
은 하늘의 왕을 찬양하며 칭
송하며 경배하노니 그의 일이
다 진실하고 그의 행하심이
의로우시므로 교만하게 행하
는 자를 그가 능히 낮추심이
라

벨사살 왕이 잔치를 베풀다

5 벨사살 왕이 그의 귀족 천
명을 위하여 큰 잔치를 베풀
고 그 천 명 앞에서 술을 마시니
라
2 벨사살이 술을 마실 때에 명
하여 그의 부친 느부갓네살이
예루살렘 성전에서 탈취하여
온 금, 은 그릇을 가져오라고
명하였으니 이는 왕과 귀족들
과 왕후들과 후궁들이 다 그
것으로 마시려 함이었더라
3 이에 예루살렘 하나님의 전 성
소 중에서 탈취하여 온 금 그
릇을 가져오매 왕이 그 귀족
들과 왕후들과 후궁들과 더불
어 그것으로 마시더라
4 그들이 술을 마시고는 그 금,
은, 구리, 쇠, 나무, 돌로 만든
신들을 찬양하니라
5 그 때에 사람의 손가락들이 나
타나서 왕궁 촛대 맞은편 석
회벽에 글자를 쓰는데 왕이 그
글자 쓰는 손가락을 본지라
6 이에 왕의 즐기던 얼굴 빛이
변하고 그 생각이 번민하여 넓
적다리 마디가 녹는 듯하고
그의 무릎이 서로 부딪친지라
7 왕이 크게 소리 질러 술객과
갈대아 술사와 점쟁이를 불러
오게 하고 바벨론의 지혜자들
에게 말하되 누구를 막론하고

5

이 글자를 읽고 그 해석을 내
게 보이면 자주색 옷을 입히
고 금사슬을 그의 목에 걸어
주리니 그를 나라의 셋째 통치
자로 삼으리라 하니라
8 그 때에 왕의 지혜자가 다 들
어왔으나 능히 그 글자를 읽지
못하며 그 해석을 왕께 알려
주지 못하는지라
9 그러므로 벨사살 왕이 크게
번민하여 그의 얼굴빛이 변
하였고 귀족들도 다 놀라니
라
10 왕비가 왕과 그 귀족들의 말로
말미암아 잔치하는 궁에 들어
왔더니 이에 말하여 이르되 왕
이여 만수무강 하옵소서 왕의
생각을 번민하게 하지 말며 얼
굴빛을 변할 것도 아니니이다
11 왕의 나라에 거룩한 신들의
영이 있는 사람이 있으니 곧
왕의 부친 때에 있던 자로서
명철과 총명과 지혜가 신들의
지혜와 같은 자니이다 왕의
부친 느부갓네살 왕이 그를
세워 박수와 술객과 갈대아
술사와 점쟁이의 어른을 삼으
셨으니
12 왕이 벨드사살이라 이름하는
이 다니엘은 마음이 민첩하고
지식과 총명이 있어 능히 꿈을
해석하며 은밀한 말을 밝히며
의문을 풀 수 있었나이다 이
제 다니엘을 부르소서 그리하
시면 그가 그 해석을 알려 드
리리이다 하니라

다니엘이 글을 해석하다

13 이에 다니엘이 부름을 받아
왕의 앞에 나오매 왕이 다니엘
에게 말하되 네가 나의 부왕
이 유다에서 사로잡아 온 유
다 자손 중의 그 다니엘이냐

14 내가 네게 대하여 들은즉 네
안에는 신들의 영이 있으므로
네가 명철과 총명과 비상한 지
혜가 있다 하도다
15 지금 여러 지혜자와 술객을 내
앞에 불러다가 그들에게 이
글을 읽고 그 해석을 내게 알
게 하라 하였으나 그들이 다
그 해석을 내게 보이지 못하였
느니라
16 내가 네게 대하여 들은즉 너
는 해석을 잘하고 의문을 푼
다 하도다 그런즉 이제 네가
이 글을 읽고 그 해석을 내게
알려 주면 네게 자주색 옷을
입히고 금 사슬을 네 목에 걸
어 주어 너를 나라의 셋째 통
치자로 삼으리라 하니
17 다니엘이 왕에게 대답하여 이
르되 왕의 예물은 왕이 친히
가지시며 왕의 상급은 다른
사람에게 주옵소서 그럴지라
도 내가 왕을 위하여 이 글을
읽으며 그 해석을 아뢰리이다
18 왕이여 지극히 높으신 하나님
이 왕의 부친 느부갓네살에게
나라와 큰 권세와 영광과 위엄
을 주셨고
19 그에게 큰 권세를 주셨으므로
백성들과 나라들과 언어가 다
른 모든 사람들이 그의 앞에서
떨며 두려워하였으며 그는 임의
로 죽이며 임의로 살리며 임의
로 높이며 임의로 낮추었더니
20 그가 마음이 높아지며 뜻이
완악하여 교만을 행하므로
그의 왕위가 폐한 바 되며 그
의 영광을 빼앗기고
21 사람 중에서 쫓겨나서 그의
마음이 들짐승의 마음과 같았
고 또 들나귀와 함께 살며 또
소처럼 풀을 먹으며 그의 몸

이 하늘 이슬에 젖었으며 지
극히 높으신 하나님이 사람
나라를 다스리시며 자기의
뜻대로 누구든지 그 자리에
세우시는 줄을 알기에 이르렀
나이다
22 벨사살이여 왕은 그의 아들이
되어서 이것을 다 알고도 아직
도 마음을 낮추지 아니하고
23 도리어 자신을 하늘의 주재보
다 높이며 그의 성전 그릇을
왕 앞으로 가져다가 왕과 귀
족들과 왕후들과 후궁들이
다 그것으로 술을 마시고 왕
이 또 보지도 듣지도 알지도
못하는 금, 은, 구리, 쇠와 나
무, 돌로 만든 신상들을 찬양
하고 도리어 왕의 호흡을 주
장하시고 왕의 모든 길을 작정
하시는 하나님께는 영광을 돌
리지 아니한지라
24 이러므로 그의 앞에서 이 손
가락이 나와서 이 글을 기록
하였나이다
25 기록된 글자는 이것이니 곧
메네 메네 데겔 우바르신이
라
26 그 글을 해석하건대 메네는 하
나님이 이미 왕의 나라의 시대
를 세어서 그것을 끝나게 하셨
다 함이요
27 데겔은 왕을 저울에 달아
보니 부족함이 보였다 함이
요
28 베레스는 왕의 나라가 나뉘어
서 메대와 바사 사람에게 준
바 되었다 함이니이다 하니
29 이에 벨사살이 명하여 그들이
다니엘에게 자주색 옷을 입히게
하며 금 사슬을 그의 목에 걸어
주고 그를 위하여 조서를 내려
나라의 셋째 통치자로 삼으니라

30 그 날 밤에 갈대아 왕 벨사살
이 죽임을 당하였고
31 메대 사람 다리오가 나라를
얻었는데 그 때에 다리오는 육
십이 세였더라

사자 굴 속의 다니엘

6 다리오가 자기의 뜻대로
고관 백이십 명을 세워 전
국을 통치하게 하고
2 또 그들 위에 총리 셋을 두었
으니 다니엘이 그 중의 하나
이라 이는 고관들로 총리에게
자기의 직무를 보고하게 하여
왕에게 손해가 없게 하려 함이
었더라
3 다니엘은 마음이 민첩하여 총
리들과 고관들 위에 뛰어나므
로 왕이 그를 세워 전국을 다
스리게 하고자 한지라
4 이에 총리들과 고관들이 국사
에 대하여 다니엘을 고발할 근
거를 찾고자 하였으나 아무
근거, 아무 허물도 찾지 못하
였으니 이는 그가 충성되어 아
무 그릇됨도 없고 아무 허물
도 없음이었더라
5 그들이 이르되 이 다니엘은 그
하나님의 율법에서 근거를 찾
지 못하면 그를 고발할 수 없
으리라 하고
6 이에 총리들과 고관들이 모여
왕에게 나아가서 그에게 말하
되 다리오 왕이여 만수무강
하옵소서
7 나라의 모든 총리와 지사와
총독과 법관과 관원이 의논하
고 왕에게 한 법률을 세우며
한 금령을 정하실 것을 구하나
이다 왕이여 그것은 곧 이제부
터 삼십일 동안에 누구든지 왕
외의 어떤 신에게나 사람에게
무엇을 구하면 사자 굴에 던져

6

넣기로 한 것이니이다
8 그런즉 왕이여 원하건대 금령
을 세우시고 그 조서에 왕의
도장을 찍어 메대와 바사의
고치지 아니하는 규례를 따라
그것을 다시 고치지 못하게
하옵소서 하매
9 이에 다리오 왕이 조서에 왕
의 도장을 찍어 금령을 내니
라
10 다니엘이 이 조서에 왕의 도장
이 찍힌 것을 알고도 자기 집
에 돌아가서는 윗방에 올라가
예루살렘으로 향한 창문을
열고 전에 하던 대로 하루 세
번씩 무릎을 꿇고 기도하며
그의 하나님께 감사하였더라
11 그 무리들이 모여서 다니엘
이 자기 하나님 앞에 기도하며
간구하는 것을 발견하고
12 이에 그들이 나아가서 왕의
금령에 관하여 왕께 아뢰되
왕이여 왕이 이미 금령에 왕의
도장을 찍어서 이제부터 삼십
일 동안에는 누구든지 왕 외
의 어떤 신에게나 사람에게 구
하면 사자 굴에 던져 넣기로
하지 아니하였나이까 하니 왕
이 대답하여 이르되 이 일이
확실하니 메대와 바사의 고치
지 못하는 규례니라 하는지라
13 그들이 왕 앞에서 말하여 이
르되 왕이여 사로잡혀 온 유
다 자손 중에 다니엘이 왕과
왕의 도장이 찍힌 금령을 존
중하지 아니하고 하루 세 번씩
기도하나이다 하니
14 왕이 이 말을 듣고 그로 말미
암아 심히 근심하여 다니엘을
구원하려고 마음을 쓰며 그를
건져내려고 힘을 다하다가 해
가 질 때에 이르렀더라

15 그 무리들이 또 모여 왕에게
로 나아와서 왕께 말하되 왕
이여 메대와 바사의 규례를
아시거니와 왕께서 세우신 금
령과 법도는 고치지 못할 것이
니이다 하니
16 이에 왕이 명령하매 다니엘을
끌어다가 사자 굴에 던져 넣
는지라 왕이 다니엘에게 이르
되 네가 항상 섬기는 너의 하
나님이 너를 구원하시리라 하
니라
17 이에 돌을 굴려다가 굴 어귀
를 막으매 왕이 그의 도장과
귀족들의 도장으로 봉하였으
니 이는 다니엘에 대한 조치
를 고치지 못하게 하려 함이
었더라
18 왕이 궁에 돌아가서는 밤이 새
도록 금식하고 그 앞에 오락을
그치고 잠자기를 마다하니라
19 이튿날에 왕이 새벽에 일어나
급히 사자 굴로 가서
20 다니엘이 든 굴에 가까이 이르
러서 슬피 소리 질러 다니엘에
게 묻되 살아 계시는 하나님의
종 다니엘아 네가 항상 섬기는
네 하나님이 사자들에게서 능
히 너를 구원하셨느냐 하니라
21 다니엘이 왕에게 아뢰되 왕이
여 원하건대 왕은 만수무강
하옵소서
22 나의 하나님이 이미 그의 천사
를 보내어 사자들의 입을 봉하
셨으므로 사자들이 나를 상해
하지 못하였사오니 이는 나의
무죄함이 그 앞에 명백함이오며
또 왕이여 나는 왕에게도 해를
끼치지 아니하였나이다 하니라
23 왕이 심히 기뻐서 명하여 다니
엘을 굴에서 올리라 하매 그
들이 다니엘을 굴에서 올린즉

그의 몸이 조금도 상하지 아
니하였으니 이는 그가 자기의
하나님을 믿음이었더라
24 왕이 말하여 다니엘을 참소한
사람들을 끌어오게 하고 그
들을 그들의 처자들과 함께
사자 굴에 던져 넣게 하였더니
그들이 굴 바닥에 닿기도 전
에 사자들이 곧 그들을 움켜
서 그 뼈까지도 부서뜨렸더라
25 이에 다리오 왕이 온 땅에 있
는 모든 백성과 나라들과 언
어가 다른 모든 사람들에게
조서를 내려 이르되 원하건대
너희에게 큰 평강이 있을지어
다
26 내가 이제 조서를 내리노라 내
나라 관할 아래에 있는 사람
들은 다 다니엘의 하나님 앞
에서 떨며 두려워할지니 그는
살아 계시는 하나님이시요 영
원히 변하지 않으실 이시며 그
의 나라는 멸망하지 아니할
것이요 그의 권세는 무궁할 것
이며
27 그는 구원도 하시며 건져내기
도 하시며 하늘에서든지 땅에
서든지 이적과 기사를 행하시
는 이로서 다니엘을 구원하여
사자의 입에서 벗어나게 하셨
음이라 하였더라
28 이 다니엘이 다리오 왕의 시대
와 바사 사람 고레스 왕의 시
대에 형통하였더라

네 짐승 환상

7 바벨론 벨사살 왕 원년에
다니엘이 그의 침상에서
꿈을 꾸며 머리 속으로 환상
을 받고 그 꿈을 기록하며 그
일의 대략을 진술하니라
2 다니엘이 진술하여 이르되 내
가 밤에 환상을 보았는데 하

7

늘의 네 바람이 큰 바다로 몰
려 불더니
3 큰 짐승 넷이 바다에서 나왔
는데 그 모양이 각각 다르더라
4 첫째는 사자와 같은데 독수리
의 날개가 있더니 내가 보는
중에 그 날개가 뽑혔고 또 땅
에서 들려서 사람처럼 두 발로
서게 함을 받았으며 또 사람의
마음을 받았더라 또 보니
5 다른 짐승 곧 둘째는 곰과 같
은데 그것이 몸 한쪽을 들었고
그 입의 잇사이에는 세 갈빗대
가 물렸는데 그것에게 말하는
자들이 있어 이르기를 일어나서
많은 고기를 먹으라 하였더라
6 그 후에 내가 또 본즉 다른
짐승 곧 표범과 같은 것이 있
는데 그 등에는 새의 날개 넷
이 있고 그 짐승에게 또 머리
넷이 있으며 권세를 받았더
라
7 내가 밤 환상 가운데에 그 다
음에 본 넷째 짐승은 무섭고
놀라우며 또 매우 강하며 또
쇠로 된 큰 이가 있어서 먹고
부서뜨리고 그 나머지를 발로
밟았으며 이 짐승은 전의 모
든 짐승과 다르고 또 열 뿔이
있더라
8 내가 그 뿔을 유심히 보는 중
에 다른 작은 뿔이 그 사이에
서 나더니 첫 번째 뿔 중의 셋
이 그 앞에서 뿌리까지 뽑혔으
며 이 작은 뿔에는 사람의 눈
같은 눈들이 있고 또 입이 있
어 큰 말을 하였더라

옛적부터 항상 계신 자

9 내가 보니 왕좌가 놓이고 옛적
부터 항상 계신 이가 좌정하
셨는데 그의 옷은 희기가 눈
같고 그의 머리털은 깨끗한 양

의 털 같고 그의 보좌는 불꽃
이요 그의 바퀴는 타오르는
불이며
10 불이 강처럼 흘러 그의 앞
에서 나오며 그를 섬기는 자
는 천천이요 그 앞에서 모셔
선 자는 만만이며 심판을
베푸는데 책들이 펴 놓였더
라
11 그 때에 내가 작은 뿔이 말하
는 큰 목소리로 말미암아 주
목하여 보는 사이에 짐승이
죽임을 당하고 그의 시체가
상한 바 되어 타오르는 불에
던져졌으며
12 그 남은 짐승들은 그의 권세
를 빼앗겼으나 그 생명은 보존
되어 정한 시기가 이르기를 기
다리게 되었더라
13 내가 또 밤 환상 중에 보니 인자
같은 이가 하늘 구름을 타고 와
서 옛적부터 항상 계신 이에게
나아가 그 앞으로 인도되매
14 그에게 권세와 영광과 나라를
주고 모든 백성과 나라들과
다른 언어를 말하는 모든 자
들이 그를 섬기게 하였으니 그
의 권세는 소멸되지 아니하는
영원한 권세요 그의 나라는
멸망하지 아니할 것이니라
15 환상 해석 나 다니엘이 중심에
근심하며 내 머리 속의 환상이
나를 번민하게 한지라
16 내가 그 곁에 모셔 선 자들 중
하나에게 나아가서 이 모든 일
의 진상을 물으매 그가 내게
말하여 그 일의 해석을 알려
주며 이르되
17 그 네 큰 짐승은 세상에 일어
날 네 왕이라
18 지극히 높으신 이의 성도들이
나라를 얻으리니 그 누림이 영

원하고 영원하고 영원하리라
19 이에 내가 넷째 짐승에 관하여
확실히 알고자 하였으니 곧 그
것은 모든 짐승과 달라서 심히
무섭더라 그 이는 쇠요 그 발
톱은 놋이니 먹고 부서뜨리고
나머지는 발로 밟았으며
20 또 그것의 머리에는 열 뿔이
있고 그 외에 또 다른 뿔이 나
오매 세 뿔이 그 앞에서 빠졌
으며 그 뿔에는 눈도 있고 큰
말을 하는 입도 있고 그 모양
이 그의 동류보다 커 보이더라
21 내가 본즉 이 뿔이 성도들과
더불어 싸워 그들에게 이겼더
니
22 옛적부터 항상 계신 이가 와서
지극히 높으신 이의 성도들을
위하여 원한을 풀어 주셨고
때가 이르매 성도들이 나라를
얻었더라
23 모신 자가 이처럼 이르되 넷째
짐승은 곧 땅의 넷째 나라인
데 이는 다른 나라들과는 달
라서 온 천하를 삼키고 밟아
부서뜨릴 것이며
24 그 열 뿔은 그 나라에서 일어
날 열 왕이요 그 후에 또 하나
가 일어나리니 그는 먼저 있던
자들과 다르고 또 세 왕을 복
종시킬 것이며
25 그가 장차 지극히 높으신 이
를 말로 대적하며 또 지극히
높으신 이의 성도를 괴롭게
할 것이며 그가 또 때와 법
을 고치고자 할 것이며 성도
들은 그의 손에 붙인 바 되어
한 때와 두 때와 반 때를 지내
리라
26 그러나 심판이 시작되면 그는
권세를 빼앗기고 완전히 멸망
할 것이요

27 나라와 권세와 온 천하 나라
들의 위세가 지극히 높으신 이
의 거룩한 백성에게 붙인 바
되리니 그의 나라는 영원한 나
라이라 모든 권세 있는 자들이
다 그를 섬기며 복종하리라
28 그 말이 이에 그친지라 나 다
니엘은 중심에 번민하였으며
내 얼굴빛이 변하였으나 내가
이 일을 마음에 간직하였느니
라

숫양과 숫염소의 환상

8 나 다니엘에게 처음에 나
타난 환상 후 벨사살 왕
제삼년에 다시 한 환상이 나
타나니라
2 내가 환상을 보았는데 내가
그것을 볼 때에 내 몸은 엘람
지방 수산 성에 있었고 내가
환상을 보기는 을래 강변에서
이니라
3 내가 눈을 들어 본즉 강 가에
두 뿔 가진 숫양이 섰는데 그
두 뿔이 다 길었으며 그 중 한
뿔은 다른 뿔보다 길었고 그
긴 것은 나중에 난 것이더라
4 내가 본즉 그 숫양이 서쪽과
북쪽과 남쪽을 향하여 받으
나 그것을 당할 짐승이 하나
도 없고 그 손에서 구할 자가
없으므로 그것이 원하는 대로
행하고 강하여졌더라
5 내가 생각할 때에 한 숫염소
가 서쪽에서부터 와서 온 지
면에 두루 다니되 땅에 닿지
아니하며 그 염소의 두 눈
사이에는 현저한 뿔이 있더
라
6 그것이 두 뿔 가진 숫양 곧 내
가 본 바 강 가에 섰던 양에게
로 나아가되 분노한 힘으로
그것에게로 달려가더니

8

7 내가 본즉 그것이 숫양에게로
가까이 나아가서는 더욱 성내
어 그 숫양을 쳐서 그 두 뿔
을 꺾으나 숫양에게는 그것을
대적할 힘이 없으므로 그것이
숫양을 땅에 엎드러뜨리고 짓
밟았으나 숫양을 그 손에서
벗어나게 할 자가 없었더라
8 숫염소가 스스로 심히 강대하
여 가더니 강성할 때에 그 큰
뿔이 꺾이고 그 대신에 현저한
뿔 넷이 하늘 사방을 향하여
났더라
9 그 중 한 뿔에서 또 작은 뿔
하나가 나서 남쪽과 동쪽과
또 영화로운 땅을 향하여 심
히 커지더니
10 그것이 하늘 군대에 미칠 만
큼 커져서 그 군대와 별들 중
의 몇을 땅에 떨어뜨리고 그것
들을 짓밟고
11 또 스스로 높아져서 군대의
주재를 대적하며 그에게 매일
드리는 제사를 없애 버렸고 그
의 성소를 헐었으며
12 그의 악으로 말미암아 백성이
매일 드리는 제사가 넘긴 바
되었고 그것이 또 진리를 땅에
던지며 자의로 행하여 형통하
였더라
13 내가 들은즉 한 거룩한 이가
말하더니 다른 거룩한 이가
그 말하는 이에게 묻되 환상
에 나타난 바 매일 드리는 제
사와 망하게 하는 죄악에 대
한 일과 성소와 백성이 내준
바 되며 짓밟힐 일이 어느 때
까지 이를꼬 하매
14 그가 내게 이르되 이천삼백
주야까지니 그 때에 성소가
정결하게 되리라 하였느니라

가브리엘 천사가 환상을 깨닫게 하다

15 나 다니엘이 이 환상을 보고
그 뜻을 알고자 할 때에 사람
모양 같은 것이 내 앞에 섰고
16 내가 들은즉 을래 강 두 언덕
사이에서 사람의 목소리가 있
어 외쳐 이르되 가브리엘아 이
환상을 이 사람에게 깨닫게
하라 하더니
17 그가 내가 선 곳으로 나왔
는데 그가 나올 때에 내가
두려워서 얼굴을 땅에 대고
엎드리매 그가 내게 이르되
인자야 깨달아 알라 이 환
상은 정한 때 끝에 관한 것
이니라
18 그가 내게 말할 때에 내가 얼
굴을 땅에 대고 엎드리어 깊이
잠들매 그가 나를 어루만져서
일으켜 세우며
19 이르되 진노하시는 때가 마친
후에 될 일을 내가 네게 알게
하리니 이 환상은 정한 때 끝
에 관한 것임이라
20 네가 본 바 두 뿔 가진 숫양
은 곧 메대와 바사 왕들이
요
21 털이 많은 숫염소는 곧 헬라
왕이요 그의 두 눈 사이에 있
는 큰 뿔은 곧 그 첫째 왕이
요
22 이 뿔이 꺾이고 그 대신에 네
뿔이 났은즉 그 나라 가운데
에서 네 나라가 일어나되 그의
권세만 못하리라
23 이 네 나라 마지막 때에 반역
자들이 가득할 즈음에 한 왕
이 일어나리니 그 얼굴은 뻔뻔
하며 속임수에 능하며
24 그 권세가 강할 것이나 자기의
힘으로 말미암은 것이 아니며
그가 장차 놀랍게 파괴 행위
를 하고 자의로 행하여 형통

하며 강한 자들과 거룩한 백
성을 멸하리라
25 그가 꾀를 베풀어 제 손으로
속임수를 행하고 마음에 스스
로 큰 체하며 또 평화로운 때
에 많은 무리를 멸하며 또 스
스로 서서 만왕의 왕을 대적
할 것이나 그가 사람의 손으로
말미암지 아니하고 깨지리라
26 이미 말한 바 주야에 대한 환
상은 확실하니 너는 그 환상
을 간직하라 이는 여러 날 후
의 일임이라 하더라
27 이에 나 다니엘이 지쳐서 여
러 날 앓다가 일어나서 왕의
일을 보았느니라 내가 그 환
상으로 말미암아 놀랐고 그
뜻을 깨닫는 사람도 없었느
니라

다니엘의 기도

9 메대 족속 아하수에로의
아들 다리오가 갈대아
나라 왕으로 세움을 받던 첫
해
2 곧 그 통치 원년에 나 다니엘이
책을 통해 여호와께서 말씀으
로 선지자 예레미야에게 알려
주신 그 연수를 깨달았나니 곧
예루살렘의 황폐함이 칠십 년
만에 그치리라 하신 것이니라
3 내가 금식하며 베옷을 입고 재
를 덮어쓰고 주 하나님께 기도
하며 간구하기를 결심하고
4 내 하나님 여호와께 기도하며
자복하여 이르기를 크시고 두
려워할 주 하나님, 주를 사랑
하고 주의 계명을 지키는 자
를 위하여 언약을 지키시고 그
에게 인자를 베푸시는 이시여
5 우리는 이미 범죄하여 패역하
며 행악하며 반역하여 주의
법도와 규례를 떠났사오며

9

6 우리가 또 주의 종 선지자들
이 주의 이름으로 우리의 왕
들과 우리의 고관과 조상들과
온 국민에게 말씀한 것을 듣지
아니하였나이다
7 주여 공의는 주께로 돌아가고
수치는 우리 얼굴로 돌아옴이
오늘과 같아서 유다 사람들과
예루살렘 거민들과 이스라엘
이 가까운 곳에 있는 자들이
나 먼 곳에 있는 자들이 다 주
께서 쫓아내신 각국에서 수치
를 당하였사오니 이는 그들이
주께 죄를 범하였음이니이다
8 주여 수치가 우리에게 돌아오
고 우리의 왕들과 우리의 고
관과 조상들에게 돌아온 것은
우리가 주께 범죄하였음이니
이다 마는
9 주 우리 하나님께는 긍휼과
용서하심이 있사오니 이는 우
리가 주께 패역하였음이오며
10 우리 하나님 여호와의 목소리
를 듣지 아니하며 여호와께서
그의 종 선지자들에게 부탁
하여 우리 앞에 세우신 율법
을 행하지 아니하였음이니이
다
11 온 이스라엘이 주의 율법을 범
하고 치우쳐 가서 주의 목소
리를 듣지 아니하였으므로 이
저주가 우리에게 내렸으되 곧
하나님의 종 모세의 율법에 기
록된 맹세대로 되었사오니 이
는 우리가 주께 범죄하였음이
니이다
12 주께서 큰 재앙을 우리에게
내리사 우리와 및 우리를 재
판하던 재판관을 쳐서 하신
말씀을 이루셨사오니 온 천하
에 예루살렘에서 일어난 일 같
은 것이 없나이다

13 모세의 율법에 기록된 대로 이
모든 재앙이 이미 우리에게 내
렸사오나 우리는 우리의 죄악
을 떠나고 주의 진리를 깨달아
우리 하나님 여호와의 얼굴을
기쁘게 하지 아니하였나이다
14 그러므로 여호와께서 이 재앙
을 간직하여 두셨다가 우리에
게 내리게 하셨사오니 우리의
하나님 여호와께서 행하시는
모든 일이 공의로우시나 우리
가 그 목소리를 듣지 아니하
였음이니이다
15 강한 손으로 주의 백성을 애
굽 땅에서 인도하여 내시고
오늘과 같이 명성을 얻으신
우리 주 하나님이여 우리는
범죄하였고 악을 행하였나이
다
16 주여 구하옵나니 주는 주의
공의를 따라 주의 분노를 주의
성 예루살렘, 주의 거룩한 산
에서 떠나게 하옵소서 이는 우
리의 죄와 우리 조상들의 죄악
으로 말미암아 예루살렘과 주
의 백성이 사면에 있는 자들에
게 수치를 당함이니이다
17 그러하온즉 우리 하나님이여
지금 주의 종의 기도와 간구
를 들으시고 주를 위하여 주
의 얼굴 빛을 주의 황폐한 성
소에 비추시옵소서
18 나의 하나님이여 귀를 기울여
들으시며 눈을 떠서 우리의
황폐한 상황과 주의 이름으로
일컫는 성을 보옵소서 우리가
주 앞에 간구하옵는 것은 우
리의 공의를 의지하여 하는 것
이 아니요 주의 큰 긍휼을 의
지하여 함이니이다
19 주여 들으소서 주여 용서하
소서 주여 귀를 기울이시고

행하소서 지체하지 마옵소서
나의 하나님이여 주 자신을 위
하여 하시옵소서 이는 주의
성과 주의 백성이 주의 이름으
로 일컫는 바 됨이니이다

가브리엘이 환상을 설명하다

20 내가 이같이 말하여 기도하
며 내 죄와 내 백성 이스라엘
의 죄를 자복하고 내 하나님
의 거룩한 산을 위하여 내 하
나님 여호와 앞에 간구할 때
21 곧 내가 기도할 때에 이전에
환상 중에 본 그 사람 가브리
엘이 빨리 날아서 저녁 제사
를 드릴 때 즈음에 내게 이르
더니
22 내게 가르치며 내게 말하여 이
르되 다니엘아 내가 이제 네게
지혜와 총명을 주려고 왔느니
라 하니라
23 곧 네가 기도를 시작할 즈음
에 명령이 내렸으므로 이제 네
게 알리러 왔느니라 너는 크게
은총을 입은 자라 그런즉 너
는 이 일을 생각하고 그 환상
을 깨달을지니라
24 네 백성과 네 거룩한 성을 위
하여 일흔 이레를 기한으로
정하였나니 허물이 그치며 죄
가 끝나며 죄악이 용서되며
영원한 의가 드러나며 환상과
예언이 응하며 또 지극히 거
룩한 이가 기름 부음을 받으
리라
25 그러므로 너는 깨달아 알지니
라 예루살렘을 중건하라는 영
이 날 때부터 기름 부음을 받
은 자 곧 왕이 일어나기까지
일곱 이레와 예순두 이레가 지
날 것이요 그 곤란한 동안에
성이 중건되어 광장과 거리가
세워질 것이며

26 예순두 이레 후에 기름 부음
을 받은 자가 끊어져 없어질
것이며 장차 한 왕의 백성이
와서 그 성읍과 성소를 무너
뜨리려니와 그의 마지막은 홍
수에 휩쓸림 같을 것이며 또
끝까지 전쟁이 있으리니 황폐
할 것이 작정되었느니라
27 그가 장차 많은 사람들과 더
불어 한 이레 동안의 언약을
굳게 맺고 그가 그 이레의 절
반에 제사와 예물을 금지할 것
이며 또 포악하여 가증한 것이
날개를 의지하여 설 것이며 또
이미 정한 종말까지 진노가 황
폐하게 하는 자에게 쏟아지리
라 하였느니라 하니라

힛데겔 강 가에서 본 환상

10 바사 왕 고레스 제삼
년에 한 일이 벨드사
살이라 이름한 다니엘에게 나
타났는데 그 일이 참되니 곧
큰 전쟁에 관한 것이라 다니엘
이 그 일을 분명히 알았고 그
환상을 깨달으니라
2 그 때에 나 다니엘이 세 이레
동안을 슬퍼하며
3 세 이레가 차기까지 좋은 떡을
먹지 아니하며 고기와 포도주
를 입에 대지 아니하며 또 기
름을 바르지 아니하니라
4 첫째 달 이십사일에 내가 힛데
겔이라 하는 큰 강 가에 있었
는데
5 그 때에 내가 눈을 들어 바라
본즉 한 사람이 세마포 옷을
입었고 허리에는 우바스 순금
띠를 띠었더라
6 또 그의 몸은 황옥 같고 그의
얼굴은 번갯빛 같고 그의 눈
은 횃불 같고 그의 팔과 발은
빛난 놋과 같고 그의 말소리

10

는 무리의 소리와 같더라
7 이 환상을 나 다니엘이 홀로
보았고 나와 함께 한 사람들
은 이 환상은 보지 못하였어
도 그들이 크게 떨며 도망하
여 숨었느니라
8 그러므로 나만 홀로 있어서 이
큰 환상을 볼 때에 내 몸에 힘
이 빠졌고 나의 아름다운 빛
이 변하여 썩은 듯하였고 나
의 힘이 다 없어졌으나
9 내가 그의 음성을 들었는데
그의 음성을 들을 때에 내가
얼굴을 땅에 대고 깊이 잠들
었느니라
10 한 손이 있어 나를 어루만지기
로 내가 떨었더니 그가 내 무
릎과 손바닥이 땅에 닿게 일
으키고
11 내게 이르되 큰 은총을 받은
사람 다니엘아 내가 네게 이르
는 말을 깨닫고 일어서라 내가
네게 보내심을 받았느니라 하
더라 그가 내게 이 말을 한 후
에 내가 떨며 일어서니
12 그가 내게 이르되 다니엘아
두려워하지 말라 네가 깨달으
려 하여 네 하나님 앞에 스스
로 겸비하게 하기로 결심하던
첫날부터 네 말이 응답 받았
으므로 내가 네 말로 말미암
아 왔느니라
13 그런데 바사 왕국의 군주가 이
십일 일 동안 나를 막았으므
로 내가 거기 바사 왕국의 왕
들과 함께 머물러 있더니 가장
높은 군주 중 하나인 미가엘
이 와서 나를 도와 주므로
14 이제 내가 마지막 날에 네 백
성이 당할 일을 네게 깨닫게
하러 왔노라 이는 이 환상이
오랜 후의 일임이라 하더라

15 그가 이런 말로 내게 이를 때
에 내가 곧 얼굴을 땅에 향하
고 말문이 막혔더니
16 인자와 같은 이가 있어 내 입
술을 만진지라 내가 곧 입을
열어 내 앞에 서 있는 자에게
말하여 이르되 내 주여 이 환
상으로 말미암아 근심이 내게
더하므로 내가 힘이 없어졌나
이다
17 내 몸에 힘이 없어졌고 호흡이
남지 아니하였사오니 내 주의
이 종이 어찌 능히 내 주와 더불
어 말씀할 수 있으리이까 하니
18 또 사람의 모양 같은 것 하나
가 나를 만지며 나를 강건하
게 하여
19 이르되 큰 은총을 받은 사람
이여 두려워하지 말라 평안하
라 강건하라 강건하라 그가
이같이 내게 말하매 내가 곧
힘이 나서 이르되 내 주께서
나를 강건하게 하셨사오니 말
씀하옵소서
20 그가 이르되 내가 어찌하여
네게 왔는지 네가 아느냐 이제
내가 돌아가서 바사 군주와
싸우려니와 내가 나간 후에는
헬라의 군주가 이를 것이라
21 오직 내가 먼저 진리의 글에
기록된 것으로 네게 보이리라
나를 도와서 그들을 대항할
자는 너희의 군주 미가엘뿐이
니라

11 내가 또 메대 사람 다
리오 원년에 일어나 그
를 도와서 그를 강하게 한 일
이 있었느니라

남방 왕과 북방 왕이 싸우리라

2 이제 내가 참된 것을 네게 보이
리라 보라 바사에서 또 세 왕
들이 일어날 것이요 그 후의 넷

11

째는 그들보다 심히 부요할 것
이며 그가 그 부요함으로 강하
여진 후에는 모든 사람을 충동
하여 헬라 왕국을 칠 것이며
3 장차 한 능력 있는 왕이 일어
나서 큰 권세로 다스리며 자기
마음대로 행하리라
4 그러나 그가 강성할 때에 그
의 나라가 갈라져 천하 사방
에 나누일 것이나 그의 자손
에게로 돌아가지도 아니할 것
이요 또 자기가 주장하던 권
세대로도 되지 아니하리니 이
는 그 나라가 뽑혀서 그 외의
다른 사람들에게로 돌아갈 것
임이라
5 남방의 왕들은 강할 것이나
그 군주들 중 하나는 그보다
강하여 권세를 떨치리니 그의
권세가 심히 클 것이요
6 몇 해 후에 그들이 서로 단합
하리니 곧 남방 왕의 딸이 북
방 왕에게 가서 화친하리라 그
러나 그 공주의 힘이 쇠하고
그 왕은 서지도 못하며 권세
가 없어질 뿐 아니라 그 공주
와 그를 데리고 온 자와 그를
낳은 자와 그 때에 도와 주던
자가 다 버림을 당하리라
7 그러나 그 공주의 본 족속에
게서 난 자 중의 한 사람이 왕
위를 이어 권세를 받아 북방
왕의 군대를 치러 와서 그의
성에 들어가서 그들을 쳐서 이
기고
8 그 신들과 부어 만든 우상들과
은과 금의 아름다운 그릇들은
다 노략하여 애굽으로 가져갈
것이요 몇 해 동안은 그가 북
방 왕을 치지 아니하리라
9 북방 왕이 남방 왕의 왕국으
로 쳐들어갈 것이나 자기 본국

으로 물러가리라
10 그러나 그의 아들들이 전쟁을
준비하고 심히 많은 군대를 모
아서 물이 넘침 같이 나아올
것이며 그가 또 와서 남방 왕
의 견고한 성까지 칠 것이요
11 남방 왕은 크게 노하여 나와
서 북방 왕과 싸울 것이라 북
방 왕이 큰 무리를 일으킬 것
이나 그 무리는 그의 손에 넘
겨 준 바 되리라
12 그가 큰 무리를 사로잡은 후
에 그의 마음이 스스로 높아
져서 수만 명을 엎드러뜨릴 것
이나 그 세력은 더하지 못할
것이요
13 북방 왕은 돌아가서 다시 군대
를 전보다 더 많이 준비하였다
가 몇 때 곧 몇 해 후에 대군과
많은 물건을 거느리고 오리라
14 그 때에 여러 사람이 일어나서
남방 왕을 칠 것이요 네 백성
중에서도 포악한 자가 스스로
높아져서 환상을 이루려 할
것이나 그들이 도리어 걸려 넘
어지리라
15 이에 북방 왕은 와서 토성을 쌓
고 견고한 성읍을 점령할 것이
요 남방 군대는 그를 당할 수
없으며 또 그가 택한 군대라도
그를 당할 힘이 없을 것이므로
16 오직 와서 치는 자가 자기 마
음대로 행하리니 그를 당할
사람이 없겠고 그는 영화로운
땅에 설 것이요 그의 손에는
멸망이 있으리라
17 그가 결심하고 전국의 힘을
다하여 이르렀다가 그와 화친
할 것이요 또 여자의 딸을 그
에게 주어 그의 나라를 망하
게 하려 할 것이나 이루지 못
하리니 그에게 무익하리라

18그 후에 그가 그의 얼굴을
바닷가로 돌려 많이 점령할
것이나 한 장군이 나타나 그
의 정복을 그치게 하고 그 수
치를 그에게로 돌릴 것이므
로
19그가 드디어 그 얼굴을 돌려
자기 땅 산성들로 향할 것이나
거쳐 넘어지고 다시는 보이지
아니하리라

비천한 북방 왕

20그 왕위를 이을 자가 압제자
를 그 나라의 아름다운 곳으
로 두루 다니게 할 것이나 그
는 분노함이나 싸움이 없이
몇 날이 못 되어 망할 것이요
21또 그의 왕위를 이을 자는 한
비천한 사람이라 나라의 영
광을 그에게 주지 아니할 것
이나 그가 평안한 때를 타서
속임수로 그 나라를 얻을 것
이며
22넘치는 물 같은 군대가 그에게
넘침으로 말미암아 패할 것이
요 동맹한 왕도 그렇게 될 것
이며
23그와 약조한 후에 그는 거짓
을 행하여 올라올 것이요 소
수의 백성을 가지고 세력을 얻
을 것이며
24그가 평안한 때에 그 지방의
가장 기름진 곳에 들어와서
그의 조상들과 조상들의 조
상이 행하지 못하던 것을 행
할 것이요 그는 노략하고 탈취
한 재물을 무리에게 흩어 주
며 계략을 세워 얼마 동안 산
성들을 칠 것인데 때가 이르기
까지 그리하리라
25그가 그의 힘을 떨치며 용기를
다하여 큰 군대를 거느리고
남방 왕을 칠 것이요 남방 왕

도 심히 크고 강한 군대를 거
느리고 맞아 싸울 것이나 능히
당하지 못하리니 이는 그들이
계략을 세워 그를 침이니라
26 그의 음식을 먹는 자들이 그
를 멸하리니 그의 군대가 흩
어질 것이요 많은 사람이 엎드
러져 죽으리라
27 이 두 왕이 마음에 서로 해하
고자 하여 한 밥상에 앉았을
때에 거짓말을 할 것이라 일이
형통하지 못하리니 이는 아직
때가 이르지 아니하였으므로
그 일이 이루어지지 아니할 것
임이니라
28 북방 왕은 많은 재물을 가지
고 본국으로 돌아가리니 그는
마음으로 언약을 거스르며 자
기 마음대로 행하고 본토로
돌아갈 것이며
29 작정된 기한에 그가 다시 나
와서 남방에 이를 것이나 이번
이 그 전번만 못하리니
30 이는 깃딤의 배들이 이르러 그
를 칠 것임이라 그가 낙심하고
돌아가면서 맺은 언약에 분노
하였고 자기 땅에 돌아가서는
맺은 언약을 배반하는 자들
을 살필 것이며
31 군대는 그의 편에 서서 성소
곧 견고한 곳을 더럽히며 매일
드리는 제사를 폐하며 멸망하
게 하는 가증한 것을 세울 것
이며
32 그가 또 언약을 배반하고 악행
하는 자를 속임수로 타락시킬 것
이나 오직 자기의 하나님을 아는
백성은 강하여 용맹을 떨치리라
33 백성 중에 지혜로운 자들이
많은 사람을 가르칠 것이나 그
들이 칼날과 불꽃과 사로잡힘
과 약탈을 당하여 여러 날 동

안 몰락하리라
34 그들이 몰락할 때에 도움을 조
금 얻을 것이나 많은 사람들이
속임수로 그들과 결합할 것이며
35 또 그들 중 지혜로운 자 몇 사
람이 몰락하여 무리 중에서
연단을 받아 정결하게 되며 희
게 되어 마지막 때까지 이르게
하리니 이는 아직 정한 기한이
남았음이라
36 그 왕은 자기 마음대로 행하
며 스스로 높여 모든 신보다
크다 하며 비상한 말로 신들
의 신을 대적하며 형통하기를
분노하심이 그칠 때까지 하리
니 이는 그 작정된 일을 반드
시 이룰 것임이라
37 그가 모든 것보다 스스로 크
다 하고 그의 조상들의 신들
과 여자들이 흠모하는 것을
돌아보지 아니하며 어떤 신도
돌아보지 아니하고
38 그 대신에 강한 신을 공경할
것이요 또 그의 조상들이 알
지 못하던 신에게 금 은 보석
과 보물을 드려 공경할 것이며
39 그는 이방신을 힘입어 크게 견
고한 산성들을 점령할 것이요
무릇 그를 안다 하는 자에게
는 영광을 더하여 여러 백성을
다스리게도 하며 그에게서 뇌
물을 받고 땅을 나눠 주기도
하리라
40 마지막 때에 남방 왕이 그와
힘을 겨룰 것이나 북방 왕이
병거와 마병과 많은 배로 회오
리바람처럼 그에게로 마주 와
서 그 여러 나라에 침공하여
물이 넘침 같이 지나갈 것이요
41 그가 또 영화로운 땅에 들어
갈 것이요 많은 나라를 패망
하게 할 것이나 오직 에돔과

모압과 암몬 자손의 지도자
들은 그의 손에서 벗어나리라
42 그가 여러 나라들에 그의 손
을 펴리니 애굽 땅도 면하지
못할 것이니
43 그가 권세로 애굽의 금 은과
모든 보물을 차지할 것이요 리
비아 사람과 구스 사람이 그
의 시종이 되리라
44 그러나 동북에서부터 소문이
이르러 그를 번민하게 하므로
그가 분노하여 나가서 많은
무리를 다 죽이며 멸망시키고
자 할 것이요
45 그가 장막 궁전을 바다와 영
화롭고 거룩한 산 사이에 세
울 것이나 그의 종말이 이르리
니 도와 줄 자가 없으리라

끝날

12 그 때에 네 민족을 호
위하는 큰 군주 미가
엘이 일어날 것이요 또 환난이
있으리니 이는 개국 이래로 그
때까지 없던 환난일 것이며 그
때에 네 백성 중 책에 기록된
모든 자가 구원을 받을 것이
라
2 땅의 티끌 가운데에서 자는
자 중에서 많은 사람이 깨어
나 영생을 받는 자도 있겠고
수치를 당하여서 영원히 부끄
러움을 당할 자도 있을 것이
며
3 지혜 있는 자는 궁창의 빛과
같이 빛날 것이요 많은 사람
을 옳은 데로 돌아오게 한 자
는 별과 같이 영원토록 빛나리
라
4 다니엘아 마지막 때까지 이 말
을 간수하고 이 글을 봉함하
라 많은 사람이 빨리 왕래하
며 지식이 더하리라

12

5 나 다니엘이 본즉 다른 두 사
람이 있어 하나는 강 이쪽 언
덕에 섰고 하나는 강 저쪽 언
덕에 섰더니
6 그 중에 하나가 세마포 옷을
입은 자 곧 강물 위쪽에 있는
자에게 이르되 이 놀라운 일
의 끝이 어느 때까지냐 하더라
7 내가 들은즉 그 세마포 옷을
입고 강물 위쪽에 있는 자가
자기의 좌우 손을 들어 하늘
을 향하여 영원히 살아 계시
는 이를 가리켜 맹세하여 이르
되 반드시 한 때 두 때 반 때
를 지나서 성도의 권세가 다
깨지기까지이니 그렇게 되면
이 모든 일이 다 끝나리라 하
더라
8 내가 듣고도 깨닫지 못한지라
내가 이르되 내 주여 이 모든
일의 결국이 어떠하겠나이까
하니
9 그가 이르되 다니엘아 갈지어
다 이 말은 마지막 때까지 간
수하고 봉함할 것임이니라
10 많은 사람이 연단을 받아 스
스로 정결하게 하며 희게 할
것이나 악한 사람은 악을 행
하리니 악한 자는 아무것도
깨닫지 못하되 오직 지혜 있는
자는 깨달으리라
11 매일 드리는 제사를 폐하며 멸
망하게 할 가증한 것을 세울
때부터 천이백구십 일을 지낼
것이요
12 기다려서 천삼백삼십오 일까
지 이르는 그 사람은 복이 있
으리라
13 너는 가서 마지막을 기다리라
이는 네가 평안히 쉬다가 끝날
에는 네 몫을 누릴 것임이라

호세아

Hosea

호세아 선지자는 북왕국 이스라엘의 마지막 날들 동안에 예언 활동을 펼치는데(왕하 14:23-17:41), 이스라엘의 영적 간음(즉 우상 숭배)의 죄에 초점을 맞추고 있다. 호세아는 이스라엘 백성들이 그들의 길을 바꾸지 않는 한, 하나님께서 그들을 징벌하실 것임을 강력하게 경고한다. 그렇지만 호세아는 또한 이스라엘을 향한 하나님의 크신 사랑을 상기시키면서 그들의 회개를 애타게 호소한다. 이 책을 읽으면서 당신은, 당신의 죄악들에도 불구하고 당신을 구원하시려고 자신의 독생자를 보내신 하나님의 사랑에 관해 생각해 보라. 그리고 당신의 불성실함을 하나님께 고백하고 그분께 속히 돌아오라.

1 웃시야와 요담과 아하스와
히스기야가 이어 유다 왕
이 된 시대 곧 요아스의 아들
여로보암이 이스라엘 왕이 된
시대에 브에리의 아들 호세아
에게 임한 여호와의 말씀이라

호세아의 아내와 자식들

2 여호와께서 처음 호세아에게
말씀하실 때 여호와께서 호세
아에게 이르시되 너는 가서 음
란한 여자를 맞이하여 음란한
자식들을 낳으라 이 나라가
여호와를 떠나 크게 음란함이
니라 하시니
3 이에 그가 가서 디블라임의
딸 고멜을 맞이하였더니 고멜
이 임신하여 아들을 낳으매
4 여호와께서 호세아에게 이르
시되 그의 이름을 이스르엘이
라 하라 조금 후에 내가 이스
르엘의 피를 예후의 집에 갚으
며 이스라엘 족속의 나라를
폐할 것임이니라
5 그 날에 내가 이스르엘 골짜기
에서 이스라엘의 활을 꺾으리
라 하시니라
6 고멜이 또 임신하여 딸을 낳
으매 여호와께서 호세아에게
이르시되 그의 이름을 로루하
마라 하라 내가 다시는 이스
라엘 족속을 긍휼히 여겨서
용서하지 않을 것임이니라
7 그러나 내가 유다 족속을 긍
휼히 여겨 그들의 하나님 여호
와로 구원하겠고 활과 칼이나
전쟁이나 말과 마병으로 구원
하지 아니하리라 하시니라
8 고멜이 로루하마를 젖뗀 후에
또 임신하여 아들을 낳으매
9 여호와께서 이르시되 그의 이
름을 로암미라 하라 너희는 내
백성이 아니요 나는 너희 하나

1

님이 되지 아니할 것임이니라
10 이스라엘이 회복되리라 그러
나 이스라엘 자손의 수가 바
닷가의 모래 같이 되어서 헤아
릴 수도 없고 셀 수도 없을 것
이며 전에 그들에게 이르기를
너희는 내 백성이 아니라 한
그 곳에서 그들에게 이르기
를 너희는 살아 계신 하나님의
아들들이라 할 것이라
11 이에 유다 자손과 이스라엘
자손이 함께 모여 한 우두머
리를 세우고 그 땅에서부터
올라오리니 이스르엘의 날이
클 것임이로다

2 너희 형제에게는 암미라
하고 너희 자매에게는 루
하마라 하라

음란을 제거할지라

2 너희 어머니와 논쟁하고 논쟁
하라 그는 내 아내가 아니요
나는 그의 남편이 아니라 그
가 그의 얼굴에서 음란을 제
하게 하고 그 유방 사이에서
음행을 제하게 하라
3 그렇지 아니하면 내가 그를
벌거벗겨서 그 나던 날과 같
게 할 것이요 그로 광야 같
이 되게 하며 마른 땅 같이
되게 하여 목말라 죽게 할 것
이며
4 내가 그의 자녀를 긍휼히 여
기지 아니하리니 이는 그들이
음란한 자식들임이니라
5 그들의 어머니는 음행하였고
그들을 임신했던 자는 부끄러
운 일을 행하였나니 이는 그
가 이르기를 나는 나를 사랑
하는 자들을 따르리니 그들이
내 떡과 내 물과 내 양털과 내
삼과 내 기름과 내 술들을 내
게 준다 하였음이라

2

6 그러므로 내가 가시로 그 길
을 막으며 담을 쌓아 그로 그
길을 찾지 못하게 하리니
7 그가 그 사랑하는 자를 따라
갈지라도 미치지 못하며 그들
을 찾을지라도 만나지 못할 것
이라 그제야 그가 이르기를
내가 본 남편에게로 돌아가리
니 그 때의 내 형편이 지금보
다 나았음이라 하리라
8 곡식과 새 포도주와 기름은
내가 그에게 준 것이요 그들이
바알을 위하여 쓴 은과 금도
내가 그에게 더하여 준 것이거
늘 그가 알지 못하도다
9 그러므로 내가 내 곡식을 그
것이 익을 계절에 도로 찾으며
내가 내 새 포도주를 그것이
맛 들 시기에 도로 찾으며 또
그들의 벌거벗은 몸을 가릴 내
양털과 내 삼을 빼앗으리라
10 이제 내가 그 수치를 그 사랑
하는 자의 눈 앞에 드러내리니
그를 내 손에서 건져낼 사람이
없으리라
11 내가 그의 모든 희락과 절기와
월삭과 안식일과 모든 명절을
폐하겠고
12 그가 전에 이르기를 이것은
나를 사랑하는 자들이 내게
준 값이라 하던 그 포도나무
와 무화과나무를 거칠게 하여
수풀이 되게 하며 들짐승들에
게 먹게 하리라
13 그가 귀고리와 패물로 장식
하고 그가 사랑하는 자를 따
라가서 나를 잊어버리고 향을
살라 바알들을 섬긴 시일대로
내가 그에게 벌을 주리라 여호
와의 말씀이니라

백성을 향한 여호와의 사랑

14 그러므로 보라 내가 그를 타

일러 거친 들로 데리고 가서
말로 위로하고
15 거기서 비로소 그의 포도원을
그에게 주고 아골 골짜기로 소
망의 문을 삼아 주리니 그가
거기서 응대하기를 어렸을 때
와 애굽 땅에서 올라오던 날
과 같이 하리라
16 여호와께서 이르시되 그 날에
네가 나를 내 남편이라 일컫고
다시는 내 바알이라 일컫지 아
니하리라
17 내가 바알들의 이름을 그의
입에서 제거하여 다시는 그의
이름을 기억하여 부르는 일이
없게 하리라
18 그 날에는 내가 그들을 위하
여 들짐승과 공중의 새와 땅
의 곤충과 더불어 언약을 맺
으며 또 이 땅에서 활과 칼을
꺾어 전쟁을 없이하고 그들로
평안히 눕게 하리라
19 내가 네게 장가 들어 영원히
살되 공의와 정의와 은총과 긍
휼히 여김으로 네게 장가 들며
20 진실함으로 네게 장가 들리니
네가 여호와를 알리라
21 여호와께서 이르시되 그 날에
내가 응답하리라 나는 하늘에
응답하고 하늘은 땅에 응답
하고
22 땅은 곡식과 포도주와 기름에
응답하고 또 이것들은 이스르
엘에 응답하리라
23 내가 나를 위하여 그를 이 땅
에 심고 긍휼히 여김을 받지
못하였던 자를 긍휼히 여기며
내 백성 아니었던 자에게 향하
여 이르기를 너는 내 백성이라
하리니 그들은 이르기를 주는
내 하나님이시라 하리라 하시
니라

호세아와 음녀가 된 여인

3 여호와께서 내게 이르시
되 이스라엘 자손이 다른
신을 섬기고 건포도 과자를
즐길지라도 여호와가 그들을
사랑하나니 너는 또 가서 타
인의 사랑을 받아 음녀가 된
그 여자를 사랑하라 하시기로
2 내가 은 열다섯 개와 보리 한
호멜 반으로 나를 위하여 그
를 사고
3 그에게 이르기를 너는 많은 날
동안 나와 함께 지내고 음행
하지 말며 다른 남자를 따르
지 말라 나도 네게 그리하리라
하였노라
4 이스라엘 자손들이 많은 날
동안 왕도 없고 지도자도 없
고 제사도 없고 주상도 없고
에봇도 없고 드라빔도 없이 지
내다가
5 그 후에 이스라엘 자손이 돌
아와서 그들의 하나님 여호와
와 그들의 왕 다윗을 찾고 마
지막 날에는 여호와를 경외하
므로 여호와와 그의 은총으
로 나아가리라

어머니를 멸하리라

4 이스라엘 자손들아 여호
와의 말씀을 들으라 여호
와께서 이 땅 주민과 논쟁하
시나니 이 땅에는 진실도 없고
인애도 없고 하나님을 아는
지식도 없고
2 오직 저주와 속임과 살인과
도둑질과 간음뿐이요 포악하
여 피가 피를 뒤이음이라
3 그러므로 이 땅이 슬퍼하며
거기 사는 자와 들짐승과 공
중에 나는 새가 다 쇠잔할 것
이요 바다의 고기도 없어지리
라

3

4

4 그러나 어떤 사람이든지 다투
지도 말며 책망하지도 말라
네 백성들이 제사장과 다투는
자처럼 되었음이니라
5 너는 낮에 넘어지겠고 너와 함
께 있는 선지자는 밤에 넘어지
리라 내가 네 어머니를 멸하리
라

여호와께서 백성과 제사장을 심판하시다

6 내 백성이 지식이 없으므로
망하는도다 네가 지식을 버렸
으니 나도 너를 버려 내 제사
장이 되지 못하게 할 것이요
네가 네 하나님의 율법을 잊었
으니 나도 네 자녀들을 잊어버
리리라
7 그들은 번성할수록 내게 범죄
하니 내가 그들의 영화를 변
하여 욕이 되게 하리라
8 그들이 내 백성의 속죄제물을
먹고 그 마음을 그들의 죄악
에 두는도다
9 장차는 백성이나 제사장이나
동일함이라 내가 그들의 행실
대로 벌하며 그들의 행위대로
갚으리라
10 그들이 먹어도 배부르지 아니
하며 음행하여도 수효가 늘지
못하니 이는 여호와를 버리고
따르지 아니하였음이니라

이교 예배를 책망하시다

11 음행과 묵은 포도주와 새 포
도주가 마음을 빼앗느니라
12 내 백성이 나무에게 묻고 그
막대기는 그들에게 고하나니
이는 그들이 음란한 마음에
미혹되어 하나님을 버리고 음
행하였음이니라
13 그들이 산 꼭대기에서 제사를
드리며 작은 산 위에서 분향하
되 참나무와 버드나무와 상수
리나무 아래에서 하니 이는 그

나무 그늘이 좋음이라 이러므
로 너희 딸들은 음행하며 너희
며느리들은 간음을 행하는도다
14 너희 딸들이 음행하며 너희 며
느리들이 간음하여도 내가 벌
하지 아니하리니 이는 남자들
도 창기와 함께 나가며 음부와
함께 희생을 드림이니라 깨닫
지 못하는 백성은 망하리라
15 이스라엘아 너는 음행하여도
유다는 죄를 범하지 못하게
할 것이라 너희는 길갈로 가
지 말며 벧아웬으로 올라가지
말며 여호와의 사심을 두고
맹세하지 말지어다
16 이스라엘은 완강한 암소처럼
완강하니 이제 여호와께서 어
린 양을 넓은 들에서 먹임 같
이 그들을 먹이시겠느냐
17 에브라임이 우상과 연합하였
으니 버려 두라
18 그들이 마시기를 다 하고는 이
어서 음행하였으며 그들은 부
끄러운 일을 좋아하느니라
19 바람이 그 날개로 그를 쌌나
니 그들이 그 제물로 말미암
아 부끄러운 일을 당하리라

우상 숭배를 경고하다

5 제사장들아 이를 들으라
이스라엘 족속들아 깨달
으라 왕족들아 귀를 기울이라
너희에게 심판이 있나니 너희
가 미스바에 대하여 올무가 되
며 다볼 위에 친 그물이 됨이라
2 패역자가 살육죄에 깊이 빠졌
으매 내가 그들을 다 벌하노
라
3 에브라임은 내가 알고 이스라
엘은 내게 숨기지 못하나니 에
브라임아 이제 네가 음행하였
고 이스라엘이 더러워졌느니
라

5

4 그들의 행위가 그들로 자기 하
나님에게 돌아가지 못하게 하
나니 이는 음란한 마음이 그
속에 있어 여호와를 알지 못
하는 까닭이라
5 이스라엘의 교만이 그 얼굴에
드러났나니 그 죄악으로 말미
암아 이스라엘과 에브라임이
넘어지고 유다도 그들과 함께
넘어지리라
6 그들이 양 떼와 소 떼를 끌고
여호와를 찾으러 갈지라도 만
나지 못할 것은 이미 그들에게
서 떠나셨음이라
7 그들이 여호와께 정조를 지
키지 아니하고 사생아를 낳
았으니 그러므로 새 달이 그
들과 그 기업을 함께 삼키리
로다

유다와 이스라엘 사이의 전쟁

8 너희가 기브아에서 뿔나팔
을 불며 라마에서 나팔을 불
며 벧아웬에서 외치기를 베
냐민아 네 뒤를 쫓는다 할지
어다
9 벌하는 날에 에브라임이 황폐
할 것이라 내가 이스라엘 지파
중에서 반드시 있을 일을 보였
노라
10 유다 지도자들은 경계표를 옮
기는 자 같으니 내가 나의 진노
를 그들에게 물 같이 부으리라
11 에브라임은 사람의 명령 뒤따
르기를 좋아하므로 학대를 받
고 재판의 압제를 받는도다
12 그러므로 내가 에브라임에게
는 좀 같으며 유다 족속에게
는 썩이는 것 같도다
13 에브라임이 자기의 병을 깨달
으며 유다가 자기의 상처를 깨
달았고 에브라임은 앗수르로
가서 야렙 왕에게 사람을 보

내었으나 그가 능히 너희를
고치지 못하겠고 너희 상처를
낫게 하지 못하리라
14 내가 에브라임에게는 사자 같
고 유다 족속에게는 젊은 사
자 같으니 바로 내가 움켜갈지
라 내가 탈취하여 갈지라도 건
져낼 자가 없으리라
15 그들이 그 죄를 뉘우치고 내
얼굴을 구하기까지 내가 내 곳
으로 돌아가리라 그들이 고난
받을 때에 나를 간절히 구하
리라

백성들의 불성실한 회개

6 오라 우리가 여호와께로
돌아가자 여호와께서 우
리를 찢으셨으나 도로 낫게
하실 것이요 우리를 치셨으나
싸매어 주실 것임이라
2 여호와께서 이틀 후에 우리를
살리시며 셋째 날에 우리를 일
으키시리니 우리가 그의 앞에
서 살리라
3 그러므로 우리가 여호와를 알
자 힘써 여호와를 알자 그의
나타나심은 새벽 빛 같이 어김
없나니 비와 같이, 땅을 적시
는 늦은 비와 같이 우리에게
임하시리라 하니라
4 에브라임아 내가 네게 어떻게
하랴 유다야 내가 네게 어떻
게 하랴 너희의 인애가 아침
구름이나 쉬 없어지는 이슬 같
도다
5 그러므로 내가 선지자들로 그
들을 치고 내 입의 말로 그들
을 죽였노니 내 심판은 빛처럼
나오느니라
6 나는 인애를 원하고 제사를
원하지 아니하며 번제보다
하나님을 아는 것을 원하노
라

6

7 그들은 아담처럼 언약을 어기
고 거기에서 나를 반역하였느
니라
8 길르앗은 악을 행하는 자의
고을이라 피 발자국으로 가득
찼도다
9 강도 떼가 사람을 기다림 같
이 제사장의 무리가 세겜 길
에서 살인하니 그들이 사악을
행하였느니라
10 내가 이스라엘 집에서 가증한
일을 보았나니 거기서 에브라
임은 음행하였고 이스라엘은
더럽혀졌느니라
11 또한 유다여 내가 내 백성의
사로잡힘을 돌이킬 때에 네
게도 추수할 일을 정하였느
니라

왕궁 안의 반란

7 내가 이스라엘을 치료하
려 할 때에 에브라임의 죄
와 사마리아의 악이 드러나도
다 그들은 거짓을 행하며 안
으로 들어가 도둑질하고 밖으
로 떼 지어 노략질하며
2 내가 모든 악을 기억하였음을
그들이 마음에 생각하지 아니
하거니와 이제 그들의 행위가
그들을 에워싸고 내 얼굴 앞
에 있도다
3 그들이 그 악으로 왕을, 그 거
짓말로 지도자들을 기쁘게 하
도다
4 그들은 다 간음하는 자라 과
자 만드는 자에 의해 달궈진
화덕과 같도다 그가 반죽을
뭉침으로 발효되기까지만 불
일으키기를 그칠 뿐이니라
5 우리 왕의 날에 지도자들은
술의 뜨거움으로 병이 나며
왕은 오만한 자들과 더불어
악수하는도다

7

6 그들이 가까이 올 때에 그들의
마음은 간교하여 화덕 같으니
그들의 분노는 밤새도록 자고
아침에 피우는 불꽃 같도다
7 그들이 다 화덕 같이 뜨거워
져서 그 재판장들을 삼키며
그들의 왕들을 다 엎드러지게
하며 그들 중에는 내게 부르짖
는 자가 하나도 없도다

이스라엘과 여러 민족

8 에브라임이 여러 민족 가운데
에 혼합되니 그는 곧 뒤집지
않은 전병이로다
9 이방인들이 그의 힘을 삼켰으
나 알지 못하고 백발이 무성할
지라도 알지 못하는도다
10 이스라엘의 교만은 그 얼굴에
드러났나니 그들이 이 모든 일
을 당하여도 그들의 하나님
여호와께로 돌아오지 아니하
며 구하지 아니하도다
11 에브라임은 어리석은 비둘기
같이 지혜가 없어서 애굽을
향하여 부르짖으며 앗수르로
가는도다
12 그들이 갈 때에 내가 나의 그물
을 그 위에 쳐서 공중의 새처럼
떨어뜨리고 전에 그 회중에 들
려 준 대로 그들을 징계하리라
13 화 있을진저 그들이 나를 떠
나 그릇 갔음이니라 패망할진
저 그들이 내게 범죄하였음이
니라 내가 그들을 건져 주려
하나 그들이 나를 거슬러 거
짓을 말하고
14 성심으로 나를 부르지 아니하였
으며 오직 침상에서 슬피 부르짖
으며 곡식과 새 포도주로 말미
암아 모이며 나를 거역하는도다
15 내가 그들 팔을 연습시켜 힘
있게 하였으나 그들은 내게 대
하여 악을 꾀하는도다

16 그들은 돌아오나 높으신 자에
게로 돌아오지 아니하니 속이
는 활과 같으며 그들의 지도
자들은 그 혀의 거친 말로 말
미암아 칼에 엎드러지리니 이
것이 애굽 땅에서 조롱거리가
되리라

우상 숭배를 책망하시다

8 나팔을 네 입에 댈지어다
원수가 독수리처럼 여호
와의 집에 덮치리니 이는 그들
이 내 언약을 어기며 내 율법
을 범함이로다
2 그들이 장차 내게 부르짖기를
나의 하나님이여 우리 이스라
엘이 주를 아나이다 하리라
3 이스라엘이 이미 선을 버렸으
니 원수가 그를 따를 것이라
4 그들이 왕들을 세웠으나 내게
서 난 것이 아니며 그들이 지
도자들을 세웠으나 내가 모
르는 바이며 그들이 또 그 은,
금으로 자기를 위하여 우상을
만들었나니 결국은 파괴되고
말리라
5 사마리아여 네 송아지는 버
려졌느니라 내 진노가 무리를
향하여 타오르나니 그들이 어
느 때에야 무죄하겠느냐
6 이것은 이스라엘에서 나고 장
인이 만든 것이라 참 신이 아
니니 사마리아의 송아지가 산
산조각이 나리라
7 그들이 바람을 심고 광풍을
거둘 것이라 심은 것이 줄기가
없으며 이삭은 열매를 맺지 못
할 것이요 혹시 맺을지라도 이
방 사람이 삼키리라
8 이스라엘은 이미 삼켜졌은즉
이제 여러 나라 가운데에 있는
것이 즐겨 쓰지 아니하는 그
릇 같도다

8

9 그들이 홀로 떨어진 들나귀처
럼 앗수르로 갔고 에브라임이
값 주고 사랑하는 자들을 얻
었도다
10 그들이 여러 나라에게 값을
주었을지라도 이제 내가 그들
을 모으리니 그들은 지도자의
임금이 지워 준 짐으로 말미
암아 쇠하기 시작하리라
11 에브라임은 죄를 위하여 제단
을 많이 만들더니 그 제단이
그에게 범죄하게 하는 것이 되
었도다
12 내가 그를 위하여 내 율법을
만 가지로 기록하였으나 그들
은 이상한 것으로 여기도다
13 그들이 내게 고기를 제물로
드리고 먹을지라도 여호와는
그것을 기뻐하지 아니하고 이
제 그들의 죄악을 기억하여 그
죄를 벌하리니 그들은 애굽으
로 다시 가리라
14 이스라엘은 자기를 지으신 이
를 잊어버리고 왕궁들을 세웠
으며 유다는 견고한 성읍을
많이 쌓았으나 내가 그 성읍
들에 불을 보내어 그 성들을
삼키게 하리라

형벌의 날 보응의 날

9 이스라엘아 너는 이방
사람처럼 기뻐 뛰놀지
말라 네가 음행하여 네 하나
님을 떠나고 각 타작 마당에
서 음행의 값을 좋아하였느
니라
2 타작 마당이나 술틀이 그들
을 기르지 못할 것이며 새 포
도주도 떨어질 것이요
3 그들은 여호와의 땅에 거주하
지 못하며 에브라임은 애굽으
로 다시 가고 앗수르에서 더러
운 것을 먹을 것이니라

9

4 그들은 여호와께 포도주를
부어 드리지 못하며 여호와께
서 기뻐하시는 바도 되지 못할
것이라 그들의 제물은 애곡하
는 자의 떡과 같아서 그것을
먹는 자는 더러워지나니 그들
의 떡은 자기의 먹기에만 소용
될 뿐이라 여호와의 집에 드릴
것이 아님이니라
5 너희는 명절 날과 여호와의 절
기의 날에 무엇을 하겠느냐
6 보라 그들이 멸망을 피하여
갈지라도 애굽은 그들을 모으
고 놉은 그들을 장사하리니
그들의 은은 귀한 것이나 찔
레가 덮을 것이요 그들의 장막
안에는 가시덩굴이 퍼지리라
7 형벌의 날이 이르렀고 보응의
날이 온 것을 이스라엘이 알지
라 선지자가 어리석었고 신에
감동하는 자가 미쳤나니 이는
네 죄악이 많고 네 원한이 큼
이니라
8 에브라임은 나의 하나님과 함
께 한 파수꾼이며 선지자는
모든 길에 친 새 잡는 자의 그
물과 같고 그의 하나님의 전에
는 원한이 있도다
9 그들은 기브아의 시대와 같이
심히 부패한지라 여호와께서
그 악을 기억하시고 그 죄를
벌하시리라

이스라엘의 죄와 하나님의 심판

10 옛적에 내가 이스라엘을 만나
기를 광야에서 포도를 만남
같이 하였으며 너희 조상들을
보기를 무화과나무에서 처음
맺힌 첫 열매를 봄 같이 하였
거늘 그들이 바알브올에 가서
부끄러운 우상에게 몸을 드림
으로 저희가 사랑하는 우상
같이 가증하여졌도다

11 에브라임의 영광이 새 같이
날아 가리니 해산하는 것이나
아이 배는 것이나 임신하는 것
이 없으리라
12 혹 그들이 자식을 기를지라
도 내가 그 자식을 없이하여
한 사람도 남기지 아니할 것
이라 내가 그들을 떠나는 때
에는 그들에게 화가 미치리
로다
13 내가 보건대 에브라임은 아
름다운 곳에 심긴 두로와
같으나 그 자식들을 살인
하는 자에게로 끌어내리로
다
14 여호와여 그들에게 주소서 무
엇을 주시려 하나이까 아이
배지 못하는 태와 젖 없는 유
방을 주시옵소서
15 그들의 모든 악이 길갈에 있
으므로 내가 거기에서 그들을
미워하였노라 그들의 행위가
악하므로 내 집에서 그들을
쫓아내고 다시는 사랑하지 아
니하리라 그들의 지도자들은
다 반역한 자니라
16 에브라임은 매를 맞아 그 뿌
리가 말라 열매를 맺지 못하나
니 비록 아이를 낳을지라도 내
가 그 사랑하는 태의 열매를
죽이리라
17 그들이 듣지 아니하므로 내
하나님이 그들을 버리시리니
그들이 여러 나라 가운데에
떠도는 자가 되리라

하나님의 심판에 대한 선지자의 경고

10 이스라엘은 열매 맺
는 무성한 포도나무
라 그 열매가 많을수록 제단
을 많게 하며 그 땅이 번영
할수록 주상을 아름답게 하
도다

10

2 그들이 두 마음을 품었으니
이제 벌을 받을 것이라 하나님
이 그 제단을 쳐서 깨뜨리시며
그 주상을 허시리라
3 그들이 이제 이르기를 우리가
여호와를 두려워하지 아니하
므로 우리에게 왕이 없거니와
왕이 우리를 위하여 무엇을
하리요 하리로다
4 그들이 헛된 말을 내며 거짓
맹세로 언약을 세우니 그 재
판이 밭이랑에 돋는 독초 같
으리로다
5 사마리아 주민이 벧아웬의 송
아지로 말미암아 두려워할 것
이라 그 백성이 슬퍼하며 그것
을 기뻐하던 제사장들도 슬퍼
하리니 이는 그의 영광이 떠나
감이며
6 그 송아지는 앗수르로 옮겨다
가 예물로 야렙 왕에게 드리리
니 에브라임은 수치를 받을 것
이요 이스라엘은 자기들의 계
책을 부끄러워할 것이며
7 사마리아 왕은 물 위에 있는
거품 같이 멸망할 것이며
8 이스라엘의 죄 곧 아웬의 산
당은 파괴되어 가시와 찔레가
그 제단 위에 날 것이니 그 때
에 그들이 산더러 우리를 가리
라 할 것이요 작은 산더러 우
리 위에 무너지라 하리라

이스라엘에게 징계를 선언하시다

9 이스라엘아 네가 기브아 시대
로부터 범죄하더니 지금까지
죄를 짓는구나 그러니 범죄한
자손들에 대한 전쟁이 어찌
기브아에서 일어나지 않겠느
냐
10 내가 원하는 때에 그들을 징
계하리니 그들이 두 가지 죄에
걸릴 때에 만민이 모여서 그들

을 치리라
11 에브라임은 마치 길들인 암소
같아서 곡식 밟기를 좋아하나
내가 그의 아름다운 목에 멍에
를 메우고 에브라임 위에 사람
을 태우리니 유다가 밭을 갈고
야곱이 흙덩이를 깨뜨리리라
12 너희가 자기를 위하여 공의를
심고 인애를 거두라 너희 묵은
땅을 기경하라 지금이 곧 여
호와를 찾을 때니 마침내 여
호와께서 오사 공의를 비처럼
너희에게 내리시리라
13 너희는 악을 밭 갈아 죄를 거
두고 거짓 열매를 먹었나니 이
는 네가 네 길과 네 용사의 많
음을 의뢰하였음이라
14 그러므로 너희 백성 중에 요
란함이 일어나며 네 산성들
이 다 무너지되 살만이 전쟁
의 날에 벧아벨을 무너뜨린
것 같이 될 것이라 그 때에
어머니와 자식이 함께 부서
졌도다
15 너희의 큰 악으로 말미암아
벧엘이 이같이 너희에게 행하
리니 이스라엘 왕이 새벽에 정
녕 망하리로다

백성을 버리지 않으시는 하나님

11 이스라엘이 어렸을 때
에 내가 사랑하여 내
아들을 애굽에서 불러냈거
늘
2 선지자들이 그들을 부를수록
그들은 점점 멀리하고 바알들
에게 제사하며 아로새긴 우상
앞에서 분향하였느니라
3 그러나 내가 에브라임에게 걸
음을 가르치고 내 팔로 안았
음에도 내가 그들을 고치는
줄을 그들은 알지 못하였도
다

11

4 내가 사람의 줄 곧 사랑의
줄로 그들을 이끌었고 그들
에게 대하여 그 목에서 멍에
를 벗기는 자 같이 되었으며
그들 앞에 먹을 것을 두었노
라
5 그들은 애굽 땅으로 되돌아
가지 못하겠거늘 내게 돌아
오기를 싫어하니 앗수르 사람
이 그 임금이 될 것이라
6 칼이 그들의 성읍들을 치며
빗장을 깨뜨려 없이하리니 이
는 그들의 계책으로 말미암음
이니라
7 내 백성이 끝끝내 내게서 물러
가나니 비록 그들을 불러 위
에 계신 이에게로 돌아오라 할
지라도 일어나는 자가 하나도
없도다
8 에브라임이여 내가 어찌 너를
놓겠느냐 이스라엘이여 내가
어찌 너를 버리겠느냐 내가 어
찌 너를 아드마 같이 놓겠느
냐 어찌 너를 스보임 같이 두
겠느냐 내 마음이 내 속에서
돌이키어 나의 긍휼이 온전히
불붙듯 하도다
9 내가 나의 맹렬한 진노를 나
타내지 아니하며 내가 다시는
에브라임을 멸하지 아니하리
니 이는 내가 하나님이요 사
람이 아님이라 네 가운데 있는
거룩한 이니 진노함으로 네게
임하지 아니하리라
10 그들은 사자처럼 소리를 내시
는 여호와를 따를 것이라 여
호와께서 소리를 내시면 자손
들이 서쪽에서부터 떨며 오되
11 그들은 애굽에서부터 새 같이,
앗수르에서부터 비둘기 같이
떨며 오리니 내가 그들을 그들
의 집에 머물게 하리라 나 여

호와의 말이니라

하나님께로 돌아오라

12 에브라임은 거짓으로, 이스라
엘 족속은 속임수로 나를 에
워쌌고 유다는 여전히 하나님
과 거룩하고 신실한 자들에
대하여 정함이 없도다

12 에브라임은 바람을 먹
으며 동풍을 따라가
서 종일토록 거짓과 포학을 더
하여 앗수르와 계약을 맺고
기름을 애굽에 보내도다
2 여호와께서 유다와 논쟁하시
고 야곱을 그 행실대로 벌하
시며 그의 행위대로 그에게 보
응하시리라
3 야곱은 모태에서 그의 형의
발뒤꿈치를 잡았고 또 힘으로
는 하나님과 겨루되
4 천사와 겨루어 이기고 울며 그
에게 간구하였으며 하나님은
벧엘에서 그를 만나셨고 거기
에서 우리에게 말씀하셨나니
5 여호와는 만군의 하나님이시
라 여호와는 그를 기억하게
하는 이름이니라
6 그런즉 너의 하나님께로 돌아
와서 인애와 정의를 지키며 항
상 너의 하나님을 바랄지니라

거짓 저울을 쓰는 에브라임

7 그는 상인이라 손에 거짓 저울
을 가지고 속이기를 좋아하는
도다
8 에브라임이 말하기를 나는 실
로 부자라 내가 재물을 얻었
는데 내가 수고한 모든 것 중
에서 죄라 할 만한 불의를 내
게서 찾아 낼 자 없으리라 하
거니와
9 네가 애굽 땅에 있을 때부터
나는 네 하나님 여호와니라
내가 너로 다시 장막에 거주

12

하게 하기를 명절날에 하던 것
같게 하리라
10 내가 여러 선지자에게 말하였
고 이상을 많이 보였으며 선지
자들을 통하여 비유를 베풀
었노라
11 길르앗은 불의한 것이냐 과연
그러하다 그들은 거짓되도다
길갈에서는 무리가 수송아지
로 제사를 드리며 그 제단은
밭이랑에 쌓인 돌무더기 같도
다
12 야곱이 아람의 들로 도망하였
으며 이스라엘이 아내를 얻기
위하여 사람을 섬기며 아내를
얻기 위하여 양을 쳤고
13 여호와께서는 한 선지자로 이
스라엘을 애굽에서 인도하여
내셨고 이스라엘이 한 선지자
로 보호 받았거늘
14 에브라임이 격노하게 함이 극
심하였으니 그의 주께서 그의
피로 그의 위에 머물러 있게
하시며 그의 수치를 그에게 돌
리시리라

바알로 말미암아 범죄한 에브라임

13 에브라임이 말을 하
면 사람들이 떨었도다
그가 이스라엘 중에서 자기를
높이더니 바알로 말미암아 범
죄하므로 망하였거늘
2 이제도 그들은 더욱 범죄하여
그 은으로 자기를 위하여 우상
을 부어 만들되 자기의 정교함
을 따라 우상을 만들었으며 그
것은 다 은장색이 만든 것이거
늘 그들은 그것에 대하여 말하
기를 제사를 드리는 자는 송아
지와 입을 맞출 것이라 하도다
3 이러므로 그들은 아침 구름
같으며 쉬 사라지는 이슬
같으며 타작 마당에서 광

13

풍에 날리는 쭉정이 같으며
굴뚝에서 나가는 연기 같으
리라
4 그러나 애굽 땅에 있을 때부터
나는 네 하나님 여호와라 나 밖
에 네가 다른 신을 알지 말 것이
라 나 외에는 구원자가 없느니라
5 내가 광야 마른 땅에서 너를
알았거늘
6 그들이 먹여 준 대로 배가 불
렀고 배가 부르니 그들의 마
음이 교만하여 이로 말미암아
나를 잊었느니라
7 그러므로 내가 그들에게 사자
같고 길 가에서 기다리는 표범
같으니라
8 내가 새끼 잃은 곰 같이 그들
을 만나 그의 염통 꺼풀을 찢
고 거기서 암사자 같이 저희를
삼키리라 들짐승이 그들을 찢
으리라
9 이스라엘아 네가 패망하였나
니 이는 너를 도와 주는 나를
대적함이니라
10 전에 네가 이르기를 내게 왕
과 지도자들을 주소서 하였
느니라 네 모든 성읍에서 너를
구원할 자 곧 네 왕이 이제 어
디 있으며 네 재판장들이 어디
있느냐
11 내가 분노하므로 네게 왕을
주고 진노하므로 폐하였노라
12 에브라임의 불의가 봉함되
었고 그 죄가 저장되었나
니
13 해산하는 여인의 어려움이 그
에게 임하리라 그는 지혜 없는
자식이로다 해산할 때가 되어
도 그가 나오지 못하느니라
14 내가 그들을 스올의 권세에서
속량하며 사망에서 구속하리
니 사망아 네 재앙이 어디 있

느냐 스올아 네 멸망이 어디
있느냐 뉘우침이 내 눈 앞에서
숨으리라
15 그가 비록 형제 중에서 결실하
나 동풍이 오리니 곧 광야에서
일어나는 여호와의 바람이라
그의 근원이 마르며 그의 샘이
마르고 그 쌓아 둔 바 모든 보
배의 그릇이 약탈되리로다
16 사마리아가 그들의 하나님을
배반하였으므로 형벌을 당하
여 칼에 엎드러질 것이요 그
어린 아이는 부서뜨려지며 아
이 밴 여인은 배가 갈라지리라

이스라엘을 향한 호세아의 호소

14 이스라엘아 네 하나님
여호와께로 돌아오라
네가 불의함으로 말미암아 엎
드러졌느니라
2 너는 말씀을 가지고 여호와
께로 돌아와서 아뢰기를 모든
불의를 제거하시고 선한 바를
받으소서 우리가 수송아지를
대신하여 입술의 열매를 주께
드리리이다
3 우리가 앗수르의 구원을 의지
하지 아니하며 말을 타지 아
니하며 다시는 우리의 손으로
만든 것을 향하여 너희는 우
리의 신이라 하지 아니하오리
니 이는 고아가 주로 말미암
아 긍휼을 얻음이니이다 할지
니라

여호와의 진노가 떠나다

4 내가 그들의 반역을 고치고
기쁘게 그들을 사랑하리니 나
의 진노가 그에게서 떠났음이
니라
5 내가 이스라엘에게 이슬과 같
으리니 그가 백합화 같이 피
겠고 레바논 백향목 같이 뿌
리가 박힐 것이라

14

6 그의 가지는 퍼지며 그의 아
름다움은 감람나무와 같고
그의 향기는 레바논 백향목
같으리니
7 그 그늘 아래에 거주하는 자
가 돌아올지라 그들은 곡식
같이 풍성할 것이며 포도나무
같이 꽃이 필 것이며 그 향기
는 레바논의 포도주 같이 되
리라
8 에브라임의 말이 내가 다시
우상과 무슨 상관이 있으리요
할지라 내가 그를 돌아보아 대
답하기를 나는 푸른 잣나무
같으니 네가 나로 말미암아 열
매를 얻으리라 하리라

여호와의 도

9 누가 지혜가 있어 이런 일을
깨달으며 누가 총명이 있어 이
런 일을 알겠느냐 여호와의
도는 정직하니 의인은 그 길로
다니거니와 그러나 죄인은 그
길에 걸려 넘어지리라

요엘

Joel

요엘 선지자는 "여호와의 심판의 날"을 묘사하기 위해 메뚜기 떼의 재앙으로 말미암는 황폐한 기근의 이미지를 사용한다. 요엘은 하나님 백성들에게 죄를 회개하고 주님께 돌아올 것을 촉구하면서, 그렇게 하는 자들은 누구든지 구원을 받을 것이며, 하나님의 영을 풍성히 받게 될 것임을 약속한다. 이 책을 읽으면서 당신은, 당신을 회개로 이끄시는 주님의 부르심에 응답하라. 그리하면 당신은 구원을 받고, 성령의 충만함을 누리게 될 것이다.

1 브두엘의 아들 요엘에게
임한 여호와의 말씀이
라

농사를 망친 농부들의 애곡

2 늙은 자들아 너희는 이것을
들을지어다 땅의 모든 주민들
아 너희는 귀를 기울일지어다
너희의 날에나 너희 조상들의
날에 이런 일이 있었느냐
3 너희는 이 일을 너희 자녀에게
말하고 너희 자녀는 자기 자녀
에게 말하고 그 자녀는 후세
에 말할 것이니라
4 팥중이가 남긴 것을 메뚜기가
먹고 메뚜기가 남긴 것을 느
치가 먹고 느치가 남긴 것을
황충이 먹었도다
5 취하는 자들아 너희는 깨어
울지어다 포도주를 마시는 자
들아 너희는 울지어다 이는 단
포도주가 너희 입에서 끊어졌
음이니
6 다른 한 민족이 내 땅에 올라
왔음이로다 그들은 강하고 수
가 많으며 그 이빨은 사자의
이빨 같고 그 어금니는 암사자
의 어금니 같도다
7 그들이 내 포도나무를 멸하며
내 무화과나무를 긁어 말갛게
벗겨서 버리니 그 모든 가지가
하얗게 되었도다
8 너희는 처녀가 어렸을 때에 약
혼한 남자로 말미암아 굵은
베로 동이고 애곡함 같이 할
지어다
9 소제와 전제가 여호와의 성전
에서 끊어졌고 여호와께 수종
드는 제사장은 슬퍼하도다
10 밭이 황무하고 토지가 마르
니 곡식이 떨어지며 새 포도
주가 말랐고 기름이 다하였
도다

1

11 농부들아 너희는 부끄러워할
지어다 포도원을 가꾸는 자
들아 곡할지어다 이는 밀과 보
리 때문이라 밭의 소산이 다
없어졌음이로다
12 포도나무가 시들었고 무화과
나무가 말랐으며 석류나무와
대추나무와 사과나무와 밭의
모든 나무가 다 시들었으니 이
러므로 사람의 즐거움이 말랐
도다
13 제사장들아 너희는 굵은 베로
동이고 슬피 울지어다 제단에
수종드는 자들아 너희는 울
지어다 내 하나님께 수종드는
자들아 너희는 와서 굵은 베
옷을 입고 밤이 새도록 누울
지어다 이는 소제와 전제를 너
희 하나님의 성전에 드리지 못
함이로다
14 너희는 금식일을 정하고 성회
를 소집하여 장로들과 이 땅의
모든 주민들을 너희 하나님
여호와의 성전으로 모으고 여
호와께 부르짖을지어다
15 슬프다 그 날이여 여호와의 날
이 가까웠나니 곧 멸망 같이
전능자에게로부터 이르리로다
16 먹을 것이 우리 눈 앞에 끊어
지지 아니하였느냐 기쁨과 즐
거움이 우리 하나님의 성전에
서 끊어지지 아니하였느냐
17 씨가 흙덩이 아래에서 썩어졌
고 창고가 비었고 곳간이 무
너졌으니 이는 곡식이 시들었
음이로다
18 가축이 울부짖고 소 떼가 소
란하니 이는 꼴이 없음이라
양 떼도 피곤하도다
19 여호와여 내가 주께 부르짖으
오니 불이 목장의 풀을 살랐
고 불꽃이 들의 모든 나무를

살랐음이니이다
20 들짐승도 주를 향하여 헐떡거
리오니 시내가 다 말랐고 들의
풀이 불에 탔음이니이다

여호와의 날을 경고하는 메뚜기 떼

2 시온에서 나팔을 불며 나
의 거룩한 산에서 경고의
소리를 질러 이 땅 주민들로
다 떨게 할지니 이는 여호와의
날이 이르게 됨이니라 이제 임
박하였으니
2 곧 어둡고 캄캄한 날이요
짙은 구름이 덮인 날이라
새벽 빛이 산 꼭대기에 덮인
것과 같으니 이는 많고 강
한 백성이 이르렀음이라 이
와 같은 것이 옛날에도 없
었고 이후에도 대대에 없으
리로다
3 불이 그들의 앞을 사르며 불
꽃이 그들의 뒤를 태우니 그들
의 예전의 땅은 에덴 동산 같
았으나 그들의 나중의 땅은
황폐한 들 같으니 그것을 피한
자가 없도다
4 그의 모양은 말 같고 그 달리
는 것은 기병 같으며
5 그들이 산 꼭대기에서 뛰는 소
리는 병거 소리와도 같고 불
꽃이 검불을 사르는 소리와도
같으며 강한 군사가 줄을 벌
이고 싸우는 것 같으니
6 그 앞에서 백성들이 질리
고, 무리의 낯빛이 하얘졌
도다
7 그들이 용사 같이 달리며 무
사 같이 성을 기어 오르며
각기 자기의 길로 나아가되
그 줄을 이탈하지 아니하며
8 피차에 부딪치지 아니하고 각
기 자기의 길로 나아가며 무기
를 돌파하고 나아가나 상하지

2

아니하며
9 성중에 뛰어 들어가며 성 위에
달리며 집에 기어 오르며 도둑
같이 창으로 들어가니
10 그 앞에서 땅이 진동하며 하
늘이 떨며 해와 달이 캄캄하
며 별들이 빛을 거두도다
11 여호와께서 그의 군대 앞에서
소리를 지르시고 그의 진영은
심히 크고 그의 명령을 행하
는 자는 강하니 여호와의 날
이 크고 심히 두렵도다 당할
자가 누구이랴

여호와께로 돌아올지어다

12 여호와의 말씀에 너희는 이제
라도 금식하고 울며 애통하고
마음을 다하여 내게로 돌아오
라 하셨나니
13 너희는 옷을 찢지 말고 마음
을 찢고 너희 하나님 여호와께
로 돌아올지어다 그는 은혜로
우시며 자비로우시며 노하기
를 더디하시며 인애가 크시사
뜻을 돌이켜 재앙을 내리지
아니하시나니
14 주께서 혹시 마음과 뜻을 돌
이키시고 그 뒤에 복을 내리사
너희 하나님 여호와께 소제와
전제를 드리게 하지 아니하실
는지 누가 알겠느냐
15 너희는 시온에서 나팔을 불어
거룩한 금식일을 정하고 성회
를 소집하라
16 백성을 모아 그 모임을 거룩하
게 하고 장로들을 모으며 어
린이와 젖 먹는 자를 모으며
신랑을 그 방에서 나오게 하
며 신부도 그 신방에서 나오게
하고
17 여호와를 섬기는 제사장들은
낭실과 제단 사이에서 울며 이
르기를 여호와여 주의 백성을

불쌍히 여기소서 주의 기업을
욕되게 하여 나라들로 그들을
관할하지 못하게 하옵소서 어
찌하여 이방인으로 그들의 하
나님이 어디 있느냐 말하게 하
겠나이까 할지어다

이른 비와 늦은 비를 적당하게 주시다

18 그 때에 여호와께서 자기의
땅을 극진히 사랑하시어 그의
백성을 불쌍히 여기실 것이라
19 여호와께서 그들에게 응답하
여 이르시기를 내가 너희에게
곡식과 새 포도주와 기름을
주리니 너희가 이로 말미암아
흡족하리라 내가 다시는 너희
가 나라들 가운데에서 욕을
당하지 않게 할 것이며
20 내가 북쪽 군대를 너희에게서
멀리 떠나게 하여 메마르고 적
막한 땅으로 쫓아내리니 그
앞의 부대는 동해로, 그 뒤의
부대는 서해로 들어갈 것이라
상한 냄새가 일어나고 악취가
오르리니 이는 큰 일을 행하였
음이니라 하시리라
21 땅이여 두려워하지 말고 기뻐
하며 즐거워할지어다 여호와
께서 큰 일을 행하셨음이로다
22 들짐승들아 두려워하지 말지어
다 들의 풀이 싹이 나며 나무가
열매를 맺으며 무화과나무와
포도나무가 다 힘을 내는도다
23 시온의 자녀들아 너희는 너희
하나님 여호와로 말미암아 기
뻐하며 즐거워할지어다 그가
너희를 위하여 비를 내리시되
이른 비를 너희에게 적당하게
주시리니 이른 비와 늦은 비가
예전과 같을 것이라
24 마당에는 밀이 가득하고 독에
는 새 포도주와 기름이 넘치
리로다

25 내가 전에 너희에게 보낸 큰
군대 곧 메뚜기와 느치와 황
충과 팥중이가 먹은 햇수대로
너희에게 갚아 주리니
26 너희는 먹되 풍족히 먹고 너희
에게 놀라운 일을 행하신 너
희 하나님 여호와의 이름을
찬송할 것이라 내 백성이 영원
히 수치를 당하지 아니하리로
다
27 그런즉 내가 이스라엘 가운데
에 있어 너희 하나님 여호와가
되고 다른 이가 없는 줄을 너
희가 알 것이라 내 백성이 영원
히 수치를 당하지 아니하리로
다

내 영을 만민에게 부어 주리니

28 그 후에 내가 내 영을 만민에
게 부어 주리니 너희 자녀들이
장래 일을 말할 것이며 너희
늙은이는 꿈을 꾸며 너희 젊
은이는 이상을 볼 것이며
29 그 때에 내가 또 내 영을 남
종과 여종에게 부어 줄 것이
며
30 내가 이적을 하늘과 땅에 베
풀리니 곧 피와 불과 연기 기
둥이라
31 여호와의 크고 두려운 날이
이르기 전에 해가 어두워지고
달이 핏빛 같이 변하려니와
32 누구든지 여호와의 이름을 부
르는 자는 구원을 얻으리니
이는 나 여호와의 말대로 시
온 산과 예루살렘에서 피할
자가 있을 것임이요 남은 자
중에 나 여호와의 부름을 받
을 자가 있을 것임이니라

여호와께서 민족들을 심판하시다

3 보라 그 날 곧 내가 유다와
예루살렘 가운데에서 사로
잡힌 자를 돌아오게 할 그 때에

3

2 내가 만국을 모아 데리고 여
호사밧 골짜기에 내려가서 내
백성 곧 내 기업인 이스라엘을
위하여 거기에서 그들을 심문
하리니 이는 그들이 이스라엘
을 나라들 가운데에 흩어 버
리고 나의 땅을 나누었음이며
3 또 제비 뽑아 내 백성을 끌어 가
서 소년을 기생과 바꾸며 소녀
를 술과 바꾸어 마셨음이니라
4 두로와 시돈과 블레셋 사방아
너희가 나와 무슨 상관이 있
느냐 너희가 내게 보복하겠느
냐 만일 내게 보복하면 너희가
보복하는 것을 내가 신속히
너희 머리에 돌리리니
5 곧 너희가 내 은과 금을 빼앗
고 나의 진기한 보물을 너희
신전으로 가져갔으며
6 또 유다 자손과 예루살렘 자
손들을 헬라 족속에게 팔아서
그들의 영토에서 멀리 떠나게
하였음이니라
7 보라 내가 그들을 너희가
팔아 이르게 한 곳에서 일
으켜 나오게 하고 너희가
행한 것을 너희 머리에 돌
려서
8 너희 자녀를 유다 자손의 손
에 팔리니 그들은 다시 먼 나
라 스바 사람에게 팔리라 여
호와께서 말씀하셨느니라
9 너희는 모든 민족에게 이렇
게 널리 선포할지어다 너희
는 전쟁을 준비하고 용사를
격려하고 병사로 다 가까이
나아와서 올라오게 할지어
다
10 너희는 보습을 쳐서 칼을 만
들지어다 낫을 쳐서 창을 만
들지어다 약한 자도 이르기를
나는 강하다 할지어다

11 사면의 민족들아 너희는 속히
와서 모일지어다 여호와여 주
의 용사들로 그리로 내려오게
하옵소서
12 민족들은 일어나서 여호사
밧 골짜기로 올라올지어다
내가 거기에 앉아서 사면
의 민족들을 다 심판하리
로다
13 너희는 낫을 쓰라 곡식이 익었
도다 와서 밟을지어다 포도주
틀이 가득히 차고 포도주 독
이 넘치니 그들의 악이 큼이로
다

여호와께서 백성들에게 복을 주시다

14 사람이 많음이여, 심판의 골짜
기에 사람이 많음이여, 심판의
골짜기에 여호와의 날이 가까
움이로다
15 해와 달이 캄캄하며 별들이
그 빛을 거두도다
16 여호와께서 시온에서 부르짖
고 예루살렘에서 목소리를 내
시리니 하늘과 땅이 진동하리
로다 그러나 여호와께서 그의
백성의 피난처, 이스라엘 자손
의 산성이 되시리로다
17 그런즉 너희가 나는 내 성산
시온에 사는 너희 하나님 여
호와인 줄 알 것이라 예루살
렘이 거룩하리니 다시는 이방
사람이 그 가운데로 통행하지
못하리로다
18 그 날에 산들이 단 포도주를
떨어뜨릴 것이며 작은 산들이
젖을 흘릴 것이며 유다 모든
시내가 물을 흘릴 것이며 여호
와의 성전에서 샘이 흘러 나와
서 싯딤 골짜기에 대리라
19 그러나 애굽은 황무지가 되
겠고 에돔은 황무한 들이 되
리니 이는 그들이 유다 자손

에게 포악을 행하여 무죄한
피를 그 땅에서 흘렸음이니
라
20 유다는 영원히 있겠고 예루살
렘은 대대로 있으리라
21 내가 전에는 그들의 피흘림 당
한 것을 갚아 주지 아니하였거
니와 이제는 갚아 주리니 이는
여호와께서 시온에 거하심이
니라

아모스

Amos

아모스 선지자는 북왕국 이스라엘의 왕 여로보암 2세 때에 예언 활동을 하는데(왕하 14:23-29), 그 시기는 일부 고위층 사람들에게는 번영의 시기였지만, 다른 많은 백성들에게는 궁핍한 시기였다. 그래서 아모스는 가난한 자들을 압제하며 그들에게 고통을 가하는 자들을 엄중히 꾸짖는다. 이 책을 읽으면서 당신은, 가난한 자들을 착취함으로써 당신의 재물을 늘리는 것이 얼마나 하나님을 분노케 하는 일인지를 깨달으라. 그렇지만 당신이 죄를 고백하고, 하나님의 공의를 실행한다면, 하나님께서 당신을 기꺼이 용서해 주실 것임을 또한 기억하라.

1 유다 왕 웃시야의 시대 곧
이스라엘 왕 요아스의 아
들 여로보암의 시대 지진 전
이년에 드고아 목자 중 아모
스가 이스라엘에 대하여 이상
으로 받은 말씀이라
2 그가 이르되 여호와께서 시
온에서부터 부르짖으시며 예
루살렘에서부터 소리를 내시
리니 목자의 초장이 마르고
갈멜 산 꼭대기가 마르리로
다

이스라엘 이웃 나라들에 내리신 벌

3 여호와께서 이와 같이 말씀하
시되 다메섹의 서너 가지 죄로
말미암아 내가 그 벌을 돌이
키지 아니하리니 이는 그들이
철 타작기로 타작하듯 길르앗
을 압박하였음이라
4 내가 하사엘의 집에 불을 보내
리니 벤하닷의 궁궐들을 사르
리라
5 내가 다메섹의 빗장을 꺾으며
아웬 골짜기에서 그 주민들을
끊으며 벧에덴에서 규 잡은
자를 끊으리니 아람 백성이 사
로잡혀 기르에 이르리라 여호
와께서 말씀하셨느니라
6 여호와께서 이와 같이 말씀하
시되 가사의 서너 가지 죄로
말미암아 내가 그 벌을 돌이
키지 아니하리니 이는 그들이
모든 사로잡은 자를 끌어 에
돔에 넘겼음이라
7 내가 가사 성에 불을 보내리니
그 궁궐들을 사르리라
8 내가 또 아스돗에서 그 주민
들과 아스글론에서 규를 잡은
자를 끊고 또 손을 돌이켜 에
그론을 치리니 블레셋의 남아
있는 자가 멸망하리라 주 여
호와께서 말씀하셨느니라

1

9 여호와께서 이와 같이 말씀
하시되 두로의 서너 가지 죄
로 말미암아 내가 그 벌을
돌이키지 아니하리니 이는
그들이 그 형제의 계약을 기
억하지 아니하고 모든 사로
잡은 자를 에돔에 넘겼음이
라
10 내가 두로 성에 불을 보내리니
그 궁궐들을 사르리라
11 여호와께서 이와 같이 말씀하
시되 에돔의 서너 가지 죄로
말미암아 내가 그 벌을 돌이
키지 아니하리니 이는 그가 칼
로 그의 형제를 쫓아가며 긍
휼을 버리며 항상 맹렬히 화
를 내며 분을 끝없이 품었음
이라
12 내가 데만에 불을 보내리니
보스라의 궁궐들을 사르리
라
13 여호와께서 이와 같이 말씀
하시되 암몬 자손의 서너 가
지 죄로 말미암아 내가 그 벌
을 돌이키지 아니하리니 이는
그들이 자기 지경을 넓히고자
하여 길르앗의 아이 밴 여인의
배를 갈랐음이니라
14 내가 랍바 성에 불을 놓아 그
궁궐들을 사르되 전쟁의 날에
외침과 회오리바람의 날에 폭
풍으로 할 것이며
15 그들의 왕은 그 지도자들과
함께 사로잡혀 가리라 여호와
께서 말씀하셨느니라

2 여호와께서 이와 같이
말씀하시되 모압의 서너
가지 죄로 말미암아 내가
그 벌을 돌이키지 아니하리
니 이는 그가 에돔 왕의 뼈
를 불살라 재를 만들었음이
라

2

2 내가 모압에 불을 보내리니 그
리욧 궁궐들을 사르리라 모압
이 요란함과 외침과 나팔 소리
중에서 죽을 것이라
3 내가 그 중에서 재판장을 멸하
며 지도자들을 그와 함께 죽이
리라 여호와께서 말씀하시니라

유다에 내리신 벌

4 여호와께서 이와 같이 말씀하
시되 유다의 서너 가지 죄로
말미암아 내가 그 벌을 돌이
키지 아니하리니 이는 그들이
여호와의 율법을 멸시하며 그
율례를 지키지 아니하고 그의
조상들이 따라가던 거짓 것에
미혹되었음이라
5 내가 유다에 불을 보내리니
예루살렘의 궁궐들을 사르리
라

이스라엘에 내리신 벌

6 여호와께서 이와 같이 말씀하
시되 이스라엘의 서너 가지 죄
로 말미암아 내가 그 벌을 돌이
키지 아니하리니 이는 그들이
은을 받고 의인을 팔며 신 한
켤레를 받고 가난한 자를 팔며
7 힘 없는 자의 머리를 티끌 먼
지 속에 발로 밟고 연약한 자
의 길을 굽게 하며 아버지와
아들이 한 젊은 여인에게 다
녀서 내 거룩한 이름을 더럽
히며
8 모든 제단 옆에서 전당 잡은
옷 위에 누우며 그들의 신전
에서 벌금으로 얻은 포도주를
마심이니라
9 내가 아모리 사람을 그들 앞
에서 멸하였나니 그 키는 백향
목 높이와 같고 강하기는 상
수리나무 같으나 내가 그 위
의 열매와 그 아래의 뿌리를
진멸하였느니라

10 내가 너희를 애굽 땅에서 이
끌어 내어 사십 년 동안 광야
에서 인도하고 아모리 사람의
땅을 너희가 차지하게 하였고
11 또 너희 아들 중에서 선지자
를, 너희 청년 중에서 나실인
을 일으켰나니 이스라엘 자
손들아 과연 그렇지 아니하
냐 이는 여호와의 말씀이니
라
12 그러나 너희가 나실 사람으로
포도주를 마시게 하며 또 선
지자에게 명령하여 예언하지
말라 하였느니라
13 보라 곡식 단을 가득히 실은
수레가 흙을 누름 같이 내가
너희를 누르리니
14 빨리 달음박질하는 자도 도
망할 수 없으며 강한 자도
자기 힘을 낼 수 없으며 용사
도 자기 목숨을 구할 수 없
으며
15 활을 가진 자도 설 수 없으며
발이 빠른 자도 피할 수 없으
며 말 타는 자도 자기 목숨을
구할 수 없고
16 용사 가운데 그 마음이 굳센
자도 그 날에는 벌거벗고 도
망하리라 여호와의 말씀이니
라

여호와의 말씀을 받은 선지자

3 이스라엘 자손들아 여호
와께서 너희에 대하여 이
르시는 이 말씀을 들으라 애
굽 땅에서 인도하여 올리신
모든 족속에 대하여 이르시기
를
2 내가 땅의 모든 족속 가운데
너희만을 알았나니 그러므로
내가 너희 모든 죄악을 너희에
게 보응하리라 하셨나니
3 두 사람이 뜻이 같지 않은데

3

어찌 동행하겠으며
4 사자가 움킨 것이 없는데 어
찌 수풀에서 부르짖겠으며
젊은 사자가 잡은 것이 없는
데 어찌 굴에서 소리를 내겠
느냐
5 덫을 땅에 놓지 않았는데 새
가 어찌 거기 치이겠으며 잡힌
것이 없는데 덫이 어찌 땅에서
튀겠느냐
6 성읍에서 나팔이 울리는데 백
성이 어찌 두려워하지 아니하
겠으며 여호와의 행하심이 없
는데 재앙이 어찌 성읍에 임하
겠느냐
7 주 여호와께서는 자기의 비밀
을 그 종 선지자들에게 보이
지 아니하시고는 결코 행하심
이 없으시리라
8 사자가 부르짖은즉 누가
두려워하지 아니하겠느냐
주 여호와께서 말씀하신즉
누가 예언하지 아니하겠느
냐

사마리아에 내리신 벌

9 아스돗의 궁궐들과 애굽 땅의
궁궐들에 선포하여 이르기를
너희는 사마리아 산들에 모여
그 성 중에서 얼마나 큰 요란
함과 학대함이 있나 보라 하
라
10 자기 궁궐에서 포학과 겁탈을
쌓는 자들이 바른 일 행할 줄
을 모르느니라 여호와의 말씀
이니라
11 그러므로 주 여호와께서 이와
같이 말씀하시되 이 땅 사면에
대적이 있어 네 힘을 쇠하게 하
며 네 궁궐을 약탈하리라
12 여호와께서 이와 같이 말씀하
시되 목자가 사자 입에서 양
의 두 다리나 귀 조각을 건져

냄과 같이 사마리아에서 침상
모서리에나 걸상의 방석에 앉
은 이스라엘 자손도 건져냄을
입으리라
13 주 여호와 만군의 하나님의
말씀이니라 너희는 듣고 야곱
의 족속에게 증언하라
14 내가 이스라엘의 모든 죄를
보응하는 날에 벧엘의 제
단들을 벌하여 그 제단의
뿔들을 꺾어 땅에 떨어뜨리
고
15 겨울 궁과 여름 궁을 치리니
상아 궁들이 파괴되며 큰 궁
들이 무너지리라 여호와의 말
씀이니라

4 사마리아의 산에 있는 바
산의 암소들아 이 말을 들
으라 너희는 힘 없는 자를 학대
하며 가난한 자를 압제하며 가
장에게 이르기를 술을 가져다가
우리로 마시게 하라 하는도다
2 주 여호와께서 자기의 거룩함
을 두고 맹세하시되 때가 너희
에게 이를지라 사람이 갈고리
로 너희를 끌어 가며 낚시로
너희의 남은 자들도 그리하리
라
3 너희가 성 무너진 데를 통하여
각기 앞으로 바로 나가서 하
르몬에 던져지리라 여호와의
말씀이니라

돌아오지 아니하는 백성 이스라엘

4 너희는 벧엘에 가서 범죄하며
길갈에 가서 죄를 더하며 아
침마다 너희 희생을, 삼일마다
너희 십일조를 드리며
5 누룩 넣은 것을 불살라 수은
제로 드리며 낙헌제를 소리내
어 선포하려무나 이스라엘 자
손들아 이것이 너희가 기뻐하
는 바니라 주 여호와의 말씀

4

이니라
6 또 내가 너희 모든 성읍에서
너희 이를 깨끗하게 하며 너희
의 각 처소에서 양식이 떨어지
게 하였으나 너희가 내게로 돌
아오지 아니하였느니라 여호
와의 말씀이니라
7 또 추수하기 석 달 전에 내가
너희에게 비를 멈추게 하여 어
떤 성읍에는 내리고 어떤 성읍
에는 내리지 않게 하였더니 땅
한 부분은 비를 얻고 한 부분
은 비를 얻지 못하여 말랐으매
8 두 세 성읍 사람이 어떤 성읍
으로 비틀거리며 물을 마시러
가서 만족하게 마시지 못하였
으나 너희가 내게로 돌아오지
아니하였느니라 여호와의 말
씀이니라
9 내가 곡식을 마르게 하는 재
앙과 깜부기 재앙으로 너희를
쳤으며 팥중이로 너희의 많은
동산과 포도원과 무화과나무
와 감람나무를 다 먹게 하였
으나 너희가 내게로 돌아오지
아니하였느니라 여호와의 말
씀이니라
10 내가 너희 중에 전염병 보내기
를 애굽에서 한 것처럼 하였
으며 칼로 너희 청년들을 죽
였으며 너희 말들을 노략하게
하며 너희 진영의 악취로 코를
찌르게 하였으나 너희가 내게
로 돌아오지 아니하였느니라
여호와의 말씀이니라
11 내가 너희 중의 성읍 무너뜨
리기를 하나님인 내가 소돔과
고모라를 무너뜨림 같이 하였
으므로 너희가 불붙는 가운
데서 빼낸 나무 조각 같이 되
었으나 너희가 내게로 돌아오
지 아니하였느니라 여호와의

말씀이니라
12 그러므로 이스라엘아 내가 이
와 같이 네게 행하리라 내가
이것을 네게 행하리니 이스라
엘아 네 하나님 만나기를 준비
하라
13 보라 산들을 지으며 바람을
창조하며 자기 뜻을 사람에게
보이며 아침을 어둡게 하며 땅
의 높은 데를 밟는 이는 그의
이름이 만군의 하나님 여호와
시니라

애가

5 이스라엘 족속아 내가 너
희에게 대하여 애가로 지
은 이 말을 들으라
2 처녀 이스라엘이 엎드러졌음
이여 다시 일어나지 못하리로
다 자기 땅에 던지움이여 일으
킬 자 없으리로다
3 주 여호와께서 이와 같이 말
씀하시되 이스라엘 중에서 천
명이 행군해 나가던 성읍에는
백 명만 남고 백 명이 행군해
나가던 성읍에는 열 명만 남으
리라 하셨느니라

여호와를 찾으라

4 여호와께서 이스라엘 족속에
게 이와 같이 말씀하시기를
너희는 나를 찾으라 그리하면
살리라
5 벧엘을 찾지 말며 길갈로 들
어가지 말며 브엘세바로도 나
아가지 말라 길갈은 반드시
사로잡히겠고 벧엘은 비참하
게 될 것임이라 하셨나니
6 너희는 여호와를 찾으라 그리
하면 살리라 그렇지 않으면 그
가 불 같이 요셉의 집에 임하
여 멸하시리니 벧엘에서 그 불
들을 끌 자가 없으리라
7 정의를 쓴 쑥으로 바꾸며 공

5

의를 땅에 던지는 자들아
8 묘성과 삼성을 만드시며 사망
의 그늘을 아침으로 바꾸시고
낮을 어두운 밤으로 바꾸시며
바닷물을 불러 지면에 쏟으시
는 이를 찾으라 그의 이름은
여호와시니라
9 그가 강한 자에게 갑자기 패
망이 이르게 하신즉 그 패망
이 산성에 미치느니라
10 무리가 성문에서 책망하는 자
를 미워하며 정직히 말하는
자를 싫어하는도다
11 너희가 힘없는 자를 밟고 그에
게서 밀의 부당한 세를 거두
었은즉 너희가 비록 다듬은
돌로 집을 건축하였으나 거기
거주하지 못할 것이요 아름다
운 포도원을 가꾸었으나 그
포도주를 마시지 못하리라
12 너희의 허물이 많고 죄악이 무
거움을 내가 아노라 너희는 의
인을 학대하며 뇌물을 받고
성문에서 가난한 자를 억울하
게 하는 자로다
13 그러므로 이런 때에 지혜자가
잠잠하나니 이는 악한 때임이
니라
14 너희는 살려면 선을 구하고
악을 구하지 말지어다 만군의
하나님 여호와께서 너희의 말
과 같이 너희와 함께 하시리라
15 너희는 악을 미워하고 선을 사
랑하며 성문에서 정의를 세울
지어다 만군의 하나님 여호와
께서 혹시 요셉의 남은 자를
불쌍히 여기시리라
16 그러므로 주 만군의 하나님 여
호와께서 이와 같이 말씀하시
기를 사람이 모든 광장에서 울
겠고 모든 거리에서 슬프도다
슬프도다 하겠으며 농부를 불

러다가 애곡하게 하며 울음꾼
을 불러다가 울게 할 것이며
17 모든 포도원에서도 울리니 이
는 내가 너희 가운데로 지나
갈 것임이라 여호와의 말씀이
니라
18 화 있을진저 여호와의 날을
사모하는 자여 너희가 어찌하
여 여호와의 날을 사모하느냐
그 날은 어둠이요 빛이 아니라
19 마치 사람이 사자를 피하다가
곰을 만나거나 혹은 집에 들
어가서 손을 벽에 대었다가 뱀
에게 물림 같도다
20 여호와의 날은 빛 없는 어둠
이 아니며 빛남 없는 캄캄함
이 아니냐
21 내가 너희 절기들을 미워하여
멸시하며 너희 성회들을 기뻐
하지 아니하나니
22 너희가 내게 번제나 소제를 드
릴지라도 내가 받지 아니할 것
이요 너희의 살진 희생의 화목
제도 내가 돌아보지 아니하리
라
23 네 노랫소리를 내 앞에서 그
칠지어다 네 비파 소리도 내가
듣지 아니하리라
24 오직 정의를 물 같이, 공의를
마르지 않는 강 같이 흐르게
할지어다
25 이스라엘 족속아 너희가 사십
년 동안 광야에서 희생과 소
제물을 내게 드렸느냐
26 너희가 너희 왕 식굿과 기윤과
너희 우상들과 너희가 너희를
위하여 만든 신들의 별 형상
을 지고 가리라
27 내가 너희를 다메섹 밖으로 사
로잡혀 가게 하리라 그의 이름
이 만군의 하나님이라 불리우
는 여호와께서 말씀하셨느니라

이스라엘의 멸망

6 화 있을진저 시온에서 교
만한 자와 사마리아 산에
서 마음이 든든한 자 곧 백성
들의 머리인 지도자들이여 이
스라엘 집이 그들을 따르는도
다
2 너희는 갈레로 건너가 보고
거기에서 큰 하맛으로 가고
또 블레셋 사람의 가드로 내
려가라 너희가 이 나라들보다
나으냐 그 영토가 너희 영토
보다 넓으냐
3 너희는 흉한 날이 멀다 하여
포악한 자리로 가까워지게 하
고
4 상아 상에 누우며 침상에서
기지개 켜며 양 떼에서 어린
양과 우리에서 송아지를 잡아
서 먹고
5 비파 소리에 맞추어 노래를
지절거리며 다윗처럼 자기
를 위하여 악기를 제조하
며
6 대접으로 포도주를 마시며 귀
한 기름을 몸에 바르면서 요
셉의 환난에 대하여는 근심하
지 아니하는 자로다
7 그러므로 그들이 이제는 사로
잡히는 자 중에 앞서 사로잡
히리니 기지개 켜는 자의 떠드
는 소리가 그치리라
8 만군의 하나님 여호와의 말
씀이니라 주 여호와가 당신
을 두고 맹세하셨노라 내가
야곱의 영광을 싫어하며 그
궁궐들을 미워하므로 이 성
읍과 거기에 가득한 것을
원수에게 넘기리라 하셨느
니라
9 한 집에 열 사람이 남는다 하
여도 다 죽을 것이라

6

10 죽은 사람의 친척 곧 그 시체
를 불사를 자가 그 뼈를 집 밖
으로 가져갈 때에 그 집 깊숙
한 곳에 있는 자에게 묻기를
아직 더 있느냐 하면 대답하기
를 없다 하리니 그가 또 말하
기를 잠잠하라 우리가 여호와
의 이름을 부르지 못할 것이
라 하리라
11 보라 여호와께서 명령하시므
로 타격을 받아 큰 집은 갈라
지고 작은 집은 터지리라
12 말들이 어찌 바위 위에서 달
리겠으며 소가 어찌 거기서 밭
갈겠느냐 그런데 너희는 정의
를 쓸개로 바꾸며 공의의 열
매를 쓴 쑥으로 바꾸며
13 허무한 것을 기뻐하며 이르기
를 우리는 우리의 힘으로 뿔
들을 취하지 아니하였느냐 하
는도다
14 만군의 하나님 여호와의 말씀
이니라 이스라엘 족속아 내가
한 나라를 일으켜 너희를 치리
니 그들이 하맛 어귀에서부터
아라바 시내까지 너희를 학대
하리라 하셨느니라

첫째, 메뚜기 재앙

7 주 여호와께서 내게 보이
신 것이 이러하니라 왕이
풀을 벤 후 풀이 다시 움돋기
시작할 때에 주께서 메뚜기를
지으시매
2 메뚜기가 땅의 풀을 다 먹은지
라 내가 이르되 주 여호와여 청
하건대 사하소서 야곱이 미약
하오니 어떻게 서리이까 하매
3 여호와께서 이에 대하여 뜻을
돌이키셨으므로 이것이 이루
어지지 아니하리라 여호와께
서 말씀하셨느니라

둘째, 불

7

4 주 여호와께서 또 내게 보이신
것이 이러하니라 주 여호와께
서 명령하여 불로 징벌하게 하
시니 불이 큰 바다를 삼키고
육지까지 먹으려 하는지라
5 이에 내가 이르되 주 여호와여
청하건대 그치소서 야곱이 미
약하오니 어떻게 서리이까 하
매
6 주 여호와께서 이에 대하여
뜻을 돌이켜 주 여호와께서
이르시되 이것도 이루지 아니
하리라 하시니라

셋째, 다림줄

7 또 내게 보이신 것이 이러하니
라 다림줄을 가지고 쌓은 담
곁에 주께서 손에 다림줄을
잡고 서셨더니
8 여호와께서 내게 이르시되 아
모스야 네가 무엇을 보느냐
내가 대답하되 다림줄이니이
다 주께서 이르시되 내가 다
림줄을 내 백성 이스라엘 가
운데 두고 다시는 용서하지 아
니하리니
9 이삭의 산당들이 황폐되며 이
스라엘의 성소들이 파괴될 것
이라 내가 일어나 칼로 여로보
암의 집을 치리라 하시니라

아모스와 아마샤의 대결

10 때에 벧엘의 제사장 아마샤가
이스라엘의 왕 여로보암에게
보내어 이르되 이스라엘 족속
중에 아모스가 왕을 모반하
나니 그 모든 말을 이 땅이 견
딜 수 없나이다
11 아모스가 말하기를 여로보암
은 칼에 죽겠고 이스라엘은
반드시 사로잡혀 그 땅에서
떠나겠다 하나이다
12 아마샤가 또 아모스에게 이르
되 선견자야 너는 유다 땅으

로 도망하여 가서 거기에서나
떡을 먹으며 거기에서나 예언
하고
13 다시는 벧엘에서 예언하지 말
라 이는 왕의 성소요 나라의
궁궐임이니라
14 아모스가 아마샤에게 대답하
여 이르되 나는 선지자가 아
니며 선지자의 아들도 아니라
나는 목자요 뽕나무를 재배
하는 자로서
15 양 떼를 따를 때에 여호와께
서 나를 데려다가 여호와께서
내게 이르시기를 가서 내 백성
이스라엘에게 예언하라 하셨
나니
16 이제 너는 여호와의 말씀을
들을지니라 네가 이르기를 이
스라엘에 대하여 예언하지 말
며 이삭의 집을 향하여 경고
하지 말라 하므로
17 여호와께서 이와 같이 말씀하
시기를 네 아내는 성읍 가운
데서 창녀가 될 것이요 네 자
녀들은 칼에 엎드러지며 네 땅
은 측량하여 나누어질 것이며
너는 더러운 땅에서 죽을 것이
요 이스라엘은 반드시 사로잡
혀 그의 땅에서 떠나리라 하
셨느니라

넷째, 여름 과일 한 광주리

8 주 여호와께서 내게 이와
같이 보이셨느니라 보라
여름 과일 한 광주리이니라
2 그가 말씀하시되 아모스
야 네가 무엇을 보느냐 내
가 이르되 여름 과일 한 광
주리니이다 하매 여호와께
서 내게 이르시되 내 백성
이스라엘의 끝이 이르렀은
즉 내가 다시는 그를 용서
하지 아니하리니

8

3 그 날에 궁전의 노래가 애곡
으로 변할 것이며 곳곳에 시
체가 많아서 사람이 잠잠히
그 시체들을 내어버리리라 주
여호와의 말씀이니라
4 가난한 자를 삼키며 땅의 힘
없는 자를 망하게 하려는 자
들아 이 말을 들으라
5 너희가 이르기를 월삭이 언
제 지나서 우리가 곡식을 팔
며 안식일이 언제 지나서 우리
가 밀을 내게 할꼬 에바를 작
게 하고 세겔을 크게 하여 거
짓 저울로 속이며
6 은으로 힘없는 자를 사며
신 한 켤레로 가난한 자를
사며 찌꺼기 밀을 팔자 하
는도다
7 여호와께서 야곱의 영광을 두
고 맹세하시되 내가 그들의 모
든 행위를 절대로 잊지 아니하
리라 하셨나니
8 이로 말미암아 땅이 떨지 않
겠으며 그 가운데 모든 주민
이 애통하지 않겠느냐 온 땅
이 강의 넘침 같이 솟아오르
며 애굽 강 같이 뛰놀다가 낮
아지리라
9 주 여호와의 말씀이니라 그
날에 내가 해를 대낮에 지게
하여 백주에 땅을 캄캄하게
하며
10 너희 절기를 애통으로, 너희
모든 노래를 애곡으로 변하게
하며 모든 사람에게 굵은 베
로 허리를 동이게 하며 모든
머리를 대머리가 되게 하며 독
자의 죽음으로 말미암아 애
통하듯 하게 하며 결국은 곤
고한 날과 같게 하리라
11 주 여호와의 말씀이니라 보라
날이 이를지라 내가 기근을

땅에 보내리니 양식이 없어 주
림이 아니며 물이 없어 갈함이
아니요 여호와의 말씀을 듣지
못한 기갈이라
12 사람이 이 바다에서 저 바다
까지, 북쪽에서 동쪽까지 비
틀거리며 여호와의 말씀을 구
하려고 돌아다녀도 얻지 못하
리니
13 그 날에 아름다운 처녀와 젊
은 남자가 다 갈하여 쓰러지
리라
14 사마리아의 죄된 우상을 두고
맹세하여 이르기를 단아 네 신
들이 살아 있음을 두고 맹세하
노라 하거나 브엘세바가 위하
는 것이 살아 있음을 두고 맹
세하노라 하는 사람은 엎드러
지고 다시 일어나지 못하리라

다섯째, 범죄한 나라를 멸하리라

9 내가 보니 주께서 제단 곁
에 서서 이르시되 기둥 머
리를 쳐서 문지방이 움직이게
하며 그것으로 부서져서 무리
의 머리에 떨어지게 하라 내가
그 남은 자를 칼로 죽이리니
그 중에서 한 사람도 도망하
지 못하며 그 중에서 한 사람
도 피하지 못하리라
2 그들이 파고 스올로 들어갈지
라도 내 손이 거기에서 붙잡
아 낼 것이요 하늘로 올라갈
지라도 내가 거기에서 붙잡아
내릴 것이며
3 갈멜 산 꼭대기에 숨을지라도
내가 거기에서 찾아낼 것이요
내 눈을 피하여 바다 밑에 숨
을지라도 내가 거기에서 뱀을
명령하여 물게 할 것이요
4 그 원수 앞에 사로잡혀 갈지라
도 내가 거기에서 칼을 명령하
여 죽이게 할 것이라 내가 그들

9

에게 주목하여 화를 내리고 복
을 내리지 아니하리라 하시니라
5 주 만군의 여호와는 땅을 만
져 녹게 하사 거기 거주하는
자가 애통하게 하시며 그 온
땅이 강의 넘침 같이 솟아 오
르며 애굽 강 같이 낮아지게
하시는 이요
6 그의 궁전을 하늘에 세우시며
그 궁창의 기초를 땅에 두시
며 바닷물을 불러 지면에 쏟
으시는 이니 그 이름은 여호
와시니라
7 여호와의 말씀이니라 이스라
엘 자손들아 너희는 내게 구
스 족속 같지 아니하냐 내가
이스라엘을 애굽 땅에서, 블레
셋 사람을 갑돌에서, 아람 사
람을 기르에서 올라오게 하지
아니하였느냐
8 보라 주 여호와의 눈이 범죄
한 나라를 주목하노니 내가
그것을 지면에서 멸하리라 그
러나 야곱의 집은 온전히 멸하
지는 아니하리라 여호와의 말
씀이니라
9 보라 내가 명령하여 이스라엘
족속을 만국 중에서 체질하기
를 체로 체질함 같이 하려니와
그 한 알갱이도 땅에 떨어지지
아니하리라
10 내 백성 중에서 말하기를 화
가 우리에게 미치지 아니하며
이르지 아니하리라 하는 모든
죄인은 칼에 죽으리라

이스라엘의 회복

11 그 날에 내가 다윗의 무너진
장막을 일으키고 그것들의 틈
을 막으며 그 허물어진 것을
일으켜서 옛적과 같이 세우고
12 그들이 에돔의 남은 자와 내
이름으로 일컫는 만국을 기

업으로 얻게 하리라 이 일을
행하시는 여호와의 말씀이니
라
13 여호와의 말씀이니라 보라 날
이 이를지라 그 때에 파종하
는 자가 곡식 추수하는 자의
뒤를 이으며 포도를 밟는 자
가 씨 뿌리는 자의 뒤를 이으
며 산들은 단 포도주를 흘리
며 작은 산들은 녹으리라
14 내가 내 백성 이스라엘이 사로
잡힌 것을 돌이키리니 그들이
황폐한 성읍을 건축하여 거주
하며 포도원들을 가꾸고 그
포도주를 마시며 과원들을
만들고 그 열매를 먹으리라
15 내가 그들을 그들의 땅에 심
으리니 그들이 내가 준 땅에서
다시 뽑히지 아니하리라 네 하
나님 여호와의 말씀이니라

오바댜

Obadiah

오바댜 선지자는 에돔(Edom)이 이스라엘에게 행한 폭력과 무자비함에 대해 엄중한 심판을 예언한다. 아울러 하나님께서는 자기 백성 이스라엘을 회복시키실 것을 약속한다. 이 책을 읽으면서 당신은, 아무도 하나님의 백성에 대항하여 싸우고, 또한 결국 승리할 수 없다는 사실을 기억하라. 그리하여 최종 승리는 그리스도와 그분의 교회에 속한 것임을 확신하라.

1 오바댜의 묵시라

여호와께서 에돔을 심판하시다

주 여호와께서 에돔에 대하여
이와 같이 말씀하시니라 우리
가 여호와께로 말미암아 소식
을 들었나니 곧 사자가 나라
들 가운데에 보내심을 받고 이
르기를 너희는 일어날지어다
우리가 일어나서 그와 싸우자
하는 것이니라
2 보라 내가 너를 나라들 가운
데에 매우 작게 하였으므로
네가 크게 멸시를 받느니라
3 너의 마음의 교만이 너를 속
였도다 바위 틈에 거주하며
높은 곳에 사는 자여 네가 마
음에 이르기를 누가 능히 나
를 땅에 끌어내리겠느냐 하니
4 네가 독수리처럼 높이 오르며
별 사이에 깃들일지라도 내가
거기에서 너를 끌어내리리라
여호와의 말씀이니라
5 혹시 도둑이 네게 이르렀으며
강도가 밤중에 네게 이르렀을
지라도 만족할 만큼 훔치면
그치지 아니하였겠느냐 혹시
포도를 따는 자가 네게 이르
렀을지라도 그것을 얼마쯤 남
기지 아니하였겠느냐 네가 어
찌 그리 망하였는고
6 에서가 어찌 그리 수탈되었으
며 그 감춘 보물이 어찌 그리
빼앗겼는고
7 너와 약조한 모든 자들이 다
너를 쫓아 변경에 이르게 하며
너와 화목하던 자들이 너를 속
여 이기며 네 먹을 것을 먹는
자들이 네 아래에 함정을 파니
네 마음에 지각이 없음이로다
8 여호와의 말씀이니라 그 날에
내가 에돔에서 지혜 있는 자를
멸하며 에서의 산에서 지각 있

1

는 자를 멸하지 아니하겠느냐
9 드만아 네 용사들이 놀랄
것이라 이로 말미암아 에
서의 산에 있는 사람은 다
죽임을 당하여 멸절되리
라

에돔의 죄

10 네가 네 형제 야곱에게 행한
포학으로 말미암아 부끄러움
을 당하고 영원히 멸절되리라
11 네가 멀리 섰던 날 곧 이방인
이 그의 재물을 빼앗아 가며
외국인이 그의 성문에 들어가
서 예루살렘을 얻기 위하여
제비 뽑던 날에 너도 그들 중
한 사람 같았느니라
12 네가 형제의 날 곧 그 재앙의
날에 방관할 것이 아니며 유다
자손이 패망하는 날에 기뻐할
것이 아니며 그 고난의 날에
네가 입을 크게 벌릴 것이 아
니며
13 내 백성이 환난을 당하는 날
에 네가 그 성문에 들어가지
않을 것이며 환난을 당하는
날에 네가 그 고난을 방관하
지 않을 것이며 환난을 당하
는 날에 네가 그 재물에 손을
대지 않을 것이며
14 네거리에 서서 그 도망하는
자를 막지 않을 것이며 고난
의 날에 그 남은 자를 원수에
게 넘기지 않을 것이니라

여호와께서 만국을 벌하실 날

15 여호와께서 만국을 벌할 날이
가까웠나니 네가 행한 대로
너도 받을 것인즉 네가 행한
것이 네 머리로 돌아갈 것이라
16 너희가 내 성산에서 마신 것
같이 만국인이 항상 마시리니
곧 마시고 삼켜서 본래 없던
것 같이 되리라

여호와께 속할 나라

17 오직 시온 산에서 피할 자가
있으리니 그 산이 거룩할 것이
요 야곱 족속은 자기 기업을
누릴 것이며
18 야곱 족속은 불이 될 것이며
요셉 족속은 불꽃이 될 것이
요 에서 족속은 지푸라기가
될 것이라 그들이 그들 위에
붙어서 그들을 불사를 것인즉
에서 족속에 남은 자가 없으
리니 여호와께서 말씀하셨음
이라
19 그들이 네겝과 에서의 산과 평
지와 블레셋을 얻을 것이요
또 그들이 에브라임의 들과
사마리아의 들을 얻을 것이며
베냐민은 길르앗을 얻을 것이
며
20 사로잡혔던 이스라엘의 많은
자손은 가나안 사람에게 속한
이 땅을 사르밧까지 얻을 것이
며 예루살렘에서 사로잡혔던
자들 곧 스바랏에 있는 자들
은 네겝의 성읍들을 얻을 것
이니라
21 구원 받은 자들이 시온 산에
올라와서 에서의 산을 심판하
리니 나라가 여호와께 속하리
라

요나

Jonah

요나 선지자는 하나님에 의해 니느웨(Nineveh) 성읍에 보내졌는데, 이 곳은 여로보암 2세의 통치 때에 하나님 백성의 대적이던 앗수르의 도성이다(왕하 14:23-29). 그래서 요나는 사명을 포기하고 다른 데로 도망치려 했지만, 하나님께서는 그를 찾아내어 사명을 감당할 두 번째 기회를 주신다. 왜냐하면 하나님은 온 세상이 그분의 은혜의 메시지를 듣기를 원하시기 때문이다. 이 책을 읽으면서 당신은, 하나님께서 얼마나 자주 당신에게 두 번째의 기회를 주시는 지에 관해 생각해 보라. 그리고 기회가 닿는 대로, 다른 이들에게 당신의 주님에 관해 이야기하는 것을 잊지 말라.

요나가 여호와를 피하여 달아나다

1 여호와의 말씀이 아밋대
의 아들 요나에게 임하니
라 이르시되
2 너는 일어나 저 큰 성읍 니느
웨로 가서 그것을 향하여 외
치라 그 악독이 내 앞에 상달
되었음이니라 하시니라
3 그러나 요나가 여호와의 얼굴
을 피하려고 일어나 다시스로
도망하려 하여 욥바로 내려갔
더니 마침 다시스로 가는 배
를 만난지라 여호와의 얼굴을
피하여 그들과 함께 다시스로
가려고 배삯을 주고 배에 올
랐더라
4 여호와께서 큰 바람을 바다
위에 내리시매 바다 가운데에
큰 폭풍이 일어나 배가 거의
깨지게 된지라
5 사공들이 두려워하여 각각 자
기의 신을 부르고 또 배를 가
볍게 하려고 그 가운데 물건
들을 바다에 던지니라 그러나
요나는 배 밑층에 내려가서
누워 깊이 잠이 든지라
6 선장이 그에게 가서 이르되 자
는 자여 어찌함이냐 일어나서
네 하나님께 구하라 혹시 하
나님이 우리를 생각하사 망하
지 아니하게 하시리라 하니라
7 그들이 서로 이르되, 자 우리가
제비를 뽑아 이 재앙이 누구로
말미암아 우리에게 임하였나
알아 보자 하고 곧 제비를 뽑으
니 제비가 요나에게 뽑힌지라
8 무리가 그에게 이르되 청하건
대 이 재앙이 누구 때문에 우
리에게 임하였는가 말하라 네
생업이 무엇이며 네가 어디서
왔으며 네 나라가 어디며 어느
민족에 속하였느냐 하니

1

9 그가 대답하되 나는 히브리
사람이요 바다와 육지를 지으
신 하늘의 하나님 여호와를
경외하는 자로라 하고
10 자기가 여호와의 얼굴을 피함
인 줄을 그들에게 말하였으
므로 무리가 알고 심히 두려워
하여 이르되 네가 어찌하여 그
렇게 행하였느냐 하니라
11 바다가 점점 흉용한지라 무리
가 그에게 이르되 우리가 너를
어떻게 하여야 바다가 우리를
위하여 잔잔하겠느냐 하니
12 그가 대답하되 나를 들어 바
다에 던지라 그리하면 바다가
너희를 위하여 잔잔하리라 너
희가 이 큰 폭풍을 만난 것이
나 때문인 줄을 내가 아노라
하니라
13 그러나 그 사람들이 힘써 노
를 저어 배를 육지로 돌리고
자 하다가 바다가 그들을 향
하여 점점 더 흉용하므로 능
히 못한지라
14 무리가 여호와께 부르짖어 이
르되 여호와여 구하고 구하오
니 이 사람의 생명 때문에 우
리를 멸망시키지 마옵소서 무
죄한 피를 우리에게 돌리지 마
옵소서 주 여호와께서는 주의
뜻대로 행하심이니이다 하고
15 요나를 들어 바다에 던지매
바다가 뛰노는 것이 곧 그친지
라
16 그 사람들이 여호와를 크게
두려워하여 여호와께 제물을
드리고 서원을 하였더라

요나의 기도

17 여호와께서 이미 큰 물고기를
예비하사 요나를 삼키게 하셨
으므로 요나가 밤낮 삼 일을
물고기 뱃속에 있으니라

2

요나가 물고기 뱃속에서
그의 하나님 여호와께 기
도하여
2 이르되 내가 받는 고난으로
말미암아 여호와께 불러 아뢰
었더니 주께서 내게 대답하셨
고 내가 스올의 뱃속에서 부
르짖었더니 주께서 내 음성을
들으셨나이다
3 주께서 나를 깊음 속 바다 가
운데에 던지셨으므로 큰 물이
나를 둘렀고 주의 파도와 큰
물결이 다 내 위에 넘쳤나이다
4 내가 말하기를 내가 주의 목
전에서 쫓겨났을지라도 다시
주의 성전을 바라보겠다 하였
나이다
5 물이 나를 영혼까지 둘렀사오
며 깊음이 나를 에워싸고 바
다 풀이 내 머리를 감쌌나이
다
6 내가 산의 뿌리까지 내려갔사
오며 땅이 그 빗장으로 나를
오래도록 막았사오나 나의 하
나님 여호와여 주께서 내 생
명을 구덩이에서 건지셨나이
다
7 내 영혼이 내 속에서 피곤할
때에 내가 여호와를 생각하였
더니 내 기도가 주께 이르렀사
오며 주의 성전에 미쳤나이다
8 거짓되고 헛된 것을 숭상하는
모든 자는 자기에게 베푸신
은혜를 버렸사오나
9 나는 감사하는 목소리로 주께
제사를 드리며 나의 서원을
주께 갚겠나이다 구원은 여호
와께 속하였나이다 하니라
10 여호와께서 그 물고기에게 말
씀하시매 요나를 육지에 토하
니라

니느웨 백성의 회개

2

3 여호와의 말씀이 두 번째
로 요나에게 임하니라 이
르시되
2 일어나 저 큰 성읍 니느웨로
가서 내가 네게 명한 바를 그
들에게 선포하라 하신지라
3 요나가 여호와의 말씀대로 일
어나서 니느웨로 가니라 니느
웨는 사흘 동안 걸을 만큼 하
나님 앞에 큰 성읍이더라
4 요나가 그 성읍에 들어가서
하루 동안 다니며 외쳐 이르
되 사십 일이 지나면 니느웨가
무너지리라 하였더니
5 니느웨 사람들이 하나님을 믿
고 금식을 선포하고 높고 낮
은 자를 막론하고 굵은 베 옷
을 입은지라
6 그 일이 니느웨 왕에게 들리매
왕이 보좌에서 일어나 왕복을
벗고 굵은 베 옷을 입고 재 위
에 앉으니라
7 왕과 그의 대신들이 조서를
내려 니느웨에 선포하여 이르
되 사람이나 짐승이나 소 떼
나 양 떼나 아무것도 입에 대
지 말지니 곧 먹지도 말 것이
요 물도 마시지 말 것이며
8 사람이든지 짐승이든지 다 굵
은 베 옷을 입을 것이요 힘써
하나님께 부르짖을 것이며 각
기 악한 길과 손으로 행한 강
포에서 떠날 것이라
9 하나님이 뜻을 돌이키시고 그
진노를 그치사 우리가 멸망하
지 않게 하시리라 그렇지 않을
줄을 누가 알겠느냐 한지라
10 하나님이 그들이 행한 것 곧
그 악한 길에서 돌이켜 떠난
것을 보시고 하나님이 뜻을
돌이키사 그들에게 내리리라
고 말씀하신 재앙을 내리지

3

아니하시니라

요나의 분노와 하나님의 자비

4 요나가 매우 싫어하고 성
내며
2 여호와께 기도하여 이르되 여
호와여 내가 고국에 있을 때
에 이러하겠다고 말씀하지 아
니하였나이까 그러므로 내가
빨리 다시스로 도망하였사오
니 주께서는 은혜로우시며 자
비로우시며 노하기를 더디하
시며 인애가 크시사 뜻을 돌
이켜 재앙을 내리지 아니하시
는 하나님이신 줄을 내가 알
았음이니이다
3 여호와여 원하건대 이제 내 생
명을 거두어 가소서 사는 것
보다 죽는 것이 내게 나음이
니이다 하니
4 여호와께서 이르시되 네가 성
내는 것이 옳으냐 하시니라
5 요나가 성읍에서 나가서 그 성
읍 동쪽에 앉아 거기서 자기
를 위하여 초막을 짓고 그 성
읍에 무슨 일이 일어나는가를
보려고 그 그늘 아래에 앉았더
라
6 하나님 여호와께서 박넝쿨을
예비하사 요나를 가리게 하셨
으니 이는 그의 머리를 위하여
그늘이 지게 하며 그의 괴로
움을 면하게 하려 하심이었더
라 요나가 박넝쿨로 말미암아
크게 기뻐하였더니
7 하나님이 벌레를 예비하사 이
튿날 새벽에 그 박넝쿨을 갉
아먹게 하시매 시드니라
8 해가 뜰 때에 하나님이 뜨거운
동풍을 예비하셨고 해는 요나
의 머리에 쪼이매 요나가 혼미
하여 스스로 죽기를 구하여
이르되 사는 것보다 죽는 것

4

이 내게 나으니이다 하니라
9 하나님이 요나에게 이르시되
네가 이 박넝쿨로 말미암아
성내는 것이 어찌 옳으냐 하시
니 그가 대답하되 내가 성내
어 죽기까지 할지라도 옳으니
이다 하니라
10 여호와께서 이르시되 네가 수
고도 아니하였고 재배도 아니
하였고 하룻밤에 났다가 하룻
밤에 말라 버린 이 박넝쿨을
아꼈거든
11 하물며 이 큰 성읍 니느웨에
는 좌우를 분변하지 못하는
자가 십이만여 명이요 가축도
많이 있나니 내가 어찌 아끼지
아니하겠느냐 하시니라

미가

Micah

미가 선지자는 남왕국 유다의 왕 요담과 아하스 당시(대하 27-28장), 유다 왕국의 많은 죄들에 대해 예언하고 있는데, 하나님께서는 자기 백성들 가운데 정의가 실현되기를 원하고 계신다는 사실을 강조한다. 또한 미가는 장차 오실 메시아와 그로 말미암아 이루어질 평화의 왕국을 언급함으로써 소망을 불러일으킨다. 이 책을 읽으면서 당신은, 당신 삶의 스타일이 예수 그리스도 안에서 정의롭고 자비로우며 화평하게 되도록 할 것임을 주님께 약속하라.

1 유다의 왕들 요담과 아하
스와 히스기야 시대에 모
레셋 사람 미가에게 임한 여호
와의 말씀 곧 사마리아와 예
루살렘에 관한 묵시라

야곱의 허물 이스라엘의 죄

2 백성들아 너희는 다 들을지어
다 땅과 거기에 있는 모든 것
들아 자세히 들을지어다 주
여호와께서 너희에게 대하여
증언하시되 곧 주께서 성전에
서 그리하실 것이니라
3 여호와께서 그의 처소에서 나
오시고 강림하사 땅의 높은
곳을 밟으실 것이라
4 그 아래에서 산들이 녹고 골
짜기들이 갈라지기를 불 앞의
밀초 같고 비탈로 쏟아지는
물 같을 것이니
5 이는 다 야곱의 허물로 말미
암음이요 이스라엘 족속의 죄
로 말미암음이라 야곱의 허
물이 무엇이냐 사마리아가 아
니냐 유다의 산당이 무엇이냐
예루살렘이 아니냐
6 이러므로 내가 사마리아를 들
의 무더기 같게 하고 포도 심
을 동산 같게 하며 또 그 돌들
을 골짜기에 쏟아내리고 그 기
초를 드러내며
7 그 새긴 우상들은 다 부서지
고 그 음행의 값은 다 불살라
지며 내가 그 목상들을 다 깨
뜨리리니 그가 기생의 값으로
모았은즉 그것이 기생의 값으
로 돌아가리라

상처가 유다와 예루살렘에도 미치다

8 이러므로 내가 애통하며 애곡
하고 벌거벗은 몸으로 행하며
들개 같이 애곡하고 타조 같
이 애통하리니
9 이는 그 상처는 고칠 수 없고

1

그것이 유다까지도 이르고 내
백성의 성문 곧 예루살렘에도
미쳤음이니라
10 가드에 알리지 말며 도무지 울
지 말지어다 내가 베들레아브
라에서 티끌에 굴렀도다
11 사빌 주민아 너는 벗은 몸에
수치를 무릅쓰고 나갈지어다
사아난 주민은 나오지 못하
고 벧에셀이 애곡하여 너희
에게 의지할 곳이 없게 하리
라
12 마롯 주민이 근심 중에 복을
바라니 이는 재앙이 여호와께
로 말미암아 예루살렘 성문에
임함이니라
13 라기스 주민아 너는 준마에 병
거를 메울지어다 라기스는 딸
시온의 죄의 근본이니 이는
이스라엘의 허물이 네게서 보
였음이니라
14 이러므로 너는 가드모레셋에
작별하는 예물을 줄지어다 악
십의 집들이 이스라엘 왕들을
속이리라
15 마레사 주민아 내가 장차 너
를 소유할 자로 네게 이르게
하리니 이스라엘의 영광이 아
둘람까지 이를 것이라
16 너는 네 기뻐하는 자식으로
인하여 네 머리털을 깎아 대
머리 같게 할지어다 네 머리
가 크게 벗어지게 하기를 독
수리 같게 할지어다 이는 그
들이 사로잡혀 너를 떠났음
이라

멸망할 자들

2 그들이 침상에서 죄를 꾀
하며 악을 꾸미고 날이 밝
으면 그 손에 힘이 있으므로
그것을 행하는 자는 화 있을
진저

2

2 밭들을 탐하여 빼앗고 집들을
탐하여 차지하니 그들이 남자
와 그의 집과 사람과 그의 산
업을 강탈하도다
3 그러므로 여호와의 말씀에 내
가 이 족속에게 재앙을 계획
하나니 너희의 목이 이에서 벗
어나지 못할 것이요 또한 교만
하게 다니지 못할 것이라 이는
재앙의 때임이라 하셨느니라
4 그 때에 너희를 조롱하는 시
를 지으며 슬픈 노래를 불러
이르기를 우리가 온전히 망
하게 되었도다 그가 내 백성
의 산업을 옮겨 내게서 떠나
게 하시며 우리 밭을 나누어
패역자에게 주시는도다 하리
니
5 그러므로 여호와의 회중에서
분깃에 줄을 댈 자가 너희 중
에 하나도 없으리라
6 그들이 말하기를 너희는 예언
하지 말라 이것은 예언할 것이
아니거늘 욕하는 말을 그치지
아니한다 하는도다
7 너희 야곱의 족속아 어찌 이
르기를 여호와의 영이 성급하
시다 하겠느냐 그의 행위가 이
러하시다 하겠느냐 나의 말이
정직하게 행하는 자에게 유익
하지 아니하냐
8 근래에 내 백성이 원수 같이
일어나서 전쟁을 피하여 평안
히 지나가는 자들의 의복에서
겉옷을 벗기며
9 내 백성의 부녀들을 그들의 즐
거운 집에서 쫓아내고 그들의
어린 자녀에게서 나의 영광을
영원히 빼앗는도다
10 이것은 너희가 쉴 곳이 아니니
일어나 떠날지어다 이는 그것
이 이미 더러워졌음이니라 그

런즉 반드시 멸하리니 그 멸
망이 크리라
11 사람이 만일 허망하게 행하며
거짓말로 이르기를 내가 포도
주와 독주에 대하여 네게 예언
하리라 할 것 같으면 그 사람이
이 백성의 선지자가 되리로다
12 야곱아 내가 반드시 너희 무
리를 다 모으며 내가 반드시
이스라엘의 남은 자를 모으고
그들을 한 처소에 두기를 보
스라의 양 떼 같이 하며 초장
의 양 떼 같이 하리니 사람들
이 크게 떠들 것이며
13 길을 여는 자가 그들 앞에 올
라가고 그들은 길을 열어 성
문에 이르러서는 그리로 나갈
것이며 그들의 왕이 앞서 가며
여호와께서는 선두로 가시리
라 하시니라

미가가 이스라엘 통치자들을 고발하다

3 내가 또 이르노니 야곱의
우두머리들과 이스라엘
족속의 통치자들아 들으라 정
의를 아는 것이 너희의 본분
이 아니냐
2 너희가 선을 미워하고 악을 기
뻐하여 내 백성의 가죽을 벗기
고 그 뼈에서 살을 뜯어
3 그들의 살을 먹으며 그 가죽
을 벗기며 그 뼈를 꺾어 다지
기를 냄비와 솥 가운데에 담
을 고기처럼 하는도다
4 그 때에 그들이 여호와께 부
르짖을지라도 응답하지 아니
하시고 그들의 행위가 악했던
만큼 그들 앞에 얼굴을 가리
시리라
5 내 백성을 유혹하는 선지자들
은 이에 물 것이 있으면 평강
을 외치나 그 입에 무엇을 채
워 주지 아니하는 자에게는

3

전쟁을 준비하는도다 이런 선
지자에 대하여 여호와께서 이
르시되
6 그러므로 너희가 밤을 만나리
니 이상을 보지 못할 것이요
어둠을 만나리니 점 치지 못
하리라 하셨나니 이 선지자 위
에는 해가 져서 낮이 캄캄할
것이라
7 선견자가 부끄러워하며 술객
이 수치를 당하여 다 입술을
가릴 것은 하나님이 응답하지
아니하심이거니와
8 오직 나는 여호와의 영으로
말미암아 능력과 정의와 용기
로 충만해져서 야곱의 허물과
이스라엘의 죄를 그들에게 보
이리라
9 야곱 족속의 우두머리들과 이
스라엘 족속의 통치자들 곧
정의를 미워하고 정직한 것을
굽게 하는 자들아 원하노니
이 말을 들을지어다
10 시온을 피로, 예루살렘을 죄
악으로 건축하는도다
11 그들의 우두머리들은 뇌물을
위하여 재판하며 그들의 제사
장은 삯을 위하여 교훈하며
그들의 선지자는 돈을 위하여
점을 치면서도 여호와를 의뢰
하여 이르기를 여호와께서 우
리 중에 계시지 아니하냐 재
앙이 우리에게 임하지 아니하
리라 하는도다
12 이러므로 너희로 말미암아 시
온은 갈아엎은 밭이 되고 예
루살렘은 무더기가 되고 성전
의 산은 수풀의 높은 곳이 되
리라 하시더라

여호와께서 이루실 평화

4 끝날에 이르러는 여호와
의 전의 산이 산들의 꼭대

4

기에 굳게 서며 작은 산들 위
에 뛰어나고 민족들이 그리로
몰려갈 것이라
2 곧 많은 이방 사람들이 가며
이르기를 오라 우리가 여호와
의 산에 올라가서 야곱의 하
나님의 전에 이르자 그가 그
의 도를 가지고 우리에게 가르
치실 것이니라 우리가 그의 길
로 행하리라 하리니 이는 율법
이 시온에서부터 나올 것이요
여호와의 말씀이 예루살렘에
서부터 나올 것임이라
3 그가 많은 민족들 사이의 일
을 심판하시며 먼 곳 강한 이
방 사람을 판결하시리니 무리
가 그 칼을 쳐서 보습을 만들
고 창을 쳐서 낫을 만들 것이
며 이 나라와 저 나라가 다시
는 칼을 들고 서로 치지 아니
하며 다시는 전쟁을 연습하지
아니하고
4 각 사람이 자기 포도나무 아
래와 자기 무화과나무 아래에
앉을 것이라 그들을 두렵게
할 자가 없으리니 이는 만군의
여호와의 입이 이같이 말씀하
셨음이라
5 만민이 각각 자기의 신의 이름
을 의지하여 행하되 오직 우리
는 우리 하나님 여호와의 이
름을 의지하여 영원히 행하리
로다 하시더라

이스라엘이 포로에서 돌아오리라

6 여호와께서 말씀하시되 그 날
에는 내가 저는 자를 모으며
쫓겨난 자와 내가 환난 받게
한 자를 모아
7 발을 저는 자는 남은 백성이 되
게 하며 멀리 쫓겨났던 자들이
강한 나라가 되게 하고 나 여호와
가 시온 산에서 이제부터 영원까

지 그들을 다스리리라 하셨나니
8 너 양 떼의 망대요 딸 시온의 산
이여 이전 권능 곧 딸 예루살렘
의 나라가 네게로 돌아오리라
9 이제 네가 어찌하여 부르짖느
냐 너희 중에 왕이 없어졌고
네 모사가 죽었으므로 네가
해산하는 여인처럼 고통함이
냐
10 딸 시온이여 해산하는 여인처
럼 힘들여 낳을지어다 이제 네
가 성읍에서 나가서 들에 거
주하며 또 바벨론까지 이르러
거기서 구원을 얻으리니 여호
와께서 거기서 너를 네 원수들
의 손에서 속량하여 내시리라
11 이제 많은 이방 사람들이 모여
서 너를 치며 이르기를 시온이
더럽게 되며 그것을 우리 눈으
로 바라보기를 원하노라 하거
니와
12 그들이 여호와의 뜻을 알지
못하며 그의 계획을 깨닫지
못한 것이라 여호와께서 곡식
단을 타작 마당에 모음 같이
그들을 모으셨나니
13 딸 시온이여 일어나서 칠지어
다 내가 네 뿔을 무쇠 같게 하
며 네 굽을 놋 같게 하리니 네
가 여러 백성을 쳐서 깨뜨릴
것이라 네가 그들의 탈취물을
구별하여 여호와께 드리며 그
들의 재물을 온 땅의 주께 돌
리리라 하시더라

5 딸 군대여 너는 떼를 모을
지어다 그들이 우리를 에
워쌌으니 막대기로 이스라엘
재판자의 뺨을 치리로다

베들레헴에서 다스릴 자가 나오리라

2 베들레헴 에브라다야 너는 유
다 족속 중에 작을지라도 이
스라엘을 다스릴 자가 네게서

5

내게로 나올 것이라 그의 근
본은 상고에, 영원에 있느니라
3 그러므로 여인이 해산하기까
지 그들을 붙여 두시겠고 그
후에는 그의 형제 가운데에
남은 자가 이스라엘 자손에게
로 돌아오리니
4 그가 여호와의 능력과 그의
하나님 여호와의 이름의 위엄
을 의지하고 서서 목축하니
그들이 거주할 것이라 이제
그가 창대하여 땅 끝까지 미
치리라
5 이 사람은 평강이 될 것이라
앗수르 사람이 우리 땅에 들
어와서 우리 궁들을 밟을 때
에는 우리가 일곱 목자와 여
덟 군왕을 일으켜 그를 치리
니
6 그들이 칼로 앗수르 땅을 황
폐하게 하며 니므롯 땅 어귀를
황폐하게 하리라 앗수르 사람
이 우리 땅에 들어와서 우리
지경을 밟을 때에는 그가 우
리를 그에게서 건져내리라
7 야곱의 남은 자는 많은 백성
가운데 있으리니 그들은 여호
와께로부터 내리는 이슬 같고
풀 위에 내리는 단비 같아서
사람을 기다리지 아니하며 인
생을 기다리지 아니할 것이며
8 야곱의 남은 자는 여러 나라
가운데와 많은 백성 가운데에
있으리니 그들은 수풀의 짐승
들 중의 사자 같고 양 떼 중의
젊은 사자 같아서 만일 그가
지나간즉 밟고 찢으리니 능히
구원할 자가 없을 것이라
9 네 손이 네 대적들 위에 들려
서 네 모든 원수를 진멸하기를
바라노라 하시더라

심판

10 여호와께서 이르시되 그 날에
이르러는 내가 네 군마를 네
가운데에서 멸절하며 네 병거
를 부수며
11 네 땅의 성읍들을 멸하며 네
모든 견고한 성을 무너뜨릴 것
이며
12 내가 또 복술을 네 손에서 끊
으리니 네게 다시는 점쟁이가
없게 될 것이며
13 내가 네가 새긴 우상과 주상
을 너희 가운데에서 멸절하리
니 네가 네 손으로 만든 것을
다시는 섬기지 아니하리라
14 내가 또 네 아세라 목상을 너
희 가운데에서 빼버리고 네 성
읍들을 멸할 것이며
15 내가 또 진노와 분노로 순종
하지 아니한 나라에 갚으리라
하셨느니라

여호와께서 이스라엘과 변론하시다

6 너희는 여호와의 말씀을
들을지어다 너는 일어나
서 산을 향하여 변론하여 작
은 산들이 네 목소리를 듣게
하라 하셨나니
2 너희 산들과 땅의 견고한 지
대들아 너희는 여호와의 변론
을 들으라 여호와께서 자기 백
성과 변론하시며 이스라엘과
변론하실 것이라
3 이르시기를 내 백성아 내가 무
엇을 네게 행하였으며 무슨 일
로 너를 괴롭게 하였느냐 너는
내게 증언하라
4 내가 너를 애굽 땅에서 인도해
내어 종 노릇 하는 집에서 속
량하였고 모세와 아론과 미리
암을 네 앞에 보냈느니라
5 내 백성아 너는 모압 왕 발락
이 꾀한 것과 브올의 아들 발
람이 그에게 대답한 것을 기억

6

하며 싯딤에서부터 길갈까지
의 일을 기억하라 그리하면 나
여호와가 공의롭게 행한 일을
알리라 하실 것이니라

여호와께서 구하시는 것

6 내가 무엇을 가지고 여호와
앞에 나아가며 높으신 하나님
께 경배할까 내가 번제물로 일
년 된 송아지를 가지고 그 앞
에 나아갈까
7 여호와께서 천천의 숫양이나
만만의 강물 같은 기름을 기
뻐하실까 내 허물을 위하여
내 맏아들을, 내 영혼의 죄로
말미암아 내 몸의 열매를 드릴
까
8 사람아 주께서 선한 것이 무엇
임을 네게 보이셨나니 여호와
께서 네게 구하시는 것은 오직
정의를 행하며 인자를 사랑하
며 겸손하게 네 하나님과 함께
행하는 것이 아니냐
9 여호와께서 성읍을 향하여
외쳐 부르시나니 지혜는 주의
이름을 경외함이니라 너희는
매가 예비되었나니 그것을 정
하신 이가 누구인지 들을지니
라
10 악인의 집에 아직도 불의한 재
물이 있느냐 축소시킨 가증한
에바가 있느냐
11 내가 만일 부정한 저울을 썼
거나 주머니에 거짓 저울추를
두었으면 깨끗하겠느냐
12 그 부자들은 강포가 가득하였
고 그 주민들은 거짓을 말하니
그 혀가 입에서 거짓되도다
13 그러므로 나도 너를 쳐서 병들
게 하였으며 네 죄로 말미암
아 너를 황폐하게 하였나니
14 네가 먹어도 배부르지 못하고
항상 속이 빌 것이며 네가 감추

어도 보존되지 못하겠고 보존
된 것은 내가 칼에 붙일 것이며
15 네가 씨를 뿌려도 추수하지
못할 것이며 감람 열매를 밟아
도 기름을 네 몸에 바르지 못
할 것이며 포도를 밟아도 술
을 마시지 못하리라
16 너희가 오므리의 율례와 아합
집의 모든 예법을 지키고 그들
의 전통을 따르니 내가 너희
를 황폐하게 하며 그의 주민
을 사람의 조소 거리로 만들
리라 너희가 내 백성의 수욕을
담당하리라 하시더라

이스라엘의 부패

7 재앙이로다 나여 나는 여
름 과일을 딴 후와 포도
를 거둔 후 같아서 먹을 포도
송이가 없으며 내 마음에 사
모하는 처음 익은 무화과가
없도다
2 경건한 자가 세상에서 끊어졌
고 정직한 자가 사람들 가운
데 없도다 무리가 다 피를 흘
리려고 매복하며 각기 그물로
형제를 잡으려 하고
3 두 손으로 악을 부지런히 행
하는도다 그 지도자와 재판관
은 뇌물을 구하며 권세자는
자기 마음의 욕심을 말하며
그들이 서로 결합하니
4 그들의 가장 선한 자라도 가
시 같고 가장 정직한 자라도
찔레 울타리보다 더하도다 그
들의 파수꾼들의 날 곧 그들
가운데에 형벌의 날이 임하였
으니 이제는 그들이 요란하리
로다
5 너희는 이웃을 믿지 말며 친
구를 의지하지 말며 네 품에
누운 여인에게라도 네 입의 문
을 지킬지어다

7

6 아들이 아버지를 멸시하며 딸
이 어머니를 대적하며 며느리
가 시어머니를 대적하리니 사
람의 원수가 곧 자기의 집안
사람이리로다

구원하시는 하나님

7 오직 나는 여호와를 우러러보
며 나를 구원하시는 하나님을
바라보나니 나의 하나님이 나
에게 귀를 기울이시리로다
8 나의 대적이여 나로 말미암아
기뻐하지 말지어다 나는 엎드
러질지라도 일어날 것이요 어
두운 데에 앉을지라도 여호와
께서 나의 빛이 되실 것임이로
다
9 내가 여호와께 범죄하였으니
그의 진노를 당하려니와 마침
내 주께서 나를 위하여 논쟁하
시고 심판하시며 주께서 나를
인도하사 광명에 이르게 하시리
니 내가 그의 공의를 보리로다
10 나의 대적이 이것을 보고 부끄
러워하리니 그는 전에 내게 말
하기를 네 하나님 여호와가 어
디 있느냐 하던 자라 그가 거
리의 진흙 같이 밟히리니 그것
을 내가 보리로다
11 네 성벽을 건축하는 날 곧
그 날에는 지경이 넓혀질 것
이라
12 그 날에는 앗수르에서 애굽
성읍들에까지, 애굽에서 강
까지, 이 바다에서 저 바다까
지, 이 산에서 저 산까지의 사
람들이 네게로 돌아올 것이
나
13 그 땅은 그 주민의 행위의 열
매로 말미암아 황폐하리로다

기도와 찬양

14 원하건대 주는 주의 지팡이
로 주의 백성 곧 갈멜 속 삼림

에 홀로 거주하는 주의 기업의
양 떼를 먹이시되 그들을 옛날
같이 바산과 길르앗에서 먹이
시옵소서
15 이르시되 네가 애굽 땅에서 나
오던 날과 같이 내가 그들에게
이적을 보이리라 하셨느니라
16 이르되 여러 나라가 보고 자기
의 세력을 부끄러워하여 손으
로 그 입을 막을 것이요 귀는
막힐 것이며
17 그들이 뱀처럼 티끌을 핥으며
땅에 기는 벌레처럼 떨며 그
좁은 구멍에서 나와서 두려워
하며 우리 하나님 여호와께로
돌아와서 주로 말미암아 두려
워하리이다
18 주와 같은 신이 어디 있으리
이까 주께서는 죄악과 그 기
업에 남은 자의 허물을 사유
하시며 인애를 기뻐하시므로
진노를 오래 품지 아니하시나
이다
19 다시 우리를 불쌍히 여기
셔서 우리의 죄악을 발로
밟으시고 우리의 모든 죄
를 깊은 바다에 던지시리이
다
20 주께서 옛적에 우리 조상들에
게 맹세하신 대로 야곱에게 성
실을 베푸시며 아브라함에게
인애를 더하시리이다

나훔

Nahum

나훔 선지자는 앗수르 제국의 악하고 잔인함에 대해 예언하고 있는데, 아마도 그가 활동한 시기는 유다 왕 요시야의 통치 기간 때로 보인다(왕하 22-23장). 그런 예언 활동 속에서 나훔은, 하나님께서는 나라들의 재판장으로서, 세상에 발생하는 모든 일들을 친히 주관하신다는 사실을 증거 한다. 이 책을 읽으면서 당신은, 오직 하나님께서 인류 역사의 주관자라는 사실에 위로를 받으라.

1 니느웨에 대한 경고 곧 엘
고스 사람 나훔의 묵시의
글이라

니느웨에 대한 여호와의 진노

2 여호와는 질투하시며 보복하
시는 하나님이시니라 여호와
는 보복하시며 진노하시되 자
기를 거스르는 자에게 여호와
는 보복하시며 자기를 대적하
는 자에게 진노를 품으시며
3 여호와는 노하기를 더디하시
며 권능이 크시며 벌 받을 자
를 결코 내버려두지 아니하시
느니라 여호와의 길은 회오리
바람과 광풍에 있고 구름은
그의 발의 티끌이로다
4 그는 바다를 꾸짖어 그것을
말리시며 모든 강을 말리시나
니 바산과 갈멜이 쇠하며 레
바논의 꽃이 시드는도다
5 그로 말미암아 산들이 진동
하며 작은 산들이 녹고 그 앞
에서는 땅 곧 세계와 그 가운
데에 있는 모든 것들이 솟아
오르는도다
6 누가 능히 그의 분노 앞에
서며 누가 능히 그의 진노
를 감당하랴 그의 진노가
불처럼 쏟아지니 그로 말
미암아 바위들이 깨지는도
다
7 여호와는 선하시며 환난 날에
산성이시라 그는 자기에게 피
하는 자들을 아시느니라
8 그가 범람하는 물로 그 곳을
진멸하시고 자기 대적들을 흑
암으로 쫓아내시리라
9 너희는 여호와께 대하여 무엇
을 꾀하느냐 그가 온전히 멸
하시리니 재난이 다시 일어나
지 아니하리라
10 가시덤불 같이 엉크러졌고 술

1

을 마신 것 같이 취한 그들은
마른 지푸라기 같이 모두 탈
것이거늘
11 여호와께 악을 꾀하는 한 사
람이 너희 중에서 나와서 사
악한 것을 권하는도다
12 여호와께서 이같이 말씀하시
기를 그들이 비록 강하고 많
을지라도 반드시 멸절을 당하
리니 그가 없어지리라 내가 전
에는 너를 괴롭혔으나 다시는
너를 괴롭히지 아니할 것이라
13 이제 네게 지운 그의 멍에를
내가 깨뜨리고 네 결박을 끊으
리라
14 나 여호와가 네게 대하여 명령
하였나니 네 이름이 다시는 전
파되지 않을 것이라 내가 네
신들의 집에서 새긴 우상과
부은 우상을 멸절하며 네 무
덤을 준비하리니 이는 네가 쓸
모 없게 되었음이라
15 볼지어다 아름다운 소식을 알
리고 화평을 전하는 자의 발이
산 위에 있도다 유다야 네 절
기를 지키고 네 서원을 갚을지
어다 악인이 진멸되었으니 그
가 다시는 네 가운데로 통행하
지 아니하리로다 하시니라

니느웨의 멸망

2 파괴하는 자가 너를 치러
올라왔나니 너는 산성을
지키며 길을 파수하며 네 허리
를 견고히 묶고 네 힘을 크게
굳게 할지어다
2 여호와께서 야곱의 영광을 회
복하시되 이스라엘의 영광 같
게 하시나니 이는 약탈자들이
약탈하였고 또 그들의 포도나
무 가지를 없이 하였음이라
3 그의 용사들의 방패는 붉고
그의 무사들의 옷도 붉으며

2

그 항오를 벌이는 날에 병거의
쇠가 번쩍이고 노송나무 창이
요동하는도다
4 그 병거는 미친 듯이 거리를
달리며 대로에서 이리저리 빨
리 달리니 그 모양이 횃불 같
고 빠르기가 번개 같도다
5 그가 그의 존귀한 자들을 생
각해 내니 그들이 엎드러질
듯이 달려서 급히 성에 이르
러 막을 것을 준비하도다
6 강들의 수문이 열리고 왕궁이
소멸되며
7 정한 대로 왕후가 벌거벗
은 몸으로 끌려가니 그 모
든 시녀들이 가슴을 치며
비둘기 같이 슬피 우는도
다
8 니느웨는 예로부터 물이 모인
못 같더니 이제 모두 도망하니
서라 서라 하나 돌아보는 자가
없도다
9 은을 노략하라 금을 노략하라
그 저축한 것이 무한하고 아름
다운 기구가 풍부함이니라
10 니느웨가 공허하였고 황폐하
였도다 주민이 낙담하여 그
무릎이 서로 부딪히며 모든 허
리가 아프게 되며 모든 낯이
빛을 잃도다
11 이제 사자의 굴이 어디냐 젊은
사자가 먹을 곳이 어디냐 전에
는 수사자 암사자가 그 새끼
사자와 함께 거기서 다니되 그
것들을 두렵게 할 자가 없었
으며
12 수사자가 그 새끼를 위하여
먹이를 충분히 찢고 그의 암
사자들을 위하여 움켜 사냥
한 것으로 그 굴을 채웠고 찢
은 것으로 그 구멍을 채웠었
도다

13 만군의 여호와의 말씀에 내가
네 대적이 되어 네 병거들을
불살라 연기가 되게 하고 네
젊은 사자들을 칼로 멸할 것
이며 내가 또 네 노략한 것을
땅에서 끊으리니 네 파견자의
목소리가 다시는 들리지 아니
하리라 하셨느니라

3 화 있을진저 피의 성이여
그 안에는 거짓이 가득하
고 포악이 가득하며 탈취가
떠나지 아니하는도다
2 휙휙 하는 채찍 소리, 윙윙 하
는 병거 바퀴 소리, 뛰는 말,
달리는 병거,
3 충돌하는 기병, 번쩍이는 칼, 번개
같은 창, 죽임 당한 자의 떼, 주
검의 큰 무더기, 무수한 시체여
사람이 그 시체에 걸려 넘어지니
4 이는 마술에 능숙한 미모의
음녀가 많은 음행을 함이라
그가 그의 음행으로 여러 나
라를 미혹하고 그의 마술로
여러 족속을 미혹하느니라
5 보라 내가 네게 말하노니 만
군의 여호와의 말씀에 네 치
마를 걷어 올려 네 얼굴에 이
르게 하고 네 벌거벗은 것을
나라들에게 보이며 네 부끄러
운 곳을 뭇 민족에게 보일 것
이요
6 내가 또 가증하고 더러운 것
들을 네 위에 던져 능욕하여
너를 구경 거리가 되게 하리니
7 그 때에 너를 보는 자가 다 네게
서 도망하며 이르기를 니느웨가
황폐하였도다 누가 그것을 위하
여 애곡하며 내가 어디서 너를
위로할 자를 구하리요 하리라
8 네가 어찌 노아몬보다 낫겠느냐
그는 강들 사이에 있으므로 물
이 둘렸으니 바다가 성루가 되었

3

고 바다가 방어벽이 되었으며
9 구스와 애굽은 그의 힘이
강하여 끝이 없었고 붓과
루빔이 그를 돕는 자가 되었
으나
10 그가 포로가 되어 사로잡혀
갔고 그의 어린 아이들은 길
모퉁이 모퉁이에 메어침을 당
하여 부서졌으며 그의 존귀한
자들은 제비 뽑혀 나뉘었고
그의 모든 권세자들은 사슬에
결박되었나니
11 너도 술에 취하여 숨으리라 너
도 원수들 때문에 피난처를
찾으리라
12 네 모든 산성은 무화과나무
의 처음 익은 열매가 흔들기만
하면 먹는 자의 입에 떨어짐과
같으리라
13 네 가운데 장정들은 여인 같
고 네 땅의 성문들은 네 원수
앞에 넓게 열리고 빗장들은
불에 타도다
14 너는 물을 길어 에워싸일 것을
대비하며 너의 산성들을 견고
하게 하며 진흙에 들어가서
흙을 밟아 벽돌 가마를 수리
하라
15 거기서 불이 너를 삼키며 칼
이 너를 베기를 느치가 먹는
것 같이 하리라 네가 느치 같
이 스스로 많게 할지어다 네
가 메뚜기 같이 스스로 많게
할지어다
16 네가 네 상인을 하늘의 별보
다 많게 하였으나 느치가 날
개를 펴서 날아감과 같고
17 네 방백은 메뚜기 같고 너의
장수들은 큰 메뚜기 떼가 추
운 날에는 울타리에 깃들였다
가 해가 뜨면 날아감과 같으
니 그 있는 곳을 알 수 없도다

18 앗수르 왕이여 네 목자가 자
고 네 귀족은 누워 쉬며 네 백
성은 산들에 흩어지나 그들을
모을 사람이 없도다
19 네 상처는 고칠 수 없고 네 부
상은 중하도다 네 소식을 듣
는 자가 다 너를 보고 손뼉을
치나니 이는 그들이 항상 네게
행패를 당하였음이 아니더냐
하시니라

하박국

Habakkuk

하박국 선지자는 바벨론 세력이 한창 증강될 때에 남왕국 유다에서 예언 활동을 한다(대하 35:20-36:8). 이 세상에 악이 중단되지 않고 허용되는 일로 인해, 하박국은 하나님의 정의에 대해 질문한다. 그리고 그는, 하나님께서 세상의 모든 일을 주관하고 계신다는 응답을 받는데, 이로 인해 하박국은 의심을 떨치고 하나님의 영광과 능력을 찬양한다. 이 책을 읽으면서 당신은, 당신에게 무슨 일이 일어나든지, 위대하신 하나님께서 당신의 생애를 주관하고 계심을 기억하라.

1 선지자 하박국이 묵시로
받은 경고라

하박국의 호소

2 여호와여 내가 부르짖어도 주
께서 듣지 아니하시니 어느 때
까지리이까 내가 강포로 말미
암아 외쳐도 주께서 구원하지
아니하시나이다
3 어찌하여 내게 죄악을 보게 하
시며 패역을 눈으로 보게 하
시나이까 겁탈과 강포가 내
앞에 있고 변론과 분쟁이 일어
났나이다
4 이러므로 율법이 해이하고 정
의가 전혀 시행되지 못하오니
이는 악인이 의인을 에워쌌으
므로 정의가 굽게 행하여짐이
니이다

여호와의 응답

5 여호와께서 이르시되 너희는
여러 나라를 보고 또 보고 놀
라고 또 놀랄지어다 너희의 생
전에 내가 한 가지 일을 행할
것이라 누가 너희에게 말할지
라도 너희가 믿지 아니하리라
6 보라 내가 사납고 성급한 백성
곧 땅이 넓은 곳으로 다니며 자
기의 소유가 아닌 거처들을 점령
하는 갈대아 사람을 일으켰나니
7 그들은 두렵고 무서우며 당당
함과 위엄이 자기들에게서 나
오며
8 그들의 군마는 표범보다 빠르
고 저녁 이리보다 사나우며 그
들의 마병은 먼 곳에서부터
빨리 달려오는 마병이라 마치
먹이를 움키려 하는 독수리의
날음과 같으니라
9 그들은 다 강포를 행하러 오
는데 앞을 향하여 나아가며
사람을 사로잡아 모으기를 모
래 같이 많이 할 것이요

1

10 왕들을 멸시하며 방백을 조소
하며 모든 견고한 성들을 비
웃고 흉벽을 쌓아 그것을 점령
할 것이라
11 그들은 자기들의 힘을 자기들
의 신으로 삼는 자들이라 이
에 바람 같이 급히 몰아 지나
치게 행하여 범죄하리라

하박국이 다시 호소하다

12 선지자가 이르되 여호와 나의
하나님, 나의 거룩한 이시여
주께서는 만세 전부터 계시지
아니하시니이까 우리가 사망
에 이르지 아니하리이다 여호
와여 주께서 심판하기 위하여
그들을 두셨나이다 반석이시
여 주께서 경계하기 위하여 그
들을 세우셨나이다
13 주께서는 눈이 정결하시므로
악을 차마 보지 못하시며 패
역을 차마 보지 못하시거늘
어찌하여 거짓된 자들을 방관
하시며 악인이 자기보다 의로
운 사람을 삼키는데도 잠잠하
시나이까
14 주께서 어찌하여 사람을 바다
의 고기 같게 하시며 다스리는
자 없는 벌레 같게 하시나이까
15 그가 낚시로 모두 낚으며 그물
로 잡으며 투망으로 모으고 그
리고는 기뻐하고 즐거워하여
16 그물에 제사하며 투망 앞에
분향하오니 이는 그것을 힘입
어 소득이 풍부하고 먹을 것
이 풍성하게 됨이니이다
17 그가 그물을 떨고는 계속하여
여러 나라를 무자비하게 멸망
시키는 것이 옳으니이까

여호와의 응답

2 내가 내 파수하는 곳에
서며 성루에 서리라 그가
내게 무엇이라 말씀하실는지

2

기다리고 바라보며 나의 질문
에 대하여 어떻게 대답하실는
지 보리라 하였더니
2 여호와께서 내게 대답하여 이
르시되 너는 이 묵시를 기록
하여 판에 명백히 새기되 달려
가면서도 읽을 수 있게 하라
3 이 묵시는 정한 때가 있나니
그 종말이 속히 이르겠고 결
코 거짓되지 아니하리라 비록
더딜지라도 기다리라 지체되
지 않고 반드시 응하리라
4 보라 그의 마음은 교만하며
그 속에서 정직하지 못하나 의
인은 그의 믿음으로 말미암아
살리라
5 그는 술을 즐기며 거짓되고 교
만하여 가만히 있지 아니하고
스올처럼 자기의 욕심을 넓히
며 또 그는 사망 같아서 족한
줄을 모르고 자기에게로 여러
나라를 모으며 여러 백성을
모으나니
6 그 무리가 다 속담으로 그를
평론하며 조롱하는 시로 그를
풍자하지 않겠느냐 곧 이르기
를 화 있을진저 자기 소유 아
닌 것을 모으는 자여 언제까
지 이르겠느냐 볼모 잡은 것
으로 무겁게 짐진 자여
7 너를 억누를 자들이 갑자기
일어나지 않겠느냐 너를 괴롭
힐 자들이 깨어나지 않겠느냐
네가 그들에게 노략을 당하지
않겠느냐
8 네가 여러 나라를 노략하였으
므로 그 모든 민족의 남은 자
가 너를 노략하리니 이는 네가
사람의 피를 흘렸음이요 또
땅과 성읍과 그 안의 모든 주
민에게 강포를 행하였음이니
라

9 재앙을 피하기 위하여 높은
데 깃들이려 하며 자기 집을
위하여 부당한 이익을 취하는
자에게 화 있을진저
10 네가 많은 민족을 멸한 것이
네 집에 욕을 부르며 네 영혼
에게 죄를 범하게 하는 것이
되었도다
11 담에서 돌이 부르짖고 집에서
들보가 응답하리라
12 피로 성읍을 건설하며 불의로
성을 건축하는 자에게 화 있
을진저
13 민족들이 불탈 것으로 수고
하는 것과 나라들이 헛된 일
로 피곤하게 되는 것이 만군
의 여호와께로 말미암음이
아니냐
14 이는 물이 바다를 덮음 같이
여호와의 영광을 인정하는 것
이 세상에 가득함이니라
15 이웃에게 술을 마시게 하되
자기의 분노를 더하여 그에게
취하게 하고 그 하체를 드러내
려 하는 자에게 화 있을진저
16 네게 영광이 아니요 수치가 가
득한즉 너도 마시고 너의 할
례 받지 아니한 것을 드러내라
여호와의 오른손의 잔이 네게
로 돌아올 것이라 더러운 욕
이 네 영광을 가리리라
17 이는 네가 레바논에 강포를 행
한 것과 짐승을 죽인 것 곧 사람
의 피를 흘리며 땅과 성읍과 그
안의 모든 주민에게 강포를 행한
것이 네게로 돌아오리라
18 새긴 우상은 그 새겨 만든 자
에게 무엇이 유익하겠느냐 부
어 만든 우상은 거짓 스승이
라 만든 자가 이 말하지 못하
는 우상을 의지하니 무엇이
유익하겠느냐

19 나무에게 깨라 하며 말하지
못하는 돌에게 일어나라 하
는 자에게 화 있을진저 그것이
교훈을 베풀겠느냐 보라 이는
금과 은으로 입힌 것인즉 그
속에는 생기가 도무지 없느니
라
20 오직 여호와는 그 성전에 계시
니 온 땅은 그 앞에서 잠잠할
지니라 하시니라

하박국의 기도

3 시기오놋에 맞춘 선지자
하박국의 기도라
2 여호와여 내가 주께 대한 소문
을 듣고 놀랐나이다 여호와여
주는 주의 일을 이 수년 내에
부흥하게 하옵소서 이 수년
내에 나타내시옵소서 진노 중
에라도 긍휼을 잊지 마옵소서
3 하나님이 데만에서부터 오시
며 거룩한 자가 바란 산에서
부터 오시는도다 (셀라) 그
의 영광이 하늘을 덮었고 그
의 찬송이 세계에 가득하도
다
4 그의 광명이 햇빛 같고 광선이
그의 손에서 나오니 그의 권
능이 그 속에 감추어졌도다
5 역병이 그 앞에서 행하며 불덩
이가 그의 발 밑에서 나오는도
다
6 그가 서신즉 땅이 진동하며
그가 보신즉 여러 나라가 전
율하며 영원한 산이 무너지며
무궁한 작은 산이 엎드러지나
니 그의 행하심이 예로부터 그
러하시도다
7 내가 본즉 구산의 장막이 환
난을 당하고 미디안 땅의 휘
장이 흔들리는도다
8 여호와여 주께서 말을 타시며
구원의 병거를 모시오니 강들

3

을 분히 여기심이니이까 강들
을 노여워하심이니이까 바다
를 향하여 성내심이니이까
9 주께서 활을 꺼내시고 화살을
바로 쏘셨나이다 (셀라) 주께
서 강들로 땅을 쪼개셨나이다
10 산들이 주를 보고 흔들리며
창수가 넘치고 바다가 소리를
지르며 손을 높이 들었나이다
11 날아가는 주의 화살의 빛과
번쩍이는 주의 창의 광채로
말미암아 해와 달이 그 처소
에 멈추었나이다
12 주께서 노를 발하사 땅을 두
르셨으며 분을 내사 여러 나
라를 밟으셨나이다
13 주께서 주의 백성을 구원하시
려고, 기름 부음 받은 자를 구
원하시려고 나오사 악인의 집
의 머리를 치시며 그 기초를
바닥까지 드러내셨나이다 (셀
라)
14 그들이 회오리바람처럼 이르
러 나를 흩으려 하며 가만히
가난한 자 삼키기를 즐거워하
나 오직 주께서 그들의 전사
의 머리를 그들의 창으로 찌르
셨나이다
15 주께서 말을 타시고 바다 곧
큰 물의 파도를 밟으셨나이
다
16 내가 들었으므로 내 창자가
흔들렸고 그 목소리로 말미암
아 내 입술이 떨렸도다 무리가
우리를 치러 올라오는 환난 날
을 내가 기다리므로 썩이는 것
이 내 뼈에 들어왔으며 내 몸
은 내 처소에서 떨리는도다
17 비록 무화과나무가 무성하지
못하며 포도나무에 열매가 없
으며 감람나무에 소출이 없으
며 밭에 먹을 것이 없으며 우

리에 양이 없으며 외양간에 소
가 없을지라도
18 나는 여호와로 말미암아 즐거
워하며 나의 구원의 하나님으
로 말미암아 기뻐하리로다
19 주 여호와는 나의 힘이시라
나의 발을 사슴과 같게 하사
나를 나의 높은 곳으로 다니
게 하시리로다 이 노래는 지휘
하는 사람을 위하여 내 수금
에 맞춘 것이니라

스바냐

Zephaniah

스바냐 선지자는 유다 왕 요시야의 통치 초기 곧 요시야가 본격적으로 종교 개혁을 시행하기 전에 예언 활동을 하는데, 그는 다가올 주의 날의 파멸에 관해서 예언한다. 더불어 스바냐 선지자는, 자신을 겸손케 하여 주님을 찾고 의롭게 사는 자들에게는 놀라운 미래가 보장될 것임을 약속한다. 이 책을 읽으면서 당신은, 심판의 날이 다가올지라도 주 예수 그리스도께 돌이키는 자들은 그 심판을 피할 수 있다는 사실을 기억하라.

1 아몬의 아들 유다 왕 요시
야의 시대에 스바냐에게
임한 여호와의 말씀이라 스바
냐는 히스기야의 현손이요 아
마랴의 증손이요 그다랴의 손
자요 구시의 아들이었더라

여호와의 날

2 여호와께서 이르시되 내가
땅 위에서 모든 것을 진멸하
리라
3 내가 사람과 짐승을 진멸하고
공중의 새와 바다의 고기와
거치게 하는 것과 악인들을
아울러 진멸할 것이라 내가 사
람을 땅 위에서 멸절하리라 나
여호와의 말이니라
4 내가 유다와 예루살렘의 모
든 주민들 위에 손을 펴서 남
아 있는 바알을 그 곳에서 멸
절하며 그마림이란 이름과 및
그 제사장들을 아울러 멸절
하며
5 또 지붕에서 하늘의 뭇 별에
게 경배하는 자들과 경배하
며 여호와께 맹세하면서 말
감을 가리켜 맹세하는 자들
과
6 여호와를 배반하고 따르지 아
니한 자들과 여호와를 찾지도
아니하며 구하지도 아니한 자
들을 멸절하리라
7 주 여호와 앞에서 잠잠할지어
다 이는 여호와의 날이 가까
웠으므로 여호와께서 희생을
준비하고 그가 청할 자들을
구별하셨음이니라
8 여호와의 희생의 날에 내가 방
백들과 왕자들과 이방인의 옷
을 입은 자들을 벌할 것이며
9 그 날에 문턱을 뛰어넘어서 포
악과 거짓을 자기 주인의 집에
채운 자들을 내가 벌하리라

1

10 나 여호와가 말하노라 그 날
에 어문에서는 부르짖는 소리
가, 제 이 구역에서는 울음 소
리가, 작은 산들에서는 무너지
는 소리가 일어나리라
11 막데스 주민들아 너희는 슬
피 울라 가나안 백성이 다 패
망하고 은을 거래하는 자들이
끊어졌음이라
12 그 때에 내가 예루살렘에서 찌
꺼기 같이 가라앉아서 마음속
에 스스로 이르기를 여호와께
서는 복도 내리지 아니하시며
화도 내리지 아니하시리라 하
는 자를 등불로 두루 찾아 벌
하리니
13 그들의 재물이 노략되며 그들
의 집이 황폐할 것이라 그들이
집을 건축하나 거기에 살지 못
하며 포도원을 가꾸나 그 포
도주를 마시지 못하리라
14 여호와의 큰 날이 가깝도다
가깝고도 빠르도다 여호와의
날의 소리로다 용사가 거기서
심히 슬피 우는도다
15 그날은 분노의 날이요 환난과
고통의 날이요 황폐와 패망의
날이요 캄캄하고 어두운 날이
요 구름과 흑암의 날이요
16 나팔을 불어 경고하며 견고한
성읍들을 치며 높은 망대를
치는 날이로다
17 내가 사람들에게 고난을 내려
맹인 같이 행하게 하리니 이는
그들이 나 여호와께 범죄하였
음이라 또 그들의 피는 쏟아
져서 티끌 같이 되며 그들의
살은 분토 같이 될지라
18 그들의 은과 금이 여호와의
분노의 날에 능히 그들을 건
지지 못할 것이며 이 온 땅이
여호와의 질투의 불에 삼켜지

리니 이는 여호와가 이 땅 모
든 주민을 멸절하되 놀랍게 멸
절할 것임이라

공의와 겸손을 구하라

2 수치를 모르는 백성아 모
일지어다 모일지어다
2 명령이 시행되어 날이 겨 같
이 지나가기 전, 여호와의
진노가 너희에게 내리기 전,
여호와의 분노의 날이 너희
에게 이르기 전에 그리할지
어다
3 여호와의 규례를 지키는 세
상의 모든 겸손한 자들아 너
희는 여호와를 찾으며 공의와
겸손을 구하라 너희가 혹시
여호와의 분노의 날에 숨김을
얻으리라

이스라엘 이웃 나라들이 받을 벌

4 가사는 버림을 당하며 아스글론
은 폐허가 되며 아스돗은 대낮
에 쫓겨나며 에그론은 뽑히리라
5 해변 주민 그렛 족속에게 화
있을진저 블레셋 사람의 땅
가나안아 여호와의 말씀이 너
희를 치나니 내가 너를 멸하여
주민이 없게 하리라
6 해변은 풀밭이 되어 목자의
움막과 양 떼의 우리가 거기에
있을 것이며
7 그 지경은 유다 족속의 남은
자에게로 돌아갈지라 그들이
거기에서 양 떼를 먹이고 저녁
에는 아스글론 집들에 누우리
니 이는 그들의 하나님 여호
와가 그들을 보살피사 그들이
사로잡힘을 돌이킬 것임이라
8 내가 모압의 비방과 암몬 자
손이 조롱하는 말을 들었나니
그들이 내 백성을 비방하고 자
기들의 경계에 대하여 교만하
였느니라

2

9 그러므로 만군의 여호와 이스
라엘의 하나님이 말하노라 내
가 나의 삶을 두고 맹세하노니
장차 모압은 소돔 같으며 암
몬 자손은 고모라 같을 것이
라 찔레가 나며 소금 구덩이가
되어 영원히 황폐하리니 내 백
성의 남은 자들이 그들을 노
략하며 나의 남은 백성이 그
것을 기업으로 얻을 것이라
10 그들이 이런 일을 당할 것은
그들이 만군의 여호와의 백성
에 대하여 교만하여졌음이라
11 여호와가 그들에게 두렵게 되
어서 세상의 모든 신을 쇠약
하게 하리니 이방의 모든 해변
사람들이 각각 자기 처소에서
여호와께 경배하리라
12 구스 사람들아 너희도 내 칼
에 죽임을 당하리라
13 여호와가 북쪽을 향하여 손
을 펴서 앗수르를 멸하며 니느
웨를 황폐하게 하여 사막 같
이 메마르게 하리니
14 각종 짐승이 그 가운데에 떼
로 누울 것이며 당아와 고슴
도치가 그 기둥 꼭대기에 깃
들이고 그것들이 창에서 울
것이며 문턱이 적막하리니 백
향목으로 지은 것이 벗겨졌음
이라
15 이는 기쁜 성이라 염려 없이
거주하며 마음속에 이르기를
오직 나만 있고 나 외에는 다
른 이가 없다 하더니 어찌 이
와 같이 황폐하여 들짐승이
엎드릴 곳이 되었는고 지나가
는 자마다 비웃으며 손을 흔
들리로다

예루살렘이 받을 형벌과 보호

3 패역하고 더러운 곳, 포학
한 그 성읍이 화 있을진저

3

2 그가 명령을 듣지 아니하며 교
훈을 받지 아니하며 여호와를
의뢰하지 아니하며 자기 하나
님에게 가까이 나아가지 아니
하였도다
3 그 가운데 방백들은 부르짖는
사자요 그의 재판장들은 이튿
날까지 남겨 두는 것이 없는
저녁 이리요
4 그의 선지자들은 경솔하고 간
사한 사람들이요 그의 제사
장들은 성소를 더럽히고 율법
을 범하였도다
5 그 가운데에 계시는 여호와는
의로우사 불의를 행하지 아니
하시고 아침마다 빠짐없이 자
기의 공의를 비추시거늘 불의
한 자는 수치를 알지 못하는
도다
6 내가 여러 나라를 끊어 버렸
으므로 그들의 망대가 파괴
되었고 내가 그들의 거리를 비
게 하여 지나는 자가 없게 하
였으므로 그들의 모든 성읍이
황폐하며 사람이 없으며 거주
할 자가 없게 되었느니라
7 내가 이르기를 너는 오직 나
를 경외하고 교훈을 받으라 그
리하면 내가 형벌을 내리기로
정하기는 하였지만 너의 거처
가 끊어지지 아니하리라 하였
으나 그들이 부지런히 그들의
모든 행위를 더럽게 하였느니
라
8 나 여호와가 말하노라 그러
므로 내가 일어나 벌할 날까
지 너희는 나를 기다리라 내
가 뜻을 정하고 나의 분노와
모든 진노를 쏟으려고 여러 나
라를 소집하며 왕국들을 모
으리라 온 땅이 나의 질투의
불에 소멸되리라

9 그 때에 내가 여러 백성의 입
술을 깨끗하게 하여 그들이
다 여호와의 이름을 부르며
한 가지로 나를 섬기게 하리니
10 내게 구하는 백성들 곧 내가
흩은 자의 딸이 구스 강 건너
편에서부터 예물을 가지고 와
서 내게 바칠지라
11 그 날에 네가 내게 범죄한
모든 행위로 말미암아 수치
를 당하지 아니할 것은 그
때에 내가 네 가운데서 교만
하여 자랑하는 자들을 제거
하여 네가 나의 성산에서 다
시는 교만하지 않게 할 것임
이라
12 내가 곤고하고 가난한 백성을
네 가운데에 남겨 두리니 그
들이 여호와의 이름을 의탁하
여 보호를 받을지라
13 이스라엘의 남은 자는 악을
행하지 아니하며 거짓을 말하
지 아니하며 입에 거짓된 혀
가 없으며 먹고 누울지라도
그들을 두렵게 할 자가 없으
리라

기뻐하며 부를 노래

14 시온의 딸아 노래할지어다
이스라엘아 기쁘게 부를지
어다 예루살렘 딸아 전심으
로 기뻐하며 즐거워할지어
다
15 여호와가 네 형벌을 제거하였
고 네 원수를 쫓아냈으며 이
스라엘 왕 여호와가 네 가운
데 계시니 네가 다시는 화를
당할까 두려워하지 아니할 것
이라
16 그 날에 사람이 예루살렘에
이르기를 두려워하지 말라 시
온아 네 손을 늘어뜨리지 말
라

17 너의 하나님 여호와가 너의 가
운데에 계시니 그는 구원을 베
푸실 전능자이시라 그가 너로
말미암아 기쁨을 이기지 못하
시며 너를 잠잠히 사랑하시며
너로 말미암아 즐거이 부르며
기뻐하시리라 하리라
18 내가 절기로 말미암아 근심하
는 자들을 모으리니 그들은
네게 속한 자라 그들에게 지워
진 짐이 치욕이 되었느니라
19 그 때에 내가 너를 괴롭게 하
는 자를 다 벌하고 저는 자를
구원하며 쫓겨난 자를 모으며
온 세상에서 수욕 받는 자에
게 칭찬과 명성을 얻게 하리라
20 내가 그 때에 너희를 이끌고
그 때에 너희를 모을지라 내가
너희 목전에서 너희의 사로잡
힘을 돌이킬 때에 너희에게 천
하 만민 가운데서 명성과 칭
찬을 얻게 하리라 여호와의
말이니라

학개

Haggai

학개 선지자는 바벨론 유배지에서 돌아온 하나님의 백성들에게 올바른 우선순위를 세우도록 격려하는데, 곧 그들 자신의 집들을 짓기 전에 주의 성전을 먼저 재건함으로써 그렇게 하라고 촉구한다. 그리고 계속해서 학개는, 모든 나라들이 하나님의 성전으로 모여들게 될 날을 바라본다. 이 책을 읽으면서 당신은, 당신의 삶에서 무엇보다 하나님의 나라를 먼저 구하기로 결심하라. 그리고 모든 사람들이 어느 곳에서든지 다 함께 주님을 예배하게 될, 새로운 세상에 대한 하나님의 약속을 기뻐하라.

성전을 건축하라는 여호와의 말씀

1 다리오 왕 제이년 여섯째
달 곧 그 달 초하루에 여
호와의 말씀이 선지자 학개로
말미암아 스알디엘의 아들 유
다 총독 스룹바벨과 여호사닥
의 아들 대제사장 여호수아에
게 임하니라 이르시되
2 만군의 여호와가 이같이 말하
여 이르노라 이 백성이 말하기
를 여호와의 전을 건축할 시
기가 이르지 아니하였다 하느
니라
3 여호와의 말씀이 선지자 학개
에게 임하여 이르시되
4 이 성전이 황폐하였거늘 너희
가 이 때에 판벽한 집에 거주
하는 것이 옳으냐
5 그러므로 이제 만군의 여호와
가 이같이 말하노니 너희는 너
희의 행위를 살필지니라
6 너희가 많이 뿌릴지라도 수확
이 적으며 먹을지라도 배부르
지 못하며 마실지라도 흡족
하지 못하며 입어도 따뜻하지
못하며 일꾼이 삯을 받아도
그것을 구멍 뚫어진 전대에 넣
음이 되느니라
7 만군의 여호와가 말하노니 너
희는 자기의 행위를 살필지니
라
8 너희는 산에 올라가서 나무
를 가져다가 성전을 건축하라
그리하면 내가 그것으로 말
미암아 기뻐하고 또 영광을
얻으리라 여호와가 말하였느
니라
9 너희가 많은 것을 바랐으나 도
리어 적었고 너희가 그것을 집
으로 가져갔으나 내가 불어
버렸느니라 나 만군의 여호와
가 말하노라 이것이 무슨 까

1

닭이냐 내 집은 황폐하였으되
너희는 각각 자기의 집을 짓기
위하여 빨랐음이라
10 그러므로 너희로 말미암아 하
늘은 이슬을 그쳤고 땅은 산
물을 그쳤으며
11 내가 이 땅과 산과 곡물과 새
포도주와 기름과 땅의 모든
소산과 사람과 가축과 손으
로 수고하는 모든 일에 한재
를 들게 하였느니라

성전 건축을 격려하다

12 스알디엘의 아들 스룹바벨과
여호사닥의 아들 대제사장 여
호수아와 남은 모든 백성이
그들의 하나님 여호와의 목소
리와 선지자 학개의 말을 들
었으니 이는 그들의 하나님 여
호와께서 그를 보내셨음이라
백성이 다 여호와를 경외하매
13 그 때에 여호와의 사자 학개
가 여호와의 위임을 받아 백성
에게 말하여 이르되 여호와가
말하노니 내가 너희와 함께 하
노라 하니라
14 여호와께서 스알디엘의 아들 유
다 총독 스룹바벨의 마음과 여
호사닥의 아들 대제사장 여호
수아의 마음과 남은 모든 백성
의 마음을 감동시키시매 그들이
와서 만군의 여호와 그들의 하
나님의 전 공사를 하였으니
15 그 때는 다리오 왕 제이년 여
섯째 달 이십사일이었더라

2 일곱째 달 곧 그 달 이십
일일에 여호와의 말씀이
선지자 학개에게 임하니라 이
르시되
2 너는 스알디엘의 아들 유다
총독 스룹바벨과 여호사닥의
아들 대제사장 여호수아와 남
은 백성에게 말하여 이르라

2

3 너희 가운데에 남아 있는 자 중
에서 이 성전의 이전 영광을 본
자가 누구냐 이제 이것이 너희
에게 어떻게 보이느냐 이것이 너
희 눈에 보잘것없지 아니하냐
4 그러나 여호와가 이르노라
스룹바벨아 스스로 굳세게
할지어다 여호사닥의 아들
대제사장 여호수아야 스스
로 굳세게 할지어다 여호와
의 말이니라 이 땅 모든 백
성아 스스로 굳세게 하여 일
할지어다 내가 너희와 함께
하노라 만군의 여호와의 말
이니라
5 너희가 애굽에서 나올 때
에 내가 너희와 언약한 말
과 나의 영이 계속하여 너
희 가운데에 머물러 있나
니 너희는 두려워하지 말지
어다
6 만군의 여호와가 이같이 말하
노라 조금 있으면 내가 하늘
과 땅과 바다와 육지를 진동
시킬 것이요
7 또한 모든 나라를 진동시킬
것이며 모든 나라의 보배가 이
르리니 내가 이 성전에 영광이
충만하게 하리라 만군의 여호
와의 말이니라
8 은도 내 것이요 금도 내 것이니
라 만군의 여호와의 말이니라
9 이 성전의 나중 영광이 이전
영광보다 크리라 만군의 여호
와의 말이니라 내가 이 곳에
평강을 주리라 만군의 여호와
의 말이니라
10 다리오 왕 제이년 아홉째 달
이십사일에 여호와의 말씀이
선지자 학개에게 임하니라 이
르시되
11 만군의 여호와가 말하노니 너

는 제사장에게 율법에 대하여
물어 이르기를
12 사람이 옷자락에 거룩한 고기
를 쌌는데 그 옷자락이 만일
떡에나 국에나 포도주에나 기
름에나 다른 음식물에 닿았으
면 그것이 성물이 되겠느냐 하
라 학개가 물으매 제사장들이
대답하여 이르되 아니니라 하
는지라
13 학개가 이르되 시체를 만져서
부정하여진 자가 만일 그것들
가운데 하나를 만지면 그것이
부정하겠느냐 하니 제사장들
이 대답하여 이르되 부정하리
라 하더라
14 이에 학개가 대답하여 이르되
여호와의 말씀에 내 앞에서
이 백성이 그러하고 이 나라가
그러하고 그들의 손의 모든 일
도 그러하고 그들이 거기에서
드리는 것도 부정하니라
15 이제 원하건대 너희는 오늘부
터 이전 곧 여호와의 전에 돌
이 돌 위에 놓이지 아니하였던
때를 기억하라
16 그 때에는 이십 고르 곡식 더
미에 이른즉 십 고르뿐이었고
포도즙 틀에 오십 고르를 길
으러 이른즉 이십 고르뿐이었
었느니라
17 만군의 여호와가 말하노라 내
가 너희 손으로 지은 모든 일
에 곡식을 마르게 하는 재앙
과 깜부기 재앙과 우박으로
쳤으나 너희가 내게로 돌이키
지 아니하였느니라
18 너희는 오늘 이전을 기억하라
아홉째 달 이십사일 곧 여호
와의 성전 지대를 쌓던 날부터
기억하여 보라
19 곡식 종자가 아직도 창고에 있느

냐 포도나무, 무화과나무, 석류
나무, 감람나무에 열매가 맺지
못하였느니라 그러나 오늘부터
는 내가 너희에게 복을 주리라
20 그 달 이십사일에 여호와의 말
씀이 다시 학개에게 임하니라
이르시되
21 너는 유다 총독 스룹바벨에게
말하여 이르라 내가 하늘과
땅을 진동시킬 것이요
22 여러 왕국들의 보좌를 엎을
것이요 여러 나라의 세력을 멸
할 것이요 그 병거들과 그 탄
자를 엎드러뜨리리니 말과 그
탄 자가 각각 그의 동료의 칼
에 엎드러지리라
23 만군의 여호와가 말하노라 스
알디엘의 아들 내 종 스룹바
벨아 여호와가 말하노라 그
날에 내가 너를 세우고 너를
인장으로 삼으리니 이는 내가
너를 택하였음이니라 만군의
여호와의 말이니라 하니라

스가랴

Zechariah

스가랴 선지자는 바벨론에서 귀환한 하나님의 백성들을 대상으로, 그들이 힘을 내어 예루살렘 성전을 재건하도록 그들을 격려하기 위해 이 책을 기록한다(슥 4:24–5:2). 스가랴는 하나님께서 모든 것을 통치하신다는 것, 그리고 메시아의 새로운 왕국이 도래하는 환상을 보여줌으로써 그들을 격려한다. 이 책을 읽으면서 당신은, 먼저 주님께 확실히 돌아오고, 나아가 소망의 환상들을 통해 스스로를 격려하는 중에 주님을 섬기는 일들을 중단없이 계속 하도록 하라.

악한 길에서 돌아오라고 명령하시다

1 다리오 왕 제이년 여덟째
달에 여호와의 말씀이 잇
도의 손자 베레갸의 아들 선
지자 스가랴에게 임하니라 이
르시되
2 여호와가 너희의 조상들에게
심히 진노하였느니라
3 그러므로 너는 그들에게 말
하기를 만군의 여호와께서 이
처럼 이르시되 너희는 내게로
돌아오라 만군의 여호와의 말
이니라 그리하면 내가 너희에
게로 돌아가리라 만군의 여호
와의 말이니라
4 너희 조상들을 본받지 말라 옛
적 선지자들이 그들에게 외쳐
이르되 만군의 여호와께서 이
같이 말씀하시기를 너희가 악한
길, 악한 행위를 떠나서 돌아오
라 하셨으나 그들이 듣지 아니
하고 내게 귀를 기울이지 아니하
였느니라 여호와의 말이니라
5 너희 조상들이 어디 있느냐
또 선지자들이 영원히 살겠느
냐
6 내가 나의 종 선지자들에게
명령한 내 말과 내 법도들이
어찌 너희 조상들에게 임하
지 아니하였느냐 그러므로
그들이 돌이켜 이르기를 만
군의 여호와께서 우리 길대
로, 우리 행위대로 우리에게
행하시려고 뜻하신 것을 우
리에게 행하셨도다 하였느니
라

화석류나무 사이에 선 자

7 다리오 왕 제이년 열한째 달
곧 스밧월 이십사일에 잇도의
손자 베레갸의 아들 선지자
스가랴에게 여호와의 말씀이
임하니라

1

8 내가 밤에 보니 사람들이 붉
은 말을 타고 골짜기 속 화석
류나무 사이에 섰고 그 뒤에
는 붉은 말과 자줏빛 말과 백
마가 있기로
9 내가 말하되 내 주여 이들이 무
엇이니이까 하니 내게 말하는
천사가 내게 이르되 이들이 무
엇인지 내가 네게 보이리라 하니
10 화석류나무 사이에 선 자가
대답하여 이르되 이는 여호와
께서 땅에 두루 다니라고 보내
신 자들이니라
11 그들이 화석류나무 사이에 선
여호와의 천사에게 말하되 우리
가 땅에 두루 다녀 보니 온 땅이
평안하고 조용하더이다 하더라
12 여호와의 천사가 대답하여 이
르되 만군의 여호와여 여호와
께서 언제까지 예루살렘과 유
다 성읍들을 불쌍히 여기지 아
니하시려 하나이까 이를 노하신
지 칠십 년이 되었나이다 하매
13 여호와께서 내게 말하는 천사
에게 선한 말씀, 위로하는 말
씀으로 대답하시더라
14 내게 말하는 천사가 내게 이
르되 너는 외쳐 이르기를 만
군의 여호와의 말씀에 내가
예루살렘을 위하며 시온을 위
하여 크게 질투하며
15 안일한 여러 나라들 때문에
심히 진노하나니 나는 조금
노하였거늘 그들은 힘을 내어
고난을 더하였음이라
16 그러므로 여호와가 이처럼
말하노라 내가 불쌍히 여기
므로 예루살렘에 돌아왔은
즉 내 집이 그 가운데에 건축
되리니 예루살렘 위에 먹줄
이 쳐지리라 만군의 여호와의
말이니라

17 그가 다시 외쳐 이르기를 만
군의 여호와의 말씀에 나의
성읍들이 넘치도록 다시 풍부
할 것이라 여호와가 다시 시온
을 위로하며 다시 예루살렘을
택하리라 하라 하니라

네 뿔과 대장장이 네 명

18 내가 눈을 들어 본즉 네 개의
뿔이 보이기로
19 이에 내게 말하는 천사에게
묻되 이들이 무엇이니이까 하
니 내게 대답하되 이들은 유
다와 이스라엘과 예루살렘을
흩뜨린 뿔이니라
20 그 때에 여호와께서 대장장이
네 명을 내게 보이시기로
21 내가 말하되 그들이 무엇하러
왔나이까 하니 대답하여 이르
시되 그 뿔들이 유다를 흩뜨
려서 사람들이 능히 머리를 들
지 못하게 하니 이 대장장이들
이 와서 그것들을 두렵게 하
고 이전의 뿔들을 들어 유다
땅을 흩뜨린 여러 나라의 뿔
들을 떨어뜨리려 하느니라 하
시더라

척량줄을 잡은 사람

2 내가 또 눈을 들어 본즉
한 사람이 측량줄을 그의
손에 잡았기로
2 네가 어디로 가느냐 물은즉
그가 내게 대답하되 예루살렘
을 측량하여 그 너비와 길이
를 보고자 하노라 하고 말할
때에
3 내게 말하는 천사가 나가고 다
른 천사가 나와서 그를 맞으며
4 이르되 너는 달려가서 그 소년
에게 말하여 이르기를 예루살
렘은 그 가운데 사람과 가축
이 많으므로 성곽 없는 성읍
이 될 것이라 하라

2

5 여호와의 말씀에 내가 불로
둘러싼 성곽이 되며 그 가운
데에서 영광이 되리라
6 오호라 너희는 북방 땅에서
도피할지어다 여호와의 말씀
이니라 이는 내가 너희를 하늘
사방에 바람 같이 흩어지게
하였음이니라 여호와의 말씀
이니라
7 바벨론 성에 거주하는 시온아
이제 너는 피할지니라
8 만군의 여호와께서 이같이
말씀하시되 영광을 위하여 나
를 너희를 노략한 여러 나라
로 보내셨나니 너희를 범하는
자는 그의 눈동자를 범하는
것이라
9 내가 손을 그들 위에 움직인
즉 그들이 자기를 섬기던 자
들에게 노략거리가 되리라 하
셨나니 너희가 만군의 여호와
께서 나를 보내신 줄 알리라
10 여호와의 말씀에 시온의 딸아
노래하고 기뻐하라 이는 내가
와서 네 가운데에 머물 것임이라
11 그 날에 많은 나라가 여호와
께 속하여 내 백성이 될 것이
요 나는 네 가운데에 머물리
라 네가 만군의 여호와께서
나를 네게 보내신 줄 알리라
12 여호와께서 장차 유다를 거룩
한 땅에서 자기 소유를 삼으
시고 다시 예루살렘을 택하시
리니
13 모든 육체가 여호와 앞에서
잠잠할 것은 여호와께서 그의
거룩한 처소에서 일어나심이
니라 하라 하더라

여호와의 천사 앞에 선 여호수아

3 대제사장 여호수아는 여
호와의 천사 앞에 섰고 사
탄은 그의 오른쪽에 서서 그

3

를 대적하는 것을 여호와께서
내게 보이시니라
2 여호와께서 사탄에게 이르
시되 사탄아 여호와께서 너
를 책망하노라 예루살렘을
택한 여호와께서 너를 책망
하노라 이는 불에서 꺼낸 그
슬린 나무가 아니냐 하실 때
에
3 여호수아가 더러운 옷을 입고
천사 앞에 서 있는지라
4 여호와께서 자기 앞에 선 자
들에게 명령하사 그 더러운 옷
을 벗기라 하시고 또 여호수
아에게 이르시되 내가 네 죄악
을 제거하여 버렸으니 네게 아
름다운 옷을 입히리라 하시기
로
5 내가 말하되 정결한 관을 그
의 머리에 씌우소서 하매 곧
정결한 관을 그 머리에 씌우며
옷을 입히고 여호와의 천사는
곁에 섰더라
6 여호와의 천사가 여호수아에
게 증언하여 이르되
7 만군의 여호와의 말씀에 네가
만일 내 도를 행하며 내 규례
를 지키면 네가 내 집을 다스
릴 것이요 내 뜰을 지킬 것이
며 내가 또 너로 여기 섰는 자
들 가운데에 왕래하게 하리라
8 대제사장 여호수아야 너와 네
앞에 앉은 네 동료들은 내 말
을 들을 것이니라 이들은 예
표의 사람들이라 내가 내 종
싹을 나게 하리라
9 만군의 여호와가 말하노라 내
가 너 여호수아 앞에 세운 돌
을 보라 한 돌에 일곱 눈이 있
느니라 내가 거기에 새길 것을
새기며 이 땅의 죄악을 하루
에 제거하리라

10 만군의 여호와가 말하노라 그
날에 너희가 각각 포도나무와
무화과나무 아래로 서로 초대
하리라 하셨느니라

순금 등잔대와 두 감람나무

4 내게 말하던 천사가 다
시 와서 나를 깨우니 마치
자는 사람이 잠에서 깨어난
것 같더라
2 그가 내게 묻되 네가 무엇을
보느냐 내가 대답하되 내가 보
니 순금 등잔대가 있는데 그
위에는 기름 그릇이 있고 또 그
기름 그릇 위에 일곱 등잔이 있
으며 그 기름 그릇 위에 있는
등잔을 위해서 일곱 관이 있고
3 그 등잔대 곁에 두 감람나무
가 있는데 하나는 그 기름 그
릇 오른쪽에 있고 하나는 그
왼쪽에 있나이다 하고
4 내게 말하는 천사에게 물어
이르되 내 주여 이것들이 무엇
이니이까 하니
5 내게 말하는 천사가 대답하여
이르되 네가 이것들이 무엇인
지 알지 못하느냐 하므로 내
가 대답하되 내 주여 내가 알
지 못하나이다 하니
6 그가 내게 대답하여 이르되
여호와께서 스룹바벨에게
하신 말씀이 이러하니라 만
군의 여호와께서 말씀하시
되 이는 힘으로 되지 아니
하며 능력으로 되지 아니하
고 오직 나의 영으로 되느
니라
7 큰 산아 네가 무엇이냐 네가
스룹바벨 앞에서 평지가 되리
라 그가 머릿돌을 내놓을 때
에 무리가 외치기를 은총, 은
총이 그에게 있을지어다 하리
라 하셨고

4

8 여호와의 말씀이 또 내게 임
하여 이르시되
9 스룹바벨의 손이 이 성전의 기초
를 놓았은즉 그의 손이 또한 그
일을 마치리라 하셨나니 만군의
여호와께서 나를 너희에게 보내
신 줄을 네가 알리라 하셨느니라
10 작은 일의 날이라고 멸시하는
자가 누구냐 사람들이 스룹
바벨의 손에 다림줄이 있음을
보고 기뻐하리라 이 일곱은
온 세상에 두루 다니는 여호
와의 눈이라 하니라
11 내가 그에게 물어 이르되 등잔
대 좌우의 두 감람나무는 무
슨 뜻이니이까 하고
12 다시 그에게 물어 이르되 금
기름을 흘리는 두 금관 옆에
있는 이 감람나무 두 가지는
무슨 뜻이니이까 하니
13 그가 내게 대답하여 이르되
네가 이것이 무엇인지 알지 못
하느냐 하는지라 내가 대답하
되 내 주여 알지 못하나이다
하니
14 이르되 이는 기름 부음 받은
자 둘이니 온 세상의 주 앞에
서 있는 자니라 하더라

날아가는 두루마리

5 내가 다시 눈을 들어 본
즉 날아가는 두루마리가
있더라
2 그가 내게 묻되 네가 무엇을
보느냐 하기로 내가 대답하되
날아가는 두루마리를 보나이
다 그 길이가 이십 규빗이요
너비가 십 규빗이니이다
3 그가 내게 이르되 이는 온 땅
위에 내리는 저주라 도둑질하
는 자는 그 이쪽 글대로 끊어
지고 맹세하는 자는 그 저쪽
글대로 끊어지리라 하니

5

4 만군의 여호와께서 이르시되
내가 이것을 보냈나니 도둑의
집에도 들어가며 내 이름을
가리켜 망령되이 맹세하는 자
의 집에도 들어가서 그의 집에
머무르며 그 집을 나무와 돌
과 아울러 사르리라 하셨느니
라 하니라

에바 속의 여인

5 내게 말하던 천사가 나아와서
내게 이르되 너는 눈을 들어
나오는 이것이 무엇인가 보라
하기로
6 내가 묻되 이것이 무엇이니이
까 하니 그가 이르되 나오는
이것이 에바이니라 하시고 또
이르되 온 땅에서 그들의 모양
이 이러하니라
7 이 에바 가운데에는 한 여인이
앉았느니라 하니 그 때에 둥
근 납 한 조각이 들리더라
8 그가 이르되 이는 악이라 하
고 그 여인을 에바 속으로 던
져 넣고 납 조각을 에바 아귀
위에 던져 덮더라
9 내가 또 눈을 들어 본즉 두 여
인이 나오는데 학의 날개 같은
날개가 있고 그 날개에 바람
이 있더라 그들이 그 에바를
천지 사이에 들었기로
10 내가 내게 말하는 천사에게
묻되 그들이 에바를 어디로
옮겨 가나이까 하니
11 그가 내게 이르되 그들이 시
날 땅으로 가서 그것을 위하
여 집을 지으려 함이니라 준공
되면 그것이 제 처소에 머물게
되리라 하더라

네 병거

6 내가 또 눈을 들어 본즉 네
병거가 두 산 사이에서 나
오는데 그 산은 구리 산이더라

6

2 첫째 병거는 붉은 말들이, 둘
째 병거는 검은 말들이,
3 셋째 병거는 흰 말들이, 넷째
병거는 어룽지고 건장한 말들
이 메었는지라
4 내가 내게 말하는 천사에
게 물어 이르되 내 주여
이것들이 무엇이니이까 하
니
5 천사가 대답하여 이르되 이는
하늘의 네 바람인데 온 세상
의 주 앞에 서 있다가 나가는
것이라 하더라
6 검은 말은 북쪽 땅으로 나가
고 흰 말은 그 뒤를 따르고 어
룽진 말은 남쪽 땅으로 나가
고
7 건장한 말은 나가서 땅에 두
루 다니고자 하니 그가 이르
되 너희는 여기서 나가서 땅에
두루 다니라 하매 곧 땅에 두
루 다니더라
8 그가 내게 외쳐 말하여 이르
되 북쪽으로 나간 자들이 북
쪽에서 내 영을 쉬게 하였느니
라 하더라

면류관을 여호수아의 머리에 씌우다

9 여호와의 말씀이 내게 임하여
이르시되
10 사로잡힌 자 가운데 바벨론에
서부터 돌아온 헬대와 도비야
와 여다야가 스바냐의 아들
요시아의 집에 들어갔나니 너
는 이 날에 그 집에 들어가서
그들에게서 받되
11 은과 금을 받아 면류관을 만
들어 여호사닥의 아들 대제사
장 여호수아의 머리에 씌우고
12 말하여 이르기를 만군의 여호
와께서 이같이 말씀하시되 보
라 싹이라 이름하는 사람이
자기 곳에서 돋아나서 여호와

의 전을 건축하리라
13 그가 여호와의 전을 건축하
고 영광도 얻고 그 자리에 앉
아서 다스릴 것이요 또 제사
장이 자기 자리에 있으리니 이
둘 사이에 평화의 의논이 있으
리라 하셨다 하고
14 그 면류관은 헬렘과 도비야와
여다야와 스바냐의 아들 헨
을 기념하기 위하여 여호와의
전 안에 두라 하시니라
15 먼 데 사람들이 와서 여호와
의 전을 건축하리니 만군의
여호와께서 나를 너희에게 보
내신 줄을 너희가 알리라 너희
가 만일 너희의 하나님 여호
와의 말씀을 들을진대 이같이
되리라

여호와께서는 금식보다 청종을 원하신다

7 다리오 왕 제사년 아홉째
달 곧 기슬래월 사일에 여
호와의 말씀이 스가랴에게 임
하니라
2 그 때에 벧엘 사람이 사레셀
과 레겜멜렉과 그의 부하들을
보내어 여호와께 은혜를 구하
고
3 만군의 여호와의 전에 있는
제사장들과 선지자들에게 물
어 이르되 내가 여러 해 동안
행한 대로 오월 중에 울며 근
신하리이까 하매
4 만군의 여호와의 말씀이 내게
임하여 이르시되
5 온 땅의 백성과 제사장들에게
이르라 너희가 칠십 년 동안
다섯째 달과 일곱째 달에 금
식하고 애통하였거니와 그 금
식이 나를 위하여, 나를 위하
여 한 것이냐
6 너희가 먹고 마실 때에 그것은
너희를 위하여 먹고 너희를 위

7

하여 마시는 것이 아니냐
7 예루살렘과 사면 성읍에 백성
이 평온히 거주하며 남방과 평
원에 사람이 거주할 때에 여
호와가 옛 선지자들을 통하여
외친 말씀이 있지 않으냐 하시
니라

사로잡혀 가는 까닭

8 여호와의 말씀이 스가랴에게
임하여 이르시되
9 만군의 여호와가 이같이 말하
여 이르시기를 너희는 진실한
재판을 행하며 서로 인애와
긍휼을 베풀며
10 과부와 고아와 나그네와 궁핍
한 자를 압제하지 말며 서로
해하려고 마음에 도모하지 말
라 하였으나
11 그들이 듣기를 싫어하여 등을
돌리며 듣지 아니하려고 귀를
막으며
12 그 마음을 금강석 같게 하여
율법과 만군의 여호와가 그의
영으로 옛 선지자들을 통하여
전한 말을 듣지 아니하므로
큰 진노가 만군의 여호와께로
부터 나왔도다
13 내가 불러도 그들이 듣지
아니한 것처럼 그들이 불
러도 내가 듣지 아니하리라
만군의 여호와가 말하였느
니라
14 내가 그들을 바람으로 불어
알지 못하던 여러 나라에 흩
었느니라 그 후에 이 땅이 황
폐하여 오고 가는 사람이 없
었나니 이는 그들이 아름다운
땅을 황폐하게 하였음이니라
하시니라

예루살렘 회복에 대한 약속

8 만군의 여호와의 말씀이
임하여 이르시되

8

2 만군의 여호와가 이같이 말하
노라 내가 시온을 위하여 크
게 질투하며 그를 위하여 크
게 분노함으로 질투하노라
3 여호와가 이같이 말하노라 내
가 시온에 돌아와 예루살렘
가운데에 거하리니 예루살렘
은 진리의 성읍이라 일컫겠고
만군의 여호와의 산은 성산이
라 일컫게 되리라
4 만군의 여호와가 이같이 말하
노라 예루살렘 길거리에 늙은
남자들과 늙은 여자들이 다
시 앉을 것이라 다 나이가 많
으므로 저마다 손에 지팡이를
잡을 것이요
5 그 성읍 거리에 소년과 소녀들
이 가득하여 거기에서 뛰놀리
라
6 만군의 여호와가 이같이 말하
노라 이 일이 그 날에 남은 백
성의 눈에는 기이하려니와 내
눈에야 어찌 기이하겠느냐 만
군의 여호와의 말이니라
7 만군의 여호와가 이같이 말하
노라 보라, 내가 내 백성을 해
가 뜨는 땅과 해가 지는 땅에
서부터 구원하여 내고
8 인도하여다가 예루살렘 가운
데에 거주하게 하리니 그들은
내 백성이 되고 나는 진리와
공의로 그들의 하나님이 되리
라
9 만군의 여호와가 이같이 말하
노라 만군의 여호와의 집 곧
성전을 건축하려고 그 지대를
쌓던 날에 있었던 선지자들의
입의 말을 이 날에 듣는 너희
는 손을 견고히 할지어다
10 이 날 전에는 사람도 삯을 얻
지 못하였고 짐승도 삯을 받
지 못하였으며 사람이 원수로

말미암아 평안히 출입하지 못
하였으나 내가 모든 사람을
서로 풀어 주게 하였느니라
11 만군의 여호와의 말씀이니라
이제는 내가 이 남은 백성을
대하기를 옛날과 같이 아니할
것인즉
12 곧 평강의 씨앗을 얻을 것이라
포도나무가 열매를 맺으며 땅
이 산물을 내며 하늘은 이슬
을 내리리니 내가 이 남은 백
성으로 이 모든 것을 누리게
하리라
13 유다 족속아, 이스라엘 족속
아, 너희가 이방인 가운데에서
저주가 되었었으나 이제는 내
가 너희를 구원하여 너희가 복
이 되게 하리니 두려워하지 말
지니라 손을 견고히 할지니라
14 만군의 여호와가 이같이 말하
노라 너희 조상들이 나를 격
노하게 하였을 때에 내가 그들
에게 재앙을 내리기로 뜻하고
뉘우치지 아니하였으나
15 이제 내가 다시 예루살렘과
유다 족속에게 은혜를 베풀기
로 뜻하였나니 너희는 두려워
하지 말지니라
16 너희가 행할 일은 이러하니라
너희는 이웃과 더불어 진리를
말하며 너희 성문에서 진실하
고 화평한 재판을 베풀고
17 마음에 서로 해하기를 도모하
지 말며 거짓 맹세를 좋아하지
말라 이 모든 일은 내가 미워
하는 것이니라 여호와의 말이
니라

금식에 관하여 말씀하시다

18 만군의 여호와의 말씀이 내게
임하여 이르시되
19 만군의 여호와가 이같이 말하
노라 넷째 달의 금식과 다섯

째 달의 금식과 일곱째 달의
금식과 열째 달의 금식이 변하
여 유다 족속에게 기쁨과 즐
거움과 희락의 절기들이 되리
니 오직 너희는 진리와 화평을
사랑할지니라
20 만군의 여호와가 이와 같이
말하노라 다시 여러 백성과 많
은 성읍의 주민이 올 것이라
21 이 성읍 주민이 저 성읍에
가서 이르기를 우리가 속히
가서 만군의 여호와를 찾
고 여호와께 은혜를 구하자
하면 나도 가겠노라 하겠으
며
22 많은 백성과 강대한 나라들이
예루살렘으로 와서 만군의 여
호와를 찾고 여호와께 은혜를
구하리라
23 만군의 여호와가 이와 같이
말하노라 그 날에는 말이 다
른 이방 백성 열 명이 유다 사
람 하나의 옷자락을 잡을 것
이라 곧 잡고 말하기를 하나님
이 너희와 함께 하심을 들었
나니 우리가 너희와 함께 가려
하노라 하리라 하시니라

이스라엘 이웃 나라들에 대한 하나님의 말씀

9 여호와의 말씀이 하드락
땅에 내리며 다메섹에 머
물리니 사람들과 이스라엘 모
든 지파의 눈이 여호와를 우
러러봄이니라
2 그 접경한 하맛에도 임하겠고
두로와 시돈에도 임하리니 그
들이 매우 지혜로움이니라
3 두로는 자기를 위하여 요새를
건축하며 은을 티끌 같이, 금
을 거리의 진흙 같이 쌓았도다
4 주께서 그를 정복하시며 그의
권세를 바다에 쳐넣으시리니
그가 불에 삼켜질지라

9

5 아스글론이 보고 무서워하며
가사도 심히 아파할 것이며 에
그론은 그 소망이 수치가 되
므로 역시 그러하리라 가사에
는 임금이 끊어질 것이며 아스
글론에는 주민이 없을 것이며
6 아스돗에는 잡족이 거주하리
라 내가 블레셋 사람의 교만
을 끊고
7 그의 입에서 그의 피를, 그의
잇사이에서 그 가증한 것을 제
거하리니 그들도 남아서 우리
하나님께로 돌아와서 유다의
한 지도자 같이 되겠고 에그
론은 여부스 사람 같이 되리라
8 내가 내 집을 둘러 진을 쳐서
적군을 막아 거기 왕래하지
못하게 할 것이라 포학한 자가
다시는 그 지경으로 지나가지
못하리니 이는 내가 눈으로
친히 봄이니라

구원을 베풀 왕

9 시온의 딸아 크게 기뻐할지어
다 예루살렘의 딸아 즐거이
부를지어다 보라 네 왕이 네
게 임하시나니 그는 공의로우
시며 구원을 베푸시며 겸손하
여서 나귀를 타시나니 나귀의
작은 것 곧 나귀 새끼니라
10 내가 에브라임의 병거와 예루
살렘의 말을 끊겠고 전쟁하는
활도 끊으리니 그가 이방 사
람에게 화평을 전할 것이요 그
의 통치는 바다에서 바다까지
이르고 유브라데 강에서 땅
끝까지 이르리라
11 또 너로 말할진대 네 언약의
피로 말미암아 내가 네 갇힌
자들을 물 없는 구덩이에서
놓았나니
12 갇혀 있으나 소망을 품은 자
들아 너희는 요새로 돌아올

지니라 내가 오늘도 이르노라
내가 네게 갑절이나 갚을 것이
라
13 내가 유다를 당긴 활로 삼고
에브라임을 끼운 화살로 삼았
으니 시온아 내가 네 자식들
을 일으켜 헬라 자식들을 치
게 하며 너를 용사의 칼과 같
게 하리라
14 여호와께서 그들 위에 나타나
서 그들의 화살을 번개 같이
쏘아내실 것이며 주 여호와께
서 나팔을 불게 하시며 남방
회오리바람을 타고 가실 것이
라
15 만군의 여호와께서 그들을 호
위하시리니 그들이 원수를 삼
키며 물맷돌을 밟을 것이며 그
들이 피를 마시고 즐거이 부
르기를 술취한 것 같이 할 것
인즉 피가 가득한 동이와도
같고 피 묻은 제단 모퉁이와
도 같을 것이라
16 이 날에 그들의 하나님 여호
와께서 그들을 자기 백성의 양
떼 같이 구원하시리니 그들이
왕관의 보석 같이 여호와의
땅에 빛나리로다
17 그의 형통함과 그의 아름다움
이 어찌 그리 큰지 곡식은 청
년을, 새 포도주는 처녀를 강
건하게 하리라

여호와께서 구원을 약속하시다

10 봄비가 올 때에 여호
와 곧 구름을 일게 하
시는 여호와께 비를 구하라
무리에게 소낙비를 내려서 밭
의 채소를 각 사람에게 주시리
라
2 드라빔들은 허탄한 것을 말
하며 복술자는 진실하지 않은
것을 보고 거짓 꿈을 말한즉

10

그 위로가 헛되므로 백성들이
양 같이 유리하며 목자가 없
으므로 곤고를 당하나니
3 내가 목자들에게 노를 발하며
내가 숫염소들을 벌하리라 만
군의 여호와가 그 무리 곧 유
다 족속을 돌보아 그들을 전
쟁의 준마와 같게 하리니
4 모퉁잇돌이 그에게서, 말뚝이
그에게서, 싸우는 활이 그에게
서, 권세 잡은 자가 다 일제히
그에게서 나와서
5 싸울 때에 용사 같이 거리의
진흙 중에 원수를 밟을 것이
라 여호와가 그들과 함께 한
즉 그들이 싸워 말 탄 자들을
부끄럽게 하리라
6 내가 유다 족속을 견고하게
하며 요셉 족속을 구원할지라
내가 그들을 긍휼히 여김으로
그들이 돌아오게 하리니 그들
은 내가 내버린 일이 없었음
같이 되리라 나는 그들의 하
나님 여호와라 내가 그들에게
들으리라
7 에브라임이 용사 같아서 포도
주를 마심 같이 마음이 즐거
울 것이요 그들의 자손은 보
고 기뻐하며 여호와로 말미암
아 마음에 즐거워하리라
8 내가 그들을 향하여 휘파람을
불어 그들을 모을 것은 내가
그들을 구속하였음이라 그들
이 전에 번성하던 것 같이 번
성하리라
9 내가 그들을 여러 백성들 가
운데 흩으려니와 그들이 먼 곳
에서 나를 기억하고 그들이
살아서 그들의 자녀들과 함께
돌아올지라
10 내가 그들을 애굽 땅에서 돌아
오게 하며 그들을 앗수르에서

부터 모으며 길르앗 땅과 레바
논으로 그들을 이끌어 가리니
그들이 거할 곳이 부족하리라
11 내가 그들이 고난의 바다를
지나갈 때에 바다 물결을 치
리니 나일의 깊은 곳이 다 마
르겠고 앗수르의 교만이 낮
아지겠고 애굽의 규가 없어지
리라
12 내가 그들에게 나 여호와를
의지하여 견고하게 하리니 그
들이 내 이름으로 행하리라
나 여호와의 말이니라

요단이 쓰러지다

11 레바논아 네 문을 열고
불이 네 백향목을 사르
게 하라
2 너 잣나무여 곡할지어다 백향
목이 넘어졌고 아름다운 나무
들이 쓰러졌음이로다 바산의
상수리나무들아 곡할지어다
무성한 숲이 엎드러졌도다
3 목자들의 곡하는 소리가 남
이여 그들의 영화로운 것이 쓰
러졌음이로다 어린 사자의 부
르짖는 소리가 남이여 이는
요단의 자랑이 쓰러졌음이로
다

두 목자

4 여호와 나의 하나님이 이르시
되 너는 잡혀 죽을 양 떼를 먹
이라
5 사들인 자들은 그들을 잡아
도 죄가 없다 하고 판 자들은
말하기를 내가 부요하게 되었
은즉 여호와께 찬송하리라 하
고 그들의 목자들은 그들을
불쌍히 여기지 아니하는도다
6 여호와가 말하노라 내가 다시
는 이 땅 주민을 불쌍히 여기
지 아니하고 그 사람들을 각
각 그 이웃의 손과 임금의 손

11

에 넘기리니 그들이 이 땅을 칠
지라도 내가 그들의 손에서 건
져내지 아니하리라 하시기로
7 내가 잡혀 죽을 양 떼를 먹이
니 참으로 가련한 양들이라
내가 막대기 둘을 취하여 하
나는 은총이라 하며 하나는
연합이라 하고 양 떼를 먹일새
8 한 달 동안에 내가 그 세 목자
를 제거하였으니 이는 내 마
음에 그들을 싫어하였고 그들
의 마음에도 나를 미워하였음
이라
9 내가 이르되 내가 너희를 먹이
지 아니하리라 죽는 자는 죽
는 대로, 망하는 자는 망하는
대로, 나머지는 서로 살을 먹
는 대로 두리라 하고
10 이에 은총이라 하는 막대기
를 취하여 꺾었으니 이는 모든
백성들과 세운 언약을 폐하려
하였음이라
11 당일에 곧 폐하매 내 말을 지
키던 가련한 양들은 이것이 여
호와의 말씀이었던 줄 안지라
12 내가 그들에게 이르되 너희가
좋게 여기거든 내 품삯을 내게
주고 그렇지 아니하거든 그만
두라 그들이 곧 은 삼십 개를
달아서 내 품삯을 삼은지라
13 여호와께서 내게 이르시되 그
들이 나를 헤아린 바 그 삯을
토기장이에게 던지라 하시기
로 내가 곧 그 은 삼십 개를
여호와의 전에서 토기장이에
게 던지고
14 내가 또 연합이라 하는 둘째
막대기를 꺾었으니 이는 유다
와 이스라엘 형제의 의리를 끊
으려 함이었느니라
15 여호와께서 내게 이르시되 너
는 또 어리석은 목자의 기구

들을 빼앗을지니라
16 보라 내가 한 목자를 이 땅에
일으키리니 그가 없어진 자를
마음에 두지 아니하며 흩어
진 자를 찾지 아니하며 상한
자를 고치지 아니하며 강건한
자를 먹이지 아니하고 오히려
살진 자의 고기를 먹으며 또
그 굽을 찢으리라
17 화 있을진저 양 떼를 버린 못된
목자여 칼이 그의 팔과 오른쪽
눈에 내리리니 그의 팔이 아주
마르고 그의 오른쪽 눈이 아주
멀어 버릴 것이라 하시니라

예루살렘의 구원

12 이스라엘에 관한 여호
와의 경고의 말씀이라
여호와 곧 하늘을 펴시며 땅
의 터를 세우시며 사람 안에
심령을 지으신 이가 이르시되
2 보라 내가 예루살렘으로 그
사면 모든 민족에게 취하게
하는 잔이 되게 할 것이라 예
루살렘이 에워싸일 때에 유다
에까지 이르리라
3 그 날에는 내가 예루살렘에게
모든 민족에게 무거운 돌이 되
게 하리니 그것을 드는 모든
자는 크게 상할 것이라 천하
만국이 그것을 치려고 모이리
라
4 여호와가 말하노라 그 날에
내가 모든 말을 쳐서 놀라게
하며 그 탄 자를 쳐서 미치게
하되 유다 족속은 내가 돌보
고 모든 민족의 말을 쳐서 눈
이 멀게 하리니
5 유다의 우두머리들이 마음속
에 이르기를 예루살렘 주민이
그들의 하나님 만군의 여호와
로 말미암아 힘을 얻었다 할지
라

12

6 그 날에 내가 유다 지도자들을
나무 가운데에 화로 같게 하며
곡식단 사이에 횃불 같게 하리
니 그들이 그 좌우에 에워싼
모든 민족들을 불사를 것이요
예루살렘 사람들은 다시 그 본
곳 예루살렘에 살게 되리라
7 여호와가 먼저 유다 장막을
구원하리니 이는 다윗의 집의
영광과 예루살렘 주민의 영광
이 유다보다 더하지 못하게 하
려 함이니라
8 그 날에 여호와가 예루살렘
주민을 보호하리니 그 중에
약한 자가 그 날에는 다윗 같
겠고 다윗의 족속은 하나님
같고 무리 앞에 있는 여호와
의 사자 같을 것이라
9 예루살렘을 치러 오는 이방
나라들을 그 날에 내가 멸하
기를 힘쓰리라
10 내가 다윗의 집과 예루살렘
주민에게 은총과 간구하는 심
령을 부어 주리니 그들이 그
찌른 바 그를 바라보고 그를
위하여 애통하기를 독자를 위
하여 애통하듯 하며 그를 위
하여 통곡하기를 장자를 위하
여 통곡하듯 하리로다
11 그 날에 예루살렘에 큰 애통
이 있으리니 므깃도 골짜기 하
다드림몬에 있던 애통과 같을
것이라
12 온 땅 각 족속이 따로 애통하
되 다윗의 족속이 따로 하고
그들의 아내들이 따로 하며
나단의 족속이 따로 하고 그
들의 아내들이 따로 하며
13 레위의 족속이 따로 하고 그
들의 아내들이 따로 하며 시므
이의 족속이 따로 하고 그들
의 아내들이 따로 하며

14 모든 남은 족속도 각기 따로
하고 그들의 아내들이 따로
하리라

13 그 날에 죄와 더러움
을 씻는 샘이 다윗의
족속과 예루살렘 주민을 위하
여 열리리라
2 만군의 여호와가 말하노라 그
날에 내가 우상의 이름을 이
땅에서 끊어서 기억도 되지 못
하게 할 것이며 거짓 선지자와
더러운 귀신을 이 땅에서 떠나
게 할 것이라
3 사람이 아직도 예언할 것 같으
면 그 낳은 부모가 그에게 이르
기를 네가 여호와의 이름을 빙
자하여 거짓말을 하니 살지 못
하리라 하고 낳은 부모가 그가
예언할 때에 칼로 그를 찌르리라
4 그 날에 선지자들이 예언할
때에 그 환상을 각기 부끄러
워할 것이며 사람을 속이려
고 털옷도 입지 아니할 것이
며
5 말하기를 나는 선지자가 아니
요 나는 농부라 내가 어려서
부터 사람의 종이 되었노라 할
것이요
6 어떤 사람이 그에게 묻기를 네
두 팔 사이에 있는 상처는 어
찌 됨이냐 하면 대답하기를 이
는 나의 친구의 집에서 받은
상처라 하리라

목자를 치라는 명령

7 만군의 여호와가 말하노라 칼
아 깨어서 내 목자, 내 짝 된
자를 치라 목자를 치면 양이
흩어지려니와 작은 자들 위에
는 내가 내 손을 드리우리라
8 여호와가 말하노라 이 온 땅
에서 삼분의 이는 멸망하고
삼분의 일은 거기 남으리니

13

9 내가 그 삼분의 일을 불 가운
데에 던져 은 같이 연단하며
금 같이 시험할 것이라 그들이
내 이름을 부르리니 내가 들
을 것이며 나는 말하기를 이
는 내 백성이라 할 것이요 그
들은 말하기를 여호와는 내
하나님이시라 하리라

예루살렘과 이방 나라들

14 여호와의 날이 이르리
라 그 날에 네 재물이
약탈되어 네 가운데에서 나누
이리라
2 내가 이방 나라들을 모아 예
루살렘과 싸우게 하리니 성
읍이 함락되며 가옥이 약탈
되며 부녀가 욕을 당하며 성
읍 백성이 절반이나 사로잡
혀 가려니와 남은 백성은 성
읍에서 끊어지지 아니하리
라
3 그 때에 여호와께서 나가사
그 이방 나라들을 치시되 이
왕의 전쟁 날에 싸운 것 같이
하시리라
4 그 날에 그의 발이 예루살렘
앞 곧 동쪽 감람 산에 서실 것
이요 감람 산은 그 한 가운데
가 동서로 갈라져 매우 큰 골
짜기가 되어서 산 절반은 북
으로, 절반은 남으로 옮기고
5 그 산 골짜기는 아셀까지 이
를지라 너희가 그 산 골짜기로
도망하되 유다 왕 웃시야 때에
지진을 피하여 도망하던 것 같
이 하리라 나의 하나님 여호와
께서 임하실 것이요 모든 거룩
한 자들이 주와 함께 하리라
6 그 날에는 빛이 없겠고 광명한
것들이 떠날 것이라
7 여호와께서 아시는 한 날이
있으리니 낮도 아니요 밤도 아

14

니라 어두워 갈 때에 빛이 있
으리로다
8 그 날에 생수가 예루살렘에
서 솟아나서 절반은 동해로,
절반은 서해로 흐를 것이라
여름에도 겨울에도 그러하리
라
9 여호와께서 천하의 왕이 되
시리니 그 날에는 여호와께서
홀로 한 분이실 것이요 그의
이름이 홀로 하나이실 것이라
10 온 땅이 아라바 같이 되되 게
바에서 예루살렘 남쪽 림몬까
지 이를 것이며 예루살렘이 높
이 들려 그 본처에 있으리니
베냐민 문에서부터 첫 문 자
리와 성 모퉁이 문까지 또 하
나넬 망대에서부터 왕의 포도
주 짜는 곳까지라
11 사람이 그 가운데에 살며 다
시는 저주가 있지 아니하리니
예루살렘이 평안히 서리로다
12 예루살렘을 친 모든 백성에게
여호와께서 내리실 재앙은 이
러하니 곧 섰을 때에 그들의
살이 썩으며 그들의 눈동자가
눈구멍 속에서 썩으며 그들의
혀가 입 속에서 썩을 것이요
13 그 날에 여호와께서 그들을
크게 요란하게 하시리니 피차
손으로 붙잡으며 피차 손을
들어 칠 것이며
14 유다도 예루살렘에서 싸우리
니 이 때에 사방에 있는 이방
나라들의 보화 곧 금 은과 의
복이 심히 많이 모여질 것이
요
15 또 말과 노새와 낙타와 나귀와
그 진에 있는 모든 가축에게 미
칠 재앙도 그 재앙과 같으리라
16 예루살렘을 치러 왔던 이방
나라들 중에 남은 자가 해마

다 올라와서 그 왕 만군의 여
호와께 경배하며 초막절을 지
킬 것이라
17 땅에 있는 족속들 중에 그 왕
만군의 여호와께 경배하러 예
루살렘에 올라오지 아니하는
자들에게는 비를 내리지 아니
하실 것인즉
18 만일 애굽 족속이 올라오지 아
니할 때에는 비 내림이 있지 아
니하리니 여호와께서 초막절을
지키러 올라오지 아니하는 이
방 나라들의 사람을 치시는 재
앙을 그에게 내리실 것이라
19 애굽 사람이나 이방 나라 사
람이나 초막절을 지키러 올라
오지 아니하는 자가 받을 벌
이 그러하니라
20 그 날에는 말 방울에까지 여
호와께 성결이라 기록될 것이
라 여호와의 전에 있는 모든
솥이 제단 앞 주발과 다름이
없을 것이니
21 예루살렘과 유다의 모든 솥이
만군의 여호와의 성물이 될
것인즉 제사 드리는 자가 와서
이 솥을 가져다가 그것으로
고기를 삶으리라 그 날에는
만군의 여호와의 전에 가나안
사람이 다시 있지 아니하리라
하시니라

말라기

Malachi

말라기 선지자는 느헤미야 13장에 묘사된 통탄할 상황의 시기에 예언 활동을 펼친다. 그는 백성들의 안이한 영적 생활을 지적하면서 주님과의 새로운 관계 속으로 돌아올 것을 촉구한다. 그리고 그들이 그렇게 할 때, 하나님께서 복을 내려주실 것임을 약속한다. 이 책을 읽으면서 당신은, 당신의 신앙 삶이 안이한 상태에 머무는 것을 용납하지 않겠다는 다짐과 더불어, 하나님의 뜻을 당신의 주요 관심사로 삼겠다는 것을 주님께 약속하라.

1

여호와께서 말라기를 통
하여 이스라엘에게 말씀
하신 경고라

여호와께서 이스라엘을 사랑하시다

2 여호와께서 이르시되 내가 너
희를 사랑하였노라 하나 너
희는 이르기를 주께서 어떻게
우리를 사랑하셨나이까 하는
도다 나 여호와가 말하노라
에서는 야곱의 형이 아니냐
그러나 내가 야곱을 사랑하
였고
3 에서는 미워하였으며 그의 산
들을 황폐하게 하였고 그의
산업을 광야의 이리들에게 넘
겼느니라
4 에돔은 말하기를 우리가 무너
뜨림을 당하였으나 황폐된 곳
을 다시 쌓으리라 하거니와 나
만군의 여호와는 이르노라 그
들은 쌓을지라도 나는 헐리라
사람들이 그들을 일컬어 악한
지역이라 할 것이요 여호와의
영원한 진노를 받은 백성이라
할 것이며
5 너희는 눈으로 보고 이르기를
여호와께서는 이스라엘 지역
밖에서도 크시다 하리라

제사장과 백성들의 죄

6 내 이름을 멸시하는 제사장들
아 나 만군의 여호와가 너희에
게 이르기를 아들은 그 아버지
를, 종은 그 주인을 공경하나
니 내가 아버지일진대 나를 공
경함이 어디 있느냐 내가 주인
일진대 나를 두려워함이 어디
있느냐 하나 너희는 이르기를
우리가 어떻게 주의 이름을 멸
시하였나이까 하는도다
7 너희가 더러운 떡을 나의 제단
에 드리고도 말하기를 우리가
어떻게 주를 더럽게 하였나이

1

까 하는도다 이는 너희가 여
호와의 식탁은 경멸히 여길 것
이라 말하기 때문이라
8 만군의 여호와가 이르노라 너
희가 눈 먼 희생제물을 바치
는 것이 어찌 악하지 아니하며
저는 것, 병든 것을 드리는 것
이 어찌 악하지 아니하냐 이제
그것을 너희 총독에게 드려
보라 그가 너를 기뻐하겠으며
너를 받아 주겠느냐
9 만군의 여호와가 이르노라 너
희는 나 하나님께 은혜를 구
하면서 우리를 불쌍히 여기소
서 하여 보라 너희가 이같이
행하였으니 내가 너희 중 하나
인들 받겠느냐
10 만군의 여호와가 이르노라 너
희가 내 제단 위에 헛되이 불
사르지 못하게 하기 위하여 너
희 중에 성전 문을 닫을 자가
있었으면 좋겠도다 내가 너희
를 기뻐하지 아니하며 너희가
손으로 드리는 것을 받지도
아니하리라
11 만군의 여호와가 이르노라 해
뜨는 곳에서부터 해 지는 곳
까지의 이방 민족 중에서 내
이름이 크게 될 것이라 각처에
서 내 이름을 위하여 분향하
며 깨끗한 제물을 드리리니 이
는 내 이름이 이방 민족 중에
서 크게 될 것임이니라
12 그러나 너희는 말하기를 여호
와의 식탁은 더러워졌고 그 위
에 있는 과일 곧 먹을 것은 경
멸히 여길 것이라 하여 내 이
름을 더럽히는도다
13 만군의 여호와가 이르노라 너
희가 또 말하기를 이 일이 얼
마나 번거로운고 하며 코웃음
치고 훔친 물건과 저는 것, 병

든 것을 가져왔느니라 너희가
이같이 봉헌물을 가져오니 내
가 그것을 너희 손에서 받겠
느냐 이는 여호와의 말이니라
14 짐승 떼 가운데에 수컷이 있거
늘 그 서원하는 일에 흠 있는
것으로 속여 내게 드리는 자
는 저주를 받으리니 나는 큰
임금이요 내 이름은 이방 민
족 중에서 두려워하는 것이 됨
이니라 만군의 여호와의 말이
니라

제사장들에 대한 명령

2 너희 제사장들아 이제 너
희에게 이같이 명령하노라
2 만군의 여호와가 이르노라 너
희가 만일 듣지 아니하며 마
음에 두지 아니하여 내 이름
을 영화롭게 하지 아니하면 내
가 너희에게 저주를 내려 너희
의 복을 저주하리라 내가 이
미 저주하였나니 이는 너희가
그것을 마음에 두지 아니하였
음이라
3 보라 내가 너희의 자손을 꾸
짖을 것이요 똥 곧 너희 절기
의 희생의 똥을 너희 얼굴에
바를 것이라 너희가 그것과 함
께 제하여 버림을 당하리라
4 만군의 여호와가 이르노라 내
가 이 명령을 너희에게 내린
것은 레위와 세운 나의 언약이
항상 있게 하려 함인 줄을 너
희가 알리라
5 레위와 세운 나의 언약은 생명
과 평강의 언약이라 내가 이것
을 그에게 준 것은 그로 경외하
게 하려 함이라 그가 나를 경외
하고 내 이름을 두려워하였으며
6 그의 입에는 진리의 법이 있었
고 그의 입술에는 불의함이
없었으며 그가 화평함과 정직

2

함으로 나와 동행하며 많은
사람을 돌이켜 죄악에서 떠나
게 하였느니라
7 제사장의 입술은 지식을 지켜
야 하겠고 사람들은 그의 입
에서 율법을 구하게 되어야 할
것이니 제사장은 만군의 여호
와의 사자가 됨이거늘
8 너희는 옳은 길에서 떠나 많은
사람을 율법에 거스르게 하는
도다 나 만군의 여호와가 이
르노니 너희가 레위의 언약을
깨뜨렸느니라
9 너희가 내 길을 지키지 아니하
고 율법을 행할 때에 사람에게
치우치게 하였으므로 나도 너
희로 하여금 모든 백성 앞에서
멸시와 천대를 당하게 하였느
니라 하시니라

거짓을 행하는 유다

10 우리는 한 아버지를 가지지 아
니하였느냐 한 하나님께서 지
으신 바가 아니냐 어찌하여
우리 각 사람이 자기 형제에게
거짓을 행하여 우리 조상들의
언약을 욕되게 하느냐
11 유다는 거짓을 행하였고 이스
라엘과 예루살렘 중에서는 가
증한 일을 행하였으며 유다는
여호와께서 사랑하시는 그 성
결을 욕되게 하여 이방 신의
딸과 결혼하였으니
12 이 일을 행하는 사람에게 속
한 자는 깨는 자나 응답하는
자는 물론이요 만군의 여호와
께 제사를 드리는 자도 여호
와께서 야곱의 장막 가운데에
서 끊어 버리시리라
13 너희가 이런 일도 행하나니 곧
눈물과 울음과 탄식으로 여호
와의 제단을 가리게 하는도다
그러므로 여호와께서 다시는

너희의 봉헌물을 돌아보지도
아니하시며 그것을 너희 손에
서 기꺼이 받지도 아니하시거늘
14 너희는 이르기를 어찌 됨이니
이까 하는도다 이는 너와 네
가 어려서 맞이한 아내 사이에
여호와께서 증인이 되시기 때
문이라 그는 네 짝이요 너와
서약한 아내로되 네가 그에게
거짓을 행하였도다
15 그에게는 영이 충만하였으나
오직 하나를 만들지 아니하셨
느냐 어찌하여 하나만 만드셨
느냐 이는 경건한 자손을 얻
고자 하심이라 그러므로 네
심령을 삼가 지켜 어려서 맞이
한 아내에게 거짓을 행하지 말
지니라
16 이스라엘의 하나님 여호와가
이르노니 나는 이혼하는 것
과 옷으로 학대를 가리는 자
를 미워하노라 만군의 여호와
의 말이니라 그러므로 너희 심
령을 삼가 지켜 거짓을 행하지
말지니라

주께서 임하시는 날

17 너희가 말로 여호와를 괴롭게
하고도 이르기를 우리가 어떻
게 여호와를 괴롭혀 드렸나이
까 하는도다 이는 너희가 말
하기를 모든 악을 행하는 자
는 여호와의 눈에 좋게 보이며
그에게 기쁨이 된다 하며 또
말하기를 정의의 하나님이 어
디 계시냐 함이니라

3 만군의 여호와가 이르노라
보라 내가 내 사자를 보내
리니 그가 내 앞에서 길을 준비
할 것이요 또 너희가 구하는 바
주가 갑자기 그의 성전에 임하
시리니 곧 너희가 사모하는 바
언약의 사자가 임하실 것이라

3

2 그가 임하시는 날을 누가 능
히 당하며 그가 나타나는 때
에 누가 능히 서리요 그는 금
을 연단하는 자의 불과 표백
하는 자의 잿물과 같을 것이
라
3 그가 은을 연단하여 깨끗하게
하는 자 같이 앉아서 레위 자
손을 깨끗하게 하되 금, 은 같
이 그들을 연단하리니 그들이
공의로운 제물을 나 여호와께
바칠 것이라
4 그 때에 유다와 예루살렘의
봉헌물이 옛날과 고대와 같이
나 여호와께 기쁨이 되려니와
5 내가 심판하러 너희에게 임할
것이라 점치는 자에게와 간음
하는 자에게와 거짓 맹세하는
자에게와 품꾼의 삯에 대하여
억울하게 하며 과부와 고아를
압제하며 나그네를 억울하게
하며 나를 경외하지 아니하는
자들에게 속히 증언하리라 만
군의 여호와가 말하였느니라
6 나 여호와는 변하지 아니하나
니 그러므로 야곱의 자손들아
너희가 소멸되지 아니하느니라

십일조

7 만군의 여호와가 이르노라 너
희 조상들의 날로부터 너희가
나의 규례를 떠나 지키지 아니
하였도다 그런즉 내게로 돌아
오라 그리하면 나도 너희에게
로 돌아가리라 하였더니 너희
가 이르기를 우리가 어떻게 하
여야 돌아가리이까 하는도다
8 사람이 어찌 하나님의 것을 도
둑질하겠느냐 그러나 너희는
나의 것을 도둑질하고도 말하
기를 우리가 어떻게 주의 것을
도둑질하였나이까 하는도다
이는 곧 십일조와 봉헌물이라

9 너희 곧 온 나라가 나의 것을
도둑질하였으므로 너희가 저
주를 받았느니라
10 만군의 여호와가 이르노라 너
희의 온전한 십일조를 창고에
들여 나의 집에 양식이 있게
하고 그것으로 나를 시험하여
내가 하늘 문을 열고 너희에
게 복을 쌓을 곳이 없도록 붓
지 아니하나 보라
11 만군의 여호와가 이르노라 내
가 너희를 위하여 메뚜기를
금하여 너희 토지 소산을 먹
어 없애지 못하게 하며 너희
밭의 포도나무 열매가 기한
전에 떨어지지 않게 하리니
12 너희 땅이 아름다워지므로 모
든 이방인들이 너희를 복되다
하리라 만군의 여호와의 말이
니라

여호와를 경외하는 자들

13 여호와가 이르노라 너희가 완
악한 말로 나를 대적하고도
이르기를 우리가 무슨 말로
주를 대적하였나이까 하는도
다
14 이는 너희가 말하기를 하나님
을 섬기는 것이 헛되니 만군의
여호와 앞에서 그 명령을 지키
며 슬프게 행하는 것이 무엇이
유익하리요
15 지금 우리는 교만한 자가 복되
다 하며 악을 행하는 자가 번
성하며 하나님을 시험하는 자
가 화를 면한다 하노라 함이라
16 그 때에 여호와를 경외하는
자들이 피차에 말하매 여호와
께서 그것을 분명히 들으시고
여호와를 경외하는 자와 그
이름을 존중히 여기는 자를
위하여 여호와 앞에 있는 기념
책에 기록하셨느니라

17 만군의 여호와가 이르노라 나
는 내가 정한 날에 그들을 나
의 특별한 소유로 삼을 것이
요 또 사람이 자기를 섬기는
아들을 아낌 같이 내가 그들
을 아끼리니
18 그 때에 너희가 돌아와서 의인
과 악인을 분별하고 하나님을
섬기는 자와 섬기지 아니하는
자를 분별하리라

여호와께서 정하신 날

4 만군의 여호와가 이르노
라 보라 용광로 불 같은
날이 이르리니 교만한 자와
악을 행하는 자는 다 지푸라
기 같을 것이라 그 이르는 날
에 그들을 살라 그 뿌리와 가
지를 남기지 아니할 것이로
되
2 내 이름을 경외하는 너희에게
는 공의로운 해가 떠올라서
치료하는 광선을 비추리니 너
희가 나가서 외양간에서 나온
송아지 같이 뛰리라
3 또 너희가 악인을 밟을 것이
니 그들이 내가 정한 날에 너
희 발바닥 밑에 재와 같으리라
만군의 여호와의 말이니라
4 너희는 내가 호렙에서 온 이스
라엘을 위하여 내 종 모세에
게 명령한 법 곧 율례와 법도
를 기억하라
5 보라 여호와의 크고 두려운
날이 이르기 전에 내가 선지자
엘리야를 너희에게 보내리니
6 그가 아버지의 마음을 자녀에
게로 돌이키게 하고 자녀들의
마음을 그들의 아버지에게로
돌이키게 하리라 돌이키지 아
니하면 두렵건대 내가 와서 저
주로 그 땅을 칠까 하노라 하
시니라

4

십계명

하나님이 이 모든 말씀으로 말씀하여 이르시되
나는 너를 애굽 땅, 종 되었던 집에서 인도하여 낸
네 하나님 여호와니라

제일은, 너는 나 외에는 다른 신들을 네게 두지 말라

제이는, 너를 위하여 새긴 우상을 만들지 말고
또 위로 하늘에 있는 것이나 아래로 땅에 있는 것이나
땅 아래 물 속에 있는 것의 어떤 형상도 만들지 말며
그것들에게 절하지 말며, 그것들을 섬기지 말라

나 네 하나님 여호와는 질투하는 하나님인즉
나를 미워하는 자의 죄를 갚되 아버지로부터 아들에게로
삼사 대까지 이르게 하거니와 나를 사랑하고
내 계명을 지키는 자에게는 천 대까지 은혜를 베푸느니라

제삼은, 너는 네 하나님 여호와의 이름을
망령되게 부르지 말라

여호와는 그의 이름을 망령되게 부르는 자를
죄 없다 하지 아니하리라

제사는, 안식일을 기억하여 거룩하게 지키라

엿새 동안은 힘써 네 모든 일을 행할 것이나
일곱째 날은 네 하나님 여호와의 안식일인즉
너나 네 아들이나 네 딸이나 네 남종이나 네 여종이나 네 가축이나
네 문안에 머무는 객이라도 아무 일도 하지 말라
이는 엿새 동안에 나 여호와가 하늘과 땅과 바다와 그 가운데